edition suhrkamp 2661

Seit im Dezember 2011 in Moskau und Petersburg, aber auch anderswo zwischen Archangelsk und Wladiwostok Hunderttausende Bürger auf die Straße gingen, um für faire Wahlen zu demonstrieren, ist Russland ein anderes Land geworden. Auch wenn die Proteste den erneuten Machtantritt Putins nicht verhindern konnten und der Staat seine Kritiker mit zum Teil drakonischen Strafen überzieht: Die Zeichen stehen auf Sturm.

Gestützt auf umfangreiches Interviewmaterial, ausgehend von biographischen Porträts protestierender Bürger aus unterschiedlichen Schichten und Regionen Russlands liefert Mischa Gabowitsch eine dichte Beschreibung der Verhältnisse im Umbruch. Indem er die Protestbewegung aus verschiedenen Blickwinkeln durchleuchtet, porträtiert er eine Gesellschaft, die dabei ist, sich selbst zu begreifen und über die eigene Zukunft zu bestimmen.

Mischa Gabowitsch, 1977 in Moskau geboren, studierte in Oxford, promovierte 2007 in Paris und unterrichtete in Princeton. Der Soziologe und Zeithistoriker war Chefredakteur der russischen Zeitschriften NZ und *Laboratorium*. Er ist wissenschaftlicher Mitarbeiter am Einstein Forum in Potsdam und leitet ein Forschungsprojekt zum Wandel der Protestkultur in Russland.

Mischa Gabowitsch
Putin kaputt!?

Russlands neue Protestkultur

Suhrkamp

Erste Auflage 2013
edition suhrkamp 2661
Originalausgabe
© Suhrkamp Verlag Berlin 2013
Suhrkamp Taschenbuch Verlag
Satz: Hümmer GmbH, Waldbüttelbrunn
Druck: Druckhaus Nomos, Sinzheim
Umschlag gestaltet nach einem Konzept
von Willy Fleckhaus: Rolf Staudt
Printed in Germany
ISBN 978-3-518-12661-5

Für Jacob

and to the memory of Jim Clark

Inhalt

Prolog 11
I   Das System Putin 33
II   Der Aufstand der Beobachter 77
III   Die Struktur des Protests 114
IV   Der Fall Pussy Riot 185
V   Protest und Neugier 224
VI   Gewaltfreiheit und Gewaltphantasien 267
VII   Der staatliche Gewaltapparat 291
VIII Die transnationale Dimension 330
IX   Zwischenbilanz 362

Abkürzungen 372
Anmerkungen 373
Dank 435
Ausführliches Inhaltsverzeichnis 439

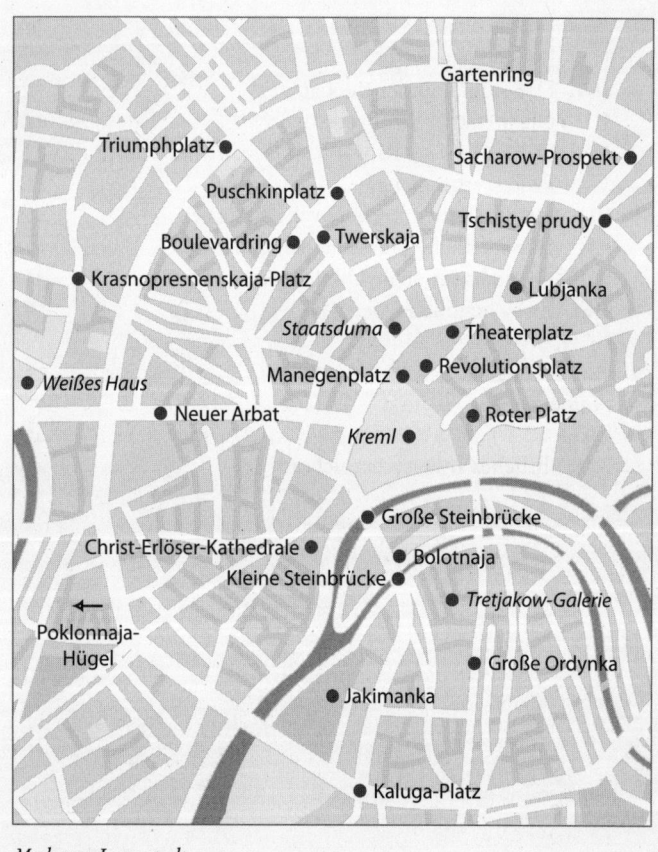

Moskauer Innenstadt
Karte: Ansgar Gilster und Jan Philipp Fiedler

PROLOG

Marsch der Millionen

Am Montag, dem 7. Mai 2012, sollte Wladimir Putin zum dritten Mal als Präsident der Russländischen Föderation vereidigt werden. Die Wahlen, denen er die Rückkehr in dieses Amt nach vier Jahren als Premierminister verdankte, waren unter unfairen Bedingungen und mit massiven Fälschungen verlaufen. Für den Vortag seiner Amtseinführung hatten Aktivisten der außerparlamentarischen Opposition in Moskau eine Demonstration angemeldet, die Putin die Legitimität als Präsident absprechen sollte. Die Stadtverwaltung hatte den Bolotnaja-Platz als Veranstaltungsort genehmigt. Hier hatte bereits am 10. Dezember 2011 die erste Riesendemonstration gegen Wahlfälschungen bei der Parlamentswahl stattgefunden. Der weitläufige, parkähnliche Platz befindet sich im Stadtzentrum, am gegenüberliegenden Ufer der Moskwa sind die Türme und Zacken des Kremls zu sehen, den man normalerweise über die Große Steinerne Brücke erreichen kann. Sein Name bedeutet wörtlich »Sumpfplatz«. Um die Sümpfe auszutrocknen, die dort jedes Frühjahr nach der Schneeschmelze entstehen, hatten die Moskauer Oberbefehlshaber Sacharij Tschernyschow und Jakow Brjus in den Jahren 1783 bis 1786 den sogenannten Wasserumleitungskanal anlegen lassen. Dadurch entstand parallel zur Biegung der Moskwa eine lange, bumerangförmige Flussinsel; der Platz befindet sich auf deren westlicher Hälfte. Blickt man von Süden über die Kleine Steinerne Brücke in Richtung Kreml, rückt linker Hand das legendäre, inzwischen geschlossene Kino »Udarnik« ins Bild. Das Lichtspielhaus ist Teil eines monumentalen konstruktivistischen Baus, des Hauses an der Uferstraße, in dem sich Funktionäre der Kommunistischen Partei luxuriöser Wohnbedingungen erfreuten, bis sie in der zweiten Hälfte der dreißiger Jahre Stalins Großem Terror zum Opfer fielen.

Die zentrale, zugleich isolierte und überschaubare Situation macht den Bolotnaja-Platz für die Polizei gut kontrollierbar. Daher verlegt die Stadtregierung Demonstrationen von Oppositionellen, Bürgerrechtlern und sonstigen Protestierenden in den letzten Jahren gerne dorthin – oft als Ersatz für symbolträchtigere Orte entlang der Twerskaja-Straße in der Innenstadt, die vom Manegenplatz vor dem Kreml über den Puschkinplatz am Boulevardring bis zum Triumphplatz am Gartenring verläuft.

Die Demonstration trug den auch innerhalb der Protestbewegung umstrittenen und von vielen belächelten Titel »Marsch der Millionen«. Angelehnt war diese Bezeichnung an einen gleichnamigen Aufmarsch in Kairo vom 1. Februar 2011 im Zuge der Revolution gegen Hosni Mubarak.[1] Es war das erste Mal seit Beginn der Bewegung für faire Wahlen im Dezember 2011, dass Bürger aus dem ganzen Land ermuntert wurden, nach Moskau zu kommen, statt Parallelveranstaltungen in ihrer Stadt durchzuführen. Die Teilnehmer kamen mit Zügen, in Fahrgemeinschaften, mit Linienbussen, per Flug oder per Anhalter nach Moskau, einige von ihnen aus weit entfernten Landesteilen, sogar aus dem über 6000 Kilometer entfernten Petropawlowsk-Kamtschatskij nordöstlich von Japan. Wichtigstes Kommunikationsmittel war das Internet-Netzwerk vkontakte – ein Facebook-Klon, dessen Reichweite in der russischsprachigen Welt größer ist als die des Originals. Über vkontakte-Gruppen organisierten sich Autokorsos; allein unter dem Motto »Ich will selbst sehen, was aus dem Mutterland geworden ist« reisten Autofahrer aus 55 Städten an.

Bereits im April war in Samara an der Wolga eine Initiative entstanden, die über das Internet Spenden sammelte, um Freiwilligen aus dem ganzen Land die Fahrt ins südrussische Astrachan zu ermöglichen und den dortigen Bürgermeisterkandidaten Oleg Scheïn zu unterstützen, der aus Protest gegen Wahlfälschungen in den Hungerstreik getreten war. Unmittelbar vor dem »Marsch der Millionen« wurde die Spendeninitiative wiederbelebt, diesmal um für Provinzbewohner Zugtickets nach Moskau zu kaufen. Zahlreiche Bürger in der Hauptstadt stellten den Demonstranten Zimmer oder Bettplätze zur Verfügung. Oft kam der Kontakt über Netzwerke von Landsleuten zustande. Auch auf dem Marsch noch fanden Menschen aus derselben Region zueinander – anhand von Postern oder im zufälligen Gespräch. Während des Marsches und danach waren hin und wieder ältere Damen zu sehen, die per Plakat anboten, Nichtmoskauer kostenlos bei sich aufzunehmen. Immer wieder gab es Berichte, dass Protestteilnehmer in der Provinz von staatlichen Stellen oder von ihren Arbeitgebern eingeschüchtert, mit oder ohne Angabe von Gründen schon zu Beginn der Fahrt an der Anreise gehindert oder unterwegs von der Polizei aufgehalten oder beschattet worden seien. Als Vorwand dienten häufig Drogenkontrollen. Von Fällen wurde berichtet, in denen junge Männer zwischen 18 und 27 nach ihrer Verhaftung sofort zur Armee eingezogen wurden.[2]

Die Moskauer Protestkundgebungen von Dezember bis März waren von Journalisten und Schriftstellern mit angemeldet worden, die sich im Januar zu einer überparteilichen »Wählerliga« vereinigt hatten. Die Diskussionen des Komitees, das die Großdemo am 24. Dezember 2011 organisiert hatte, waren live im Internet übertragen worden, auch die offizielle Korrespondenz wurde veröffentlicht. Diesmal traten ausschließlich Aktivisten der außerparlamentarischen Opposition als formale Organisatoren auf.[3] Über Sinn und Zweck der Veranstaltung herrschte Uneinigkeit. Ein Bündnis namens »Aktion für eine faire Staatsmacht« hatte dazu aufgerufen, am Vorabend der Amtseinführung den Manegenplatz neben dem Kreml zu besetzen und den »Dieb« gar nicht erst in den Kreml einziehen zu lassen: echter Protest dürfe sich nicht in ein staatlich kontrolliertes Reservat zwängen lassen.[4] Politiker der legalen Oppositionsparteien und einige andere prominente Figuren hatten erklärt, sie würden dem Marsch fernbleiben, da die vorangegangenen Demonstrationen nicht das erwünschte Resultat gebracht hätten und man sich auf andere Protestformen, auf mühevolle Kleinarbeit oder aber auf bevorstehende Wahlen konzentrieren sollte.[5] Der Skandalschriftsteller und Protestveteran Eduard Limonow, Führer der nicht zugelassenen Partei »Anderes Russland«, nannte die Aktion zögerlich und verspätet. Die bürgerlichen Anführer hätten die Revolution gestohlen und zugrunde gerichtet; die Polizei habe genug Zeit gehabt, um den Manegenplatz abzuschotten und ein Zeltlager zu verhindern.[6] Die sowjetnostalgische Kommunistische Partei und kleinere linke Gruppen konzentrierten sich auf Veranstaltungen zum 1. Mai – dem Tag der Arbeit – und zum 9. Mai – dem Tag des Sieges. Einige kurzgeschorene Ultranationalisten veranstalteten am 6. Mai eine eigene Aktion auf dem Theaterplatz; am Ausgang aus der Metro warteten bereits Polizisten mit einem Gefangenentransporter auf sie.[7] Am Freitagabend, zwei Tage vor dem »Marsch der Millionen«, hatte die »Allrussländische Volksfront« erklärt, sie würde am selben Tag ihr einjähriges Bestehen auf dem Poklonnaja-Hügel feiern. Die nur auf dem Papier bestehende Vereinigung von Pro-Putin-Organisationen, im Jahr zuvor als potenzieller Ersatz für die immer unbeliebtere Staatspartei »Geeintes Russland« gegründet, setzte dem »Meeting« der Protestbewegung ein straff durchorganisiertes und überwachtes »Puting« mit bezahlten Teilnehmern entgegen, das in den Nachrichten des Staatsfernsehens als die zahlenstärkere Veranstaltung präsentiert wurde.[8]

Trotz allem stand der »Marsch der Millionen« im Brennpunkt der Aufmerksamkeit. Aus technischen Gründen war eine Demonstration mit 5000 Teilnehmern angemeldet: für so viele Menschen ist der Platz nach amtlichen Vorgaben ausgelegt. Über die tatsächliche Teilnehmerzahl entbrannte der übliche Zahlenkrieg. Die Polizei bezifferte sie mit 8000; die BBC sprach von 20 000 nach Angaben der Organisatoren. Der Landvermesser Nikolaj Pomeschtschenko, der sich im Zuge der Protestbewegung auf die Zählung von Teilnehmern bei Massenveranstaltungen spezialisiert hatte, kam auf ungefähr 60 000 Menschen.[9] Für die höhere Zahl spricht, dass sich sowohl Demonstranten und Veranstalter als auch die Polizei von der hohen Beteiligung überrascht zeigten. Immerhin lag das Datum der Vereidigung – wie schon seit Putins erster Amtseinführung im Jahr 2000 – zwei Tage vor dem 9. Mai, der als »Tag des Sieges im Großen Vaterländischen Krieg von 1941-45« de facto Russlands wichtigsten Nationalfeiertag darstellt. Die Zeit ab dem 1. Mai gilt traditionell als Feierwoche und für ausreichend Betuchte als gute Gelegenheit für eine Fahrt zur Datscha oder an die türkische Mittelmeerküste. Mit Verweis auf anstehende Proben für die Siegesparade hatte die Stadtregierung die Genehmigung für den Protest erst zwei Tage zuvor erteilt. Daher hatte es im Vorfeld Spekulationen gegeben, der Aufmarsch könnte abgesagt oder verschoben werden, was nach Ansicht vieler die Absicht der Verzögerung gewesen war.[10]

Der Großteil der Teilnehmer, die sich ab dem Vormittag außerhalb der Metrostation Oktjabrskaja versammelten, fühlte sich keiner der politischen Gruppierungen zugehörig, die die Veranstalter repräsentierten. Die Demonstranten identifizierten sich mit Hilfe von Bannern, Flaggen, Plakaten, Buttons, Luftballons, Flugblättern und Kostümen als Einwohner bestimmter Städte, als Umweltschützer, Menschenrechtler, Homo-Aktivisten, Sozialprotestler, Studenten, Rocker, Anarchisten, Kommunisten, Christen, Abstinenzler, NATO- oder WTO-Gegner und Mitglieder einer breiten Palette von zumeist kleinen Bündnissen und politischen Parteien. Wie bei vorangegangenen und späteren Aktionen waren auch Ultranationalisten mit schwarz-gold-weißen Trikoloren dabei; etwa hundert Personen von der Kleinstpartei »Großrussland« tauchten vor Beginn des Marsches kurz auf, riefen antiliberale Parolen und verließen die Veranstaltung wieder.[11] Die meisten Teilnehmer jedoch verzichteten auf eine Kennzeichnung oder trugen nur das weiße Bändchen, das seit Dezember als Symbol der Bewegung für faire Wahlen galt, einige auch das schwarz-orange Sankt-Georgs-Band zum Tag des Sieges. Auch die Plakate waren meist mit individuell formulierten Botschaften beschriftet. Viele ältere Menschen und einige Kinder waren zu sehen, auch behinderte Protestteilnehmer in Rollstühlen waren gekommen. Dutzende, wenn nicht Hunderte in- und ausländische Journalisten mit professioneller Ausrüstung hatten sich frühzeitig in Position gebracht; den Tausenden Graswurzelreportern und Bloggern genügten Digitalkameras und Mobiltelefone. Viele posteten bereits während des Marsches Bilder auf Facebook, vkontakte und Twitter oder boten Live-Übertragungen auf UStream an. Schon auf dem U-Bahnsteig standen Sozialforscher, die versuchten, im Strom der Ankommenden die Gewichtung von Einzeldemonstranten und Gruppen zu bestimmen. In der Menge und an den Straßenrändern waren professionelle Ethnologen, Politikwissenschaftler und Soziologen sowie interessierte Laien unterwegs, die beobachteten, fotografierten, zählten, verglichen, notierten, befragten und interviewten, darunter der Autor dieses Buchs. Mehrere hundert Polizisten in der Kampfausrüstung der OMON-Sondereinsatztruppen begleiteten den Zug; etliche von ihnen waren in geschlossenen Reihen auf der Insel stationiert, hinter ihnen Soldaten der Inneren Streitkräfte mit Panzerwagen. Männer in Zivil gaben den Polizisten Anweisungen, und auch am Anfang und am Ende der Marschroute standen einige von ihnen bereit. Manche Polizisten waren ebenfalls mit Fotoapparaten oder kleinen Handycams ausgerüstet. Über der Menge kreiste ein Hubschrauber.

Nach einem anfänglichen Regenschauer war das Wetter mit über 20 Grad und strahlendem Himmel nahezu sommerlich. Während sich der Umzug durch eine Batterie von Metalldetektoren zwängte und sich dann fast zwei Kilometer die Jakimanka-Straße hinunter bis zum Bolotnaja-Platz bewegte, herrschte die friedliche, ja freundschaftliche Stimmung, die bereits im Winter zum Kennzeichen der Protestbewegung geworden war. Kleinere Provokationen konnten die Stimmung nicht trüben: So hatten Unbekannte einer Gruppe betrunkener Obdachloser Geld angeboten, um am Versammlungspunkt des Umzugs vor laufenden Kameras zu grölen; sie wurden jedoch kaum beachtet. Der »Marsch« glich eher einem riesigen Frühlingsspaziergang. Einzelne Gruppen skandierten immer wieder Parolen. Beliebt waren die Sprechchöre »Gauner und Diebe – packt eure Sachen, ihr habt fünf Minuten!« und »Wir sind hier die Macht«, die auf bekannte Zitate des nationalliberalen Antikorruptionsbloggers Alexej Nawalnyj anspielten. »Russe sein heißt nüchtern sein!« rief ein Block von Nationalisten. »Freiheit für Pussy Riot!« tönte es aus der benachbarten Kolonne der Lesben, Schwulen, Bisexuellen und Trans (LGBT). Die meisten Teilnehmer jedoch unterhielten sich miteinander oder knüpften neue Bekanntschaften.

Um sich auszuruhen oder ihren Durst zu stillen, setzten sich
einige unterwegs an die im Freien stehenden Tische eines Cafés
der Coffee House-Kette, kehrten im Irish Pub ein oder kauf-
ten Getränke im »ABC des Geschmacks«. Nach über einer Stunde ließ die Polizei, die auf den Marsch mitgebrachte Glasbehälter
konfisziert hatte, auch hier die Regale mit Glasflaschen verdecken. Nicht die Abschlusskundgebung, sondern der Marsch und
die Möglichkeit des Austauschs in der Menge waren für die meisten das eigentliche Ziel: Schon bei den Protestkundgebungen im
Dezember hatte nur eine kleine Zahl der Anwesenden dem, was
auf der Bühne passierte, Beachtung geschenkt. So verließen einige Teilnehmer den Marsch denn auch noch vor der Brücke über
den Wasserumleitungskanal.

Etwa zwei Stunden nach dem Beginn des Umzugs, kurz nach
17 Uhr, entstand an dieser Brücke ein Flaschenhals. Während
auf der Bühne schon die ersten Redner und Musiker auftraten,
hatten Einsatzkräfte entgegen den veröffentlichten Vereinbarun-
gen mit den Organisatoren den größten Teil des Bolotnaja-Plat-
zes abgeriegelt und versuchten nun, die Demonstranten auf einen
engen Uferstreifen zu lenken. Eine Gruppe bekannter Aktivisten, darunter Alexej Nawalnyj, Sergej Udalzow von der »Linken
Front« und der liberale Politiker Ilja Jaschin, reagierten mit einem Sitzstreik vor den Polizeikolonnen, der wiederum die Ankommenden am Weitergehen hinderte. Einige versuchten, die Reihen der Uniformierten zu durchbrechen. Der OMON verhinderte
dies nicht nur, sondern drängte die Demonstranten mit Gewalt
zurück. Es begannen Zusammenstöße. In den vordersten Reihen
waren einzelne Aktivisten und Rauflustige dabei, die es von
vornherein auf gewalttätige Konfrontation mit der Polizei abgesehen hatten.[12] Allerdings sind auf Foto- und Videoaufnahmen
auch Mitglieder kremlnaher Jugendgruppen zu sehen, die vermut-
lich zumindest einige der Zusammenstöße angeheizt oder zur
Eskalation gebracht haben.[13] Nach den ersten Handgreiflichkei-
ten kam es zu Verhaftungen von Protestierenden, die Plastikflaschen und andere Gegenstände auf die Polizisten warfen. Aber
auch etliche friedliche Demonstranten wurden festgenommen.

Die behelmten Bereitschaftspolizisten bildeten keilförmige Stoßtrupps: Indem sie sich an den Schultern festhielten, drangen sie knüppelnd in die Menge vor, griffen sich Einzelne heraus und verschwanden rücklings hinter den eigenen Reihen. Die Festgenommenen übergaben sie der regulären Polizei, die sie in bereitstehende Gefangenentransporter verfrachtete und zu Polizeiwachen im gesamten Stadtgebiet fuhr. Einige, vor allem jüngere Demonstranten setzten sich zur Wehr und schlugen zurück, indem sie Polizisten die Helme vom Kopf rissen und diese zum Jubel der Menge in den Kanal warfen. Einige Demonstranten stürzten mobile Toilettenhäuschen um und versuchten, daraus eine Barrikade zu errichten. Es regnete Plastikflaschen, aber auch Steine flogen – später sogar Asphaltbrocken. Mehrere Polizisten wurden verletzt.[14]

Nach einiger Zeit begannen die OMON-Einheiten, die riesige Menge über die Kleine Steinerne und die Lushkow-Brücke von der Insel zurückzudrängen. Über mehrere Stunden hinweg sperrten die Einsatzkräfte einen Abschnitt nach dem anderen zwischen den Brückenköpfen und der am nächsten gelegenen Metrostation, der Tretjakowskaja. Indem sie immer wieder Keile in die Menge trieben, spalteten sie diese in kleinere, beherrschbare Segmente – eine ursprünglich von den französischen Compagnies républicaines de sécurité entwickelte Methode des Straßenkampfs. Knüppelnd drängten sie die Demonstranten nach und nach weiter, während diese sich immer wieder zur Wehr setzten, die Polizisten als Faschisten beschimpften und versuchten, ihnen die zielgerichtet oder wahllos aus der Menge herausgegriffenen Verhafteten wieder zu entreißen. Die einen bewarfen die Polizisten mit Kleingeld und schrien »Hier, nehmt, ihr wollt doch nichts als Geld!« Andere skandierten: »Die Polizei ist mit dem Volk! Dient nicht den Monstern!« Wieder andere unterbrachen ihre angeregten Gespräche nur kurz, um der jeweils nächsten Knüppelattacke zu entkommen, und setzten sie dann ein paar Minuten später fort. Insgesamt wurden mindestens 650 Menschen verhaftet. Viele der auf Versammlungsfreiheit spezialisierten Bürgerrechtler und Anwälte hatten sich durch die friedlichen

Kundgebungen der letzten Monate in Sicherheit gewiegt und waren deshalb nicht darauf vorbereitet, auf den Polizeiwachen um die Freilassung hunderter unrechtmäßig Verhafteter zu kämpfen.[15] Einem Mann schlugen die Polizisten mit solcher Wucht auf den Kopf, dass er blutend und ohnmächtig liegenblieb. Später hieß es, er sei gestorben, doch der einzige gesicherte Todesfall dieses Tags war der eines Fotografen, der sich durch eine waghalsige Kletteraktion eine bessere Sicht zu verschaffen hoffte und dabei in den Tod stürzte.

Die Konfrontation ging bis zum späten Abend weiter. Als die Uniformierten die Demonstranten an der Tretjakow-Galerie, den Vertretungen der Commerzbank und der Europäischen Kommission und den umliegenden Restaurantterrassen in der Fußgängerzone der Lawruschinskij- und Klimentowskij-Gassen vorbeigeschoben hatten, blieben noch einige hundert Menschen verschiedensten Alters übrig (die anderen hatten sich zerstreut oder waren verhaftet worden). Nachdem die Polizisten sie aufforderten, die Fahrbahn der Großen Ordynka-Straße zu räumen, startete ein junger Mann einen Flashmob: Dutzende Demonstranten spazierten jeweils bei grünem Licht über einen Zebrastreifen auf die andere Seite und warteten dort, bis die Ampel wieder auf Grün schaltete. Ein anderer junger Mann blockierte zum Jubel der Umstehenden eine halbe Stunde lang die Fahrbahn hinter den Polizeireihen mit seinem Auto. Nach dieser Atempause wurden die Einsatzkräfte wieder brutaler und zerstreuten die übriggebliebenen Demonstranten, die sich nicht rechtzeitig in das nahegelegene McDonald's geflüchtet hatten, indem sie sie mit vollem Körpereinsatz die Treppe zur Metrostation Tretjakowskaja hinunterschoben. Auch einige zufällig anwesende ausländische Touristen gerieten in den gelenkten Strom. Während der gesamten mehrstündigen Aktion wurden immer wieder Demonstranten – darunter ältere Menschen, die zu Ruhe gemahnt hatten – brutal verhaftet und in Kleinbussen abtransportiert.

Am nächsten Tag setzten sich – wie geplant – jene Protestaktionen fort, die unter dem Namen »Weiße Stadt« bekannt wurden. Putins Amtseinführung fand in einem leergefegten Stadtzentrum mit ausgewählten Gästen und unter Ausschluss der Öffentlichkeit statt. Zur gleichen Zeit gingen Tausende mit weißen Bändchen an der Kleidung in der Innenstadt spazieren. Es bildete sich ein von Trommlern begleitetes mobiles Protestlager, an dem sich rund um die Uhr mehrere hundert wechselnde Personen beteiligten. Auch die Verhaftungen setzten sich fort: Vom 7. bis zum 10. Mai wurden noch einmal etwa tausend Menschen festgenommen; ohne jede rechtliche Grundlage bekamen die Polizisten Anweisungen, alle Menschen mit weißen Bändchen zu verhaften, darunter Journalisten und bekannte Oppositionsfiguren. Am Tag der Amtseinführung stürmte der OMON ein McDonald's-Restaurant auf der Twerskaja sowie das Café Jean-Jacques und den John Donne Pub auf dem Nikitskij-Boulevard.[16] Nawalnyj und Udalzow, die bereits auf dem »Marsch der Millionen« für 24 Stunden verhaftet worden waren, wurden in der Nacht zum 8. Mai erneut festgenommen und zu 15 Tagen Ordnungshaft verurteilt. Kurzzeitig traf es auch Xenia Sobtschak, eine bekannte Reality-Show-Moderatorin, die Tochter von Putins Mentor, dem 2000 verstorbenen Ex-Bürgermeister von Sankt Petersburg. Seit dem Beginn der Demonstrationswelle im Dezember 2011 trat sie regelmäßig auf Protestaktionen auf; von vielen der Teilnehmer anfangs nicht ernstgenommen und sogar ausgepfiffen, wurde das blonde Society-Girl für apolitische Konsumenten von Russlands Glamour-Kultur zu einem Gesicht der Bewegung.

Am 9. Mai ging das Wanderlager am Tschistoprudnyj-Boulevard vor der sechs Jahre zuvor errichteten Statue des kasachischen Nationaldichters Abai Qunanbajuly vor Anker. Durch Twitter-Mitteilungen wurde das Lager als #*OccupyAbay* bekannt. Wie in den US-amerikanischen Occupy-Lagern fanden hier Versammlungen, Vorlesungen, Diskussionen, Konzerte, Filmvorführungen und Ausstellungen statt. Dabei wurden die Ereignisse in Russland in einen globalen Kontext gerückt. Die Geschichtslehrerin Tamara Ejdelman erntete mit ihrem Referat zur Geschichte des gewaltfreien Widerstands tosenden Beifall. Der zwischen Berlin und Moskau pendelnde Dichter und Performance-

künstler Alexander Delphinov hielt ein Seminar zur Drogenpolitik in autoritären Staaten ab. Der Schriftsteller und Journalist
Sergej Kusnezow verglich die russischen Proteste mit den globalen Studentenunruhen der sechziger Jahre. Es gab aber auch
Seminare zu den Themen Vogelgesang, Schlaglöcher, Bildungs-
politik und Arbeiterbewegung. Zur Infrastruktur des Lagers gehörten ein WLAN-Netzwerk, eine Volksküche, Büchertische
und ein improvisierter Sicherheitsdienst.[17]

Eine wichtige Rolle bei der Verstetigung des Lagers spielten
Anarchisten, von denen einige an ähnlichen Lagern im Ausland
teilgenommen und schon vorher Versuche unternommen hatten,
die dort erprobten Methoden direkter Demokratie in Russland
einzubringen. Vom »Marsch der Millionen« zurückkehrende Bürger regten ähnliche Lager in anderen Städten an. In Sankt-Petersburg etwa begann ein ähnliches Occupy-Lager am 7. Mai vor der
Isaakskathedrale und wurde dann von der Polizei zunächst in
den Alexandergarten und schließlich auf den Platz der Künste
verdrängt, wo es schließlich Ende Mai mit einer neuen Verhaf
tungswelle aufgelöst wurde. Auch in Barnaul, Iwanowo, Jekaterinburg, Kaliningrad, Kirow, Krasnojarsk, Nishnij Nowgorod,
Nowosibirsk, Pensa, Samara, Saratow, Uljanowsk, Wladiwostok
und Wologda wurden kleinere Lager organisiert – in einigen Fällen nicht viel mehr als kollektive Spaziergänge oder ständige Dis-
kussionsgruppen auf Parkbänken. In Tscheljabinsk am Südural
trafen sich örtliche Aktivisten unter dem Titel »Occupy Orljo-
nok« über einen Monat lang allabendlich vor dem stadtbekann-
ten Denkmal für die jungen Bürgerkriegshelden.[18]

In Moskau publizierte der Bestsellerautor Boris Akunin in seinem Livejournal-Blog am 9. Mai als Antwort auf die Massen-
arreste folgenden Aufruf:

Achtung! Todesmutige Zirkusnummer »Kontrollspaziergang«. Nur in unserer Stadt! Da es in Moskau, wie sich herausstellt, verboten ist, auf Boulevards und Grünanlagen spazieren zu gehen […], hat eine Gruppe tollküh-
ner Bürger, überwiegend Literaten, beschlossen, einen Geländemarsch über
den Boulevardring vom Puschkindenkmal […] zum Gribojedowdenkmal
[…] durchzuführen. Hier eine alphabetische Liste dieser Kamikazekämp-

fer: […] Indem wir so tun, als ob wir uns friedlich über Literatur unterhalten (tatsächlich aber vor Angst zitternd), werden wir von einem Alexander Sergejewitsch zum anderen spazieren. Die Testamente sind gemacht, die letzten Lieder geschrieben […] Den Bürgermeister der Stadt Moskau, die Abgeordneten der Moskauer Stadtduma und alle, die interessiert sind, dieser riskanten Operation mit dem Titel »Kontrollspaziergang« beizuwohnen, laden wir am kommenden Sonntag, dem 13. Mai, zur Mittagszeit zum Puschkin-Denkmal ein. Warnung: Wir übernehmen keine Verantwortung für Leben und Gesundheit von Zuschauern, die zu nah herantreten. Wie es so schön heißt: At your own peril! Ziel des Experiments ist es herauszufinden: Können Moskauer nun frei in ihrer eigenen Stadt spazieren gehen, oder brauchen sie dafür einen besonderen Passierschein?[19]

Der literarische »Kontrollspaziergang« fand ungehindert statt; mehrere tausend Teilnehmer schlossen sich den Schriftstellern an und kamen schließlich ins OccupyAbay-Lager, dessen Größe und Bekanntheitsgrad dadurch noch einmal wuchs.[20] Dennoch wurde das Lager am Morgen des 16. Mai von der Polizei aufgelöst, angeblich auf Bitten von Anwohnern, die sich gestört fühlten. Einzelne kürzere Protestlager und Spaziergänge, darunter ein »Wandermuseum zeitgenössischer Kunst«, setzten sich auch in den darauffolgenden Tagen fort, und neben der Abai-Statue fanden an den Wochenenden weiterhin Versammlungen und Vorlesungen statt. Am 31. Mai löste die Polizei die traditionellen Demonstrationen der »Strategie-31« zum Schutz der Versammlungsfreiheit (Artikel 31 der Verfassung) vielerorts mit der üblichen Härte auf.[21] In Moskau begann für die meisten eine kurze Ruhepause bis zum nächsten »Marsch der Millionen« am 12. Juni.

Kaleidoskop des Protests

Der erste »Marsch der Millionen« dient in diesem Buch als Kaleidoskop von Russlands Protestbewegung. Jedes Kapitel beginnt mit einem kurzen biographischen Abriss oder kollektiven Por-

trät von Akteuren, die auf die eine oder andere Weise an den Ereignissen in Moskau am und um den 6. Mai 2012 teilnahmen. Je
nach Blickwinkel kommen dabei verschiedene Aspekte der Bewegung und ihres gesellschaftlichen Kontexts in den Blick.

Nicht nur durch die Einbeziehung tausender Teilnehmer aus
dem ganzen Land und durch die brutale polizeiliche Niederschlagung wurde der »Marsch der Millionen« zu einem Wende-
punkt in der »Schneerevolution«, die nach den gefälschten Dumawahlen am 4. Dezember 2011 unerwartet in Gang gekommen
war. Auch in der emotionalen Entwicklung der Bewegung markierte sie einen Scheidepunkt. Die ersten, spontan innerhalb weniger Tage improvisierten Massenkundgebungen vom 10. Dezember und die weiteren Demonstrationen der Wintermonate waren
von Überraschung, Neugier, Euphorie und einem ausgelassenen
Gefühl der Befreiung getragen. Überrascht waren vor allem die
Teilnehmer selbst: Die meisten von ihnen hatten keinerlei Erfahrung mit Politik und Aktivismus, sie fühlten sich in der atomisierten, rücksichtslosen, vom staatlichen Fernsehen mit Bildern von Einheit und Stabilität berieselten Gesellschaft allein
und waren überwältigt, als sie erkannten, wie viele andere ihren Unmut teilten. In Ermangelung öffentlichen Raums wurden
die zumeist in klirrender Kälte stattfindenden Aufmärsche zu
vorübergehenden Orten der Wärme und des neugefundenen Zusammenhalts, zu Demonstrationen von Solidarität. Sie boten
aber auch Plattformen für individuelle Selbstdarstellung: Der
zuvor ins Internet verbannte Unmut über Putin und die Einheits-
partei »Geeintes Russland« konnte sich hier in unzähligen originellen und humorvollen Formen ausdrücken. Obwohl von den
Rednertribünen manchmal eindeutige Forderungen – nach fairen Neuwahlen und der Freilassung aller politischen Gefangenen – laut wurden, waren die Demonstrationen für die meisten
Teilnehmer ein Moment des Kennenlernens, der Selbstfindung
und der Subjektwerdung. Tatsächlich fühlten sich viele Bürger
des Landes in diesen Monaten als neue gesellschaftliche Akteure, während sie zuvor nur als Wahlvieh und Fußvolk verschiedener politisch-unternehmerischer Netzwerke gegolten hatten. Die

friedliche Atmosphäre entsprach der gesetzestreuen Grundstimmung der meisten Demonstranten, die immer wieder aufs Neue nach Evolution statt Revolution riefen und dem in ihren Augen korrupten autoritären System Putin den Wunsch nach Rechtsstaatlichkeit entgegensetzten.

Auch im Mai waren alle diese Gefühle noch dominant. Dazu kam aber eine breite Palette neuer Emotionen: Die einen, die eine schnelle Durchsetzung der Forderungen erwartet hatten oder aber den Radikalen unter den Demonstranten die Schuld an der Eskalation gaben, empfanden Enttäuschung, die anderen eine grimmige Entschlossenheit, den Schwung der Bewegung auch nach Putins formaler Rückkehr an die Macht aufrecht zu erhalten. Die brutale Niederschlagung des »Marsches der Millionen« erzeugte neuen Zorn: Vor allem in der Provinz, aber auch in Moskau waren Demonstrationen immer wieder mit Gewalt aufgelöst worden; doch erstmals kamen Schlagstöcke derart massiv zum Einsatz, und die Zahl der Verhafteten war weit höher als zuvor. Die anschließenden Spaziergänge und Protestlager wurden zu einer erneuten Demonstration des Zusammenhalts; gerade jüngere Teilnehmer erlebten auch endlich einen romantischen revolutionären Frühling.

Im Verlauf des Sommers trat die Euphorie des Protests langsam in den Hintergrund und machte einem Gefühl der Ernüchterung und der Routine Platz. »Enthusiasmus währt nicht lange«, kommentierte der Politikwissenschaftler Grigorii V. Golosov. »Routine ist zuverlässiger. Es ist klar, dass der Enthusiasmus für viele der wichtigste Wert in der Protestbewegung war. Solche Leute verlassen die Bewegung.«[22] Gleichzeitig stießen bei jeder Demonstrationswelle Menschen hinzu, die alle vorherigen Proteste verpasst hatten. Die »Märsche der Millionen« Nummer zwei und drei – am 12. Juni und am 15. September 2012 – verliefen in Moskau ohne größere Zwischenfälle. Parallel dazu fand eine mühselige Arbeit der Vernetzung und Institutionenbildung innerhalb alter und neuer Bürgervereinigungen statt.

Die Ereignisse des Mai 2012 hatten aber auch einen anhaltenden Einfluss auf das Aktionsrepertoire sowohl der Protestbewe-

gung als auch der ihr gegenüberstehenden staatlichen Akteure.
Vor dem nächsten »Marsch der Millionen« verabschiedete das
Parlament im Eildurchgang ein neues, restriktiveres Versammlungsgesetz, das den Organisatoren für die kleinsten Verstöße
ruinöse Strafen auferlegte. Den oppositionellen Duma-Abgeordneten Gennadij Gudkow, der dieses Gesetz mit einer Handvoll
Mitstreiter durch eine Art Filibuster aufzuhalten versuchte, ent-
hob die Kammer in den folgenden Monaten unter einem faden-
scheinigen Vorwand kurzerhand seines Mandats.[23] Kurz vor
dem 12. Juni durchsuchten Ermittler die Wohnungen und Büros
einiger prominenter Oppositioneller – vornehmlich im Zuge der
Untersuchung über die Anstifter der »Unruhen« vom 6. Mai.[24]
An den Angeklagten – viele von ihnen Menschen ohne jegliche
politische Erfahrung, die zum ersten Mal an einer Demonstration teilgenommen hatten – wurde durch Androhung und später Verhängung langer Gefängnisstrafen ein Exempel statuiert.
Im November sollte der erste von ihnen zu über vier Jahren Haft
verurteilt werden, 18 weitere warteten noch Monate später in
Untersuchungshaft, Hausarrest, mit Meldeverpflichtung oder
im Ausland auf den Abschluss ihrer Strafverfahren.[25] Mehrere
hundert weitere Personen in Moskau und anderswo wurden
nach und nach zu Zeugen erklärt – ein Status, der im Vergleich
zu dem des Angeklagten weniger Rechte einräumt und eine spätere Verurteilung erleichtert. An ihnen wurden die verschärften
Gesetze ausprobiert, die die Präsidialadministration als Reaktion auf die Protestbewegung einbrachte.[26]

Die Aktionspalette der Bewegung hatte sich seit Mai sprunghaft erweitert. Protestspaziergänge waren ein Mittel, um die Einschränkungen des neuen Versammlungsrechts zu umgehen. Bereits am 9. Juni veranstalteten Aktivisten in Woronesh zwei
weitere solche Spaziergänge. An einem nahm der Schriftsteller
und ehemalige OMON-Offizier Sachar Prilepin teil, der sich anlässlich eines Literaturfestivals in der Stadt aufhielt. Die Aktionen wurden zum Teil bereits als »massive gleichzeitige Anwesenheit« nach dem neuen Gesetz geahndet.[27] Wie bei den seit dem
Winter als »Nanodemos« bekannten Demonstrationen von Spiel-

zeugfiguren zwangen die Urheber solcher Aktionen die Polizei,
ihre Brutalität und Gesetzesverachtung bis hin zur Lächerlich-
keit zu demonstrieren, wenn sie den Protest nicht gewähren ließ.
Es handelte sich um klassische Dilemma-Aktionen – ähnlich den
leeren Fässern mit Milošević-Konterfeis, die serbische Aktivisten von »Otpor« im Jahr 2000 aufstellten, um deren »Verhaftung« durch die Polizei mit Kameras zu dokumentieren.

Das Schlagwort »Occupy« wurde – seiner kapitalismuskriti-
schen Konnotation größtenteils enthoben – zu einem Sammel-
begriff für regelmäßige oder lang andauernde Mahnwachen und
Protestlager. Waren in den Jahren zuvor meist von Anarchisten
und Öko-Aktivisten Zeltlager an entlegenen Stellen organisiert
worden, um die Zerstörung von Wäldern und Seen aufzuhalten,
so trafen sich nun immer mehr Menschen an immer zentraleren
Orten: Im Rahmen von »OccupyGericht« oder »OccupyUnter-
suchungskomitee« protestierten sie etwa gegen die Verfolgung
der Gefangenen des 6. Mai oder der Punkgruppe Pussy Riot.
Nachdem im Juli eine Flutkatastrophe im südrussischen Krymsk
zu einer staatsunabhängig organisierten Hilfsaktion mit Tausenden von Freiwilligen geführt hatte, kam im September unter dem
Titel »#OccupyKuban« wieder eine Reihe von Protestlagern in
der Region zusammen. Aktivisten unterstützten auf diese Weise
einen gemeinsamen Auftritt von Oppositionsparteien, Umweltschützern und Bürgerrechtlern bei den Wahlen in das regionale
Parlament und protestierten gegen den Bau eines neuen Block-
heizkraftwerks.[28]

Durch solche Aktionen, und natürlich durch die Massendemonstrationen selbst, eroberte sich die vor allem im Internet
residierende Gegenöffentlichkeit stückweise einen Teil des städtischen und auch ländlichen Raums zurück, was wiederum ohne die Kommunikations- und Dokumentationsmethoden des
Web 2.0 unmöglich gewesen wäre.

Insgesamt markierte die Bewegung für faire Wahlen seit Dezember 2011 einen langfristigen Wandel in Russlands Protestkultur.[29]
Entgegen einem beliebten Vorurteil sind Russlands Einwohner
keine apathischen Protestmuffel. Etwa bis zur Jahrtausendwen-

de jedoch dienten Protestaktionen vor allem der Durchsetzung konkreter, meist lokaler Forderungen, etwa nach der Auszahlung ausstehender Löhne. Es handelte sich vorrangig um Streiks, zum Teil aber auch um Straßen- oder Schienenblockaden. Solche Aktionen führten selten zur Herausbildung dauerhafter Vereinigungen oder sonstiger Institutionen. Ihr Schwerpunkt lag zumeist in der Provinz und hier vor allem im staatlichen Bildungssektor oder in der Industrie; wie in anderen postsozialistischen Staaten protestierten zudem in Russland bis vor kurzem hauptsächlich ältere Menschen. Schon deshalb wurden solche Aktionen von den Medien in Moskau oder im Ausland weniger wahrgenommen als kleinere, aber symbolträchtigere politische Demonstrationen in der Hauptstadt. Schließlich wurde der Protest meist von Mitgliedern der politischen Elite für ihre Zwecke kanalisiert oder gesteuert: Demonstrationen dienten ehrgeizigen Provinzbossen häufig als Druckmittel bei Verhandlungen mit Regierung und Präsident um finanzielle Ressourcen und politische Macht. Ähnliches galt auf regionalem Niveau für den Machtkampf zwischen Stadtoberhäuptern und Gouverneuren.

Im ersten Jahrzehnt des neuen Jahrtausends entwickelten sich nach einer anfänglichen Protestflaute allmählich neue Aktionsformen. Symbolische Aktionen, die nicht direkt ergebnisorientiert sind, sondern Aufmerksamkeit für ein Problem erzeugen sollen, wurden beliebter. Eine immer noch kleine, aber wachsende Zahl von Bürgern entwickelte die Bereitschaft, die eigenen lebensweltlichen Anliegen in eine größere Öffentlichkeit hinauszutragen und gemeinsam mit anderen zu protestieren. Die Rentnerproteste von 2005 sowie regionale Protestbewegungen wie in Kaliningrad oder Wladiwostok gaben dieser Entwicklung Auftrieb. Demonstrationen für Umwelt- und Denkmalschutz oder Versammlungsfreiheit wurden zu kleinen, aber wichtigen Treffpunkten. Während sich die politischen Eliten unter Putin nach außen hin konsolidierten und ihre Machtkämpfe innerhalb der neuen zentralisierten Staatsstrukturen austrugen, befreiten sich die Protestierenden durch den Wandel von direkten zu symbolischen Aktionen ein wenig aus der direkten Abhängigkeit von solchen Machtspielen. Stattdessen entstanden neue Abhängigkeiten – vor allem von den Medien, ihrer Aufmerksamkeit und Deutungshoheit. Diese Entwicklung fand in der Bewegung für faire Wahlen ihren vorläufigen Höhepunkt.[30]

Bewegung im Wandel

Von Beginn der Protestwelle an diskutierten Beobachter in Russland und außerhalb immer wieder die gleichen Fragen. Wer waren die Menschen, die da auf die Straße gingen? Waren es »Internetmeerschweinchen« und Vertreter des »Büroplanktons«, wie Putin und andere Kritiker abschätzig witzelten? War es eine Revolution der Mittelklasse, genauer gesagt der neuen »kreativen Klasse«, wie es die Medien schon im Dezember formuliert hatten? Handelte es sich um einen »Aufruhr der Ausgebildeten«[31] oder gar der »Satten« und »Zufriedenen«, die vom Wirtschaftswachstum unter Putin profitiert hatten? Waren nicht vor allem junge Menschen – die »erste postsowjetische« oder »Putin-Generation« – die treibende Kraft? War Russland Schauplatz einer neuen »Farbrevolution«, wie die unterschiedlich ausgegangenen Wahlrevolutionen in Georgien, der Ukraine und Kirgisien, aber auch in Belarus, der Republik Moldau und Armenien kollektiv genannt wurden? Handelte es sich um eine Demokratiebewegung? Hatte »der Westen« die Hand im Spiel? War die zeitliche Nähe zum Arabischen Frühling und zu den weltweiten Occupy-Protesten ein Zufall, oder wurde Russland in eine globale Bewegung hineingezogen? Würden die Proteste schnell wieder versiegen oder zum Erfolg führen – und wie könnte ein solcher Erfolg aussehen? Genoss Putin nicht trotz der offensichtlich gefälschten Wahlen weiterhin Rückhalt in der breiteren Bevölkerung – und würden die gewaltfreien Proteste daher nicht zwangsläufig in einen blutigen Bürgerkrieg münden? Und: Was eigentlich wollten die Protestierenden, und wie konnte man das herausfinden?

Mir geht es in diesem Buch weniger darum, solche Fragen eindeutig zu beantworten, als darum, sie besser zu formulieren und die verwendeten Begriffe an der gelebten Wirklichkeit des Protests zu messen. Ausdrücke wie »Mittelklasse«, »Generation« oder auch »Rentner« suggerieren real existierende kollektive Akteure, die aber erst dann in Erscheinung treten, wenn ihre vermeintlichen Mitglieder sich auch als solche verstehen und wenn es Institutionen gibt, die diese Konstrukte aufrecht erhalten. Es gibt Zeiten und Orte, wo Menschen als Arbeiterklasse, Jugend oder Nation auf die Straße gehen. Im heutigen Russland ist dies selten der Fall: Identitätsbildende Institutionen unterhalb des Gesamtstaats sind schwach ausgeprägt, und die demonstrierenden Menschen weigern sich in den meisten Fällen, sich als Vertreter einer bestimmten sozialen oder Berufsgruppe auszuweisen. Das bedeutet nicht, dass auf den hunderten Protestaktionen seit Dezember 2011 ein irgendwie repräsentativer Querschnitt der Bevölkerung vertreten wäre, wohl aber, dass wenig gewonnen ist, wenn man den Protest als Ausdruck bestimmter Gruppeninteressen auffasst und ihn auf diese reduziert. Politische Loyalitäten und die Identifikation mit gesellschaftlichen Gruppen können sich schnell wandeln – zumal im heutigen Russland, wie viele der in diesem Buch geschilderten Fälle zeigen. Einmal entstandene Formen von Protest und staatlicher Reaktion aber werden immer wieder aufgegriffen. Ein ehemaliger KGB-Mitarbeiter oder politischer Strippenzieher wird, wenn er sich einer Demonstration anschließt, eine bestimmte Choreographie und Rhetorik des Protests vorfinden. Ein abtrünniges Mitglied der Staatspartei wird im Kampf um seinen Posten versuchen, bestehende Protestformen zu seinen Gunsten zu kanalisieren. Ein ehemaliger Anarchist wird, zum einflussreichen Mitglied der Staatspartei aufgestiegen, keine völlig neuen Repressionsmechanismen einsetzen können.[32]

Der Perspektivwechsel, den ich vorschlage, lässt sich am Begriff »Bewegung« veranschaulichen. Eine Bewegung ist nicht die losere Version einer Partei oder sonstigen Organisation, auch keine fest umrissene Gruppe mit Kriterien, die Teilnehmer von

Nichtteilnehmern abgrenzen würde. Nein, der Begriff sollte wörtlich verstanden werden: Bewegung ist keine Gruppierung, sondern ein Zustand.

In Russland haben sich seit Dezember 2011 nicht einfach Unzufriedene oder Oppositionelle in Bewegung gesetzt, um bestimmte politische Ziele zu erreichen. Es ist viel mehr in Bewegung gekommen – oder bewegt sich anders als zuvor: Menschen,
Entscheidungsprozesse, politische Ansichten – aber auch Fahrzeuge, Institutionen und Symbole. Die Demonstrationen für
faire Wahlen sind nicht der einzige Ausdruck dieser Neukonfiguration: Auch diejenigen, die diese Aktionen für eine falsche Antwort oder gar eine Gefahr halten, sind in Bewegung geraten. Vor
allem bewegt sich die Perspektive, auch auf die Vorgeschichte der
Protestbewegung. Der Sturm der Geschichte wirbelt viel Staub
auf und lässt ein neues Licht auf vergangene Ereignisse scheinen. Das vermeintlich Immobile erscheint dem, der sich die Zeit
nimmt, während der schneller werdenden Fahrt zurückzuschau-
en, nun im Rückblick vielgestaltig und beweglich. Der Sozialforscher, der sich eines gesellschaftlichen Bewegungszustands
annimmt, hat die Aufgabe, dessen Vorgeschichte und Kontext
darzustellen – jene Netzwerke und Handlungen, welche die Pro-
testkulturen während politischer Durststrecken in der Schwebe
gehalten haben.[33] Gleichzeitig muss er auch das Gefühl der Überraschung, der überwältigenden Euphorie einfangen, die den Beginn einer neuen Welle der Mobilisierung begleiten. Aus der Vo-
gelperspektive des Wissenschaftlers, des erfahrenen Aktivisten
oder des auf die ersten Monate einer Bewegung zurückblicken-
den Demonstranten ist es nur zu verlockend, das bereits Gesche-
hene als logische Konsequenz langfristiger Entwicklungen zu
sehen. Auf der Strecke bleibt dabei das Gefühl von Neuheit, Befreiung und Perspektivenwechsel, das am Anfang einer Protestbewegung steht – gerade in einer Gesellschaft, in der Bindungen
außerhalb des Familien- und Freundeskreises wenig ausgeprägt
sind, wo öffentlicher Raum stark eingeschränkt und Zugang zu
verlässlicher Information erschwert ist.

Deshalb dieses Buch schon jetzt – als Zwischenbericht über eine

Bewegung im Wandel und als Zwischenbericht (mehr nicht!) aus der Forschung über diese Bewegung. Das Buch stützt sich auf Interviews, Foto- und Videoaufzeichnungen sowie Internetdiskussionen und -berichte. Mehr als fünfzig Interviews, darunter Kurzbefragungen, ausführliche biographische Interviews und mehrere kollektive Gespräche habe ich selbst geführt: mit Demonstranten, zivilgesellschaftlichen und Protestaktivisten aus den verschiedensten Regionen des Landes in Moskau, Sankt Petersburg, Tscheljabinsk und Berlin. Darüber hinaus konnte ich auf jeweils mehr als hundert Interviews meiner Kollegen vom »Kollektiv zur Erforschung der Politisierung« sowie von Alexander Bikbov und Alexandrina Vanke von der »Unabhängigen Initiative zur Demonstrationsforschung« und schließlich auf Interviews von Olga Rosenblum zurückgreifen. Eine weitere wichtige Grundlage für dieses Buch bildet eine im Aufbau befindliche Datenbank von Protestaktionen und -slogans, die Manarsha Isaeva, Olga Sveshnikova und ich zusammengetragen haben. Zum Zeitpunkt der Niederschrift umfasst diese Datenbank über 600 Demonstrationen und andere Protestaktionen, die im Zeitraum zwischen November 2011 und Juni 2012 in mehr als hundert Orten in Russland und im Ausland stattfanden. Durch die systematische Auswertung von Fotoberichten in Blogs und Internetmedien sowie dank der Mitarbeit von Korrespondenten vor Ort konnten wir etwa 7000 Protestslogans sammeln, die auf den verschiedenen Aktionen auf Plakaten oder in anderer Form gezeigt wurden. Mit der Zeit soll diese Datensammlung eine weitaus feinere Analyse ermöglichen, als es die traditionelle quantitative Erforschung von Protestveranstaltungen zulässt, weil unsere Daten nicht nur über die Berichte von Medien und staatlichen Stellen hinausgehen, sondern auch Unterschieden zwischen Teilnehmern einzelner Veranstaltungen Rechnung tragen.[34]

Um die Ereignisse einem breiten Leserkreis verständlich zu machen, habe ich auf längere begriffliche, theoretische und methodologische Erörterungen sowie eine erschöpfende Bibliographie verzichtet. Die Anmerkungen enthalten neben Hinweisen auf die benutzten Quellen nur repräsentative Literaturangaben.

Dennoch versteht sich die Beschreibung auch als Beitrag zur Erforschung sozialer Bewegungen in nichtdemokratischen Staaten. Manche Überlegungen mögen über den russischen Kontext hinaus Gültigkeit haben. Ich fasse sie im abschließenden Kapitel kurz zusammen. Auf eine Zeittafel habe ich aus Platzgründen verzichtet; die Webseite der Russland-Analysen verzeichnet in ihrer Chronik zumindest die größten Moskauer Protestaktionen (www.laender-analysen.de/russland/chronik.html). Bei der Transkription von Namen folge ich bis auf die Quellenangaben in den Anmerkungen dem Duden, mit Ausnahme der Fälle, in denen die erwähnte Person selbst eine andere lateinische Umschrift bevorzugt. Das Adjektiv »russländisch« (*rossijskij*), das sich auf den Gesamtstaat bezieht, verwende ich nur in den Namen von Organisationen sowie in Fällen, wo die Abgrenzung von der ethnischen Bezeichnung *russkij* besonders wichtig ist. Einige Namen habe ich zum Schutz der erwähnten Personen geändert.

Dies ist ein Buch über die Menschen, die sich seit dem 4. Dezember 2011 in Bewegung gesetzt haben. Ein Buch über die Bürgerbewegung, nicht über die politische Opposition – ein nicht nur für Russland entscheidender Unterschied, obwohl die Trennlinie nicht in allen Fällen klar verläuft. Auch prominente Figuren – Parlamentsabgeordnete, Anführer außerparlamentarischer Parteien, aus den Medien bekannte Persönlichkeiten und öffentliche Intellektuelle – kommen darin zu Wort. Vor allem aber handelt es von jenen, die nach den Dumawahlen erstmals oder zum wiederholten Mal auf die Straße gingen, um zu protestieren, zu demonstrieren oder sich über ihre eigene Geisteshaltung und die der anderen klar zu werden. Es geht um Menschen, die ihre lokalen Belange – gefälschte Wahlen in ihrem Dorf oder ihrer Stadt, die Zerstörung eines Waldes oder einer Wohngegend, die Missachtung der Interessen von Arbeitern, Rentnern oder Kleinaktionären, die kriminelle Enteignung eines Unternehmens – in die landesweite Bewegung einbrachten oder sich gegen eine solchen Vereinnahmung verwahrten. Sie alle waren am Entstehen von Russlands neuer Protestkultur beteiligt.

Der offiziell als Mixed Martial Arts bezeichnete Kampfsport erfreut sich in Russland seit Jahren als »Kampf ohne Regeln« wachsender Beliebtheit. Bei seiner Einführung Mitte der neunziger Jahre fiel diese Art des Vollkontaktwettkampfs auf fruchtbaren Boden: Bereits 1938 etablierte das sowjetische Sportkomitee per Dekret einen sogenannten »Freistilkampf«, der später als Sambo bekannt wurde – eine Abkürzung für »Selbstverteidigung ohne Waffen«. Mitarbeiter von Stalins Innenministerium NKWD wurden in den entsprechenden Techniken geschult. Auch der 1952 geborene Wladimir Putin soll bereits als Elfjähriger Sambo trainiert haben; 1973 wurde er »Meister des Sports« in dieser Disziplin, zwei Jahre bevor er seinen Dienst im KGB antrat und lange bevor er als Russlands Premierminister und Präsident – und als Co-Autor eines Judo-Lehrbuchs bekannt wurde. Putin, der gerne mit nacktem Oberkörper als Angler oder Reiter auftritt und sich als Schatztaucher oder Bändiger wilder Tiere filmen lässt, betrat also vertrautes Terrain, als er am 20. November 2011 in einen Ring in der Moskauer Olympiahalle stieg, um vor Fernsehkameras und mehr als 20 000 Zuschauern dem russischen Champion Fjodor Jemeljanenko zu gratulieren. Nach drei Niederlagen in Folge hatte dieser soeben seinen US-amerikanischen Gegner Jeff Monson besiegt, der mit aufgeplatzter Lippe und gebrochenem Bein davon kam. Erst am 24. September hatte Putin auf einem Kongress der Staatspartei »Geeintes Russland« verkündet, er werde nach acht Jahren als Präsident und vier als Premierminister im Frühjahr erneut für das höchste Staatsamt kandidieren, während der amtierende Präsident Dmitrij Medwedew bei den bevorstehenden Dumawahlen die Partei anführen solle. Am Tag von Jemeljanenkos Triumph blieben nur noch zwei Wochen bis zur Parlamentswahl; dennoch erwähnte Putin sie mit keinem Wort. Stattdessen sprach er von dem »Fest«, das MMA-Liebhaber dank »echten Männern aus sechs Ländern« erlebt hätten. Grund für Jemeljanenkos Sieg seien nicht nur seine Muskeln und seine Re-

*aktions*geschwindigkeit, sondern auch »sein Charakter, der eines *wahren* russischen Recken«. Putins Worte gingen in Pfiffen und *Buhrufen* unter, die einsetzten, sobald der Premier den Ring betrat. *Der Zwischen*fall war live im Fernsehen zu sehen, und von Zuschau-*ern gedrehte* Videos wurden im Internet zu Rennern.

Auch Kira Sokolowa in Tscheljabinsk am Südural verfolgte die *Szene. Die* 35-jährige Kunstpädagogin hatte sich nie für Politik inte-*ressiert, auch Wahlen* mied sie, weil sie keinen Sinn darin sah. Seit *Gründung des* »Geeinten Russland« im Jahr 2001 hatten Bekannte in der einen Million Einwohner zählenden Industriestadt immer wie-der berichtet, wie Belegschaften einer Fabrik oder eines ganzen Unternehmens zum Abstimmen in die Wahllokale abkommandiert wurden. Sie hatte auch gar keine Zeit für Politik: weder an der Kunstfachschule in ihrer Heimatstadt, als sie sich gemeinsam mit ihrer Mutter mit mäßigem Erfolg um die Kinder alkoholkranker El-tern kümmerte, noch während des Studiums an der Alexander-Her-zen-Hochschule für Pädagogik in Petersburg, wo sie genug damit zu tun hatte, mit Nebenjobs das nackte Überleben zu sichern. Auch zurück in Tscheljabinsk ist sie seither voll ausgelastet: Im Kultur-palast der Eisenbahnarbeiter gibt sie Kindern Kunstunterricht, im Sommer setzt sie die Kurse in einem Dorf im Uralgebirge fort, wo sie gemeinsam mit ihrer Mutter ein Studio aufgebaut hat. Schließ-lich muss sie sich um ihre dreijährige Tochter kümmern.

Nach dem Ereignis in der Olympiahalle wurde ihr klar, »dass et-was los ist. Wird uns nicht ständig erzählt, Putin sei ein Guter? Wie konnte so etwas dann überhaupt passieren? Da wurde es für mich interessant. Ich ging ins Internet, um nachzuschauen.« Alle Wege führten sie zu den Seiten des Antikorruptions-Bloggers Ale-xej Nawalnyj. Sie hatte schon früher von ihm gehört, sich aber nicht besonders für seine Tiraden gegen die »Partei der Gauner und Die-be« interessiert. Dann kamen die Parlamentswahlen am 4. Dezem-ber. Im Fernsehen sah Sokolowa die spontanen Proteste in Mos-kau, im Internet las sie Berichte von Wahlbeobachtern und sah Videos aus einem Wahllokal in der Schule Nr. 13 in Tscheljabinsk, auf denen Fälschungen und der brutale Umgang von Polizisten mit Journalisten, Wahlbeobachterinnen und der kleinen Tochter einer

rauf gibt es nicht den leisesten Hinweis.« Warum beteiligt sie sich dann an den Protesten? »Es gibt jetzt die Hoffnung, dass alle diese Lügen, diese Scheußlichkeiten schwinden und normale menschliche Werte triumphieren werden ... eine Moral, etwas Normales. Diese Hoffnung ist durch Nawalnyj entstanden.« Das Ergebnis der Proteste? »Wir haben gesehen, dass wir nicht allein sind. ... Sonst sieht man das ja im eigenen Umfeld nicht. Alle sagen: Verhalte dich still und lehn dich nicht zu weit aus dem Fenster. Und du versuchst wie ein Blödmann, sie von etwas zu überzeugen. Wir sind aber eben nicht allein.«[1]

Warum Putin?

Am 9. Dezember 2011, fünf Tage nach der Dumawahl, wurde auf Youtube ein Musikvideo mit dem Titel »Putin kaputt« veröffentlicht: ein Zusammenschnitt von Putins und Medwedews Auftritten auf dem Parteikongress mit Aufnahmen von Wahlfälschungen, Demonstrationen und Festnahmen, unterlegt mit Gitarrenmusik und munterem Gesang: »Wir wissen, was am fünften März passieren wird. Wladimir Putin und seine Bande werden uns wieder vor vollendete Tatsachen stellen. Wir haben keine Wahl, keine Rechte und keine Wahrheit. Aber noch etwas wird am fünften März passieren: Wir werden am fünften März auf die Straßen gehen. Wir sind jetzt Menschen, keine Herde mehr. Ihr habt keinen Ausweg – nur Rücktritt. Putin kaputt, Putin kaputt!«[2]

Das Lied spielte auf einen fast jedem russischen Muttersprachler bekannten »deutschen« Ausdruck an: »Gitler kaput«, der auf die Grundfeste von Russlands heutigem historischem Selbstverständnis verweist – den Großen Vaterländischen Krieg. Der Sieg über das faschistische Deutschland stellte seit Mitte der sechziger Jahre die Oktoberrevolution als zentralen Bezugspunkt im kollektiven Geschichtsbild in den Schatten und beeinflusst bis heute Sprache und Feindbilder in der Politik.[3] Das anonyme Video, dessen Autoren sich einfach als »Leute« bezeichneten,

drückte die Hoffnungen der Bewegung aber auch deshalb treffend aus, weil Putin als Sinnbild auftrat. »Putin kaputt« stand
für das Ende eines politischen Systems.

Tatsächlich hatten die Massendemonstrationen seit ihrem Beginn am Tag der Dumawahl vor allem zwei Gegner, zwei Adressaten: Wladimir Putin und die Partei »Geeintes Russland«. Dass
Putin noch Regierungschef und nicht Präsident war und dass er
der Partei, die er seit 2008 anführte, nie formal angehört hatte,
war unerheblich. Sein Petersburger Kollege und Freund Dmitrij
Medwedew hatte während seiner gesamten Amtszeit nie viel mehr
als ein Fünftel der Bevölkerung davon überzeugen können, dass
er im Land das Sagen hatte.[4] Medwedews Verzicht auf eine erneute Kandidatur hatte all jene enttäuscht, die gehofft hatten,
der als liberaler Modernisierer auftretende Präsident würde die
formalen Befugnisse seines Amts nutzen, um den Premier Putin
abzusetzen, die mächtigsten Vertreter des Gewaltapparats zu
entmachten und freie Wahlen zu garantieren.[5] Auch viele andere
im Land empfanden die auf dem Parteikongress angekündigte
Rochade als Ohrfeige. Ein solches Manöver war zwar seit Putins
zweiter Amtszeit als Präsident im Gespräch gewesen, die lapida-
re Verkündung von oben kam aber dennoch als Schock. Immerhin waren die meisten Einwohner des Landes weiterhin der Ansicht, die oberste Staatsgewalt müsse durch Wahlen legitimiert
werden. Auch Unterstützer des bei vielen weiterhin beliebten
Putin und seiner Politik der starken Hand gaben sich in Umfragen zu einem großen Teil als Anhänger einer delegativen Demokratie zu erkennen, wie man sie aus lateinamerikanischen Staaten kennt: In einem solchen System mag der »nationale Leader«
regieren, wie er es für richtig hält, und soll sich für einzelne Handlungen nicht verantworten müssen, doch seinen Machtanspruch
bezieht er aus einer Volksabstimmung.[6]

Die Ankündigung einer dritten Amtszeit Putins, deren Verfas-
sungsmäßigkeit heftig umstritten war, wurde für viele, die später
auf die Straßen gingen, zum Schlüsselerlebnis. Auf den Massendemonstrationen des Winters war »Für faire Wahlen« die weitaus
häufigste Parole. Wo der Protest jedoch persönlich wurde, rich-

tete er sich gegen Putin und die »Partei der Gauner und Diebe«. Der Präsident und designierte Premier Medwedew hingegen wurde kaum oder nur in einem Atemzug mit Putin erwähnt.

In Verlautbarungen, aber auch im persönlichen Gespräch beteuern viele der Demonstranten, Putin sei nicht das eigentliche Problem, er sei nur ein Symbol des Systems, eine Metapher. Dennoch ist er die wichtigste Zielscheibe von Spott, Zorn, Verachtung und auch Hass. Im Dezember 2011 zog Wahlleiter Tschurow – auch er ein alter Kollege Putins aus dessen Zeit in der Petersburger Stadtregierung – als »Zauberer« und »Clown« einen Teil des Sarkasmus auf sich. Ansonsten jedoch wurde auch in der Provinz anfangs kaum ein anderer Repräsentant des Systems namentlich erwähnt: nicht die Regierungsmitglieder, nicht die Mitarbeiter der mächtigen Präsidialadministration, nicht die von Putin eingesetzten oder im Amt bestätigten Gouverneure, nicht die meist mit ihnen oder dem Kreml verbundenen Stadtoberhäupter, nicht die anderen Funktionäre des »Geeinten Russland«. Erst allmählich differenzierten sich die Adressaten des Protests.

In den Wintermonaten schienen die Demonstranten in einem persönlichen Dialog mit Putin begriffen. Am 15. Dezember 2011, fünf Tage nach den ersten Massendemonstrationen, beantwortete er im staatlichen Kanal *Rossija* viereinhalb Stunden lang Fragen von Studiogästen und zugeschalteten Einwohnern. Zu Beginn der Live-Sendung, die seit 2001 bereits zum zehnten Mal ausgestrahlt wurde, sollte Putin sich zu den Protesten äußern.[7] Er habe die weißen Bändchen der Demonstranten erst für Kondome gehalten, antwortete der Premier, vielleicht ein Zeichen gegen AIDS? Ein Teil der Opposition, fuhr er fort, stehe im Sold des Auslands. Ihnen sage er »Kommt zu mir, Bandar-Logs« – eine Anspielung auf die Worte der Pythonschlange Kaa an die räuberischen Affen aus Kiplings *Dschungelbuch*, das in Russland sehr bekannt ist. Prompt griffen die Demonstranten die Bilder auf: Am 24. Dezember waren von Tomsk bis New York Dutzende Plakate mit Aufschriften wie »Bandar-Logs gegen das Gesetz des Dschungels« zu sehen – und solche, die vor der drittmaligen

Verwendung eines Präservativs warnten oder ein Kondom gegen den Präsidenten empfahlen.

Auch die immer wieder zu hörende Frage »*Wer*, wenn nicht Putin?«, mit der Putin-Unterstützer und Protest-Skeptiker die vermeintliche Alternativlosigkeit des »Leaders« und die angebliche Charakterschwäche der Oppositionsführer unterstrichen, verballhornten die Demonstranten durch den Austausch zweier Buchstaben zu dem Satz »Wenn nicht Putin, dann ein *Kater*« (*kot* statt *kto*). Noch auf dem »Marsch der Millionen« am 6. Mai 2012 demonstrierten Einwohner der Kleinstadt Borisoglebsk bei Woronesh gegen den in ihrer Region geplanten Abbau von Nickel mit dem Plakat »Putin, zerstöre unsere Heimat nicht!«

Diese Zwiesprache war merkwürdig. Mit Sicherheit hatte ja nicht Putin selbst die Fälschungen in der Tscheljabinsker Schule Nr. 13 angeordnet, die Kira Sokolowa so erregt hatten; auch die vergeblichen Beschwerden gegen Schlaglöcher, die Menschen wie sie an die Behörden schickten, las Putin ja nicht persönlich. Auch die Pläne für das Nickel-Bergwerk hatte wahrscheinlich nicht er allein ausgearbeitet.

Einige Tage vor der Dumawahl hatte der bekannte Moskauer Journalist Jurij Saprykin im oppositionsfreundlichen Internet-Fernsehsender *Doshd* formuliert:

> Für einen gewöhnlichen Menschen ist die Macht nicht Putin, nicht die Duma und nicht die Präsidialadministration. Die Macht, die den Menschen im Alltag begegnet, das sind Hausverwaltungen, Krankenhäuser, Kasernen, Gerichte und Gefängnisse. Die Macht – das sind Fettzettel [Nebenkostenrechnungen], Gitter, Tropfständer, Verhaftungen, Stehfolter. Die Macht – das sind tausende gleichgültiger Menschen mit leerem Blick, die dir grundlos eine riesige Haftstrafe aufbrummen, weil sie ihr Plansoll bei der Verbrechensaufdeckung erfüllen müssen, oder sich weigern, dein sterbendes Kind zu retten, bloß weil es nicht in ihrem Bezirk registriert ist. Diese Menschen hat nicht Putin geschaffen, und falls er morgen sagt: Ich bin müde, ich gehe, dann verschwinden sie nicht einfach. Genau aus ihnen besteht die berüchtigte Vertikale, die bekanntlich Russland eint und an deren spitzem Ende die Figur des nationalen Leaders steht.[8]

Warum setzte der Protest gegen die »Macht« an der Spitze dieser Vertikale an? Warum diese Fixierung auf den Mann, der seit seiner ersten Amtszeit als Premierminister im Jahr 1999 stets entweder Präsident oder Regierungschef war? Warum bezeichnete der Schriftsteller Boris Akunin die in Russland notwendigen Reformen bereits im Januar 2011 als »Amputination«? Warum kommunizieren die Protestierenden direkt mit ihm statt mit ihren Parlamentsabgeordneten oder anderen zwischengeschalteten Institutionen – und warum müssen sie dafür auf die Straße gehen? Warum witzelt Putin abschätzig über die Forderungen zehntausender Demonstranten?

Weshalb setzen sich Menschen wie Kira Sokolowa erst dann in Bewegung, wenn ihnen Zweifel an Putins Beliebtheit und Autorität kommen? Und woran liegt es, dass Putin als Sinnbild jener Korruption im Staate erscheint, die er doch wiederholt zu bekämpfen versprochen hatte? Wie stellt sich das System Putin den Protestierenden dar, und wie unterscheidet sich ihre Perspektive von den Anhängern dieses Systems? Wie konnte der beliebte nationale Leader zum alternden Bandenchef der »Gauner und Diebe« und zum Symbol für »Lügen und Scheußlichkeiten« mutieren? Und warum ruft er bei vielen so negative Gefühle hervor?

Zunächst einmal steht Putin für ein bestimmtes System der politischen Entscheidungsfindung und Willensdurchsetzung, das Politikwissenschaftler – aber auch die Architekten dieses Systems – als autoritär, semi-autoritär oder hybrid, als »Machtvertikale«, »imitative«, »souveräne« oder »gelenkte Demokratie« bezeichnen. Klarheit über die Funktionsweisen dieses Systems ist unabdingbar, um das Entstehen und die Dynamik der Protestbewegung zu verstehen.

Wer solche Begriffe verwendet, legt einen Rahmen an, der bestimmte Elemente der politischen Wirklichkeit in den Blick nimmt und andere außen vor lässt. Politiker und Analytiker besitzen jedoch kein Monopol auf eine solche Rahmung: Jeder in der Gesellschaft, der sich politische Vorgänge erklären will, muss eine Auswahl treffen. Das System Putin bezeichnet auch einen

Rahmen, der bestimmte Aspekte der politischen und gesellschaftlichen Entwicklung ins Licht rückt, als »Stabilität« positiv
besetzt und mit dem Namen des Präsidenten verbindet.

Eine solche Aufwertung ist aber kein bloßer intellektueller
Perspektivwechsel. Sie lässt sich nicht von den Gefühlen trennen,
die Putin hervorruft. Nicht zuletzt ist das System Putin auch
der Versuch einer emotionalen Stabilisierung des Landes, genauer: der Errichtung eines emotionalen Regimes, das Gefühlen wie
Nationalstolz und begeisterter Unterstützung des Präsidenten
einen prominenten Platz in der Öffentlichkeit einräumt, die Äu-
ßerung negativer Emotionen jedoch ächtet und in den privaten
Raum verbannt.

Russlands Protestbewegung ist daher nicht nur eine Herausforderung für das politische System Putin; sie ist vor allem eine
Revolution der Sichtweisen und Gefühle.

Die Errichtung der Machtvertikale

Informelle Praktiken

»Die Macht muss sich auf das Gesetz und eine in Übereinstimmung mit ihm gebildete exekutive Vertikale stützen«, verkündete Putin in seiner ersten Ansprache als Präsident an die beiden
Kammern des Parlaments. Damals, im Jahr 2000, ging es ihm um
eine Stärkung der exekutiven Zentralgewalt, vor allem des Prä-
sidentenamts, gegenüber anderen politischen Institutionen und
Machtzentren. Zu den Letzteren gehörten legislative Institutionen, allen voran das von der oppositionellen Kommunistischen
Partei der Russländischen Föderation (KPRF) angeführte Unter-
haus, die Staatsduma, aber auch die zu jenem Zeitpunkt eigen-
ständigen Gouverneure der 89 Regionen, die das Oberhaus, den
Föderationsrat, bildeten, und nicht zuletzt die Firmen- und Ban-
kenkonglomerate, deren Chefs als »Oligarchen« bekannt wurden.[9]

Eine mächtige Exekutive, die sich über andere, auch gewählte Institutionen hinwegsetzen kann, ist nicht Putins Erfindung, sondern hat in Russland eine lange Tradition. Unmittelbar geht das heutige System auf Boris Jelzin und die Verfassungskrise von 1993 zurück. Der einstige Swerdlowsker und spätere Moskauer Parteiboss Jelzin wurde während der Perestroika zum Volkstribun. 1990 Vorsitzender von Russlands Oberstem Sowjet, wurde er 1991 zum ersten Präsidenten Russlands, das er nach der Vereitelung des Putschversuchs vom August 1991 zur Loslösung aus der Sowjetunion führte. In den Jahren 1992/93 gerieten Jelzin und die von ihm eingesetzte Regierung des neoliberalen Wirtschaftsreformers Jegor Gaidar jedoch in eine eskalierende Auseinandersetzung mit dem Obersten Sowjet, dem noch nach der sowjetischen Verfassung gewählten Parlament. Den Machtkonflikt entschied Jelzin im September und Oktober 1993 gewaltsam für sich, indem er nach zweiwöchigen Straßenkämpfen das Parlamentsgebäude in Moskau durch Panzer beschießen ließ.[10] Die als Ergebnis der Krise im Dezember 1993 per Volksabstimmung angenommene Verfassung gab dem Präsidenten weitreichende Befugnisse. In den Folgejahren baute Jelzin diese noch weiter aus. Wichtige Rechtsvorschriften führte er per Dekret ein. Die wahren Zentren der Entscheidungsfindung auf föderaler Ebene blieben Institutionen, deren Mitglieder vom Präsidenten ernannt wurden, allen voran die Präsidialadministration und der Sicherheitsrat. Letzterer fungierte als eine Art Kriegsministerium in jenem ersten Tschetschenienkrieg, der Jelzins sinkender Beliebtheit und seinem Ruf als Demokrat Ende 1994 einen entscheidenden Schlag versetzte. Auf diese Weise hatte Jelzin an die alte Tradition einer abgehobenen Zentralexekutive angeknüpft, die in Russlands Geschichte kaum je von gewählten Institutionen, wohl aber von rivalisierenden oder regionalen Machtzentren eingehegt wurde. In der Sowjetunion etwa hatte sich spätestens seit Leonid Breshnews Politbüro ein kollegiales Führungsprinzip entwickelt, in dem auch korporative Elemente und regionale Seilschaften (»Clans«) eine wichtige Rolle spielten. Informelle Praktiken blieben also in der Staatsführung dominant, was aber lediglich die Zustände in der lokalen Politik, im zunehmend kriminalisierten Wirtschaftsleben und im Alltag widerspiegelte. Das zu sowjetischen Zeiten allgegenwärtige Prinzip des »Blat« – zu Deutsch »Vitamin B« – blieb bestehen; gleichzeitig traten andere Praktiken in den Vordergrund, die ebenfalls auf sowjetische und zum Teil auf noch ältere Vorläufer zurückgehen. Dazu gehörten sogenannte schwarze und graue PR und Kompromat, also die gezielte Manipulierung der öffentlichen Meinung und die Verbreitung von kompromittierenden Informationen über Gegner und Rivalen. Im Wirtschaftsleben spielte vor allem die »Kryscha« (wörtlich »Dach«) eine lebenswichtige Rolle, also der Schutz durch Mitarbeiter des staatlichen Gewaltapparats, die entweder in diesem verblieben oder – häufiger – eigene mafiöse Netzwerke aufbauten, wenn sie nicht gleich in den Dienst privater Firmen traten. Nicht minder wichtig in Politik und Wirtschaft wurde die Logik der Gemeinschaftshaftung oder gegenseitigen Deckung (*krugowaja poruka*), die auch als Prinzip der gegenseitigen Bedrohung funktionierte, da jedes Ausscheren durch den Einsatz von schwarzer PR, Kompromat und aufgrund des Wegfalls des »Dachs« auch durch Gewalt bis hin zum Mord bestraft werden konnte.[11]

Die Vielfalt rivalisierender Machtzentren gab jedoch auch formalen politischen Institutionen eine gewisse Bedeutung. Von 1995 bis 2003 war die Duma von oppositionellen Fraktionen, allen voran der KPRF, dominiert. Den für die Wirtschafts- und Finanzpolitik zuständigen Premierminister setzte zwar der Präsident ein, er musste ihn aber vom Parlament bestätigen lassen und konnte daher die zunächst favorisierten Wirtschaftsreformer nicht in dieses Amt hieven. Der als erster Kompromisskandidat eingesetzte Wiktor Tschernomyrdin, der aus der staatlichen Ölindustrie kam, verlor während der Schuldenkrise von 1998 seinen Posten. Seinen Platz nahm der weitaus unabhängigere und konservativere Jewgenij Primakow ein. Zeitweise sah es so aus, als könnte dieser Veteran des sowjetischen Auslandsgeheimdienstes eine eigene Machtbasis errichten und dem Präsidenten gefährlich werden. Auch unter den Regionalgouverneuren waren viele, die dem Präsidenten und seinem Machtzirkel distanziert bis feindselig gegenüberstanden. Gerade in einigen der nichtrussisch dominierten Teilrepubliken bauten die örtlichen Präsidenten eigene, zum Teil diktatorische Machtstrukturen auf, nachdem ihnen Delegierungsverträge mit Moskau freie Hand gaben. Andererseits entstanden in einzelnen Fällen selbst auf kommunaler Ebene Parlamente und Verwaltungen mit einem gewissen Grad an Autonomie. Wirklich faire und gerechte Wahlen waren zwar eine Seltenheit, da die jeweiligen Amtsinhaber sich der sogenannten »administrativen Ressource« bedienen, also staatliche Institutionen zu ihrer Unterstützung mobilisieren konnten. Allerdings waren diese Institutionen innerlich stark gespalten und die »administrative Ressource« damit nicht immer verfügbar. Konkurrierende politische Clans trugen ihre Konflikte häufig öffentlich aus. Die Abwahl eines Gouverneurs war keine Seltenheit, umkämpfte Wahlen ein wichtiges Legitimationsmittel. Eine von den Wählern kontrollierbare Interessensvertretung der Bevölkerung oder auch nur einzelner Gruppen entstand dennoch kaum. Die formal zahlreich vertretenen politischen Parteien hatten bis auf die sowjetnostalgische und intern undemokratische KPRF keine Massenbasis und dienten oft nur als Wahlplattformen für einzelne Persönlichkeiten oder als Scheinparteien, um beliebten Kandidaten Stimmen zu entziehen. Auch Massenproteste wurden in diesem System meist von politischen Eliten gesteuert oder instrumentalisiert. So war es schon den Nationalbewegungen während der Perestroika ergangen, mit deren Hilfe sich die Parteisekretäre der sowjetischen oder russländischen Teilrepubliken zu unablösbaren Präsidenten aufschwangen.[12]

Gleichzeitig entstanden seit der Perestroika jenseits der politischen und wirtschaftlichen Interessengruppen zahlreiche (wenn auch nicht zahlenstarke) gesellschaftliche Institutionen, darunter Menschenrechtsgruppen, ökologische Vereine, nichtstaatliche Verlage, Universitäten, Forschungsinstitute und Berufsverbände, vor allem aber eine vielfältige Medienlandschaft. Viele der Medien, insbesondere die neuen privaten Fernsehsender, wurden

von den neuen Wirtschaftsimperien oder auch von Gouverneuren finanziert und mussten für die Verbreitung von Kompromat
und schwarzer PR herhalten; dennoch konnten einige Journalisten das multipolare Kräfteverhältnis auch für kritische Berichterstattung und unabhängige Recherchearbeit nutzen.[13] Auch in
anderen Einrichtungen galt, dass Geldgeber – darunter viele
westliche Stiftungen oder auch neureiche Geschäftsleute – und
politische Patrone das Verhalten ihrer Stipendiaten und Schütz-
linge nicht immer steuern konnten. Die flächendeckende ideologische Zensur war bereits Ende der achtziger Jahre entfallen;
im Jahr 1990 trat ein entsprechendes Gesetz in Kraft. Auch zahlreiche andere bürgerliche Freiheiten entstanden, für die meisten
allerdings ohne die zu deren Genuss notwendige wirtschaftliche
Absicherung, da viele soziale Garantien wegfielen oder ausgehöhlt wurden.

Darüber hinaus bestand seit sowjetischen Zeiten im Staatsapparat auch so etwas wie ein Berufsethos und eine eigene büro-
kratische und technokratische Rationalität, die zwar durch Dik-
tate und informelle Praktiken von oben und unten ausgehöhlt
und umgangen werden konnten, aber dennoch nie ganz verschwanden. Zu Beginn der neunziger Jahre wurden gerade die
für das routinemäßige Funktionieren des Staates zuständigen Institutionen – Polizei, Gesundheits- und Sozialsystem, Steuerer-
hebung, Lohnzahlungen an Mitarbeiter staatseigener Betriebe –
erheblich geschwächt. Schuld daran war nicht nur ein genereller
Geldmangel und institutioneller Zusammenbruch, sondern auch
die als Schocktherapie ohne soziale Dämpfer oder Garantien
durchgeführte Privatisierung. Die ohnehin realitätsfernen Re-
formversuche konnte die bereits schwache Zentralgewalt nur
halbherzig durchführen. Ihr Resultat war weniger eine regelge-
bundene Marktwirtschaft als ein Wettbewerb um die Umverteilung oder Plünderung des sowjetischen Besitzstands, wodurch
viele der lukrativsten Wirtschaftsbereiche in private Hände gerieten und ausgeschlachtet wurden. Zu den größten Nutznie-
ßern der Privatisierung gehörten jüngere Firmengründer, deren
Karrieren in den achtziger Jahren im Kommunistischen Jugend-

verband begonnen hatten, aber auch Sprößlinge hoher sowjetischer Funktionäre und vor allem einige der »roten Direktoren« der sowjetischen Industrie.[14] Stellvertretend für diese drei Typen mögen Michail Chodorkowskij, Michail Prochorow und Wladimir Lissin stehen, von denen jeder irgendwann die Liste der reichsten russischen Geschäftsleute anführte.

Das Ergebnis war ein »institutioneller Brei«[15]: konkurrierende Eliten unterschiedlichster gesellschaftlicher Provenienz und ohne ideologischen Zusammenhalt oder eine Verständigung auf gemeinsame Spielregeln, schwache staatliche Institutionen und Rechtsnormen, die zwar einen gewissen Gewöhnungseffekt hervorriefen, aber fast nur auf dem Papier bestanden.

Schwach blieben vor allem die Parlamente. In Moskau hatte Jelzin die Vorherrschaft des Präsidenten mit Waffengewalt durchgesetzt, aber auch anderswo entschieden sich Machtkämpfe, so sie überhaupt stattfanden, unweigerlich zugunsten der Exekutive. Dies galt für das liberale Sankt Petersburg ebenso wie für das diktatorisch regierte Kalmückien – mit dem Unterschied, dass in den freieren Regionen Parlamente zu Tribünen und Sprungbrettern für Herausforderer wurden und Bürgerrechtler als Abgeordnete oder Berater hin und wieder Regelungen durchsetzen konnten, die auf die Stärkung individueller Freiheiten abzielten. Der Erfolg solcher Maßnahmen war aber stets eine Frage des Zugangs zum Präsidenten oder Gouverneur; gesellschaftlicher Druck allein reichte niemals aus.

Anlässlich von Putins Amtseinführung im Mai 2000 stellte der Historiker Stephen Kotkin fest:

> Russlands Föderation ist defekt. Das Problem ist weniger ethnischer Separatismus, selbst im gewaltreichen Kaukasus, als dass der Staat in seiner Funktion als Staat versagt hat. Einige Kommentatoren sprechen von »Dezentralisierung«, tatsächlich aber ist Russland zu einer Ansammlung von 89 hochzentralisierten und kaum noch miteinander zusammenhängenden Lehen geworden. Ihre Beziehungen zu Moskau sind durch bilaterale Verträge oder besondere Absprachen halbwegs reguliert, von welchen viele Russlands Verfassung widersprechen. Ihre Beziehungen zu ihren Einwohnern sind durch nichts reguliert. Regionale Exekutiven müssen sich Wah-

len stellen, nutzen aber die Registrierung von Kandidaten, Gelder aus dem Staatsbudget, die Steuerpolizei und andere Schalthebel, um potentielle Opponenten einzuschüchtern oder zu vernichten. Nur unzufriedene Patronagegruppen sind in der Lage, einen Anführer oder eine herrschende Gruppe zu entfernen. Natürlich üben regionale Exekutiven ebenso wie der Kreml keine vollständige Kontrolle über die Presse und sämtliches Eigentum mehr aus, was sie aber nicht daran hindert, es zu versuchen. Sie arbeiten mit regionalen »Räuberbaronen« zusammen, die von der Exekutivgewalt nicht zu unterscheiden sind, um ertragreiche Unternehmen zu erpressen oder zu konfiszieren, befreundete Medien zu subsidieren und feindlich gesinnte zu bestechen oder abzuwürgen. Alles in allem benehmen sich die regionalen Verwaltungen wie tödliche Parasiten. Unter Putin jedoch will der große Parasit in Moskau, der Zentralstaat, seine unreformierte Herrschaft wieder über die unbotmäßigen Regionalexekutiven ausbreiten.[16]

Das Prinzip der Loyalität

Der rasante Aufstieg des einstigen Vizebürgermeisters von Sankt Petersburg, des relativ unbekannten Wladimir Putin zum Premierminister und schließlich zum Präsidenten war der politischen Logik dieses Zustands geschuldet. Der kranke, kaum handlungsfähige und immens unbeliebte Jelzin suchte einen Nachfolger, der ihn vor Strafverfolgung bewahren würde. Der ehemalige Premier Primakow, der Moskauer Bürgermeister Lushkow und mehrere mächtige Gouverneure hatten sich in einer neuen Wahlallianz namens »Vaterland – Ganz Russland« zusammengeschlossen, die für Jelzins Umfeld eine ernsthafte Bedrohung darstellte. Zu Hilfe kam der Finanzmogul Boris Beresowskij, der sich vor einem durch Primakow initiierten Ermittlungsverfahren schützen wollte. Gemeinsam mit Jelzin-Beratern suchte er nach charismatischen Kandidaten für die Retortenpartei »Einheit«, die als Gegengewicht zu »Vaterland – Ganz Russland« fungieren sollte. Putin imponierte ihnen wegen seiner Geheimdienstvergangenheit – auch einige andere Anwärter auf den Posten waren »starke Männer« – und wegen der unverbrüchlichen Loyalität, die er gegenüber seinem ehemaligen Petersburger Chef Anatolij Sobtschak nach dessen Abgang an den Tag gelegt hatte.

Loyalität spielt eine zentrale Rolle in Russlands Gesellschaft; enge Bindungen in relativ kleinen, durch fast tägliche Kommunikation aufrechterhaltenen Freundschaftsnetzwerken prägen den Alltag und weite Teile des Berufslebens.[17] Eine besonders ausgeprägte Version dieses Prinzips bestimmte Putins Neugestaltung der staatlichen Institutionen. Seit August 1999 baute Putin, der als Regierungschef den Beginn des zweiten Tschetschenienkriegs verantwortete, die Befugnisse seines jeweiligen Amtes aus und nahm bei jedem Wechsel viele seiner Vertrauten mit. Dadurch wurde zwar die Exekutive als Ganzes gegenüber Parlamenten und Gerichten gestärkt, nicht jedoch eine bestimmte Institution. Wie schon zu sowjetischen Zeiten und in Jelzins Regierungen üblich, stellte Putin den formalen Leitern vieler Ämter Stellvertreter zur Seite, die im Auftrag der Zentralgewalt Kontrollfunktionen ausübten. Er besetzte Schlüsselpositionen in Politik und Wirtschaft mit Männern, die er während seiner vorherigen Laufbahn kennengelernt hatte – beim Jurastudium in Leningrad, im dortigen KGB, als Spion in Dresden, in der Petersburger Stadtregierung, bei der Gründung der Datscha-Kooperative »Osero«, in der Moskauer Präsidialadministration und schließlich als Leiter des postsowjetischen Geheimdiensts FSB. Dabei handelte es sich oft, aber keineswegs ausschließlich um Vertreter der Geheimdienste und anderer Teile des Gewaltapparats, deren Einfluss in der Politik bereits vor Putins Amtsantritt zu wachsen begann. Auch viele von denen, die bereits unter Jelzin zur politischen und wirtschaftlichen Elite gehört hatten, wirkten am Auf- und Ausbau des neuen Systems mit oder wurden darin eingegliedert, sofern sie sich nicht offen gegen die neuen Spielregeln der »Machtvertikale« stellten, zu deren Durchsetzung der Gewaltapparat oft als letzte Instanz diente.

Die Errichtung dieser Machtvertikale steuerte ein innerer Zirkel, der während Putins Zeit als Präsident überwiegend in dessen Administration tätig war und bei seiner erneuten Ernennung zum Premier teilweise zur Regierung und deren Apparat überwechselte. Zu den oft miteinander rivalisierenden Schlüsselfiguren gehörten der Geheimdienstler Sergej Iwanow, der Jurist und Forstunternehmer Dmitrij Medwedew, der (vermutliche) KGB-Übersetzer und Waffenhändler Igor Setschin, der Medien- und Werbeunternehmer Wladislaw Surkow und der Regionalpolitiker Wjatscheslaw Wolodin. Nur Wolodin, der aus Saratow kam, und sein Rivale Surkow, Autor des Begriffs »souveräne Demokratie« und wichtigster Baumeister des »Geeinten Russland«, der noch zu Jelzins Zeiten zur Administration gestoßen war, stammten nicht aus den Petersburger Seilschaften. In den ersten Jahren waren auch andere Männer aus Jelzins sogenannter »Familie« in Putins Präsidialadministration tätig, darunter als ihr Leiter Alexander Woloschin, dem die Idee der »gelenkten Demokratie« zugeschrieben wird.

Nach und nach wurden alle Akteure und Institutionen, die über eine eigene Machtbasis verfügten, der »Vertikale« untergeordnet oder angegliedert – sowohl die sogenannten »Oligarchen« als auch die wichtigsten Medien, politische Parteien, Gerichte, die Wahlkommission und vor allem die Gouverneure. Dies bedeutete keineswegs eine sofortige Entmachtung, wohl aber die Anerkennung der Präsidialadministration als höchster Legitimationsquelle und Schiedsstelle. Wirtschaftsmagnaten, die ihre Unabhängigkeit bewahren wollten oder ausscherten, indem sie etwa an ihren Medienimperien festhielten oder Oppositionsparteien finanzierten, wurden mit Hilfe von Kompromat angeklagt und landeten im Exil (wie Beresowskij, Wladimir Gusinskij, Leonid Newslin) oder im Gefängnis (wie Michail Chodorkowskij); wer sich unterordnete und auf Befehl politische oder wirtschaftliche Aufträge übernahm, durfte seinen Besitz und eine Rolle im System beibehalten (wie Roman Abramowitsch, Pjotr Awen, Oleg Deripaska, Michail Fridman, Wladimir Potanin, Michail Prochorow). Bereits im Jahr 2000 schwächte Putin das föderale Prinzip, indem er den 89 Regionen sieben Föderationskreise überstülpte, die jeweils von bevollmächtigten Repräsentanten des Präsidenten kontrolliert wurden, und die Gouverneure und regionalen Parlamentssprecher aus dem Föderationsrat verbannte, der nun stattdessen mit Gesandten besetzt wurde. Seit Januar 2005 wurden Gouverneure nicht mehr frei gewählt, sondern vom Präsidenten nominiert und von den regionalen Parlamenten bestätigt. Auch diese Maßnahme diente dazu, die Regionalfürsten ihrer unabhängigen Machtbasis zu berauben und die einflussreichsten unter ihnen langfristig abzusetzen – vor allem die Oberhäupter der »ethnischen« Republiken und schließlich auch den allzu eigenmächtigen Moskauer Bürgermeister Lushkow. Andererseits kam die Abschaffung der Wahlen vielen Gouverneuren gelegen, da sie ihnen eine Verlängerung ihrer Befugnisse über gesetzlich festgeschriebene Amtszeiten hinaus ermöglichte.

Der Gewaltapparat, der Ende der achtziger und Anfang der neunziger Jahre aufgespalten worden war und anschließend mit einer oft mafiösen Privatwirtschaft verwuchs, wurde zentralisiert; in der neuen Hierarchie nahm der gestärkte FSB eine Vormachtstellung ein. Die »Gewaltstrukturen« waren ein wichtiges Werkzeug zur Durchsetzung der Machtvertikale: Drohungen, Verhaftungen, Razzien und Strafverfahren dienten als Ultima Ratio gegen widerspenstige Wirtschafts- oder Provinzbosse.[18] Gerichte hingegen hatten in politischen und strafrechtlichen Verfahren wenig Spielraum für unabhängige Entscheidungen und verstanden sich, wie schon zu Sowjetzeiten, meist als Partner der Staatsanwaltschaft.

Auch die durch die Verfassung von 1993 bereits geschwächten legislativen Institutionen wurden zunehmend der Exekutive untergeordnet. Als Instrument diente die neue Partei »Geeintes Russland«, die 2001 aus dem Zusammenschluss von Beresowskijs Retortenpartei »Einheit« und ihren Rivalen von »Vaterland – Ganz Russland« entstand. Mit ihrer Entstehung konzentrierte sich ein Großteil der »administrativen Ressourcen« auf föderaler und regionaler Ebene in den Händen einer Partei, was ihr komfortable bis absolute Mehrheiten in der Staatsduma und in allen regionalen Parlamenten sicherte. Durch Absprachen, Wahlmanipulationen, von oben verordnete Parteiengründungen und Änderungen der Wahlgesetze gliederte die Staatsführung auch das restliche Parteienspektrum in das System ein. Als »loyale Opposition« galt vor allem die nominell sozialdemokratische Partei »Gerechtes Russland«, die 2006 als Zusammenschluss mehrerer kleinerer Parteien gegründet wurde und sich unter ihrem Chef Sergej Mironow, einem loyalen Unterstützer Putins, als zweites Standbein des Kremls im Parteiensystem präsentierte. Zum Symbol des zahnlosen Parlamentarismus avancierte das geflügelte Wort »Das Parlament ist kein Ort für politische Diskussionen«, das dem vom Innenminister zum Duma-Sprecher gewandelten Boris Gryslow zugeschrieben wurde. Zwischen 2005 und 2011 reduzierte sich die Zahl der offiziell zugelassenen Parteien von 32 auf sieben.

Der Triumph des politischen Prinzips der Loyalität setzte sich über die Partei »Geeintes Russland« durch; die Mitgliedschaft wurde vielerorts zu einer Vorbedingung für eine politische Karriere und oft auch für wirtschaftlichen Erfolg. Die »Einheit der Jugend«, vor allem aber die 2005 gegründete »Junge Garde des Geeinten Russland« fungiert gerade auf regionaler Ebene als Auswahlmechanismus und Steigbügel für eine politische Karriere. (Die von Surkow inspirierten Jugendorganisationen »Die gemeinsam Gehenden« und »Die Unsrigen« (*Naschi*) hingegen waren eher für medienwirksame Aktionen und eine breitere Mobilisierung von Jugendlichen zur Unterstützung Putins zuständig.)

Schließlich brachte der Staat auch das wichtigste Medium – das Fernsehen – unter seine Kontrolle. Der Sender der Moskauer Stadtregierung, TWZ, wurde mit der Kooptierung von Bürgermeister Lushkow auf eine präsidententreue Linie eingeschworen. Bereits 2001 war die Zerschlagung des »Media-Most«-Imperiums des Magnaten Wladimir Gusinskij perfekt, zu dem auch der Fernsehsender NTW gehörte, der sich durch politische Satire und Kritik an den Tschetschenienkriegen einen Namen gemacht hatte. Diese und andere Kanäle führten, auf Anregung von Politberatern wie Marat Gelman und Gleb Pawlowskij, »Themenlisten« und schwarze Listen ein, die kritische Stimmen und Oppositionelle aus dem Äther verbannten. Solche Filtermechanismen wurden bereits in den neunziger Jahren von den privaten Eignern vieler Medien praktiziert, doch konnten sie durch die Pluralität dieser Medien und den auch im Nachrichtenwesen bestehenden Konkurrenzdruck kompensiert werden. Diese Pluralität blieb auch unter Putin formal bestehen, wurde aber durch eine Hierarchisierung der Medien ausgehöhlt: Die überall im Land zu empfangenden Moskauer Fernsehsender unterliegen strikter Kontrolle und räumen Putin einen überwältigenden Anteil der Nachrichten-Sendezeit ein; Zeitungen oder Radiosender mit weitaus geringerer Reichweite haben einen viel größeren Spielraum. Durch die Verbannung aus den zentralen Medien wurden Livejournal-Blogs für viele Journalisten und Oppositionspolitiker zum wichtigsten Kommunikationsmittel.

Die zunehmende Schwäche und Unselbständigkeit von Institutionen außer- und unterhalb der Präsidialadministration bzw. der Regierung führte auch zu einem Verlust von Feedback-Mechanismen. Weil direkte Gouverneurswahlen entfielen, wurde es zunehmend schwieriger, die politische Meinungslage in den Regionen einzuschätzen. Dadurch verstärkten sich die Personalisierung der Politik und die Fixierung auf Putin als Adressaten jeglicher politischer Kommunikation. Dazu gehörte die seit den sechziger Jahren zunehmend aufgewertete Praxis des Briefeschreibens; zusätzlich trat Putin als Präsident und Premierminister in den bereits erwähnten TV-Direktschaltungen auf, die von Jahr zu Jahr länger wurden. Die handverlesenen Teilnehmer konnten auf individuelle Verbesserungen hoffen, mussten aber auch Sanktionen fürchten. Insgesamt aber ließen sie die Bevölkerung als Ansammlung von Individuen erscheinen, die nur direkt statt über institutionalisierte Interessenvertretungen mit dem Mann an der Spitze reden konnten. Die nicht zur Elite gehörenden Menschen bleiben »Volk« statt Gesellschaft.[19]

Autoritär, korporatistisch, neopatrimonial

Schon aufgrund der hohen personellen Kontinuität auf Schlüsselposten lässt sich das Machtgefüge in Putins Russland leichter formal charakterisieren als der »institutionelle Brei« und das Personalkarussell unter Jelzin.

Ohne jeden Zweifel trägt das System Putin im buchstäblichen Sinn stark *autoritäre* Züge: Die persönliche Autorität des Präsidenten hat im Zweifelsfall grundsätzlich Vorrang vor gesetzlichen Normen; Ähnliches gilt für die Beziehungen zwischen Vorgesetzten und Untergebenen auf anderen Ebenen. Formale demokratische, gesetzgeberische und juristische Mechanismen sind nicht gänzlich abgeschafft – Wahlen, Gerichtsverfahren und die Verabschiedung von Gesetzen wirken zwar oft als Fassade, können aber nicht einfach ignoriert, sondern müssen in jedem einzelnen Fall manipuliert werden. Diese formalen Mechanismen bleiben als Idealvorstellung bestehen und können in einzelnen Fällen sogar greifen – wenn die Manipulation nicht sorgfältig genug vorbereitet ist, wenn Richter oder Geschworene sich gegen Druck von Seiten der Exekutive stemmen, wenn die Interessenlage nicht klar ist, wenn Wahlfälschungen den Sieg eines oppositionellen Kandidaten nicht verhindern können oder dieser nicht rechtzeitig in das System kooptiert wird.

Dennoch ist Russland kein »Doppelstaat«, in dem ziel- und normgeleitete Handlungslogiken gleichberechtigt nebeneinanderstehen. In den meisten Lebensbereichen besitzen formale Regeln nicht denselben Status wie informelle.[20] Treffender lässt sich das System als *hybrid* bezeichnen, da neben einem starken patrimonialen und einem schwachen rechtsstaatlichen Grundsatz auch andere Ordnungsprinzipien am Werk sind. Dazu gehört vor allem ein neoliberaler Kapitalismus, der trotz äußerer Ähnlichkeiten mit dem angelsächsischen Raubkapitalismus des 19. und frühen 20. Jahrhunderts durchaus moderne Züge trägt: Gemäß dem Flexibilitätsanspruch, den das kapitalistische System als Antwort auf die Kritik der 68er-Bewegungen im Westen ent-

wickelte, werden wirtschaftliche und politische Aktivitäten häufig als zeitlich gebundene »Projekte« aufgefasst.[21] Tatsächlich
verantwortete Putin eine weitreichendere Liberalisierung vieler
Märkte als Jelzin – eine Politik, die im August 2012 im lang ersehnten Beitritt zur Welthandelsorganisation gipfelte.

Zugleich lassen sich auch deutliche Züge eines *korporativen*
Staats ausmachen. Anders als oft behauptet, handelt es sich nicht
um die Übernahme des Staates durch eine bestimmte Korporation, und sei es die des Gewaltapparats oder konkret des FSB:
Die Loyalitäten verlaufen nicht unbedingt entlang institutioneller Grenzen.[22] Als korporativ lässt sich eher die Vorstellung der
Führungsspitze vom idealen Modell gesellschaftlicher Organisation unterhalb der Staatsführung bezeichnen. Direkte Wahlen
und eine proportionale Repräsentation sind den Architekten dieses Systems wegen der geringen Steuerbarkeit suspekt. Stattdessen werden konsultative Organe geschaffen, die den entsprechenden gesellschaftlichen Sektor dem Präsidenten oder anderen
exekutiven Instanzen gegenüber vertreten und ihrerseits eine
Kontrollfunktion über ihren Bereich ausüben sollen. Die Mitglieder dieser Organe müssen sich auf bestimmte, von der Zentralgewalt formulierte Spielregeln festlegen und vor allem die Ent-
scheidungsmacht dieser Gewalt anerkennen; wer dies nicht tut
oder sich der Teilnahme verweigert, wird ausgeschlossen, ignoriert und marginalisiert, wenn nicht gar für destruktiv oder feindselig erklärt und schikaniert.

Diese Regel gilt für staatliche Institutionen: die Exekutive (wo
statt Aufsicht durch die Legislative oder Gerichte das Prinzip gegenseitiger Kontrolle praktiziert werden soll), die Parlamente
(deren Mitglieder ihren privaten Geschäften oder sonstigen Aktivitäten nachgehen können, solange sie die Initiativen der Exekutive absegnen) und die Gerichte (deren Mitglieder nicht gewählt, sondern von »Qualifikationskollegien« ernannt werden
und zu einem beträchtlichen Teil aus der Staatsanwaltschaft stammen, die oft die faktische Kontrolle über Gerichtsverfahren aus-
übt).[23] Das korporative Prinzip gilt aber auch für die Zivilgesellschaft (seit 2006 repräsentiert durch die »Gesellschaftliche

Kammer« und bereits zuvor durch den Menschenrechtsrat), für das Parteienwesen (repräsentiert durch die zugelassenen Parteien), die Gewerkschaften (dominiert von der zahnlosen und staatsnahen »Föderation unabhängiger Gewerkschaften«), für Geschäftsleute (»Verband der Industriellen und Unternehmer«), die Landwirtschaft (»Verband der privaten Bauernbetriebe und Genossenschaften Russlands«) und für die Veteranen der Kriege und des Gewaltapparats (mit einer »allrussländischen« Organisation und diversen Verbänden der Veteranen bestimmter Kriege oder Truppengattungen). Ein ähnliches Prinzip wirkt auch im religiösen Leben, wo bereits 1997 per Gesetz fünf religiöse Gemeinschaften (Orthodoxie, Islam, Katholizismus, Buddhismus und Judentum) de facto als Russlands »traditionelle Konfessionen« definiert wurden.[24] Der Grundsatz gilt aber auch für die Kinoindustrie (mit Nikita Michalkows »Verband der Filmschaffenden«), die bildende Kunst (Surab Zeretelis Kunstakademie), Studentenvereinigungen und selbst für Autofahrer- und Fußgängerorganisationen. Ähnliche Strukturen auf regionaler Ebene vervollständigen das Bild.

Dieses an das sowjetische System angelehnte Schema treibt die Vorsitzenden der jeweiligen Organisationen dazu, ihre Loyalität gegenüber dem Kreml immer wieder aufs Neue, oft sogar vorauseilend unter Beweis zu stellen, wie in jenem offenen Brief vom 16. Oktober 2007, in dem Michalkow, Zereteli und zwei weitere Kollegen Putin baten, das Amt des Präsidenten über seine zweite Amtszeit hinaus beizubehalten. Nur durch solche Loyalitätsbeweise können sie sich ihre interne Vormachtstellung sichern. Vor allem angesichts der Hoheit der Exekutive über die Verteilung von Ressourcen ist diese interne Macht von der Unterstützung politischer Instanzen eher abhängig als von Legitimation durch die eigene Gemeinschaft, etwa durch freie Wahlen und transparentes Handeln. Auch das erklärt die »Lügen und Scheußlichkeiten«, von denen Kira Sokolowa spricht, ebenso wie Saprykins »gleichgültige Menschen mit leerem Blick«: Erst beim Anblick der Obrigkeit füllt sich dieser Blick mit ängstlicher Beflissenheit – nach deren Abreise jedoch geht es weiter wie zuvor.

Das korporative Prinzip entwickelte sich aus der stalinschen Praxis, dass Volkskommissare oder Verbandsvorsitzende ganze Wirtschafts- und Industriezweige oder Kulturbereiche von oben nach unten aufzubauen und zu strukturieren versuchten und gegenüber dem Generalsekretär als deren Vertreter fungierten. In der Breshnew-Ära, als nicht mehr ein Einzelner eindeutig an der Spitze des Systems stand, erlebte dieses Prinzip seine Blütezeit, funktionierte aber dennoch lediglich als ein Mechanismus von Ressourcenverteilung und sozialer Mobilität unter anderen. Heutige Organisationen wie die von Michalkow und Zereteli sind strukturiert wie sowjetische Künstlerverbände. Wo diese jedoch einst über Auflagenhöhen, Datschas und Auslandsreisen bestimmten, ist die staatliche Verfügung über derlei Ressourcen inzwischen geschrumpft – sie werden kaum noch über Berufsstände verteilt. Ähnlich Putins Petersburger Netzwerk sind auch regionale Eliten nach dem Prinzip der persönlichen Loyalität organisiert und wandern bei einer Versetzung der Hauptfigur häufig von einer formalen Institution zur anderen. Der Gouverneur der Region Tscheljabinsk, in der Kira Sokolowa lebt, mag als Beispiel dienen: Ein großer Teil des Teams von Michail Jurewitsch begleitet den ehemaligen Duma-Abgeordneten und Bürgermeister, seit er in den neunziger Jahren das Backwarenkombinat Nr. 1 zu einem der weltgrößten Nudelproduzenten ausbaute.[25] Vor allem aber besteht der Zwang zur Teilnahme oder Gleichgültigkeit nur noch für die am wenigsten geschützten Bevölkerungsgruppen: Wehrdienstleistende, Arbeiter und Angestellte ohne unabhängige Gewerkschaft, die wenigen noch vom Staat mit Stipendien unterstützten Studenten.

Relativ unabhängig vom korporativen System sind vor allem diejenigen, deren Lebensunterhalt nicht direkt von staatlichen Ressourcen abhängt: IT-Fachleute und Designer, die einen diversifizierten Absatzmarkt haben; Künstler oder Filmschaffende, die ihre Werke in den Westen oder an ein breites Publikum verkaufen; qualifizierte Fachleute in Großstädten, die leicht ihre Anstellung wechseln können.

Für die anderen trägt das System Putin aber auch eindeutige

neofeudale Züge. Im Vergleich zum Totalitätsanspruch selbst der
spätsowjetischen Ideologie erstreckt sich die staatliche Kontrolle in Putins Russland auf einen begrenzten Kreis von Bereichen.
Die unzensierte Meinungsäußerung, Versammlungs-, Reise- und
andere Freiheiten sind in erster Linie durch wirtschaftliche Faktoren eingeschränkt, sofern sie nicht die Interessen mächtiger
Akteure tangieren oder sich auf ein allzu heikles Terrain vorwa-
gen: Kritik wird toleriert, nur nicht im Fernsehen; Versammlungen können stattfinden, nur nicht auf zentralen Plätzen; oppositionelle und gesellschaftliche Aktivisten können sich frei
bewegen, solange diese Bewegungen keine Herausforderung an
mächtige Interessen darstellen.

Von den Trägern des Systems – den miteinander verflochtenen,
aber auch rivalisierenden Eliten in Politik, Wirtschaft und im
Gewaltapparat – wird erwartet, dass sie, falls nötig, ihre eigene
Loyalität unter Beweis stellen. Sie müssen auch die ihnen Untergeordneten (die Belegschaft ihres Unternehmens, die Soldaten
ihrer Kompanie, die Studenten ihrer Hochschule) vor einem Ausscheren abhalten und nötigenfalls zu relativ unbeschwerlichen
Loyalitätsbekundungen wie Wahlen, Demonstrationen und offenen Briefe mobilisieren können. Dies wiederum erfordert, dass
die Untergebenen durch materielle Anreize oder Androhung
von Sanktionen bei Laune gehalten werden. Sind diese Bedingungen erfüllt, darf der eigene Bereich als Lehen und Einkom-
mensquelle für sich, die eigenen Angehörigen und andere Klien-
ten betrachtet werden. Dieses Lehen kann durchaus nach den
Regeln des Marktes bewirtschaftet werden: Man verkauft Ressourcen, über die man kraft seiner Stellung verfügt, seien es Roh-
stoffe, Studienplätze, Baulizenzen oder Polizeigewalt. Dies gilt
für Wirtschaftsmagnaten, Gouverneure, Polizeioffiziere, Univer-
sitätsrektoren – oder auch für Filmschaffende. Für die Eliten des
Systems gilt: Je größer die zu schützenden eigenen wirtschaftlichen Interessen, desto stärker die Lobgesänge auf Putin und
das »Geeinte Russland« und desto rabiater die Tiraden gegen innere und äußere Feinde des Landes. Der bereits erwähnte Michalkow etwa steht auch dem Russländischen Verband der

Rechteinhaber vor, die als Verwertungsgesellschaft Tantiemen von den Importeuren von Abspielgeräten und den Betreibern von Webseiten einzutreiben versucht. Wladimir Dobrenkow, der Vorsitzende des Russländischen Soziologenverbandes, betreibt seine Fakultät an der Moskauer Staatsuniversität als »kommerzielles Unternehmen mit Extremismuskomplex«.[26]

Für den Rest der Bevölkerung gilt ein »Pakt der Nichtteilnahme«[27]: Solange man sich von der Politik fernhält, nicht gegen Willkür protestiert und nicht absichtlich oder zufällig den Interessen der Eliten in die Quere oder ihren teuren Autos in den Weg gerät, darf man an dem wirtschaftlichen Aufschwung und vor allem den neuen Möglichkeiten des Konsums teilhaben.

Dieser Aufschwung ist eine weitere Stütze des Systems. Die Rezentralisierung, die die Präsidialadministration und überhaupt die Exekutive zum wichtigsten Ursprung von Macht und Legitimität werden ließ, basierte neben dem Einsatz des Gewaltapparats auf dem Export von Erdgas, Erdöl und anderen Bodenschätzen, darunter Kohle, Diamanten, Gold, Silber, Aluminium, Kobalt und Nickel. Bereits in den siebziger Jahren erschloss die Sowjetunion neue Gasfelder im Nordwesten Sibiriens und begann den Bau von Pipelines nach Europa, wo der Bedarf durch die Ölkrisen von 1973 und 1979 sprunghaft anstieg. In den achtziger Jahren stieg die UdSSR allmählich zu einem Spitzenexporteur von Erdgas auf; nach einer relativen Flaute in den Neunzigern stieg der Export wieder. Gegen Ende des Jahrzehnts wurde Russland zum weltgrößten Exporteur – eine Stellung, die es seit Putins Amtsantritt nie verlor. Zur selben Zeit stieg die Erdölproduktion nach einem Einbruch in den ersten postsowjetischen Jahren wieder an: Unter Putin war Russland mehrfach für kurze Zeit der weltweit größte Öllieferant. Der Rohstoffexport finanziert inzwischen weitaus mehr als die Hälfte vom Budget des Landes. Die hohen Exporteinkommen in den siebziger Jahren erlaubten es der sowjetischen Planwirtschaft, die niedrige Produktivität ihrer Industrie beizubehalten; die radikale Deindustrialisierung seit Ende der achtziger Jahre erhob die Bodenschätze zur wichtigsten Finanz- und dadurch auch Machtquelle. Die

Rezentralisierung der Staatsgewalt bedeutete auch die Wiedererrichtung einer direkten oder indirekten Kontrolle über die Geldschwemme, die die seit Ende der neunziger bzw. seit 2002 enorm gestiegenen Gas- und Ölpreise ins Land brachte. Auch dazu diente die Zähmung der »Oligarchen« und der Regionalgouverneure, deren Macht zu einem großen Teil auf dem Ausverkauf der sowjetischen Industrie und dem Rohstoffexport beruhte.[28] Die sozialen Kosten der fortschreitenden wirtschaftlichen Liberalisierung konnten dank des rasant wachsenden Budgets durch ein neu strukturiertes System der Sozialhilfe teilweise aufgefangen werden. Allerdings setzte dieses System die noch aus Sowjetzeiten stammenden Regeln der sozialen Versorgung durch Arbeitgeber und Vergünstigungen für bestimmte Bevölkerungsgruppen außer Kraft und ersetzte diese durch direkte Auszahlungen, was vor allem für Rentner in den Städten eine reale Verschlechterung bedeutete und im Jahr 2005 die bis dahin größte Protestwelle im postsowjetischen Russland auslöste (s. S. 152-155).

Ein System, in dem Macht und Legitimität einem der Führungsspitze oder dem Herrscher untergeordneten Gewaltapparat und von diesen gesteuerten Finanzströmen entstammen, während formale Mechanismen der demokratischen Legitimierung nicht abgeschafft werden, lässt sich vielleicht am treffendsten als *neopatrimonial* beschreiben. Eine Trennung zwischen Amt und Person, zwischen den Interessen des Staates und seiner Funktionäre besteht kaum. Amtsinhaber werden eher an ihren Charaktereigenschaften – allen voran der persönlichen Loyalität – gemessen, als nach unpersönlichen Kriterien wie Effizienz oder Gesetzestreue. Es sind die Qualitäten des starken Mannes, die in diesem zunehmend patriarchalischen Gefüge geschätzt werden, des Mannes, der sich nimmt, was er braucht, solange er für die ihm Anvertrauten sorgt. Man mag dieses System auch mit Max Weber als *Präbendalismus* oder *Pfründenwirtschaft* bezeichnen, weil die Vertreter des Staates wie selbstverständlich davon ausgehen, ein Anrecht auf einen Anteil an dessen Einkünften zu haben, ähnlich der in die frühe Neuzeit zurückgehenden Praxis des *kormlenie* oder »Durchfütterns«. Es handelt sich um eine Art Stakeholder-Staatskapitalismus, bei dem allerdings die breitere Bevölkerung nicht als Stakeholder vorkommt.[29]

Dieses Machtgefüge ist keineswegs konflikt- und wettbewerbsfrei, selbst auf oberster Ebene nicht, wie die Grabenkämpfe zwischen verschiedenen Kreml-Cliquen gegen Ende von Putins zweiter Amtszeit als Präsident eindringlich demonstrierten. Zudem bestehen enorme regionale und sektorale Unterschiede. Konflikte werden jedoch, anders als Anfang der Neunziger, größtenteils innerhalb des Systems, durch Loyalitätsbekundungen nach oben und durch Appelle an Putin als oberstem Schiedsrichter ausgetragen. An die Öffentlichkeit gelangen sie, wenn überhaupt, nur in Form von Kompromat.

Nationale Einheit, Zynismus und Korruption

Das System Putin hatte einen Chefarchitekten und ein Planungsbüro; es war jedoch ein kollektives Bauvorhaben. Weite Teile der politischen Elite trugen die Rezentralisierung des Staates mit, und auch die Bevölkerung stand überwiegend dahinter, nicht zuletzt Menschen mit Hochschulbildung und Zugang zu den Medien. Viele assoziierten den rasant, wenn auch sehr ungleich wachsenden Lebensstandard mit der neuen politischen Situation.[30]

Für die einen bedeuteten die neuen Spielregeln den Verlust politischer Repräsentation und bürgerlicher Freiheiten. In anderen Regionen hingegen, in denen diese Freiheiten schon vorher eingeschränkt gewesen waren, wurden sie jetzt sogar größer.

Unter Putin war das Land seit Beginn des zweiten Tschetschenienkriegs mit einer der weltweit mörderischsten Terrorwellen konfrontiert. Im östlichen Teil des Nordkaukasus weiteten sich die Konflikte aus, während Tschetschenien dem mit eiserner Hand regierenden Kadyrow-Clan überantwortet wurde, der die ehemaligen Separatisten teils eliminierte, teils kooptierte, neue Selbstmordanschläge aber nicht verhindern konnte. Zugleich bescherte die neue Politik gerade einigen nominell von ethnischen Minderheiten bewohnten Gebieten eine gewisse Lockerung der diktatorischen Regime ihrer Lokalfürsten. Auch die Zahl gesellschaftlicher Organisationen wuchs, soweit dies feststellbar ist, seit Putins Amtsantritt stetig, obwohl nicht nur prominente Menschenrechtsorganisationen, sondern auch andere NGOs kaum wirksame Schutzmechanismen gegen den Einsatz des staatlichen Repressionsapparats aufzubieten hatten.

Der vielleicht wichtigste Einschnitt betraf jedoch die Ebene der gesellschaftlichen Selbstrepräsentation: Die Figur Putins diente als Projektionsfläche für Sehnsüchte nach dem alten und neuen Großmachtstatus. Durch sein betont maskulines Auftreten machten er und seine Administration sich diese Sehnsüchte bewusst zunutze. Intellektuelle und Medienschaffende beteiligten sich als »Polittechnologen« an der Konstruktion des neuen Bilds und an der Eliminierung öffentlicher politischer Auseinandersetzung zugunsten einer Vorstellung von Stabilität. Kein großes Projekt, kein kollektiver Lebensentwurf – ob Kommunismus, Demokratie oder die nationale »russische Idee« – konnte mehr große Massen mobilisieren; »Stabilität« und die immer wieder beschworene, aber vergleichsweise inhaltsleere Idee nationaler Einheit mussten reichen. Die weit verbreitete Sehnsucht nach Einheit war eine Reaktion auf die Erfahrungen des ersten postsowjetischen Jahrzehnts. Der Zerfall der Sowjetunion und die nahezu feudale Loslösung vieler Regionen von Moskau hatten die Lebensverhältnisse erschüttert und viele Menschen verunsichert. Noch wichtiger jedoch war die in den späten Achtzigern losgetretene Revolution in den Medien, der öffentlichen Politik und im gesellschaftlichen Selbstverständnis. Kontroversen wurden zum ersten Mal seit langem unverblümt in der Öffentlichkeit verhandelt. Die alten und neuen gesellschaftlichen Probleme kamen in ungewohnter Härte, ja häufig in reißerischer Form auf den Fernsehbildschirmen an.

Die neue Vorstellung von Stabilität und Einheit war weniger ein Ergebnis struktureller Veränderungen: Der wirtschaftliche und ein leichter demographischer Aufschwung ebenso wie zum

Beispiel ein Rückgang beim Konsum harter Drogen hatten vor Putins Amtsantritt eingesetzt, während die Zahl der Mord- und Terroropfer ebenso wie die der Gefängnisinsassen zunächst sogar anstieg. Nein, das neue Klima war eher einer schrittweisen Ausschaltung öffentlicher Auseinandersetzung geschuldet, einer politischen Abstinenz, die ein weitverbreitetes Bedürfnis befriedigte.[31]

Aus heutiger Sicht mag es geradezu kurios erscheinen, dass lange Zeit Stabilität und nationale Einheit, nicht aber Korruption als Hauptmerkmale des Systems Putin galten. Um dies zu verstehen, muss man sich vor Augen führen, dass Korruption niemals ein objektiver Befund ist, sondern immer im Auge des Betrachters liegt. Korruption ist immer die Korruption der anderen. Es handelt sich um die Diskrepanz zwischen einer normativen Vorstellung davon, wie eine Institution zu funktionieren hat, und der beobachteten Realität. Wo Einstimmigkeit darüber herrscht, dass zum Beispiel Verbindlichkeiten gegenüber Freunden, Familien- oder Clanmitgliedern über den formalen Verpflichtungen eines Amtes stehen, kommt die Rede von Korruption gar nicht erst auf. Bevor in Russland aufgrund systematischer Bemühungen von Antikorruptions-Aktivisten, Bürgerrechtlern und Medienschaffenden ein Perspektivwechsel stattfinden konnte, galt die neopatrimoniale Pfründenwirtschaft putinscher Prägung vielen als ein sinnvolles, ja natürliches und durchaus effektives Regierungssystem, zumindest aber als die bessere Alternative zur chaotischen und von ständigen Krisen geschüttelten Demokratie.[32]

Neben aufrichtiger Begeisterung hatte dieses System eine weitere unabdingbare Stütze: eine Kultur des Zynismus, die sich in den postsowjetischen Jahren herausgebildet hatte und nun ihre Blüte erlebte. Die zynische Geisteshaltung als Weltanschauung und universeller Erklärungsansatz setzte sich aus zwei miteinander verzahnten Hauptkomponenten zusammen. Auf individueller Ebene galt der Glaubenssatz, materielles Eigeninteresse sei die einzige echte Triebfeder menschlichen Handelns. Folgerichtig müsste ein Geldgeber die Handlungen von Zahlungsempfängern geradezu mechanisch bestimmen können: Wes Brot ich ess, des Lied ich sing. Diese Überzeugung ging einher mit einem Glauben an die »technologische« Steuerbarkeit von Menschen und ganzen Gesellschaften. Auf der Ebene der internationalen Politik postulierte der Zynismus, jegliche Handlungen seien von nationalen Interessen bestimmt, die wiederum über das Trachten nach Bereicherung und Ausweitung des eigenen politischen Einflusses definiert wurden. Sichtweisen, die andere, vor allem idealistische Motivationen zuließen, wurden als Ausdruck von Dummheit und Naivität abgetan – Eigenschaften, die die Palette möglicher Erklärungen menschlichen Handelns abschließend vervollständigten.

Die Verbreitung dieses Zynismus illustriert eine landesweite Umfrage des Lewada-Zentrums für Meinungsforschung: Nach den Motiven der tschetschenischen Selbstmordattentäter befragt, gaben 37 Prozent der Befragten im März 2004 an, die Attentäter handelten gegen Bezahlung.[33] Dieser allgegenwärtige Zynismus hat mindestens zwei historische Ursprünge. Was die Sicht auf die Weltpolitik angeht, wurzelt er in den enttäuschten Hoffnungen der Perestroika und der frühen neunziger Jahre. Die Perestroika-Politik von Reformern wie Michail Gorbatschow und Alexander Jakowlew war von sozialdemokratischen Vorbildern aus Spanien, Schweden und Kanada und vom Glauben an universelle menschliche Werte beeinflusst. Viele, die den Umbruch begrüßten, erwarteten eine sofortige Aufnahme in die Gemeinschaft der »zivilisierten Staaten« und einen baldigen Anstieg des Lebensstandards auf ein skandinavisches Niveau dank altruistischer Hilfe des Westens. Die Enttäuschung dieser unrealistischen Hoffnungen, aber auch der von den wenigsten gewünschte Zerfall der Sowjetunion und die anschließende Raubprivatisierung verhalfen dem Modell der nationalen, geopolitisch bestimmten Interessen zu einem Triumph. Bekräftigt wurde diese Sichtweise durch das Verhalten selbstherrlicher und korrupter westlicher Wirtschaftsberater sowie durch die Aufnahme der ehemaligen Ostblock-Staaten in die NATO, vor allem aber durch den Krieg in Jugoslawien. Die Bombardierung Serbiens durch NATO-Luftstreitkräfte sahen die meisten als Affront gegen Russland und als kühl kalkulierte Durchsetzung westlicher Interessen.[34]

Was die postsowjetische intellektuelle Elite, darunter die als »Polittechnologen« auftretenden Berater und einige der Architekten des Systems Putin angeht, so hat der Zynismus tiefere geistesgeschichtliche Wurzeln. Seit den späten fünfziger Jahren lässt sich gerade bei vielen Gebildeten eine Dialektik von Optimismus und Pessimismus beobachten. War die Perestroika über weite Strecken die Umsetzung eines idealistischen Reformsozialismus der liberalen Intelligenzija und der Dissidenten der sogenannten Tauwetterzeit in den späten fünfziger und frühen sechziger Jahren, so geht der Zynismus der Putin-Ära auf die intellektuelle Atmosphäre der Siebziger und konkret auf einen bestimmten postmarxistischen Szientismus zurück. Die Aufbruchsstimmung der Tauwetterzeit mit ihrem Glauben an eine geläuterte Revolution war zu jener Zeit bereits einer tiefen Ernüchterung gewichen; gleichzeitig gaben die seit den fünfziger Jahren zahlreich ausgebildeten und zu kulturellen Leitbildern der Epoche gereiften Naturwissenschaftler und Ingenieure – die »technische Intelligenzija« – den intellektuellen Ton an. In diesem Zeitgeist reiften Systemtheoretiker und »soziale Projektierer« heran, die ihrerseits durch Theorien der Steuerbarkeit von Gesellschaften und eine wiederaufblühende Science-Fiction-Literatur beeinflusst wurden. Dieses Milieu war in der postsowjetischen Zeit wiederum prägend für die neuen Berufsgattungen der PR-Manager und »Polittechnologen«, die der Idee, Politik sei eine Frage der »Technologie« und Menschen nahezu mechanisch manipulierbar, in vielen postsowjetischen Staaten zu einem wahren Triumph verhalfen. Viele von ihnen probten schon bald den Schulterschluss mit Propagandisten der alten sowjetischen Schule. Die Polittechnologie ist nur eine Spielart der vielen weltanschaulichen Neuschöpfungen, die die technische Intelligenzija aus den Siebzigern in die postsowjetische Zeit hinüberrettete. Sie steht in einer Reihe mit unzähligen esoterischen und szientistischen Ansätzen, die die Erlösung Russlands und der Welt in neurolinguistischer Programmierung, in Levitation oder Bewusstseinserweiterung, in der Erschließung von Torsionsfeldern oder im massiven Anpflanzen sibirischer Zedern wähnten. Während viele solcher Theorien von einsam aussehenden alternden Männern mit Plakaten und Diagrammen auf Konferenzen oder Demonstrationen angepriesen werden, brachten es andere zu kommerziellem und politischem Erfolg – doch nur die Polittechnologen durften am Umbau staatlicher Institutionen teilnehmen.[35]

Eine noch viel größere Breitenwirkung hatte die in den letzten Jahren des Sozialismus weit verbreitete Kultur des ironischen »Stjob«, die es gerade jungen Menschen erlaubte, sich ironisch von den ideologischen Ritualen der Sowjetzeit zu distanzieren, ohne ihnen wirklich etwas entgegenzusetzen. »Stjob«, definiert der Anthropologe Alexei Yurchak, »unterschied sich von Sarkasmus, Zynismus, Spott oder anderen bekannteren Gattungen absurden Humors. »Stjob« erforderte ein solches Maß an Überidentifikation mit dem Objekt, der Person oder der Idee im Fokus, dass oft unmöglich zu entscheiden war, ob es sich hier um eine Form aufrichtiger Unterstützung, um subtilen Spott oder eine eigenartige Mischung aus beiden handelte.«[36] Wie auch der enttäuschte Idealismus der westgläubigen Anhänger von Demokratie und Reformsozialismus schlug die Kultur des »Stjob« in der postsowjetischen Zeit in Zynismus um: Jedes ernsthafte Engagement, mit der möglichen Ausnahme des eigenen, war grundsätzlich anzuzweifeln; es war gewöhnlich als Fassade, bestenfalls als Naivität zu deuten.

Die Kultur des Zynismus, die sich auf alles erstreckte, was außerhalb des familiären Bereichs und des engen Freundeskreises lag, war einer der Nährböden für die Akzeptanz des Systems Putin. Wenn Politik und insbesondere die »Demokratie« der neunziger Jahre grundsätzlich ein dreckiges, von materiellen Interessen geleitetes Spiel war und andere Motivationen bestenfalls in Verkennung dieser Wahrheit gelten konnten, erschien ein nationaler Führer, der sich auf Russlands eigene Interessen rückbesinnen wollte und dabei relativ klare Spielregeln einführte, durchaus nicht als schlechte Option.

Diese Konstellation – nicht allein die Angst um die eigene

Macht – erklärt auch die größtenteils skeptischen bis feindseligen Reaktionen auf die »Farbrevolutionen« in den postsozialistischen Staaten und auf Russlands eigene Protestbewegung. Bereits nach den ersten Großdemonstrationen am 10. Dezember 2011 deutete Putin an, die Proteste seien vom US-amerikanischen State Department finanziert und er wisse, »dass Studenten da sogar ein wenig bezahlt wurden (was ja ganz in Ordnung ist, sollen sie, dann verdienen die jungen Leute wenigstens etwas)«. Die durchaus typische Anschuldigung entbehrte nicht der Ironie, da die Bezahlung von Teilnehmern ja gerade auf Pro-Putin-Demonstrationen praktiziert wird – vom Standpunkt des postsowjetischen Zynismus ist es schwer vorstellbar, dass die Gegenseite es anders halten sollte. Die Anspielung auf amerikanische Finanzierung hingegen eröffnete einen weiteren Gesprächsfaden im Dialog zwischen Putin und den Demonstranten. »Ich bin gratis hier« und »Hillary, where's my money?« gehörten zu den Rennern unter den Slogans der nächsten Wochen.

Losungen wie diese sprechen trotz des ironischen Tons davon, dass sich immer mehr Menschen in Russland das Recht auf Ernsthaftigkeit zurückerobert haben – auf eine Beurteilung öffentlichen Handelns, welche die auf dem Papier bestehenden Normen und Rechte ernst nimmt und Politik nicht mit der müden Geste des alles durchschauenden Zynikers abtut. Die im Dezember 2011 einsetzende Protestbewegung stand ganz im Zeichen dieses Eintretens für Gesetzestreue und Rechtsstaatlichkeit: Die Forderung, dass staatliche Institutionen nach klaren, unpersönlichen Regeln funktionieren sollen, war keine zufällige Entwicklung, sondern ging auf Bemühungen politischer und gesellschaftlicher Aktivisten zurück, die in den letzten Jahren Korruption als Russlands größtes Problem dargestellt hatten und damit einen neuen Rahmen für ein Verständnis der Politik schufen, der eine stärkere Wirkung entfaltete als diskreditierte Begriffe wie »Demokratie« und »Liberalismus«.

Der Korruptionsvorwurf ist natürlich keine sowjetische Erfindung: Mit der Ausbreitung der Idee eines professionellen Beamtentums setzte im russischen Reich des 19. Jahrhunderts auch die Kritik an den real existierenden Beamten als selbstsüchtig und korrupt ein, am eindringlichsten vielleicht in den Werken von Nikolaj Gogol. Auch in den achtziger Jahren hatten öffentliche Diskussionen um Korruption in sowjetischen Institutionen eine oft unterschätzte Wirkung auf die Reformen der Perestroika. Allerdings gingen Lösungsvorschläge sowohl im 19. als auch im 20. Jahrhundert meist in die Richtung, der Staat solle korrupte Beamte an die Kandare nehmen. Kontrolle wurde meist als interne Kontrolle durch andere staatliche Institutionen verstanden – eine Vorstellung, die auch Putin vertrat und an der der als liberaler Korruptionskritiker auftretende Medwedew kaum etwas zu ändern vermochte.[37]

Dass seit der Jahrtausendwende eine neuartige Korruptionskritik aufkam, war nicht zuletzt der neuen Situation in der Putin-Ära zu verdanken. Während des Zerfalls der Sowjetunion waren große Teile der politischen und wirtschaftlichen Eliten aus staatlichen Strukturen ausgeschieden und trugen ihre Konflikte meist außerhalb dieser Strukturen und mit Gewalt aus. Für den Großteil der Bevölkerung waren Sicherheit und nacktes Überleben wichtiger als die Einhaltung formaler Spielregeln durch staatliche Institutionen. Seit Ende der neunziger Jahre kaperten die Eliten wiederum diese Institutionen und bedienten sich insbesondere des staatlichen Gewaltapparats statt privater Gewaltunternehmer zur Durchsetzung ihrer Ziele. Zudem versprachen der wirtschaftliche Aufschwung und Putins Stabilitätsdiskurs die Einhaltung bestimmter Mindeststandards – vom Straßenbelag bis hin zu staatlichen Hausverwaltungen –, die in den chaotischen Neunzigern nicht zu den Prioritäten gehört hatten.

In diesem Kontext konnte die Kritik seitens Think-Tanks und oppositioneller Politiker ihre Wirkung entfalten. Den Anfang machten NGOs wie die INDEM-Stiftung des ehemaligen Jelzin-Beraters und Mitautors der Verfassung Georgij Satarow, die sich – anfangs in Zusammenarbeit mit der Weltbank – immer mehr auf Korruptionsforschung spezialisierte. Hinzu kam der 1999 entstandene russische Ableger der in Berlin gegründeten Organisation Transparency International, der seinerseits Filialen in mehreren russischen Städten eröffnete. Schließlich griffen auch Oppositionspolitiker, Journalisten und Blogger das Thema Korruption auf. Die ehemaligen Regierungsmitglieder Boris Nemzow und Wladimir Milow veröffentlichen seit 2008 eine Reihe von Berichten, die korrupte Praktiken im Land und insbesondere in Putins unmittelbarem Umfeld anprangerten. Die Broschüren wurden über das Internet sowie über oppositionelle Vereinigungen wie »Solidarnost« weit verbreitet. Der Anwalt und Shareholder-Aktivist Alexej Nawalnyj erlangte mit seinem Antikorruptions-Blog landesweiten Ruhm und prägte mit der Bezeichnung des »Geeinten Russland« als »Partei der Gauner und Diebe« das wichtigste Schlagwort des zukünftigen Protests. Vor allem bot er über diverse Internet-Plattformen gewöhnlichen Nutzern wie Kira Sokolowa die Möglichkeit, mit einfachen Mitteln die Veruntreuung von Geldern etwa beim Straßenbau zu dokumentieren. Auch Präsident Medwedew schürte mit dem Start eines Open-Data-Portals im Juni 2009 Hoffnungen auf mehr Transparenz im Staat – nur wurden solche Initiativen von zahlreichen Ausnahmen untergraben, was wiederum die Hoffnungen auf einen Neuanfang unter Medwedew dämpfte. [38]

Zu Beginn des neuen Jahrzehnts war die Entwicklung des Korruptionsbegriffs als eines Interpretationsrahmens also schon ziemlich weit fortgeschritten. Die von Kritikern verbreiteten Informationen über Putins eigenen luxuriösen Lebensstil machten es diesem schwer, sich selbst als den größten Feind der Korruption darzustellen; Medwedew hingegen machte seine Glaubwürdigkeit als korruptionsfeindlicher Staatssanierer mit der Rochade vom September 2011 endgültig zunichte. Damit war eine wichtige Vorbedingung für eine breite Protestbewegung geschaffen: Der Protest hatte ein Thema, eine Sprache und dank Nawalnyjs Sammelbezeichnung einen Adressaten bekommen. Eine solche intellektuelle Neurahmung reicht jedoch allein nicht aus, um Menschen zu mobilisieren und Massenprotest auszulösen. Dazu bedarf es nicht nur einer wirtschaftlichen und politischen Evolution, nicht nur eines Umdenkens, sondern auch eines emotionalen Schocks.

Die politische Ökonomie der Gefühle

Am 2. Oktober 2012 stellte das Zentrale Wahlkomitee für die Wahlen zum Koordinationsrat der Russischen Opposition ein Video ins Internet. Vor bekannten Wahrzeichen verschiedener russischer Städte hielten Menschen quadratische weiße Plakate hoch, auf denen bekannte und neue Slogans der Protestbewegung zu sehen waren: »Sie haben mir die Stimme geklaut«, »Wir sind mehr, als es scheint«, »Du stimmst ab, also bist du«. Den Abschluss bildete eine rasche Abfolge von Plakaten mit einzelnen Substantiven: »Lügen«, »Angst«, »Gleichgültigkeit«, »Hoffnung«, »Zuversicht«, »Zukunft«.[39]

Es war ein Versuch, die Emotionen zu spiegeln und zu legitimieren, ja herzustellen, von denen auch Kira Sokolowa spricht, wenn sie von ihrer Teilnahme an den Protesten berichtet: den Überdruss an den Lügen der Behörden, die eigene Angst und die der politisch gleichgültigen Familienmitglieder, die neue Hoffnung auf den »Triumph normaler menschlicher Werte«.

Die Entscheidung, bei eisigen Temperaturen auf die Straße zu gehen, um zu protestieren, lässt sich nicht ausschließlich mit rationalem Kalkül erklären. Nicht weniger wichtig ist die Wut, der Zorn – »die Emotion, die Bewegung hervorruft, die Stimmung, die das Subjekt zum Handeln bewegt. Möglicherweise die erste politische Emotion.«[40] Um aus der Position des gleichgültigen oder auch wohlwollenden Beobachters zu treten, reicht eine neue Sicht auf die Dinge nicht aus: Ein Geschehen muss als Unrecht *empfunden* werden, gleichzeitig muss Hoffnung bestehen – wenigstens »Hoffnung, da nichts zu hoffen war« (Röm 4,18). Das Umdenken und die neuen Empfindungen sind keine getrennten Prozesse, sondern Aspekte ein und desselben, zugleich kognitiven und emotionalen Zustands.[41]

Massendemonstrationen und andere Protestaktionen gehören zu den Formen menschlicher Zusammenkunft, bei denen Emotionen durch die Anwesenheit anderer am intensivsten verstärkt werden, aber auch am schnellsten umschlagen können. Staat und

Opposition, Aktivisten und Polizisten können versuchen, Emotionen zu beeinflussen – die einen durch demonstrativen Zusammenhalt, gemeinsames Auslachen, feurige Reden, Gesang, Sprechchöre und Trommelmusik, die anderen durch abschätzige Ironie, einschüchternde Gesten, die Demonstration von Waffen und den Rhythmus von Dutzenden Schlagstöcken auf Metallschilden; die einen durch Gewalt, die anderen durch Gegengewalt oder Gewaltlosigkeit. Die Auswahl einer bestimmten Route für einen Aufmarsch kann die Gefühle der Teilnehmer beeinflussen und einen als Raum des Jubels geplanten Ort in ein Territorium der Befreiung verwandeln.[42]

Allerdings können Emotionen nicht beliebig gesteuert und schon gar nicht auf Knopfdruck ein- und ausgeschaltet werden, weder auf sowjetischen Siegesparaden noch in Facebook-Gruppen. Um das System Putin zu verstehen und den Widerstand dagegen zu begreifen, müssen wir es daher nicht nur als ein politisches, sondern auch als ein emotionales Regime betrachten.[43]

Die oft beschworenen Parallelen zwischen der Putin-Ära und der Epoche des Generalsekretärs Leonid Breshnew – je nach Geschmack eine Zeit des »Stillstands« oder der »Stabilität« – beruhen nicht nur auf Ähnlichkeiten in den wirtschaftlichen Umständen. Wie unter Breshnew sind unter Putin die neuen Möglichkeiten des Konsums den hohen Öl- und Gaspreisen auf dem Weltmarkt geschuldet. Damals und heute ermöglicht der Rohstoffexport eine Verbesserung der materiellen Lebensumstände ohne wirtschaftliche oder institutionelle Modernisierung: ohne Strukturwandel oder eine Steigerung von Produktivität und Effektivität. Dem individuellen oder kollektiven Lebensgefühl jedoch sind stilistische Ähnlichkeiten weitaus präsenter. Gesellschaftliche Dynamiken und intellektuelle Tendenzen lassen sich nur sehr bedingt in eindeutig datierte Epochen zwängen, emotionale Konfigurationen schon viel eher. Man könnte sogar sagen, dass Begriffe wie »die chaotischen Neunziger« und »Putins Stabilität« vorrangig durch bestimmte Gefühlsgrundierungen definiert sind: Nur als Beschreibung einer Stimmung ist eine solch klare Chronologie überhaupt sinnvoll. Auf Stimmungen, Gefühle und die legitimen Formen ihres öffentlichen Ausdrucks haben führende Politiker, gerade im Medienzeitalter, einen weitaus größeren Einfluss als auf gesellschaftliche und wirtschaftliche Strukturen. Als Beginn einer Ära wird immer ein emotionsgeladenes Ereignis aufgefasst. Schocks wie der vom 11. September 2001 lösen mit einem Schlag emotionale Gewissheiten auf. Eine kurze Zeit des Tastens nach einer für die Gemeinschaft akzeptablen Neukonfiguration – und ein neues emotionales Schema hat gesiegt. Danach herrscht, bei allen Differenzierungen und Schattierungen, eine andere emotionale Grundstimmung als zuvor.

Die Ära Jelzin begann mit der Aufwallung des vereitelten Putschversuchs im August 1991. Obwohl in vielen sowjetischen Städten, anders als in Moskau, in jenen Tagen äußerlich nicht viel passierte, war fast allen anschließend klar, dass sie in einer neuen Realität lebten. Das unerwartete Ende der Sowjetunion gab dieser neuen Realität wenige Monate später eine Form. Auch das Ende dieser Ära markierte ein solcher Schock – die Neujahrsansprache am Abend des 31. Dezembers 1999, in der Jelzin unerwartet seinen Rücktritt bekannt gab. Mit den allerletzten Worten, die er öffentlich als Präsident sprach, nachdem er sich bei ihnen für die enttäuschten Hoffnungen der Neunziger entschuldigt hatte, versuchte er, den Gefühlshaushalt seiner Landsleute in Ordnung zu bringen: »Beim Abschied möchte ich jedem von euch sagen: Seid glücklich! Ihr habt es verdient. Ihr habt Glück und Ruhe verdient. Ein frohes neues Jahr! Ein frohes neues Jahrhundert, meine Lieben!«[44]

Mit Putins Aufstieg zur Macht etablierte sich ein emotionales Regime, das dem der späten Sowjetzeit in einigen Zügen ähnelte. Damals war das in der Öffentlichkeit zugelassene Gefühlsspektrum streng reglementiert und an bestimmte Orte und Zeiten gebunden: Die stalinschen Prachtstraßen und Plätze waren bei offiziellen Feiern Räume des Jubels und der Begeisterung; Parteikongresse und Sitzungen waren Bühnen für feierlichen, ritualisierten Ernst; Versammlungen in kleinerem offiziellem Rahmen dienten der Kritik und Selbstkritik, und auch für den orwellschen Zwei-Minuten-Hass gab es ganz bestimmte Anlässe. Lächeln in der Öffentlichkeit ohne vorgegebenen Anlass war verpönt, was westlichen Besuchern sofort auffiel. Als Bollwerk gegen unzulässige Gefühlsbekundungen diente die Scham. Der Raum für den ungehemmten Ausdruck einer immens differenzierten Gefühlsreihe war der häusliche, familiäre und freundschaftliche. Hier vollzog sich auch die ironische Distanzierung vom offiziell zugelassenen emotionalen Regime, an dem jedoch auch die Ironiker immer wieder teilnahmen. Die im häuslichen Umfeld entstehenden Gefühlzustände der Bevölkerung waren für den Staat ein rätselhaftes Objekt von großem Interesse: Mangels staatsunabhängiger Institutionen der artikulierten Meinungsbildung versuchte man, potentiell gefährliche »Stimmungen« auszuloten.[45]

Dass die späten Achtziger und die neunziger Jahre als Chaos empfunden wurden, lag auch daran, dass die Zurschaustellung von Gefühlen auf der Straße und im Fernsehen nun nicht mehr streng reglementiert war. Es hielten Emotionen Einzug in den öffentlichen Raum, die dort vorher nichts zu suchen hatten: von der ausgelassenen Freude und kühlen Ironie bis hin zur Verzweiflung, vom Besitzstolz bis zur nackten Angst. Hinzu kam für viele ein Gefühl der kollektiven Erniedrigung: Der Großmachtstatus und das Gefühl eines gemeinsamen gesellschaftlichen Projekts waren dahin, und die ungezügelten öffentlichen Auftritte des vieltrinkenden Präsidenten und anderer Skandalpolitiker zeitigten eine ohnmächtige Scham.

Die Begeisterung, die Putin bei so vielen hervorrief, rührte auch aus dem Bedürfnis her, diese Scham zu überwinden und wieder kollektiven Stolz und ein Gefühl emotionaler Gemeinschaft zu verspüren. Natürlich war eine vollständige Rückkehr zur strengen emotionalen Reglementierung der Sowjetzeit weder möglich noch wirklich gewünscht, wohl aber eine gewisse Einfriedung öffentlicher Gefühlsräume, ein Ende der emotionalen Willkür, des Chaos oder *Bespredel* (wörtlich »Schrankenlosigkeit«) in der Politik. Solche Bestrebungen bestimmten auch die Atmosphäre in Tscheljabinsk im Jahr 2000, noch bevor Kira

Sokolowa von dort zum Studium in Putins Heimatstadt Sankt Petersburg aufbrach.

> Aus unerklärlichen Gründen war ausgerechnet die Region Tscheljabinsk unter den Ersten, die eine übermäßige Putinpreisung an den Tag legten. In Magnitogorsk wurde der erste gusseiserne Putin für Amtsstuben angefertigt, in Tscheljabinsk entstand die Hymne des Michail Anischtschenko [eines Jurastudenten, der den deutschen Journalisten Klaus-Helge Donath verklagte, weil sich dieser in der *taz* kritisch zu seinem Loblied auf Putin geäußert hatte]. Die Tscheljabinsker Brotfabrik Nr. 7 stellte als Erste eine Napoleontorte mit Putins Porträt auf der Verpackung her, und der Tscheljabinsker Amateurzüchter Nikolaj Jegorow versuchte, eine von ihm gezüchtete Tomatensorte mit 1,5-Kilo-Früchten unter dem Namen »Wladimir Putin« anzumelden.[46]

Eine ironische oder auch nur humorvolle Verwendung des Namens hingegen war verpönt. Im Sommer 2002 eröffneten zwei Studentinnen in Tscheljabinsk ein Restaurant »Putin« mit Porträts des Präsidenten und Gerichten wie dem Machtvertikale-Grillspieß aus sieben Fleischstücken (nach der damaligen Anzahl der Föderationskreise). Das Etablissement, das von einem gleichnamigen russischen Restaurant in Jerusalem inspiriert war, wurde auf Druck der Behörden erst umbenannt und nach einigen Monaten geschlossen.[47]

In den folgenden Jahren festigte sich ein emotionales Regime, das politischen Protest noch einmal erschwerte: nicht nur, weil Politik weiterhin als eine dreckige Angelegenheit galt, sondern auch, weil jeder Protest einen potentiellen Affront gegen das so mühsam wiedergewonnene emotionale Regime der Einheit und des Nationalstolzes darstellte. Eine allzu lautstarke Kritik an den Zuständen im Lande war nun wieder schändlich, auch weil sie Russland vermeintlich gegenüber dem Westen erniedrigte. Kritik und Unzufriedenheit wurde zeitweise wieder zur Sache des Einzelnen. Die Bezeichnung »Unzufriedene« für Oppositionelle galt fast schon als Schimpfwort. Nur der Präsident besaß die Erlaubnis, seine (allerdings eher reduzierten) Gefühle ungehindert öffentlich auszubreiten: Auch daher rührt die allgemeine Fixierung auf Putins Gemütszustand und nicht zuletzt seine abschät-

zige Ironie gegenüber Kritikern. In Wirklichkeit war dieses emotionale Regime selbstverständlich nur eines von mehreren, die
im Alltag in Konkurrenz zueinander traten; umso verbissener
verteidigten seine Architekten die Trennung zwischen dem öffentlichen Raum des Stolzes und dem häuslichen Raum, in dem
auch die Scham ihren Platz hatte.

Viele in der Gesellschaft begrüßten diesen Zustand. Vor allem
entsprach er den Interessen und Intentionen der politischen Eliten. Bei den durchaus nicht wenigen »Unzufriedenen« hingegen
löste er häufig ein Gefühl der Vereinsamung und des Außensei-
tertums sowie Zweifel an sich und den eigenen Werten und Analysen aus. Für das Entstehen einer breiten Bewegung war das
aber nicht genug.

Selbst der marxistische Intellektuelle Boris Kagarlizkij mahnte bereits 2005 in einem Buch über die »gelenkte Demokratie«,
sichtlich frustriert über das Ausbleiben der seit langem angekündigten Revolution und das Versanden der massenhaften Sozialproteste des vorangegangenen Winters, eine »Revolution der
Scham« an. Nur infolge »großer Erschütterungen«, verkündete
er, könnten »Menschen das Recht verdienen, auf ihr Land und
ihre Geschichte (nicht die ihrer fernen Vorfahren) stolz zu sein«.
»Die mehrfach übertölpelten sowjetischen Spießbürger haben
allmählich begriffen, dass man sie um den Finger gewickelt hat,
empfinden aber angesichts dieser Tatsache nicht die gebührende
Scham. [...] Im Ganzen haben die Sowjetmenschen genau das
bekommen, was sie verdienten. [...] Das Stöhnen der ruinierten
Sparer, ja sogar die Klagen halbverhungerter Lehrer oder der
Zorn getäuschter Bergarbeiter können solange kein Mitgefühl
hervorrufen, wie die Menschen selbst nicht versuchen, ihre Lage
zu ändern. Der Kampf führt nicht immer zum Sieg, aber ohne
Kampf kann es nicht nur keinen Sieg geben, sondern nicht einmal
elementare Selbstachtung.«[48] Gebot den einen also die Scham,
von Kritik und Protest abzusehen, sehnten die anderen eine »Revolution der Scham« herbei, die allein in der Lage sein würde,
eine neue Ära einzuläuten.

Wieder andere drückten solche Hoffnungen positiver aus. Im

April 2010 ging der eingangs erwähnte *Doshd* als kommerzielles Internet- und Kabel-Angebot auf Sendung – mit dem Untertitel »optimistic channel« und der Tagline »Haben Sie keine Angst, den Fernseher einzuschalten!« Der auf ein liberales Großstadtpublikum abzielende Sender profilierte sich mit Programmen wie der Clipreihe »Stimmung auf Doshd« und machte den Versuch, den konsumorientierten Enthusiasmus apolitischer Medien mit oppositionellen Themen zu verknüpfen. Indem sie Opposition und Protest positiv besetzten und eine entsprechende Gefühlssprache anboten und legitimierten, trugen neue Medien wie *Doshd* entscheidend zur Entstehung alternativer emotionaler Gemeinschaften bei, die für die kommende Protestbewegung eine nicht weniger entscheidende Rolle spielen sollten als institutionelle Strukturen, die aufkommende Antikorruptionsrhetorik oder die neuen Kommunikationsmöglichkeiten des Internets.

Ebenso wenig wie Auffassungen von gesellschaftlicher Realität ausschließlich auf finanzielle oder andere materielle Determinanten zurückzuführen sind, können Emotionen als bloßer Ausdruck der wirtschaftlichen, familiären oder gesundheitlichen Situation des Einzelnen begriffen werden. Kognition und Emotion sind eng miteinander verwoben. Wir haben es mit einer politischen Ökonomie der Gefühle und der Sichtweisen zu tun, die durch emotionale Umbrüche nachhaltig verändert werden kann. Ein solcher Umbruch war für viele Menschen der Platztausch von Medwedew und Putin im September 2011, für andere – wie Kira Sokolowa – war es Putins misslungener Auftritt in der Olympiahalle. Für tausende weitere jedoch stand ein noch größerer Einschnitt bevor: die direkte Erfahrung der Wahlfälschungen im Dezember 2011.[49]

II DER AUFSTAND DER BEOBACHTER

Am 5. Mai 2012 erschien auf Youtube ein Video der »Aktion für eine gerechte Staatsmacht«. Die Aufnahme zeigte einen schlanken, adrett gekleideten und frisierten jungen Mann mit rechteckiger Vollrandbrille. Er steht bei strahlend blauem Himmel auf dem Manegenplatz, hinter ihm Spaziergänger und in einiger Entfernung das alte Gebäude der Moskauer Universität. Mit ruhiger, sachlicher Stimme kündigt er an: »Ich werde um 19.00 Uhr auf den Manegenplatz gehen und hier bleiben – die ganze Nacht und am Morgen des 7., weil ich der Meinung bin, dass Wladimir Wladimirowitsch nicht in den Kreml einziehen darf. Wir dürfen ihm nicht erlauben, sich krönen zu lassen. [...] Die Menschen, die bei den großen Demonstrationen im Winter dabei waren, sind nicht verschwunden. Aus irgendwelchen Gründen gehen sie nicht mehr auf die Plätze raus. Meiner Meinung nach hat das damit zu tun, dass sie es leid sind, Resolutionen zu verabschieden und anschließend zu sagen: Wir kommen wieder. Unser Ziel ist es, Herrn Putin aufzuhalten, der sich einbildet, er sei unabsetzbarer Herrscher über Russland. Ich bin überzeugt, dass wir es schaffen, wenn viele von uns kommen.« Die Kamera macht einen Schwenk zu den roten Backsteingebäuden des Historischen und des Lenin-Museums, zeigt den Durchgang zum Roten Platz und nimmt dann wieder den Aktivisten in den Blick, der seinen Zuschauern Tipps gibt, wie sie am nächsten Tag am besten mit der Metro vom »Marsch der Millionen« zum Manegenplatz gelangen.

Der Mann auf dem Video, Wadim Dergatschow, wuchs in der Millionenmetropole Kasan an der Wolga auf, der Hauptstadt der Teilrepublik Tatarstan. Im Jahr 2002 zog er 19-jährig nach Moskau, um an der Scholochow-Universität für Geisteswissenschaften Geschichte zu studieren. Es folgte ein Jura-Masterstudium an der elitären Staatlichen Hochschule für Wirtschaftswissenschaften. Wie viele andere Demonstrationsteilnehmer und Protestaktivisten hatte er sich noch ein Jahr vor seinem Auftritt auf dem Manegenplatz zur Küchenopposition gezählt, die nach sowjetischer Tradition zu Hause sitzt und auf die Staatsmacht schimpft. Auch in sozialen Medien war er kaum aktiv: Zwar legte er sich 2009 einen Facebook- und 2010 einen vkontakte-Account zu, nutzte diese aber nur hin und wieder, um Witze über Putin und das »Geeinte Russland« zu posten.

Dann rückten die Parlamentswahlen näher. Laut Gesetz wird für jedes Wahllokal eine eigene Kommission gebildet, deren Mitglieder in Anwesenheit von Beobachtern die vor Ort abgegebenen Stimmen auszählen. Wadim Dergatschow wollte sich als Mitglied einer solchen Kommission betätigen. Er wurde bei einer Oppositionspartei vorstellig, die ihm den entsprechenden Auftrag erteilen sollte, wurde jedoch im letzten Moment abgewiesen und fuhr stattdessen als Beobachter der Vereinigung »Golos« (Die Stimme) zu sich nach Hause, in einen relativ zentral gelegenen Bezirk in Kasan. Nach der Stimmenauszählung übermittelt jede Wahlkommission das von allen Mitgliedern unterschriebene Ergebnisprotokoll – einen simplen Papierbogen – an die sogenannte territoriale Wahlkommission, die die Ergebnisse aus den einzelnen Wahllokalen in ein computerisiertes Zählsystem einspeist. Dergatschow begab sich direkt in das Büro der territorialen Wahlkommission seines Bezirks. Dort konnte er auf Video festhalten, wie eine Frau ein Ergebnisprotokoll erst nach ihrem Eintreffen im Büro ausfüllte. Als er nachhakte und Gesetze zitierte, warnten ihn die Wahlleiter, er solle sie nicht mit seinem Ton und seinen »inkorrekten Fragen« von der Arbeit abhalten.

Mit diesem Bescheid gab sich der Jurist nicht zufrieden. Noch am selben Abend veröffentlichte er das Video im Internet. Wenige Tage später stellte er Strafanzeige beim Ermittlungskomitee, das erst im vergangenen Winter als eigene Behörde aus der Staatsanwaltschaft ausgegliedert worden war – unter Leitung von Putins Studienfreund Alexander Bastrykin. In Kasan gaben ihm die Mitarbeiter der Behörde zu verstehen, sie seien auf seiner Seite und hätten das »Geeinte Russland« ebenso satt wie er. Kurz darauf übermittelten sie ihm jedoch ihre offizielle Weigerung, einen Prozess anzustrengen.

Nach dieser Erfahrung wandelte sich Dergatschow endgültig vom Wahlbeobachter zum Protestaktivisten. Von nun an war er überall zugegen. Er nahm am 10. Dezember an der ersten großen Massenkundgebung in Moskau teil und fuhr dann wieder nach Hause, um bei der Vorbereitung zweier Demonstrationen in Kasan mitzuhelfen. Am 24. sang dort der bekannte Rapper Iwan Alexejew alias Noize MC. Dieser hatte 2010 mit seinem Lied »Mercedes S 666« dem Zorn über Bonzen in ihren mörderischen Luxuskarossen Ausdruck gegeben und nach einem kurzen Gefängnisaufenthalt über die schrecklichen Zustände bei der Polizei gerappt; in Kasan trat er mit der neuen, an Putin adressierten Komposition »Selber Kondom!« auf.

Als Mitglied einer Bezirkswahlkommission in Moskau nahm Dergatschow im März an den Präsidentschaftswahlen teil. Ende des Monats fuhr er mit einer Gruppe von Juristen nach Jaroslawl, wo der parteilose Jewgenij Urlaschow schließlich dank der Unterstützung einer Koalition von Oppositionsparteien und dem Einsatz von Wahlbeobachtern die Stichwahl zum Bürgermeister gegen den Kandidaten des »Geeinten Russland« gewann. Auch in Astrachan war Dergatschow während der Demonstrationen zur Solidarität mit dem Bürgermeisterkandidaten Scheïn dabei. Gleichzeitig mit der Wahl des Präsidenten hatte dort am 4. März die des Stadtoberhaupts stattgefunden, die der Gewerkschaftsführer Scheïn nach den offiziellen Ergebnissen an den Kandidaten der Staatspartei »Geeintes Russland« verloren hatte. Ende März trat er mit einigen Mitstreitern aus Protest gegen Wahlfälschungen in einen Hungerstreik, der insgesamt 40 Tage dauerte. Zwar setzte er die Forderung nach Neuwahlen nicht durch, doch wurde das provinzielle Astrachan durch die massiven Solidaritätsaktionen zeitweise »faktisch zur politischen Hauptstadt Russlands«, wie es eine staatliche Nachrichtenagentur formulierte.

Begleitet von Videokameras baute sich Dergatschow vor Gefangenentransportern auf und hinderte Polizisten und anonyme Geheimdienstler in Zivil daran, Protestierende ohne rechtliche Grundlage abzuführen. Er half in Moskau im OccupyAbay-Lager beim Spendensammeln und organisierte Protestaktionen zur Solidarität mit illegal Verhafteten mit, darunter das »Balaclaving« – einen Spa-

ziergang von Demonstranten in Ketten und Skimasken, der auf
Pussy Riot anspielte, aber allen politischen Gefangenen gewidmet
war. Im Juli fuhr er als Freiwilliger ins flutgeschädigte südrussische
Krymsk, im Oktober kandidierte er bei den Wahlen zum Koordi-
nationsrat der Opposition – und blieb, wie die meisten Straßen-
aktivisten, erfolglos. Immer wieder wurde Dergatschow verhaftet,
mehrmals blieb er tagelang hinter Gittern und wurde nach einem
der Protestspaziergänge auf einer Polizeiwache zusammengeschla-
gen.[1]

Der Schock des Wahltags

Für neue Wahlbeobachter wie Wadim Dergatschow wurde die
Erfahrung bei der Stimmabgabe zu einem Schlüsselerlebnis: Die
dreisten, massiven, oft schlampigen Wahlfälschungen zugunsten
der Staatspartei »Geeintes Russland« schockierten und erzürnten sie. Dank der unzähligen Berichte und Videoaufnahmen von
Wahlfälschungen aus verschiedenen Teilen des Landes übertrug
sich diese Stimmung auf viele andere. Gerade im Kontrast zu
den bis ins Lächerliche triumphalen Nachrichten im Staatsfernsehen – im Gebiet Rostow stieg die Wahlbeteiligung dank zusätzlicher Stimmen für die Staatspartei kurzzeitig auf 146 Prozent, in Woronesh auf 130 Prozent – entfalteten die Berichte der
Beobachter eine enorme emotionale Wirkung.[2]
   Bereits in den Wochen und Monaten vor der Abstimmung hatten sehr unterschiedliche Gruppen vereinzelt Kampagnen und
Demonstrationen für faire Wahlen und gegen das »Geeinte Russland« organisiert. Seit August riefen einige liberale Oppositionelle und Journalisten dazu auf, die Stimmzettel mit fetten Kreu-
zen durchzustreichen und so »gegen alle« zu stimmen.[3] Von Mitte
November bis Anfang Dezember gingen hier und dort Demonstranten für faire Wahlen auf die Straße: Im westsibirischen Tomsk
waren es Aktivisten gegen die Erhöhung der Spritpreise, in Ir-
kutsk nahe des Baikalsees eine breite Koalition von Oppositions-

parteien, im nordkaukasischen Tscherkessk die Kommunisten. Es handelte sich jedoch um Aktionen mit einer Handvoll Teilnehmer. Auch während der Stimmabgabe probten nur kleine Gruppen den Aufstand. Auf dem Manegenplatz in Moskau versuchten linke Aktivisten und Immobilienbetrugs-Geschädigte vergeblich, zu dem mit massivem Polizeiaufgebot gesperrten Roten Platz durchzudringen. Auf dem Triumphplatz protestierten ab 18 Uhr Aktivisten linker und liberaler Gruppen der außerparlamentarischen Opposition. Etwa hundert von ihnen wurden verhaftet.

Nach der Wahl wuchs die Protestwelle jedoch rapide. In Moskau versammelten sich unmittelbar nach Schließung der Wahllokale einige hundert Anhänger der ultranationalistischen Vereinigung »Die Russen« zu einer nicht genehmigten Demonstration auf dem Roten Platz; Teilnehmer berichteten über Wahlfälschungen und riefen zu Protesten gegen Putin auf. Am nächsten Tag, nach Bekanntgabe der amtlichen Ergebnisse, trafen mehrere tausend Menschen zu einer genehmigten Demonstration der liberalen Bewegung »Solidarnost« auf dem Tschistoprudnyj-Boulevard ein. In beiden Fällen kam es zu Zusammenstößen mit OMON-Einsatztruppen; es wurden jeweils über 200 Menschen verhaftet. Einige bekannte Protagonisten der außerparlamentarischen Opposition waren schon vorher vorsorglich festgenommen worden. Am nächsten Tag zog das Innenministerium Soldaten der Internen Truppen in Moskau zusammen.[4] Auch in Sankt Petersburg, Samara und der Öl- und Gashauptstadt Tjumen gingen am 5. Dezember Menschen auf die Straße – mit Slogans wie »Eure Wahlen sind eine Farce«, »Geben wir dem Land die Wahlen zurück« und »So weit die Fälschungen. Wann wird gewählt?«. Schon am folgenden Tag versammelten sich um die Zehntausend zu einer nicht genehmigten Aktion auf dem Moskauer Triumphplatz; Hunderte wurden verhaftet und in Gefangenentransportern weggefahren. Demonstranten und einige Journalisten wurden in den Fahrzeugen zum Teil brutal zusammengeschlagen. Auch in anderen Großstädten versammelten sich kleinere Menschenmengen zu unangemeldeten Protestaktionen, die allesamt von Verhaftungen begleitet waren.

Während dieser Zeit erschienen im Internet – in vkontakte, Livejournal, Facebook und auf Youtube – immer neue Berichte und Aufnahmen von Wahlfälschungen, die sich innerhalb kürzester Zeit verbreiteten. Die gefälschten Wahlen wurden auch für viele Apolitische zum Thema Nummer 1, und selbst im Staatsfernsehen erlaubten sich einige Moderatoren Anspielungen auf die offensichtlich zugunsten des »Geeinten Russland« erfolgten Fälschungen.[5] Im Internet organisierten sich unzählige lokale Gruppen, um bereits für den folgenden Samstag, den 10. Dezember, Demonstrationen anzumelden. Die außerparlamentarischen Oppositionsbewegungen – von den legalen Parteien ganz zu schweigen – waren offensichtlich nicht auf den Sturm vorbereitet: In Moskau etwa hatte ein »Organisationskomitee für gemeinsame Aktion« erst nur eine kleine Demonstration gegenüber dem Bolschoi-Theater angemeldet. Auch die Behörden waren überrumpelt. Die Forderung des FSB an den Chef von vkontakte, Pawel Durow, einige der Protestgruppen in seinem Netzwerk zu schließen, nahm sich kläglich aus; als Antwort erhielt der Geheimdienst ein Foto eines Hundes mit ausgestreckter Zunge. Am 10. Dezember gingen in über 100 Städten im In- und Ausland Menschen auf die Straße, viele von ihnen zum ersten Mal. In Moskau versammelten sich bei Temperaturen um den Gefrierpunkt weit über hunderttausend Menschen auf dem Bolotnaja-Platz, in Sankt-Petersburg und Jekaterinburg waren es jeweils um die zehntausend. Aber auch in Apatity und Joschkar-Ola, in Kemorowo und Togliatti, in Magnitogorsk und Wladiwostok, in Wolgograd und Balakowo, in Katschkanar und Tula gab es Demonstrationen, viele davon mit nur einigen Dutzend Teilnehmern, die größten mit mehreren tausend. Die Demonstrationen waren keineswegs ein Moskauer Phänomen: Gemessen an der Einwohnerzahl fanden einige der größten unter ihnen im Nordwesten des Landes (Nowgorod und Pskow) und in Westsibirien (Tomsk, Nowosibirsk, Omsk, Barnaul, Gorno-Altajsk) statt.[6] Insgesamt gab es an mindestens 21 Tagen des Monats Dezember irgendwo in Russland Protestaktionen. In Moskau waren die Behörden zunächst ganz offensichtlich von der großen

*Dorf Kolionowo, Moskauer Gebiet, 10. 12. 2011. Auf einer Versammlung am
24. 6. 2010 hatten die Dorfbewohner beschlossen, die von oben eingesetzte örtliche Verwaltung nicht mehr anzuerkennen und stattdessen einen Sheriff zu
wählen. Inzwischen protestieren sie regelmäßig für faire Wahlen und veranstalten Demonstrationen mit über 100 Teilnehmern aus den umliegenden Dörfern
gegen die Eröffnung einer Mülldeponie und für den Bau eines Krankenhauses.
Das auf dem Foto zu sehende Plakat richtet sich an den Abfallverursacher, die
österreichische Firma Kronospan. Mehrere Plakate in deutscher Sprache wurden
im Februar 2012 von OMON-Polizisten zerstört – vor der Ankunft eines ARD-
Fernsehteams. Foto: Michail Schljapnikow*

Teilnehmerzahl überrumpelt; auch in anderen Großstädten beschränkte sich die Einmischung nach der Verhaftungswelle der
ersten Tage oft auf Beobachtung durch Polizei, FSB und Extremismuszentren oder das Einschleusen loyaler Personen in die
Organisationskomitees. Doch gab es am 10. Dezember auch Fälle von Gewaltanwendung: Im nördlichen Syktywkar nahmen
Polizei und OMON Redner fest und trieben die Demonstranten
auseinander. Auch anderswo – zum Beispiel in Angarsk, Chaba-
rowsk, Krasnojarsk, Kurgan und Sankt Petersburg – kam es zu
brutalen Verhaftungen.

Der Wahlbeobachter verkörperte den einfachen, politikfernen und mit keiner Partei verbundenen Bürger, mit dem sich viele identifizieren konnten. Nicht nur der Slogan »Sie haben mir die Stimme geklaut« personalisierte den Protest, sondern auch das immer wieder auftauchende Plakat »Ich habe Wahlfälschungen gesehen«. Beobachter erklommen die Bühnen oder die Sockel von Denkmälern und erzählten den Versammelten von ihren Erlebnissen in den Wahlbezirken und von der Schikanierung durch Behörden. Letztere, aber auch viele Medien bezeichneten die Demonstranten zwar weiterhin als »mit den Wahlergebnissen Unzufriedene«, doch das Argument, es handele sich um einen Protest frustrierter Oppositioneller, überzeugte nicht mehr. Die kleineren Protestaktionen, die die außerparlamentarische Opposition in den letzten Jahren veranstaltet hatten, wurden durch die spontanen Massendemonstrationen im Dezember endgültig zum Auslaufmodell. Selbst in kleineren Städten kamen vor allem solche Bürger auf die Demonstrationen, die von dieser Vorgeschichte nichts oder wenig wussten: Menschen wie Kira Sokolowa oder Wadim Dergatschow, die zuvor überzeugt gewesen waren, mit ihrem Unbehagen allein zu sein. Die Position vieler Protestierender brachte ein Plakat des Moskauer Aktivisten Dmitrij Sworykin auf den Punkt, das schnell Berühmtheit erlangte: »Ich habe nicht für diese Lumpen gestimmt«, stand über dem Bärenlogo des »Geeinten Russland«, »sondern für die anderen Lumpen«.

Angesichts der schwachen Identifizierung mit politischen Parteien und der offenkundig untergeordneten Rolle der Staatsduma stellt sich die Frage: Warum verursachten ausgerechnet die gefälschten Parlamentswahlen in Moskau wie in der Provinz die größte Protestwelle seit zwanzig Jahren? Auf welche Weise heizte der komplizierte, schwer überschaubare Prozess der Abgabe und Auszählung von Stimmzetteln Emotionen an, die stark genug waren, hunderttausende zumeist apolitischer Menschen bei klirrender Kälte auf die Straßen zu treiben und nicht wenige von ihnen zu politischen Aktivisten zu machen? Warum wurden ausgerechnet Wahlbeobachter zu Schlüsselfiguren des Protests? Warum hatten sich überhaupt so viele Menschen als Beobachter engagiert, und welche Rolle spielten sie nach den Parlamentswahlen? Der Beantwortung dieser Fragen ist dieses Kapitel gewidmet.

Wahlbeobachtung als soziale Bewegung

Trotz einer zunehmenden Konzentration der politischen Macht in den Händen der ohnehin dominanten Exekutive und insbesondere des charismatischen Präsidenten, der sein Amt im Jahr 2000 angetreten hatte, galt das Land für seine Weltgegend als fortschrittlich. Vor allem im Kontrast zum kleineren Nachbarn, dem ehemaligen Partner in einer Zwei-Staaten-Konföderation: Dort kam weiterhin die Todesstrafe zur Anwendung; Wahlen fanden statt, deren Ergebnisse der seit 1994 als Alleinherrscher regierende Präsident jedoch stets zu seinen Gunsten manipulierte. Aber auch den Vergleich mit den anderen umliegenden Staaten, die ebenfalls als Fragmente des einst riesigen Imperiums zur Welt gekommen waren, brauchte es nicht zu scheuen. Die Herrscher mehrerer dieser Staaten hatten zum Machterhalt die Armee eingesetzt, statt sich demokratischen Wahlen zu stellen.

Wie große Teile der Bevölkerung hatten auch Journalisten den Machtwechsel überwiegend enthusiastisch begrüßt. Inzwischen wurden sie jedoch häufig bedroht und angegriffen. In einigen Fällen ging die Polizei mit brutalen Methoden gegen die Medien vor, vor allem wenn diese Separatisten aus der abtrünnigen Provinz im Süden zu Wort kommen ließen. Die großen, vom Präsidenten vorangetriebenen und für ihn und einige enge Verbündete lukrativen Prestigeprojekte waren heftig umstritten. Laut Verfassung durfte das Staatsoberhaupt nicht länger als zwei Regierungsperioden im Amt bleiben, und der aktuelle Präsident hatte sich stets als Garant der Konstitution gegeben. Im Vorfeld der für 2012 angesetzten Wahlen aber legte er die Regelung so aus, dass sie ihm erlaubte, ein drittes Mal zu kandidieren. Kritik an diesem Vorhaben seitens der Opposition deuteten seine Unterstützer als Versuch, die eigene Schwäche und den fehlenden Rückhalt in der Bevölkerung zu kaschieren. Nach einer ersten Welle von Sozialprotesten entstand 2011 eine breite Protestbewegung, die Forderungen nach besseren Lebensbedingungen mit der nach einem Abgang des Präsidenten vereinte. Auch Schriftsteller und Journalisten unterstützten die Bewegung, Rapper und andere Musiker lieferten den Soundtrack dazu. Die jüngsten Proteste in Kairo dienten vielen als Inspiration: Auch im eigenen Land sollte es einen Tahrir-Platz geben. Demonstrationen wurden mehrfach von Bereitschaftspolizisten in Kampfausrüstung gewaltsam aufgelöst. Vor einer geplanten Großkundgebung verschärften die Behörden kurzfristig das Versammlungsrecht in der Hauptstadt und zwangen die Protestierenden an einen weniger zentralen Ort. Menschenrechts- und Oppositionsaktivisten wurden verhaftet. Einige bekannte Präsidentschaftskandidaten wurden nicht zur Wahl zugelassen, weil sie nicht genügend verifizierbare Unterschriften von Unterstützern vorweisen konnten. Gleichzeitig bereiteten sich im ganzen Land zahlreiche Gruppen von unabhängigen Wahlbeobachtern auf die bevorstehende Abstimmung vor. Bereits bei den Naturkatastrophen, die wenige Monate zuvor eine Welle zivilgesellschaftlicher Solidarität ausgelöst hatten, kam eine Software zum Einsatz, die es jedem erlaubte, über Mobiltelefone Meldungen an einen Server zu schicken, der diese automatisch auf einer im Web zugänglichen Karte verortete. Auch bei den Wahlen gab es diese Möglichkeit; aktiver und wichtiger jedoch waren die vielen auf einer Reihe von Seminaren vorbereiteten Wahlbeobachter, die nicht nur einzelne Unregelmäßigkeiten melden, sondern systematische Manipulationen erkennen konnten. Auch ihnen war es zu verdanken, dass der amtierende Präsident die ohne größere Fälschungen verlaufende Wahl im März 2012 verlor – auch in seinem Heimatbezirk – und seine Niederlage eingestehen musste. Gratulanten aus dem In- und Ausland begrüßten diesen Schritt als einen wichtigen Sieg für die Demokratie.

Was sich mit Ausnahme der letzten beiden Sätze wie eine Schilderung der Ereignisse in Russland liest, handelt in Wahrheit vom Senegal. Dort unterlag Präsident Abdoulaye Wade am 25. März 2012 im zweiten Wahlgang seinem Herausforderer Macky Sall und gab dies auch am selben Abend zu.

Natürlich sind die Unterschiede zwischen Senegal und Russland gewaltig. Es bestehen höchstens formale Parallelen zwischen dem kleinen, ressourcenarmen westafrikanischen Land mit seiner jungen, in großen Teilen ländlichen Bevölkerung und dem urbanisierten Gas- und Ölriesen Russland, das europaweit den höchsten Anteil an Hochschulabgängern hat. Das französische Kolonialreich ist nicht die Sowjetunion, die Casamance ist nicht Tschetschenien, und Yahya Jammehs Gambia ist nicht das Belarus des Alexander Lukaschenka. Überdies gibt es im Senegal – anders als in Russland stellt keine ethnische Gruppe die absolute Mehrheit – trotz langer Dominanz der Sozialisten ein relativ robustes Mehrparteiensystem und eine Tradition friedlicher Machtübergabe nach Wahlen. In dem schwach alphabetisierten Land mit starken Traditionen mündlicher Überlieferung spielten Hip-Hop-Künstler bei der Gründung und Ausbreitung der Bewegung »Y'en a marre« eine entscheidende Rolle; in Russland gab der Rapper Noize MC mit seinem Lied »Mercedes S 666« dem Zorn über Bonzen in ihren mörderischen Luxuskarossen Ausdruck, wurde aber nicht zu einer zentralen Figur bei der Organisation der Protestbewegung.[7]

Gerade wegen der vielen Unterschiede jedoch sticht eine Gemeinsamkeit ins Auge, die auch mit Beispielen aus anderen Ländern verdeutlicht werden könnte: die Rolle von Wahlbeobachtern. Der massive und koordinierte Einsatz professionell vorbereiteter, technisch gut ausgerüsteter und miteinander vernetzter Gruppen von Beobachtern trug nicht nur entscheidend dazu bei, dass die Wahl im Senegal ohne größere Unregelmäßigkeiten verlief. Sie markierte auch die globale Transformation der Wahlbeobachtung als Praxis.

Noch bis vor wenigen Jahren war die Wahlbeobachtung in Staaten, wo die Demokratie als nicht gesichert galt, vor allem ein Instrument internationaler Kontrolle und Legitimierung der Re-

gime in den Augen des Westens. Beobachter wurden von internationalen Organisationen und ausländischen, vor allem westlichen
Staaten und NGOs entsandt; die Bürger vor Ort stellten in den
meisten Fällen bestenfalls das technische Personal. Obwohl einige dieser Organisationen professionelle Arbeit leisteten, waren
auch viele Amateure dabei. Schon aus Zeit- und Geldmangel
konzentrierten sich ihre Tätigkeiten auf die Hauptstädte und
den Wahltag; der Vorbereitungsphase und den Vorgängen in der
Provinz konnten sie weniger Aufmerksamkeit schenken. Der De-
mokratieberater Thomas Carothers, der an zahlreichen Beobachtermissionen in Lateinamerika, Afrika und den postkommunisti-
schen Ländern teilgenommen hatte, beschrieb die Mängel dieses
Vorgehens in einem pointierten Artikel nach Boris Jelzins Wiederwahl im Jahr 1996:

> Im Allgemeinen zollten die mehr als ein Dutzend Beobachtergruppen, die
> zusammen am Wahltag weit über tausend ausländische Beobachter ent-
> sandt hatten, dem Prozess lautstarkes Lob. Sie unterstrichen, dass es we-
> der offensichtlichen Betrug noch großflächige administrative Probleme
> bei der Stimmabgabe gegeben hatte. Boris Jelzins Kampagne hatte zwei-
> felsohne in erheblichem Maße staatliche Ressourcen für die eigenen Zwe-
> cke verwendet, von tendenziöser Berichterstattung im staatlichen Fern-
> sehen profitiert, Journalisten für Gefälligkeitsartikel bezahlt und diverse
> andere Tricks angewandt, um Jelzins Sieg sicherzustellen, aber diese Tat-
> sachen nahmen die ausländischen Beobachter kaum zur Kenntnis. Dies
> bedeutet nicht, dass die Wahlen in Russland illegitim oder für Russland
> und den Westen wertlos gewesen wären. Doch das von internationalen Be-
> obachtern gezeichnete Bild von den Wahlen war weder besonders auf-
> schlussreich noch präzise.[8]

Ausländische Beobachter legten oft nicht nur fehlende Landeskenntnis an den Tag und nahmen sich nicht genügend Zeit für
ihre Missionen, sondern brachten Sympathien mit, die, wie in
Carothers' Einschätzung mitschwingt, neben demokratischen
Standards auch den Nutzen für den »Westen« im Hinterkopf be-
hielten. Auch deshalb sahen viele Beobachter dem als prowest-
liches Bollwerk gegen eine kommunistische Revanche auftretenden Jelzin vieles nach, was sich ein weniger genehmer Kandidat

nicht hätte leisten können. Im Gegenzug setzten sich solche Missionen häufig dem Vorwurf aus, westliche Interessen zu vertreten, was ihre Legitimität stark einschränkte.

Seit Carothers seine kritische Bestandsaufnahme verfasste, sind jedoch neben den internationalen Missionen in vielen Ländern Bewegungen inländischer Wahlbeobachter entstanden.[9] Ein Beispiel ist Ägypten, das unter Mubarak als eines von wenigen Ländern der Welt grundsätzlich keine ausländischen Wahlbeobachter zuließ, wo sich aber seit 1990 trotz massiven Widerstands zivilgesellschaftliche Gruppen zur Überwachung der Wahlen bildeten.

Anders als die von teilnehmenden Parteien entsandten Beobachter, die schon zuvor in Russland wie anderswo in Wahllokalen anwesend waren, verstanden sich die neuen Verbände als grundsätzlich unparteiisch und nur an der korrekten Durchführung von Wahlen interessiert. Sie boten sowohl Unterstützern verschiedener Kandidaten wie unabhängigen Bürgern Seminare zum Wahlrecht und zur Erkennung häufiger Fälschungsmethoden an.

Die wachsende Rolle inländischer Wahlbeobachter war nicht nur Ausdruck einer zunehmenden Professionalisierung von Akteuren der gesellschaftlichen Selbstorganisation und der kommunalen Selbstverwaltung, die unter Putin in ihrer ohnehin bescheidenen Autonomie weiter eingeschränkt und zunehmend marginalisiert wurden, sondern vor allem eine Reaktion auf die massiven Wahlfälschungen, die seit 2000 systematisch auf nationaler Ebene eingeführt wurden.

Wahlrecht und Wahlfälschung

Die radikale Umgestaltung des Wahlrechts und der praktischen Durchführung von Wahlen war ein Kernstück von Putins politischen Reformen. Diese Reformen betrafen zum einen die föderale Struktur, zum anderen das Parteiengefüge.[10]

Den Anfang machte der Föderationsrat, der als Oberhaus des Parlaments die Interessen der Regionen in Moskau vertreten sollte. Wurden seine Mitglieder in der ersten Wahlperiode direkt gewählt, sicherten sich die ohnehin dominanten Gouverneure ab 1996 einen garantierten Sitz in dem Organ und bauten ihn zu einem Bollwerk der regionalen Exekutiven gegen die Autorität von Präsident Jelzin aus.[11] Putin ließ die Regionalchefs gleich nach seinem Amtsantritt durch ständig in Moskau arbeitende Vertreter ersetzen und durchbrach damit diese Praktik, was formal aber auch die Verbannung gewählter Volksvertreter aus dem Föderationsrat bedeutete. Gleichzeitig ließ Putin ein Gesetz einführen, das dem Präsidenten die Möglichkeit gab, gewählte Gouverneure mit Verweis auf verfassungsfeindliche Handlungen abzusetzen. Erst 1990/91 war als Ersatz für den Posten des regionalen Parteichefs das neue Amt des Gouverneurs entstanden, in den nominell nichtrussischen Republiken das des Präsidenten, in Moskau und zunächst auch in Petersburg das des Bürgermeisters. In der ersten Hälfte der neunziger Jahre war der Amtsantritt der Gouverneure noch uneinheitlich geregelt: Einige wurden gewählt, die meisten aber vom Präsidenten ernannt. Jelzin konnte sich jedoch in seinen Ernennungen nicht über die Interessen regionaler Eliten hinwegsetzen, und nach einer Niederlage vor dem Verfassungsgericht überließ er es seit 1996 überall den regionalen Behörden, Gouverneurswahlen zu organisieren. Indem Putin diese Wahlen zugunsten einer Ernennung durch den Präsidenten abschaffte, gab er sich unter anderem die Möglichkeit, die gewählten Gouverneure durch loyale Gefolgsleute ohne Abhängigkeiten von den örtlichen Clans – allerdings auch ohne Verankerung in der Bevölkerung – zu ersetzen. Ein bekanntes Beispiel aus der jüngsten Zeit ist die Absetzung des mächtigen Moskauer Bürgermeisters Lushkow im September 2010 zugunsten des westsibirischen Funktionärs Sergej Sobjanin, der zuvor Putins Präsidialadministration und dessen Apparat als Premierminister geleitet hatte. Die Prozedur der Bestätigung von Putins Kandidaten durch die regionalen Parlamente war schon deshalb eine reine Formalität, weil der Präsident sich (und den Gouverneuren) gleichzeitig das

Recht zur Auflösung dieser Parlamente gab. Folgerichtig bean-
standeten Letztere in keinem einzigen Fall eine Kandidatur auf
den Gouverneursposten, selbst wenn diese einen zuvor vom Volk
gewählten Gouverneur ablöste.

   Nicht weniger bedeutsam war die Reform des Wahl- und Par-
teienrechts. Das neue Parteiengesetz von 2001 verbot regionale
Parteien und gab den Behörden weitreichende Befugnisse bei der
Registrierung und Kontrolle von Kandidaten. Eine weitere Gesetzesänderung im folgenden Jahr unterstellte die regionalen
Wahlkommissionen der zentralen Kommission in Moskau, die
dadurch die endgültige Kontrolle über das kurz darauf flächendeckend eingeführte computerisierte Zählsystem erhielt. Nach
und nach führte die Präsidialadministration weitere einschrän-
kende Regelungen ein: Statt einer Fünf- mussten die Parteien
nun eine Sieben-Prozent-Hürde überwinden, eine größere Mit-
gliederzahl und eine Mindestzahl in jeder Region vorweisen und
diese Zahlen nach weitaus strengeren Maßstäben nachweisen
können. Kandidaten auf allen Ebenen mussten nun von den Parteizentralen in Moskau bestätigt werden, was dem Kreml zusätzliche Einflussmöglichkeiten gab. Die Parteienfinanzierung wurde direkt von landesweiten Wahlergebnissen abhängig gemacht,
Wählervereinigungen, Volksbegehren und Wahlboykotte faktisch
verboten. Im Mai 2005 folgte als eine der wichtigsten Veränderungen die Abschaffung von Direktmandaten. Auch die Möglichkeit, gegen alle Kandidaten zu stimmen – ein Erbe des sowjetischen Systems, als Wähler den Einheitskandidaten formal ablehnen durften –, bestand seit 2006 nicht mehr.[12]

   Öffentlich brachte Putin seine radikalsten Vorschläge – die Abschaffung der Gouverneurswahlen und Direktmandate – nach
dem Geiseldrama im nordossetischen Beslan im September 2004
ein und rechtfertigte sie mit der Notwendigkeit einer effektive-
ren Terrorismusbekämpfung. Tatsächlich hatten er und seine Mitarbeiter die Änderungen aber von langer Hand vorbereitet; Beslan diente nur als Vorwand, was einige der Autoren der neuen
Regelungen später auch unumwunden zugaben.[13] Das eigentliche
Ziel war eine höhere Steuerbarkeit des politischen Systems. Eine

Diskussion gab es weder unter Fachleuten noch in der 2004/05 schon größtenteils hörigen Staatsduma, die die Gesetzesänderungen durchwinkte. Nicht einmal der Vorsitzende der Wahlkommission, Alexander Weschnjakow, wurde befragt. Dieser hatte die vorhergehenden Reformen mitgetragen und verteidigt, fühlte sich nun aber überrumpelt. Nach Ende seiner zweiten Amtszeit ersetzte Putin den Wahlleiter durch Jewgenij Tschurow, einen loyalen Mitarbeiter aus seiner Zeit in der Petersburger Stadtregierung.

Alle diese Veränderungen hievten die neue putintreue Partei »Geeintes Russland« sowohl in der Duma als auch in den Regionen in eine politische Monopolstellung. Auch die übrigen Parteien – von fast 200 zu Spitzenzeiten blieben im Jahr 2009 nur noch sieben übrig – degradierte das neue System zu Wahlmaschinen für staatlich sanktionierte Kandidaten. Innerhalb der Parteien gab es durchaus Konkurrenz und Konflikte; die Entscheidungsgewalt lag jedoch in den Parteizentralen, die wichtige Ernennungen wiederum durch die Exekutive absegnen lassen mussten. In der Berichterstattung des Staatsfernsehens erhielt das »Geeinte Russland« bereits 2003 den Löwenanteil der Sendezeit; die anderen Parteien wurden weitaus weniger und zumeist kritisch erwähnt, bis die oppositionellen unter ihnen schließlich – von vereinzelten abschätzigen Berichten abgesehen – nahezu ganz von den Bildschirmen verschwanden. Das System ähnelte zunehmend dem der DDR-Blockparteien, mit dem Putin vertraut war und das nach Ansicht eines Beraters der Präsidialadministration bei seinen Reformen Pate gestanden hatte.[14] Ein Resultat der Veränderungen war auch, dass künftig die Möglichkeit einer Protestwahl entfiel; oppositionell gestimmte Wähler hatten keinen Anreiz mehr, überhaupt noch wählen zu gehen.

Die wichtigste Rolle spielte daher nun nicht mehr der – vorhersehbare – Wahlerfolg der Staatspartei, sondern die offizielle Wahlbeteiligung. Zu deren Hebung dienten strukturelle Maßnahmen, zum Beispiel die Zusammenlegung von Kommunal-, Regional- und föderalen Wahlen an Einheitswahltagen. Die bis 2006 geltende Mindestbeteiligung von – je nach Ebene – 20 bis

50 Prozent wurde mit den Stimmen des »Geeinten Russland« abgeschafft. Weitaus bedeutsamer waren jedoch Veränderungen in der praktischen Durchführung von Wahlen, die ebenfalls sofort nach Putins Amtsantritt einsetzten. Unter Jelzin bestand die Manipulierung von Wahlen auf föderaler Ebene vor allem im Einsatz von schwarzer PR und Kompromat. Der Präsident und sein Team, aber auch Vertreter anderer Interessengruppen und Parteien organisierten Verleumdungs- und Einschüchterungskampagnen und schickten Pseudokandidaten und -parteien ins Rennen, deren Namen ähnlich klangen wie die von Herausforderern. Diese Maßnahmen sollten Wahlsiege sichern, gingen aber nicht so weit, unkontrollierbare Rivalen einfach von den Wahlen auszuschließen. Direktere Eingriffe in den Wahlprozess wurden in einer Reihe von Regionen praktiziert, in erster Linie in Murtasa Rachimows Baschkirien und im Kalmückien des Alleinherrschers Kirsan Iljumshinow, aber auch in der Fernöstlichen Küstenregion unter dem Gouverneur Jewgenij Nasdratenko. Die als »baschkirische Wahltechnologie« bekannten Methoden bestanden darin, Rivalen des Machthabers unter diversen Vorwänden die Registrierung als Kandidat zu verweigern oder sie über Gerichte, die regionalen Wahlkommissionen oder durch Androhung von Gewalt aus dem Rennen zu werfen. Schließlich ließen die Regionalfürsten auch am Wahltag selbst Ergebnisse manipulieren – bis hin zur Annullierung von Wahlergebnissen in Bezirken, wo oppositionelle Kandidaten gesiegt hatten.

Putins innerer Zirkel führte diese Methoden auch auf nationaler Ebene ein und weitete sie mit Hilfe des Gewaltapparats und der bevollmächtigten Vertreter des Präsidenten auf das ganze Land aus. Einzelne Störfälle ließen sich schnell beheben. So gewann im April 2003 in der nordsibirischen Bergbaustadt Norilsk der unabhängige Gewerkschaftsführer Walerij Melnikow von der regionalen »Nordpartei« unerwartet die erste Runde der Bürgermeisterwahl gegen einen Kandidaten des staatstreuen Konzerns Norilsk Nickel, dessen Haupteigner Wladimir Potanin gleichzeitig Gouverneur war. Die Konzernleitung hinderte Melnikow daraufhin durch Gerichtsverfahren und Beschwerden an die Wahlkommission ein Jahr lang zunächst an der Teilnahme am zweiten Wahlgang und schließlich am Amtsantritt. Bereits 2007 gab Melnikow jedoch sein Amt ab und zog in die Staatsduma ein – als Abgeordneter des »Geeinten Russland«.[15]

Systematisiert wurde aber auch die Praxis, dass Offiziere ihre Soldaten und Unternehmenschefs ihre Angestellten, oft auch Schuldirektoren ihre Lehrerschaft und zuweilen Rektoren ihre Studenten, in geschlossenen Reihen – häufig mit Bussen – zu den Wahlen antreten ließen. Solche Methoden kamen infolge des Popularitätsverlusts des »Geeinten Russland« immer häufiger zum Einsatz. Ob man tatsächlich für das »Geeinte Russland« gestimmt hat, muss man dabei zuweilen anhand eines Fotos des eigenen Stimmzettels beweisen.[16]

Eingeschüchtert und auf die Linie der Exekutive eingeschworen werden nicht nur Wähler, sondern auch Mitglieder der Wahlkommissionen. Gewählt wird überwiegend in Schulgebäuden, und die Wahlkommissionen setzen sich mehrheitlich aus Lehrerinnen und Angestellten der Kommunalverwaltungen zusammen. Ein nicht kündbares Beamtenverhältnis besteht in Russland nicht, und Staatsangestellte sind politischem und finanziellem Druck besonders ausgeliefert. Die Schuldirektorin ist häufig Mitglied der lokalen Wahlkommission und gibt den Zwang, der zum Beispiel durch die offene oder implizite Androhung von Budgetkürzungen oder Entlassungen entsteht, an ihre Untergebenen weiter, auch wenn eine von diesen formal als Leiterin der Wahlkommission fungiert.[17] Zusätzlich wird die Durchführung der Wahlen oft von Vertretern der Exekutive, einschließlich des Gewaltapparats, in Abstimmung mit Kommissionsmitgliedern überwacht. Diesen obliegt unter anderem der reibungslose Ablauf von Manipulationsmechanismen wie dem »Karussell«. Dabei werden zum Beispiel Gruppen von Personen in Wahllokale geschickt, wo sie jeweils einen vorsorglich ausgefüllten Stimmzettel einwerfen und dafür einen leeren mitnehmen, den die örtliche Kommission abgestempelt hat. Diesen geben sie am Ausgang (manchmal gegen Geld oder eine andere Belohnung) beim Gruppenleiter ab, der ihn dem nächsten »Wähler« in die Hand drückt. In anderen

Versionen dieser Methode kommen sogenannte Abmeldebescheinigungen zum Einsatz. Diese ähneln in ihrer offiziellen Funktion
Briefwahlunterlagen, dürfen aber zur persönlichen Stimmabgabe
in einem anderen als dem eigenen Wahllokal verwendet werden.
In der Praxis stimmen mit solchen Bescheinigungen bewaffnete
Karussell-Wähler an mehreren Orten hintereinander ab – meist
an solchen, wo eine niedrige Wahlbeteiligung vorausgesagt oder
am Wahltag beobachtet wird. In einigen Fällen entstehen neue
Wahlbezirke eigens zugunsten eines solchen Karussells: Ein einziges Wohngebäude wird aus einem bestehenden Bezirk ausgegliedert, was das Aufbauschen der Wahlbeteiligung durch »mobile Wähler« vereinfacht. Im Gegenzug »verschwinden« zuweilen von Wahl zu Wahl ganze Wahlbezirke, die dann in den
amtlichen Endergebnissen wieder auftauchen und ausnahmslos
Mehrheiten von fast 100 Prozent für den »richtigen« Kandidaten
aufweisen.[18]

In allen diesen Fällen sind Mitglieder der Wahlkommission mit
von der Partie, und die Mitglieder des Wähltrupps werden vorher
angewiesen, ihre Stimmzettel an bestimmten Tischen abzuholen.
In vielen Fällen schließlich füllen Mitglieder der Wahlkommission oder andere Personen die Wahlurnen vor Öffnung oder nach
Schließung der Wahllokale einfach mit vorgefertigten Wahlzet-
teln. Auch vielfältige andere Fälschungsmethoden sind dokumentiert, bis hin zum Einsatz von Geheimtinte. Ähnliche Methoden
waren auch aus anderen postsowjetischen Ländern bekannt – unter anderem aus der Ukraine, wo Berichte über Karussell-Wähler bei den Präsidentschaftswahlen 2004 die sogenannte Orange
Revolution mit auslösten.

Es liegt in der Natur solcher Fälschungsmethoden, dass sich
ihr genaues Ausmaß nicht feststellen lässt. Auch ist nicht immer klar, welche staatlichen Akteure die Fälschungen vor Ort
organisieren, da die Verantwortung für die Sicherstellung des gewünschten Wahlergebnisses sich nach dem Prinzip der Gemeinschaftshaftung und des vorauseilenden Gehorsams über viele Stellen verteilt. Allerdings gibt es Anhaltspunkte dafür, dass die
Fälschungsmethoden mit der Zeit nicht nur eine systematische

landesweite Verbreitung erfahren, sondern quantitativ zugenommen haben. In den ersten Jahren nach Putins Amtsantritt reichte die tatsächliche Unterstützung für ihn und dadurch auch für das »Geeinte Russland« noch aus, um neben der »baschkirischen Technologie« der Eliminierung von Rivalen die Anhebung der Wahlbeteiligung zum wichtigsten Erfolgsfaktor zu machen. Mit dem Abschwellen dieser Unterstützung und dem Anstieg von Wahlverdrossenheit verlegte sich das System immer mehr darauf, die tatsächlich niedrige Wahlbeteiligung – vor allem bei Regionalwahlen – durch Fälschungen am Wahltag selbst aufzufangen.

Mitte der zweitausender Jahre waren Wahlfälschungen auf landesweiter Ebene bereits die Regel. Mit der Abschaffung der Gouverneurswahlen entzog Putin dieser Praxis auf lange Sicht aber auch einiges von ihrer Schubkraft. Da die Provinzchefs nun selbst nicht mehr auf eine Bestätigung durch Wahlen angewiesen waren, hatten sie auch keinen Bedarf an einer straff organisierten Durchführung. Ein solches Interesse ging nun vor allem vom Moskauer Zentrum aus, das entsprechenden Druck auf die Regionen ausübte. Schlechte Ergebnisse für das »Geeinte Russland« nahm die Präsidialadministration zum Anlass, nicht nur Gouverneure abzusetzen, sondern auch Leiter der regionalen Wahlkommissionen – zuletzt vor den Dumawahlen im Mai 2011. Da jedoch in diesem System die Wahlen eher als Signale nach oben denn als Mechanismus der gesellschaftlichen Legitimierung wirkten, arbeitete die Fälschungsmaschinerie unter diesen Umständen gröber und schlampiger. Genau dies bot Ansatzpunkte für die neuen Wahlbeobachterbewegungen.

Die kommunale Revolution

Jaroslaw Maximow, Jahrgang 1994, war erst wenige Monate vor der Dumawahl am 4. Dezember 2011 aus dem Dorf Chomutinino, 70 km nördlich der Grenze zu Kasachstan, zum Studieren nach Tscheljabinsk gekommen. In der von Metallindustrie, Maschinenbau und Lebensmittelverarbeitung dominierten Metropole des Südurals befinden sich auch zahlreiche Hochschulen, die im Stadtzentrum eine Campus-Atmosphäre verbreiten. Dazu gehört auch die Staatliche Universität Südural, mit über 50 000 Studierenden die größte Russlands, deren Hauptgebäude mit seinem Zuckerbäcker-Turm an das der berühmten Moskauer Staatsuniversität erinnert.[19] Die überwiegende Mehrheit der Studenten ist für Natur- oder Ingenieurwissenschaften eingeschrieben: Kein Wunder, wurde doch die Hochschule während des Zweiten Weltkriegs auf der Basis des evakuierten Stalingrader Instituts für Mechanik mit anfangs zwei Fakultäten – einer für Technologie und einer für Panzerbau – gegründet. Es gibt jedoch auch eine politikwissenschaftliche Fakultät, bei ihrer Gründung im Jahr 1965 für wissenschaftlichen Kommunismus zuständig. Dort schrieb Maximow sich ein – nach eigenem Bekunden mehr oder weniger zufällig.

Als er und zwei Dutzend andere Studenten sich nach einem Praktikumsplatz umsahen, stießen sie über die Jugendorganisation des Verbands für Politikwissenschaft auf die Wahlbeobachtervereinigung »Golos«, deren Büro in Tscheljabinsk für den gesamten Ural zuständig ist. Wie viele andere wurden auch die Studenten auf »Golos«-Seminaren ausgebildet; am Tag der Dumawahl sollten sie in Wahlkreise im gesamten Gebiet ausschwärmen. Zwei Tage vor der Wahl brachte der staatstreue Moskauer Fernsehsender NTW einen Enthüllungsfilm mit dem Titel »Die Stimme aus dem Nichts«, in dem »Golos« beschuldigt wurde, im Auftrag der US-amerikanischen Regierung und der schwedischen Botschaft die Wahlen zugunsten der Opposition sabotieren zu wollen. Für die unteren Etagen der Machtvertikale war der Film ein klares Signal. Das Dekanat rief bei den Studenten an und riet nachdrücklich von einer Tätigkeit für »Golos« ab. Viele gaben dem Druck nach, doch Maximow ließ sich nicht beirren und schloss sich einer mobilen Einsatzgruppe an, die zur Unterstützung von Wahlbeobachtern vor Ort bereitstand, um auf einen Anruf hin zu Wahllokalen zu fahren, wo Fälschungsversuche gemeldet wurden. Auch in anderen Regionen waren sol-

che mobilen Gruppen unterwegs. Nicht nur die Beobachtervereinigungen setzten sie ein – auch Nawalnyjs Mitarbeiter Georgij
Alburow und Wadim Korowin organisierten wenige Tage vor der
Dumawahl eine Freiwilligeninitiative mit dem Titel »Antikarus-
sell«, die in Moskau entstand und zahlreiche regionale Ableger
ins Leben rief.

Maximow war nicht in seinem Heimatdorf, sondern in einem
Nachbarort tätig. Ein Einsatz in Chomutinino wäre heikel gewesen, war seine Mutter doch seit 2006 Verwaltungschefin im
Dorf – ein neu geschaffener Posten, ähnlich den vielerorts entstehenden »City-Managern«, die anders als Bürgermeister oder
Stadtratsvorsitzende nicht gewählt, sondern ernannt werden. Die
weniger als 1800 Einwohner zählende Gemeinde spielt eine besondere Rolle in der regionalen, ja sogar der landesweiten Politik. Bereits in den neunziger Jahren erschienen dort gleichzeitig bis zu acht Zeitungen. Artikel aus der Dorfpresse galten in
Redaktionsstuben in Tscheljabinsk als Pflichtlektüre. Lebhafte
Diskussionen gab es auf den mehrstündigen Einwohnerversamm-
lungen, aber auch im heiß umkämpften Gemeinderat, den der da-
malige Gouverneur Pjotr Sumin geringschätzig als »Zweischeu-
nenparlament« bezeichnet hatte. Die Dorfbewohner erarbeiteten
eine Kommunalverfassung und debattierten über das Budget,
das sich nach einem neuen Gesetz direkt aus einem Teil der vor
Ort erhobenen Steuern finanzieren sollte, tatsächlich aber in
den Händen der Kreisverwaltung blieb. Einige Ratsmitglieder
zogen bis vor das Verfassungsgericht. Dieses gab ihnen zwar
nach drei Jahren recht, doch hörten die Zentralisierungsbestre-
bungen damit nicht auf.

Im Jahr 1991 war nach vielen Jahren der Planung ein Sanato-
rium in Chomutinino fertiggestellt worden, das neben Kurgäs-
ten auch zahlreiche Mitarbeiter ins Dorf zog; die Bevölkerung
verdoppelte sich. Die Direktorin des Sanatoriums, ebenfalls neu
zugezogen, baute nach und nach ihren Einfluss aus und verleibte
ihrem Betrieb schließlich auch die ehemalige Kolchose ein. Sie
sicherte sich die Unterstützung des alten und schließlich des neu-
en Gouverneurs sowie der Partei »Geeintes Russland«. Maxi-

mows Mutter, die zuvor das Dorfarchiv betreut hatte, wurde mit Hilfe der Direktorin zur Chefin der Dorfverwaltung. Die Machtvertikale der Wahlrechtsreformen hatte in Chomutinino ein scheinbar stabiles Fundament bekommen: Im Jahr 2009 wurden die Wahlen zum Gemeinderat, wie auch in Dutzenden anderen dörflichen Gemeinden in Russland, ausschließlich nach Parteilisten abgehalten. Direktmandate durften die knapp über 1200 Wähler nicht mehr vergeben. Kandidaten gab es dennoch genug, hatte doch die Direktorin des Sanatoriums einige Mitarbeiter in ihr Büro zitiert und sie zu Vorsitzenden der Parteien ernannt, die bei der Abstimmung vertreten sein sollten.

Das rege politische Leben in Dörfern wie Chomutinino ist nicht allein dem Zufall geschuldet. Oft sind Stadtflüchtige in entscheidender Funktion am Aufblühen der dörflichen Selbstorganisation beteiligt. Stand die erste Hälfte des 20. Jahrhunderts in Russland unter dem Zeichen einer rapiden und gewaltsamen Urbanisierung, so begann bereits während der letzten Sowjetjahrzehnte eine zögerliche Rückwanderung: Viele Stadtbewohner blieben immer länger auf ihrer Datscha, deren Gemüsegarten gerade in der Umbruchszeit der neunziger Jahre vielen das Überleben sicherte. Es entwickelten sich ländlich geprägte Zwischenräume zwischen den oft verkommenen Dörfern und den gedrängten Städten. Einige zog es aber weiter. Michail Schljapnikow, der alle Demonstrationen in Kolionowo mitorganisiert und das Dorf durch seinen Blog bekannt machte, hatte in Moskau am renommierten Plechanow-Institut studiert und unter Gorbatschow als Außenhandelsspezialist im Zentralkomitee der Partei gearbeitet. Nach einem schweren Autounfall im Jahr 1995 gab er seine Moskauer Karriere auf und zog als Landwirt in das 150 Kilometer entfernte Dorf. Die Migration hatte jedoch bereits viel früher eingesetzt. Die Wiederentdeckung der Natur und des dörflichen Lebens war eine wichtige Gemeinsamkeit verschiedener Bewegungen der späten Sowjetzeit: organisierte Touristen oder die vielen Teilnehmer an geologischen, geografischen und archäologischen Expeditionen, die pädagogischen Erneuerer der Kommunardenbewegung, die Liedermacher aus den »Klubs des Laienlieds«, das patriotische Heimat- und Naturschutz-Milieu im Umfeld der »Dorfschriftsteller« fuhren auf das Land hinaus, und einige blieben dort.

Einer von ihnen war der mit der Liedermacher-Bewegung verbundene Ingenieur Albert Gurman, der 1983 vierzigjährig mit seiner Familie aus Tscheljabinsk nach Chomutinino zog. Sein Sohn Jurij, Jahrgang 1973, gründete 1993 die erste Dorfzeitung. Nachdem er 1996 in den Gemeinderat gewählt wurde, beteiligte sich Jurij Gurman an der Gründung der Tscheljabinsker, sodann der russlandweiten »Vereinigung ländlicher Gemeinden«. Beim Kampf um die kommunale Budgethoheit war er einer der Kläger vor dem Verfassungsgericht. 2011 gelang ihm und dem ehemaligen Ratsvorstand ein einzigartiger Sieg gegen die Wahlrechtsreformen: Das Verfassungsgericht gab ihrem Antrag statt und erklärte die Abschaffung von Direktmandaten auf Gemeindeebene für unzulässig.[20]

Im Jahr 2000, als im Senegal die »Koalition zivilgesellschaftlicher Organisationen für Wahlen« ins Leben gerufen wurde, gehörte Jurij Gurman gemeinsam mit Juristen und Verwaltungsfachleuten aus vier anderen Landesteilen zu den Gründern der Vereinigung »Golos«, die inzwischen in 48 Regionen vertreten ist. Anders als den meisten der um Sitze in der Duma kämpfenden Parteien ging es ihnen generell um die Transparenz der Staatsmacht, sowohl in Fragen der kommunalen Budgethoheit als auch bei Wahlen jeglicher Art und der anschließenden Kontrolle der Tätigkeit von Abgeordneten. Das Neue an »Golos« war, dass die Vereinigung selbst systematisch zahlreiche neutrale, nicht an Parteien gebundene Beobachter ausbildete.[21] Bereits bei den Dumawahlen 2003 setzte die Organisation mehrere tausend Beobachter ein, die ihr Augenmerk jedoch vor allem auf die Wahlkampagnen und den Verlauf der Abstimmung am Wahltag richteten. Mit dem Ausbau des elektronischen Zählsystems wurde den Koordinatoren klar, dass sie die Übereinstimmung der Zählprotokolle vor Ort mit den amtlichen Ergebnissen vergleichen mussten: Es kam darauf an, sich in jedem Wahllokal eine Kopie des von allen Kommissionsmitgliedern unterschriebenen Proto-

kolls aushändigen zu lassen. Zudem stellte »Golos« eine »Wahlfälschungskarte« von Russland ins Internet, auf der nahezu in
Echtzeit Fälschungen abgebildet werden sollten, über die Beobachter aus den einzelnen Wahllokalen telefonisch oder per SMS
berichteten – ganz ähnlich wie im Senegal oder Sudan. Am Wahltag legten DDoS-Attacken die Seiten von »Golos« und zweier
Internet-Zeitungen, die die Karte veröffentlicht hatten, stundenlang lahm.[22]

Gurman, der noch heute jeden Tag aus Chomutinino in sein
Büro in Tscheljabinsk pendelt, organisierte gemeinsam mit Kolle-
gen auch vor der Dumawahl 2011 Seminare für Wahlbeobachter.
Am Wahltag jedoch tauchten erhebliche Schwierigkeiten auf – in
der Region wie anderswo in Russland. Die Webseite der »Wahl-
fälschungskarte«, die zuvor schon kurzzeitig auf Verlangen der
Staatsanwaltschaft vom Netz gegangen war, wurde durch eine
Denial of Service-Attacke zeitweise blockiert. Das Unabhängige
Pressezentrum in Moskau, von dem aus »Golos«-Mitarbeiter
eine Online-Pressekonferenz geben sollten, hatte plötzlich keine
Internet-Verbindung mehr. Vor dem regionalen Hauptquartier
von »Golos« in Tscheljabinsk fuhr ein Fahrzeug voll seltsamer
Ausrüstung vor; prompt war der Telefonempfang gestört und
normalisierte sich erst wieder, als das Auto wegfuhr. Maximows
Handynummer fand sich auf einer Webseite mit Kleinanzeigen
wieder, so dass er mit Anrufen von Interessenten bombardiert
wurde, die sein nicht existentes Auto kaufen wollten.

Bürger Wahlbeobachter

Die Täuschungsmanöver waren ein Zeichen dafür, dass die von
»Golos« eingesetzten Wahlbeobachter inzwischen zu einer ernsthaften Gefahr für die Wahlfälscher geworden waren. Noch in
seinen Anfangsjahren hatte der Verband in Struktur und Tätigkeit den meisten anderen russischen Bürgerrechtsorganisationen
geähnelt: hochprofessionell, in der Rechtslage extrem gut bewan-

dert, in vielen Regionen tätig und mit anderen Organisationen im In- und Ausland vernetzt – aber sehr klein und mangels Spenden und Massenbasis auf Finanzierung durch ausländische Stiftungen angewiesen. Die international finanzierte Ausbildung von Wahlbeobachtern war Putin persönlich ein Dorn im Auge. Bereits im Vorfeld der Wahlen vom Dezember 2007 konnten solche Tätigkeiten durchaus riskant sein. Im Frühjahr jenes Jahres baute der Petersburger Politikwissenschaftler Grigorii V. Golosov mit finanzieller Unterstützung durch die Europäische Kommission ein landesweites Netzwerk auf, das neben der Erfassung von Wahlstatistik auch praktische Seminare für Wahlbeobachter verschiedener Parteien und Verbände anbot. Obwohl diese Komponente auf Druck des »Geeinten Russland« schnell wieder aus dem Programm gestrichen wurde, beschloss die Staatsführung in Moskau, ein Exempel zu statuieren, und ließ nach mehreren Reden Putins über ungebührliche Einmischung aus dem Ausland die Europäische Universität, an der Golosov unterrichtet und wo das Projekt angesiedelt war, für mehrere Wochen schließen.[23]

Solche Attacken konnten institutionell verfasste und auf finanzielle Unterstützung angewiesene Beobachtervereinigungen empfindlich treffen. Bei den Dumawahlen 2011 schulte jedoch neben »Golos« ein anderes einheimisches Netzwerk in großem Stil Beobachter, und zwar ganz ohne externe Finanzierung. Die Gruppe »Bürger Wahlbeobachter« war auf Initiative einiger Enthusiasten in Moskau entstanden, unter ihnen Mitarbeiter von Bezirkswahlkommissionen. Diese hatten sich an Dmitrij Oreschkin gewandt – einen Geographen und Politikwissenschaftler, dessen Team bereits in den neunziger Jahren elektronische Karten unter anderem zur graphischen Darstellung von Wahlergebnissen für Fernsehkanäle und die Zentrale Wahlkommission angefertigt hatte. Oreschkin beschäftigte sich seit langem intensiv mit Wahlprozessen und unterbreitete der Präsidialadministration – seit 2009 war er Mitglied des Menschenrechtsrats beim Präsidenten – mehrere detaillierte Vorschläge zur Verhinderung von Fälschungen, die jedoch ohne Reaktion verhallten. Daraufhin wandte er sich in seinen Artikeln in der *Nowaja gaseta* direkt an die Bür-

ger; sie sollten die Wahlen zumindest in Moskau selbst unter die
Lupe nehmen. Als sich die ersten freiwilligen Beobachter fanden,
erstellten Oreschkin und seine Mitarbeiter am Institut für Geographie der Akademie der Wissenschaften einen repräsentativen
Querschnitt der 3374 Wahlbezirke in Moskau. Der erfahrene liberale Politiker Michail Schnejder von der Bewegung »Solidarnost«
koordinierte gemeinsam mit anderen Mitarbeitern die Suche nach
weiteren Freiwilligen und deren Ausbildung auf Präsenz- und In-
ternetseminaren; der Antikorruptions-Aktivist Alexej Nawalnyj
rief hunderttausende Leser seines Blogs auf, sich der Initiative
anzuschließen.[24] Die oppositionelle *Nowaja gaseta*, aber auch
die Oppositionsparteien »Jabloko« und KPRF statteten sie mit
den notwendigen Ausweisen aus – nach dem Gesetz werden
nur Presse- oder Parteienvertreter als Wahlbeobachter zugelassen. Sehr viele der letztendlich ca. 3500 Beobachter hatten keine
Berührung mit der Politik oder auch nur zivilgesellschaftlichen
Initiativen gehabt: Es handelte sich zumeist um junge, gebildete
und relativ gut verdienende Moskauer. Anders als die von Parteien entsandten und zumeist für Bezahlung arbeitenden Beobachter waren sie hoch motiviert und dank der Schulungen gut
mit dem Wahlrecht und Fälschungsmethoden vertraut. Ihre Er-
lebnisse am 4. Dezember und die am Wahltag selbst und kurz
darauf ins Internet gestellten Augenzeugenberichte und Videos
brachten jene Lawine ins Rollen, die schließlich die »Schneerevolution« auslöste. Die Berichte professioneller Politikwissenschaftler, Journalisten und Wahlbeobachter konnten allesamt als vor-
eingenommen abgetan werden. Anders die Aussagen der eigenen
Verwandten und Freunde: Gerade weil formale Institutionen in
Russland so schwach ausgebildet sind, spielt das Vertrauen gegenüber engen Freunden und Familienmitgliedern im gesellschaftlichen Leben eine enorm wichtige Rolle. Viele von denen, die
am 5. Dezember auf die von »Solidarnost« organisierte Demonstration im Moskauer Stadtzentrum strömten, hatten die Wahlfälschungen mit eigenen Augen gesehen oder in den Blogs von
Freunden davon gelesen. Der massive Protest und die Intensität
der emotionalen Aufladung kamen auch für Oreschkin und die

anderen Mitarbeiter von »Bürger Wahlbeobachter« völlig überraschend, war es ihnen doch vor allem darum gegangen, eine belastbare Statistik über die Diskrepanz zwischen tatsächlichen
und offiziellen Wahlergebnissen zu bekommen.[25]

Die Berichte der Beobachter verbreiteten sich wie ein Lauf-
feuer im ganzen Land. Auch in Tscheljabinsk sprachen Politik-
Studenten, darunter Maximow, auf der ersten Großdemonstration über Wahlfälschung und Einschüchterung. Bereits Anfang
Februar 2012 erschienen ausgewählte Berichte von Teilnehmern
des Netzwerks »Bürger Wahlbeobachter« in Buchform beim renommierten Moskauer Verlag *Neue literarische Umschau*. Auf
den anschließenden Demonstrationen trugen einige Beteiligte
statt eines Slogans den roten Band mit dem Titel »Erzürnte Beobachter« vor sich her.[26] Die Verlagseignerin Irina Prochorowa
unterstützte inzwischen medienwirksam die Präsidentschafts-
kandidatur ihres jüngeren Bruders, des Multimilliardärs Michail
Prochorow. Dieser war im Begriff, ein eigenes Netzwerk zu schaffen, das vor den Präsidentschaftswahlen am 4. März 2012 seinerseits zahlreiche Beobachter ausbildete – darunter Kira Sokolowa
in Tscheljabinsk. Auch »Bürger Wahlbeobachter« und »Golos«
setzten ihre Arbeit fort – letztere Vereinigung trotz weiterhin
massiver Einschüchterung durch die Behörden.

Dieser Druck war nun aber nicht mehr ausschlaggebend, denn
inzwischen waren viele unabhängige Wahlbeobachtervereinigungen entstanden – vor allem in Moskau, Sankt Petersburg und Umgebung, aber auch in Saratow, Wolgograd und anderswo. Die
Wahlbeobachtung wurde zu einem mit Leidenschaft und Präzisi-
on betriebenen Volkssport: So sammelten die »Beobachter Sankt
Petersburgs« am 4. März ähnlich flächendeckend Daten wie zuvor in Moskau die »Bürger«. Kira Sokolowa wollte zwar angesichts der negativen Fernsehberichte über »Golos« nicht mit dieser Organisation in Verbindung gebracht werden, ließ sich aber
durch Prochorows Büro ausbilden.

Auch Putin antwortete nicht nur mit Häme auf die Proteste:
Als Reaktion auf die Demonstrationen verfügte er, bei den Präsidentschaftswahlen in allen Wahllokalen des Landes Videoka-

Woronesh, 4. 2. 2012: »Bald sind in allen Wahlbezirken des Landes die Wahlen des Präsidenten von Russland. Wir frieren nicht ein, wir werden sie nicht verschlafen« – eine Anspielung auf den aus dem Großen Vaterländischen Krieg stammenden Slogan »Wir werden nicht vergessen, wir werden nicht verzeihen«, der im politischen Diskurs Russlands weit verbreitet ist. Angegeben sind die URL und Telefonnummer der Wahlfälschungskarte. Foto: Oleg Bojko

meras zu installieren, die live und über eine Webseite für jeden zugänglich die Abläufe dokumentieren sollten. Welche Beweggründe er dafür hatte, lässt sich nicht verlässlich belegen – in der Umsetzung war die (wegen der großen Auftragssumme korruptionsanfällige) Maßnahme jedoch nicht nur ein Akt der Transparenz, sondern eröffnete auch neue Täuschungsmöglichkeiten. Zunächst lenkten die Kameras die Aufmerksamkeit auf das Geschehen während der Stimmabgabe, wobei Karussellwähler nicht gleich als solche identifizierbar sind und obwohl die Beobachter bei der Dumawahl nachgewiesen hatten, dass die ausschlaggebenden Fälschungen erst bei der Auszählung und vor allem bei der Einspeisung ins elektronische Zählsystem stattfinden. Außerdem mussten die Kommissionsmitglieder, um ihre Zustimmung zur Aufnahme zu geben, einen Bogen unterschreiben, der zumindest in einigen Fällen genau dem Unterschriftenblatt des

Jekaterinburg, 4. 2. 2012, bedruckte Leinwand: »Nimm die PR-opaganda nicht für bare Münze«. Das Dollar-Häkchen erinnert an das Logo von »Bürger Wahlbeobachter«. Das Plakat wurde vor Beginn einer Anti-Putin-Demonstration mit mehreren tausend Teilnehmern aufgespannt. Foto: egoor

Zählprotokolls entsprach und daher mit diesem vertauscht werden konnte. Ob die Fälschungen landesweit ausreichend waren, um Putin einen zweiten Wahlgang zu ersparen, ist unklar – auf jeden Fall aber wurde sein Ergebnis, ganz abgesehen von den unfairen Startbedingungen für Gegenkandidaten, massiv beschönigt.

Das »Geeinte Russland« und die »Allrussländische Volksfront« schickten ebenfalls Beobachter ins Rennen. Einige der unabhängigen Wahlrechtsexperten hatten keine Berührungsängste und hielten auch für diese Beobachter Seminare ab. Allerdings brachte diese Initiative nicht in allen Fällen das offensichtlich von der Parteileitung gewünschte Resultat. Als ein Beispiel von vielen mag dieser Bericht einer Studentin dienen, die bereits nach den Dumawahlen aus Neugier die Demonstrationen für und gegen Putin besuchte und sich schließlich der Unabhängigen Initiative zur Demonstrationsforschung (s. S. 244 f.) anschloss, sich dabei aber als überzeugte Anhängerin des Präsidenten verstand:

Ich heiße Xenia Winkowa. Ich war Wahlbeobachterin bei den Präsidentschaftswahlen vom 4. März 2012; dies ist mein Bekenntnis. Ich bin Mas-
terstudentin an der Fakultät für Verwaltungswissenschaft der Präsidialen
Russischen Akademie für Volkswirtschaft und Staatsdienst. Am 23. Februar 2012 beschloss ich, mein staatsbürgerliches Engagement bei den
bevorstehenden Wahlen als Beobachterin unter Beweis zu stellen. Bis zu
jenem Tag war ich aufrichtig überzeugt, dass ein Kandidat dieses Amtes
würdiger sei als jeder andere: Wladimir Wladimirowitsch Putin. Trotz
der jüngsten politischen Ereignisse in Russland blieb er, wie schon seit
den letzten Schuljahren, mein Idol. Ich trat dem von der Allrussländischen Volksfront gegründeten Beobachterkorps »Für saubere Wahlen«
bei. In Moskau, mit seinen etwa 3200 Bezirkswahlkommissionen (BWK),
wurden etwas über 4000 Menschen unterwiesen. Darüber hinaus wurde
den Organisatoren am Freitag, dem 2. März, unerwartet mitgeteilt, dass
Putins Wahlhauptquartier in Moskau 500 weitere Beobachter entsenden
würde, von denen zuvor nie die Rede gewesen war. Wo, das wurde uner-
klärlicherweise nicht mitgeteilt. Ich beschloss, als Beobachterin in meinen Nachbarbezirk Strogino zu fahren. Eine Freundin war dort im Wahllokal 2903 im Gebäude der Schule Nr. 129 als Wählerin registriert. Am
4. März kam ich um 7.40 Uhr an und meldete mich als eine vom Kandidaten Putin entsandte Wahlbeobachterin an. Um 8 Uhr wurden die Wahlurnen geöffnet. Gegen 8.20 Uhr beschloss ich, meine Stimme per Abmeldebescheinigung abzugeben. Ich gestehe: Ich habe für Putin gestimmt.

Durch das Fenster war zu sehen, wie Gruppen von je 10 bis 15 Menschen das Schulgebäude betraten. Jemand aus der BWK 2903 sagte: »Oh!
Da kommt das Karussell.« Gegen 9 Uhr entschloss ich mich nachzuse-
hen, wo diese Leute hingingen. Alle begaben sich in den gegenüberliegenden Flügel der Schule, in den zweiten Stock, ins Wahllokal 3185.
Als ich hochstieg, traf ich dort 150 bis 200 Menschen an. Etwa ein Drittel
war offensichtlich kirgisischer oder moldawischer Nationalität. Ich liebe
alle Nationen. Aber was taten sie bei den russischen Präsidentschaftswahlen?

Zuallererst sprach ich die Beobachter des Wahllokals an. Sie sagten mir,
diese Menschen würden aufgrund von Listen wählen. Was für Listen? Wo
sind ihre Abmeldebescheinigungen? Mit diesen Fragen wandte ich mich
an die Vorsitzende der BWK 3185. Als sie mein Abzeichen sah, sagte sie:
»Sie gehören zum Kandidaten Putin? Dann werde ich Sie aus dem Wahllokal entfernen, weil sich sonst zwei von Ihnen hier aufhalten.« Verstehen
Sie jetzt? Dafür brauchte Putins Wahlhauptquartier die 500 halbgeheimen
Beobachter! Da ich aber im Wahllokal 2903 als Beobachterin registriert

war, konnte sie mich nicht entfernen. Und ich bekam etwas zu sehen, das man nicht einmal mehr als »Karussell« bezeichnen kann. Das war eine tückisch und dreist geplante, groß angelegte und gesetzlich abgesicherte Wahlfälschung! Putin hatte alles gut durchdacht! Er hat sich einen neuen Plan zur Täuschung von Russlands Volk ausgedacht!

Nach dem Gesetz hat jeder Bürger der Russländischen Föderation das Recht, in einer beliebigen BWK zu den Sprechzeiten in der Vorwahlzeit schriftlich das Recht zur Stimmabgabe im entsprechenden Wahllokal zu beantragen, mit der Begründung, dass er während der Wahl seinen Arbeitsplatz aus produktionstechnischen Gründen nicht für längere Zeit verlassen kann. Dabei muss der Leiter der BWK keinen Nachweis verlangen, ob der Antragsteller im angegebenen Betrieb arbeitet, wo dieser sich befindet oder ob die genannten produktionstechnischen Gründe tatsächlich vorliegen. Der Antragsteller braucht in seinem eigenen Wahlbezirk keine Abmeldebescheinigung abzuholen. Wie gefällt Ihnen dieses System? Keine Bestätigungen oder Nachweise! Keine Kontrolle oder Prüfung! Wo sonst waltet in Russland eine solche Nachsicht?

Dies war das erste Mal, dass ich bei einer Stimmabgabe mehr war als ein einfacher Wähler. Ab jetzt rechne ich mich entschieden, ohne Gewissensbisse und ohne ein Quäntchen Zweifel zur Opposition gegen Putin! Auf dem Merkblatt, das ich im Beobachterkorps »Für saubere Wahlen« bekommen hatte, stand: »Nemo iudex in causa sua«, was übersetzt bedeutet: »Niemand sei Richter in eigener Sache«. Was Putin angeht, so erkläre ich: NIEMAND WÄHLT SICH SELBST ZUM PRÄSIDENTEN![27]

Die Präsidentschaftswahlen gaben der Beobachter- und der Protestbewegung neuen Auftrieb: In die Wahllokale gingen Tausende, die erst durch die Berichte der Beobachter von den Dumawahlen überhaupt politisiert und auf die massiven Fälschungen aufmerksam geworden waren. Um als Wahlbeobachter tätig zu werden, nahmen einige junge Bürger sehr weite Wege auf sich – manche kamen sogar aus Tokio nach Moskau.[28] Aus den Gruppen, die im März und April aus verschiedenen Städten zur Beobachtung der Bürgermeisterwahlen in Jaroslawl und zur Unterstützung des Kandidaten Oleg Scheïn nach Astrachan fuhren, entstanden wiederum neue Netzwerke, darunter die »Vereinigung der Beobachter Russlands«, die sich durchaus präzise als eine »soziale Bewegung von Wahlbeobachtern« präsentierte. Am 14. Oktober 2012, dem nächsten überregionalen Einheitswahltag, waren die verschiedenen Gruppen wieder aktiv bei der Dokumentation von Wahlfälschungen beteiligt.

Im Sommer initiierten Vertreter von »Golos«, »Bürger Wahlbeobachter« und der »Vereinigung der Beobachter« gemeinsam mit dem IT-Experten Leonid Wolkow und dem Demokratietheoretiker Fjodor Krascheninnikow – beide aus Jekaterinburg – ein Projekt, das die Protestbewegung einigen und strukturieren sollte und dabei die Erfahrungen der Wahlbeobachter einbezog: In einem transparenten, auf Identitätskontrollen über das Internet basierenden Verfahren sollte ein Koordinationsrat der Opposition gewählt werden. Auch ein ehemaliger Mitarbeiter der zentralen Wahlkommission wirkte am Aufbau dieses Verfahrens mit.[29]

Während die Vorbereitungen zu diesen Wahlen (die im nächsten Kapitel ausführlich dargestellt werden) anliefen, gingen die Wahlbeobachter von Dezember und März unterschiedliche Wege. Viele – wie Wadim Dergatschow – mutierten zu politischen Aktivisten, die angesichts der vielen Wahlfälschungen und der eskalierenden Repressionen keinen anderen Weg sahen, als sich selbst für einen gewaltfreien Regimewechsel einzusetzen. Andere – darunter viele, die sich bei »Golos« engagiert hatten – sahen ihre Hauptaufgabe weiterhin in der Aufdeckung von Wahlfälschungen; ein weitergehendes politisches Engagement war für sie mit dieser Mission unvereinbar. Wieder andere hegten, was Wahlen in Russland anging, zwar keine Illusionen mehr, sahen aber weder in der Beobachter- noch in der oppositionellen Tätigkeit einen Sinn; vorstellen konnten sie sich allenfalls noch den Einsatz für lokale Belange. Jaroslaw Maximow etwa möchte sich nicht zur Opposition zählen; trotz aller Enttäuschung über die Fälschungen sieht er keine realistische Alternative zu Putin. Die Demonstrationen betrachtet er inzwischen als Zeitverschwendung: Man solle doch lieber für die eigenen konkreten Interessen eintreten, etwa für eine Rücknahme der jüngsten Preiserhöhungen im Tscheljabinsker Nahverkehr auf 15 Rubel pro Fahrt, die ihn als mittellosen Studenten besonders empfindlich treffen.

Doch auch solchen Aktivismus hat ihm die Arbeit bei »Golos« zunächst vergällt: Die Amtszeit von Maximows Mutter lief mit der Dumawahl aus, und als die Tätigkeit ihres Sohns im Dorf bekannt wurde, verweigerte ihr die Sanatoriumsleiterin den ursprünglich versprochenen Folgejob. »Sehen Sie, ich habe für eine einzige legale Organisation gearbeitet, und schon ist meine Familie in ernste Schwierigkeiten gekommen.«

Woher der Zorn?

Angesichts der Änderungen des Wahlrechts sowie der Eliminierung, Einschüchterung und Vorauswahl von Oppositionskandidaten nehmen sich die Fälschungen am Wahltag selbst vielleicht nicht bescheiden aus, sind aber doch nicht viel mehr als das letzte Rädchen im Steuermechanismus der Machtvertikale. Darin unterschied sich die Situation in Russland im Dezember 2011 von der Ausgangslage bei den Wahlen etwa in Serbien im Jahr 2000, in Georgien 2003, in der Ukraine 2004 oder in Kirgisien 2005. Dort waren Wahlfälschungen das entscheidende Instrument gewesen, mit dem ein Wahlsieg populärer (oder von einer breiten Koalition getragener) Kandidaten verhindert werden sollte, während in Russland die vorhergehenden Reformen dazu beigetragen hatten, einen solchen Kandidaten oder eine solchen Koalition überhaupt zu verhindern. Warum wurden die gefälschten Wahlen dennoch auch in Russland zum Auslöser spontaner Massenproteste?

Die Antwort liegt offensichtlich zu einem Teil in der Bedeutung der Wahlen als Präsenzritual und formaler Prozedur, unabhängig von den tatsächlich antretenden oder chancenreichen Kandidaten. Kritiker moderner repräsentativer Massendemokratien weisen mit Recht auf die oft illusionäre Qualität von Wahlen und den showähnlichen, rituellen, ja mystischen Charakter von Abstimmungen hin, die oft nicht einmal Ausdruck des eigenen Willens sind, sondern Resultat eines Kalküls, das die durch

Umfragen und Medien vermittelten Siegeschancen der verschiedenen Kandidaten einbezieht.[30] Gerade durch ihren rituellen Charakter erhalten sie jedoch eine wichtige Bedeutung. Als wiederholte gesellschaftliche Bestätigung des formalen Prinzips der Gleichheit und der Volkssouveränität entfalten sie ungeachtet der dahinter zurückbleibenden Realität gerade als Ideal und letzte Appellinstanz eine mächtige Wirkung. Die Mehrparteienwahlen in den neunziger Jahren hatten viele in Russland enttäuscht und »Demokratie« zu einem Schimpfwort werden lassen, da sie mit Verarmung, Chaos und »schwarzer PR« in Verbindung gebracht wurden und die erhoffte schnelle Verbesserung der Lebensumstände nicht eintrat. Es ist bezeichnend, dass die Demonstranten während der ersten großen Protestwelle im Winter 2011/12 zwar überall nach fairen Wahlen riefen, das Wort »Demokratie« aber fast nur bei den Solidaritätskundgebungen im Ausland auf Plakaten zu lesen war.[31]

Dennoch gab es in Russland inzwischen viele Menschen, die nicht bereit waren, statusunabhängige Regeln und die Achtung des Einzelnen einer fragwürdigen Stabilität zu opfern. Auf die Einhaltung von Regeln zu pochen war für sie keine lästige Pedanterie, sondern Bürgerpflicht und Verteidigung ihrer Rechte, ja ihres Anspruchs auf Teilhabe: »Irgendwann ist mir klargeworden, dass dies mein eigenes Land ist, genauso wie ich ein eigenes Auto und eine eigene Wohnung habe«, schreibt einer der »erzürnten Beobachter« aus Moskau in dem gleichnamigen Sammelband.[32] Ähnlich wie eine religiöse Zeremonie für verschiedene Beteiligte unterschiedliche Bedeutungen haben kann – für die einen Unterwerfung unter die Autorität des Priesters, für andere die Zurschaustellung von Schrift- und Liturgiefestigkeit, für die dritten gesellschaftlich regulierter Tages- und Wochenablauf, für die vierten persönliches Gebet und direkte Kommunikation mit dem Göttlichen, oftmals ein wenig von allem, so kann auch die Teilnahme an Wahlen lästige Pflicht, sinnlose Geste, Auftrag der Obrigkeit, Moment der gesellschaftlichen Einigung, aber auch Erfahrung gesellschaftlicher Differenzierung und Manifestierung von Regeln und prozeduralem Know-how sein.[33]

In den engen Schulräumen der Wahllokale, in denen sich Menschen in dicken Wintermänteln und matschtriefenden Stiefeln drängen und die Unsicherheit der einen mit den wahlrechtlichen Kenntnissen der anderen kollidiert, prallen auch diese verschiedenen Vorstellungen aufeinander und führen zu Konflikten oder Kompromissen. In die direkte körperliche und emotionale Erfahrung des Wahlprozesses wirken die großen Prinzipien hinein, die beide Seiten zur Rechtfertigung ihres Handelns zitieren können: Sicherung der nationalen Einheit um jeden Preis für die einen, Durchsetzung individueller Rechte für die anderen. Die unter Druck und Anspannung stehenden, in der bürokratischen Logik der Autoritätshörigkeit gefangenen Kommissionsmitglieder, deren Verbleib im Staatssold oft von dem erzielten Resultat abhängt, empfinden die Beobachter bisweilen als lästige Störenfriede, die sie von der Arbeit abhalten. Aber auch die Beobachter – zumindest die professionell geschulten – haben eine Investition zu verteidigen: Haben sie sich doch in einem anstrengenden Prozess eine Kenntnis der nicht leicht zu durchschauenden Gesetze und Prozeduren angeeignet, deren Missachtung sie dadurch als persönlichen Affront empfinden. Für beide ist der auch physisch aufreibende Prozess – immerhin muss man an einem Sonntag lange vor Sonnenaufgang aufstehen, durch die Kälte stapfen und bis weit in die Nacht hinein wachsam bleiben – Quelle starker Emotionen.

Wie stark? Der Fotokorrespondent und Katastrophenhelfer Dmitrij Aleschkowskij verbrachte im Oktober 2012 vor und nach den Wahlen zum Parlament von Tatarstan drei Tage als Beobachter und Reporter in einem ländlichen Bezirk der Teilrepublik. Nach einem ausführlichen Bericht über die dort erlebten Wahlmanipulationen resümierte er:

> Ich habe gesehen, wie Menschen im Schatten der Ruinen des vom Erdbeben zerstörten Port-au-Prince an Cholera sterben; ich habe tausende niedergebrannte Häuser in den georgischen Dörfern von Südossetien gesehen; ich habe besoffene Omas gesehen, die in baufälligen Bauernhäusern im Gebiet Twer bei lebendigem Leibe verwesen; Frauen und Kinder, die im ethnischen Konflikt im kirgisischen Osch ermordet wurden; die

Schule Nr. 1 in Beslan. Und diese Wahlen entsetzen mich fast so sehr wie
die aufgezählten Erfahrungen. Aber es ist ein anderes Entsetzen. Ein Entsetzen angesichts des Bewusstseins, dass all dies das Ergebnis der eigen-
ständigen Handlungen eines jeden von uns ist. Wir selbst sind schuld daran, was im Land – auch in Tatarstan – geschieht. Es ist die Schuld aller
und eines jeden. Eines jeden, der duldet, eines jeden, der fälscht, eines jeden, der klein beigibt, eines jeden, der denkt, dass einer oder sogar Tausende nichts verändern können, der fürchtet, es könnte schlimmer kommen,
und deshalb nichts tut, damit es besser wird.[34]

Im Dezember 2011 waren solche Emotionen für viele Bürger etwas gänzlich Neues – stark genug, um als »Trauma des Beobachters« zu wirken und Menschen wie Wadim Dergatschow keine
Ruhe mehr zu lassen. Dass dieses Trauma durch die kämpferi-
sche Ausgangsmotivation vieler Beobachter fast vorprogrammiert
war, ändert nichts daran, dass die Erfahrungen im Wahllokal ganz
anders zu schockieren vermögen als ein abstraktes Verständnis
von Manipulationsmechanismen.[35] Mithilfe der neuen Technolo-
gien, vor allem Videoaufzeichnung und Web 2.0-Plattformen, die
zum ersten Mal bei einer landesweiten Wahl fast flächendeckend
zur Verfügung standen, verbreiteten sich die Schockwellen der
emotionalen Erschütterung über Freundesnetzwerke und schließlich durch das ganze Land und darüber hinaus: Wer das Video
vom Umgang mit Wahlbeobachterinnen aus der Tscheljabinsker
Schule Nr. 13 sieht, der wird, ähnlich wie Kira Sokolowa, um den
Schlaf gebracht.

In ihrem Engagement als Wahlbeobachter – ermöglicht durch
Strukturen, die die Verfechter der in den neunziger Jahren zunächst auf dem Papier entstandenen Freiheiten geschaffen hatten – formierten sich die neuen Wutbürger praktisch über Nacht
als Milieu, sowohl auf den Demonstrationen als auch im Internet.
Dieses Milieu wurde für die vielen Aktivisten, die schon zuvor
für radikalen politischen Wandel eingetreten waren oder die Rechte konkreter Menschen verteidigt hatten, zum neuen Resonanzraum.

Gegen 17 Uhr 15 riefen Aktivisten einen Sitzstreik aus, um die Poli-
zei zur Öffnung des Nadelöhrs beim Zugang zum Bolotnaja-Platz
zu bewegen. Unter ihnen war auch ein fast eins neunzig großer
Mann Mitte dreißig mit kurzen dunkelblonden Haaren und in einem
hellgrauen, kurzärmeligen Polohemd. Umringt von Journalisten
und Amateur-Kameraleuten, machte er mit ausgestrecktem Arm
Abwärtsgesten und sprach in leicht selbstironischem Befehlston
in ein Mikrofon: »Bitte setzt euch alle! Setzt euch und sagt denen,
die hinter euch stehen, dass sie sich auch setzen sollen. [...] Zwingt
mich nicht, wieder zu schreien, wie ich in irgendeinem Video ge-
schrien habe – ihr erinnert euch.« Kurze Zeit später unternahm er
einen Versuch, auf die Bühne zu steigen, wo bereits Redner verhaf-
tet worden waren. Dabei zogen ihn sechs Polizisten, die meisten
von ihnen behelmt, ohne Erklärung von der Treppe hinunter und
trugen ihn weg. Auf den letzten Metern vor der Polizeiwache lie-
ßen sie ihn, durch einen doppelten Hebelgriff gekrümmt und vor
Schmerzen schreiend, zu Fuß gehen. Wie bei vielen seiner früheren
und späteren Verhaftungen waren auch am 6. Mai 2012 zahlreiche
Kameras anwesend, die jeden Moment für die Veröffentlichung im
Internet festhielten. Insgesamt sollte er bis zum 9. Mai viermal fest-
gesetzt werden, um schließlich für 15 Tage in Ordnungshaft zu lan-
den.

»Alle Wege führen zu Nawalnyj«, sagt Kira Sokolowa aus Tschel-
jabinsk. Eigentlich müsste man sagen: Alle Wege führen zu Alexej
Nawalnyjs Medienpräsenz. Der Livejournal-Blog, in dem er wie
ein Uhrwerk einen Eintrag pro Tag veröffentlicht, gehört zu den
meistgelesenen im russischsprachigen Internet. Ein separater Fan-
Blog sammelt Videos mit Nawalnyjs Auftritten in Medien und auf
Kundgebungen. Aufnahmen einiger seiner Auftritte in Radio-Talk-
shows und bei Internet-Fernsehsendern sind Renner. Die Redak-
teure staatlicher TV-Kanäle laden ihn zwar nicht ein, aber auch dort
wird er inzwischen immer öfter erwähnt, wenn auch meist in ver-

ächtlichem Ton und im Zusammenhang mit Strafverfahren. Nawalnyjs Blog ist selbst ein wichtiges alternatives Medium: Auf nahezu
jeden Eintrag reagieren auf der Webseite tausende Kommentatoren – mal mit einsilbigen Interjektionen oder Links, mal in Form langer Artikel, die Diskussionen anstoßen oder Werbung für andere
Seiten machen sollen. Eine Erwähnung durch Nawalnyj kann einer
Webseite zu Rekordleserzahlen verhelfen und deren Server zusam-
menbrechen lassen; auch bei Aktienkursen haben Wirtschaftswissenschaftler einen »Nawalnyj-Effekt« beobachtet. Das als Bezeichnung des »Geeinten Russland« ungemein beliebte Beiwort »Partei
der Gauner und Diebe« geht in dieser Form auf einen Radioauftritt
Nawalnyjs im Februar 2011 zurück. Auch die interaktiven Webseiten, die Nawalnyj seit Dezember 2010 ins Leben rief, erreichen ein
riesiges Publikum und erhielten einige Internet-Preise: eine Anti-
korruptions-Seite, ein Schlagloch-Verzeichnis, eine Wahlbeobach-
ter-Kampagne, die Gute Wahrheitsmaschine mit vorgefertigten, aber
anpassbaren Flugblättern sowie eine Seite, die Beschwerden an
die Adresse untätiger Hausverwaltungen generiert. Nawalnyjs In-
ternet-Auftritte und die mit seinem Namen verbundenen Projekte
betreut ein Team von Mitarbeitern, darunter eine Pressesekretärin
und mehrere Juristen sowie ehemalige Manager aus der Privatwirtschaft. Seit September 2011 sind viele dieser Projekte unter dem
Dach der von Nawalnyj gegründeten »Stiftung zur Korruptionsbekämpfung« gebündelt.

   Nach Umfragen des Lewada-Zentrums stieg die Zahl derer, die
von Nawalnyj gehört hatten, zwischen April 2011 und Juni 2012
von 6 auf 34 Prozent. Das kremlnahe Zentrum für Meinungsforschung bezifferte Nawalnyjs Bekanntheitsgrad im September 2012
sogar auf 48 Prozent, behauptete aber auch, 43 Prozent hätten
eine negative Meinung von ihm. Als im Oktober 2012 per Internet
Wahlen zum Koordinationsrat der Opposition abgehalten wurden,
belegte Nawalnyj mit großem Abstand den ersten Platz. Von seinen
Mitarbeitern, die für den Rat kandidierten, wurden die meisten
ebenfalls gewählt. Auch unter den Veranstaltern der Wahlen waren
einige, die eng mit Nawalnyj verbunden sind.

   In den Netzwerken Livejournal und vkontakte entstanden seit

2011 zahlreiche Gruppen mit Namen wie »Nawalnyjs Armee«, »Der Volkspräsident«, »Alle für einen« oder »Regionaler Stab zur Unterstützung Nawalnyjs«. Auf den Demonstrationen im Winter und Frühjahr 2011/12 waren in einigen Städten Plakate mit Aufrufen zu sehen: »Tausche Putin gegen Nawalnyj«, »Nawalnyj ins Fernsehen!« oder »Nawalnyj zum Präsidenten!« Auch Fotos des Bloggers waren ein beliebtes Motiv, das von Texten wie »Neue Hoffnung« oder »Europa [Nawalnyj-Porträt] – Asien [Putin-Porträt]« begleitet wurde. Allerdings nannte in einer landesweiten Umfrage von August 2012 nur eine verschwindend geringe Zahl der Befragten Nawalnyj als einen derjenigen, der »Wladimir Putin als Leader des Landes ersetzen« könnte oder der als Oppositionsführer ihr Vertrauen genießt. Nawalnyj, der auch als Kandidat bei der nächsten Moskauer Bürgermeisterwahl im Gespräch ist, weigert sich zudem, der von einigen seiner Mitarbeiter gegründeten Partei »Volksallianz« beizutreten.

Bereits im November 2011 war bei Eksmo, einem der beiden größten russischen Verlage, das Buch eines Journalisten erschienen, der zuvor Videoclips für Nawalnyj gedreht hatte. Der aus Interview- und Blog-Zitaten zusammengestellte Band mit dem Titel Alexej Nawalnyj – der Schrecken der Gauner und Diebe war durchaus typisch für das auch in Russland bekannte Genre der reklamehaften Politikerbiographie, mit Kindheits- und Familienfotos sowie Bildern von Medienauftritten und Auslandsaufenthalten. Nawalnyjs Facebook-Seite zeigt ihn, lächelnd und händchenhaltend, mit seiner blonden Frau und den zwei strohblonden Kindern auf einem Spaziergang in einem lichtdurchfluteten Birkenhain.

Einige der Mitglieder seines Teams begleiten den studierten Juristen und Börsenfachmann Nawalnyj schon seit seiner Zeit bei »Jabloko«. Nach seinem Eintritt im Jahr 2000 war er rasch zur Moskauer und zeitweise zur landesweiten Führungsspitze der sozialliberalen Partei aufgestiegen. Als Vollzeitpolitiker war der in einer Offiziersfamilie im Moskauer Gebiet aufgewachsene Nawalnyj an der Gründung mehrerer Jabloko-Initiativen beteiligt. Dazu zählten ein »Komitee zum Schutz der Moskauer«, das sich der Korruptionsbekämpfung bei Bauvorhaben in der Hauptstadt widmete, die Ju-

*gendorganisation »Demokratische Alternative«, wo er sich um öf-
fentliche Kontrolle der Polizei kümmerte, und ein politischer Debat-
tierklub, der sich in Lokalen und Clubs traf. Im Dezember 2007 wurde er aus der Partei ausgeschlossen: nach eigenen Angaben, weil
er den Rücktritt des Vorsitzenden Grigorij Jawlinskij gefordert hatte, formal jedoch aufgrund nationalistischer Äußerungen. Nawalnyj
hatte einige Monate zuvor mit Gleichgesinnten eine »Nationale
russische Befreiungsbewegung« ins Leben gerufen, deren Abkürzung das Wort »Volk« ergab. Das Manifest der nationaldemokratischen Vereinigung mahnte eine »russische nationale Wiedergeburt«
an und plädierte für eine ethnisch russische statt einer angeblich
chimärischen gesamtrussländischen Identität – die anderen »in-
digenen Völker Russlands« seien Bestandteil der »russischen Zivilisation«. Die Russen seien »das größte geteilte Volk Europas«;
Aufgabe der Migrationspolitik sei es, Russen aus den ehemaligen
Sowjetrepubliken die Einwanderung zu erleichtern und Menschen
abzuschieben, die »in unser Haus aufgenommen« werden wollten,
aber »unsere Gesetze und Traditionen« nicht achteten. Forderungen nach Demokratisierung, Korruptionsbekämpfung, Renationali-
sierung von Großunternehmen und Förderung von Kleinunternehmertum begründete das Dokument mit einer »spezifisch russischen
Idee von Gerechtigkeit«; daneben forderte es auch die Legalisierung von Faustfeuerwaffen und Straffreiheit für Soldaten der föderalen Streitkräfte in Tschetschenien.*

*Nawalnyjs »Befreiungsbewegung« existierte kaum länger als ein
Jahr. 2009 war er bereits als Berater des als liberal geltenden Ki-
rower Gouverneurs Nikita Belych tätig. Dennoch nahm er weiterhin
regelmäßig an den von ultranationalistischen Organisationen jeweils am 4. November durchgeführten »Russischen Märschen« teil
und fungierte im November 2011 als Mitveranstalter des Moskauer
Marsches. Er pflegt enge Kontakte zu nationalistischen Organisationen, von denen einige ihn auch bei den Wahlen zum Koordinationsrat unterstützten. Nawalnyj wettert gegen Überfremdung durch
Arbeitsmigranten aus dem muslimischen Zentralasien. Er tut sich
regelmäßig mit Tiraden gegen Kaukasier, in erster Linie gegen
Tschetschenen und Dagestaner hervor, die angeblich ungestraft*

ihre fremden Sitten ins russische Kernland bringen und russische Frauen bedrohen; sie seien mit der korrupten russischen Bürokratie verbunden und beförderten »ethnische Kriminalität«. Nawalnyj hat einiges getan, um den Slogan »Wir haben den Kaukasus genug gefüttert!« zu popularisieren, der die korruptionsbegünstigenden Subventionen an nordkaukasische Republiken anprangert. Während des Krieges mit Georgien im Sommer 2008 rief er zur Deportation aller georgischen Bürger aus Russland auf, die er in einem Wortspiel als »Nagetiere« bezeichnete. Gewalttätige Neonazis charakterisiert Nawalnyj in einem Video als »Kariesmonster«, kommentiert aber gleichzeitig Bilder asiatisch aussehender Menschen mit den Worten: »Alles, was uns stört, muss behutsam, aber bestimmt mittels Deportation entfernt werden.« In einem anderen Clip preist er Pistolen als wirkungsvolles Mittel gegen »große Kakerlaken und aggressive Fliegen« an, indem er einen Angreifer in Kufiya und schwarzem Umhang erschießt. Wie schon im Manifest der »Befreiungsbewegung« fordert er regelmäßig Unterstützung für die russlandfreundlichen separatistischen Teilrepubliken Transnistrien, Abchasien und Südossetien. Nawalnyj unterstützt in seinem Blog den ehemaligen Kleinkriminellen, Politiker und Kunstsammler Jewgenij Rojsman aus Jekaterinburg. Dieser betreibt eine Stiftung zur Drogenbekämpfung, zu deren Mitteln Freiheitsentzug, Prügel und brutale Folter gehören. Der durchaus beliebte Rojsman, der auch die Unterstützung des Multimilliardärs Prochorow genießt, bringt Drogenhandel gerne mit »Zigeunern«, Aserbaidschanern und Zentralasiaten in Verbindung. Anhänger und Kritiker debattieren regelmäßig, ob Nawalnyj ein Liberaler ist, der sich bloß bei Nationalisten anbiedern will; er selbst jedoch behauptet durchgehend, er sehe keinen Widerspruch zwischen liberaldemokratischen und nationalistischen Positionen. [1]

Wer spricht für die Protestierenden?

In Alexej Nawalnyj spiegeln sich wie in keiner anderen öffentlichen Person die Hoffnungen, Auffassungen und Einstellungen der Protestierenden, aber auch die Widersprüche und Konflikte innerhalb der Bewegung.

Er ist nicht der Erste, der durch das Anprangern von Korruption zum Tribun wird. In mancher Hinsicht erinnert er an den Ermittler Telman (Thälmann) Gdljan, dessen Kommission Mitte der achtziger Jahre korrupte Seilschaften im sowjetischen Usbekistan aufdeckte und der während der Perestroika kurzzeitig zum Volkshelden avancierte. Gleichzeitig verkörpert Nawalnyj einen neuen Politikertypus: der eloquente und zugängliche Jurist vereint Forderungen nach Gesetzestreue und kommunaler Selbstverwaltung mit Nationalismus und Appellen an den »gesunden Menschenverstand«; er ist um sein eigenes Image bemüht und verwendet es als Gütesiegel für eine Vielzahl verschiedener Initiativen; er setzt auf Unterstützung aus der Privatwirtschaft wie auf die elektronische Koordinierung von Graswurzel-Aktivitäten. In alledem gleicht Nawalnyj eher einem Politiker in den Vereinigten Staaten. (Im Jahr 2010 verbrachte er sechs Monate als World Fellow an der Yale University.)

In Interviews nennen Demonstranten Nawalnyj oft als Ersten oder Einzigen, wenn sie den Protest personifizieren wollen. Menschen verschiedenster politischer Einstellung, die den Nationalisten, den Linken oder auch den »alten Liberalen« der neunziger Jahre skeptisch gegenüberstehen, sind bereit, ihre Hoffnungen auf ihn zu projizieren: »Wenn Nawalnyj führt ... *Dann würden Sie mitgehen?* Ja! Aber weiter rechts, mit den Nationalisten, da bin ich nicht mehr dabei.«[2] »Nawalnyj ist ein intelligenter, gebildeter junger Mensch mit Charisma – der einzige, der zum Leader taugt.«[3] Ein befragter IT-Experte, der sich selbst als Anarchist bezeichnet, hält Nawalnyj für den »Anführer der Opposition« und wünscht ihn sich als Präsidenten: »[Das Amt des] Präsidenten, das ist ein soziales Casting [...] so ein Presseattaché, der für

die Schnittstelle zwischen den Großunternehmen und der Bevölkerung zuständig ist, als Teil eines bestimmten PR-Programms.
In diesem Sinne verkörpert er die Hoffnungen des Volkes. Putin
als Verkörperung dieser Hoffnung entsetzt mich […] Nawalnyj
eignet sich sehr gut dafür: Irgendwie hat er menschlich etwas
sehr Positives […] Nawalnyj ist so ein Anwalt des Volkes.«[4]

In der öffentlichen Wahrnehmung steht Alexej Nawalnyj für
mehrere wichtige Initiativen wie Korruptionsbekämpfung und
das Ringen um alltägliche Lebensqualität. Als Virtuose der elektronischen Kommunikation und Galionsfigur der Vernetzung
verkörpert er ein neues Politikverständnis, hingegen ist die Verbindung zwischen zivilgesellschaftlichen und politischen Belangen für Russland eher traditionell. Als Nationalliberaler steht er
für eine charakteristische ideologische Verschmelzung der letzten Jahre: Ein ethnokulturelles Weltbild und eine xenophobe
Haltung gegenüber angeblich unzivilisierten und kriminellen
»Südländern« und Muslimen ist für viele russische Liberale inzwischen selbstverständlich.[5] Vor allem aber bietet er mit seinen Internet-Projekten Zehntausenden die Möglichkeit, ohne allzu
großen Aufwand und ohne die in lokalen Organisationen üblichen Ränke an der Korruptionsbekämpfung mitzuwirken.

Für viele, die sich vor Dezember 2011 nicht für Politik und bür-
gerschaftliches Engagement interessiert hatten, war Nawalnyj
die Entdeckung der Saison. Zugleich verschleiert seine Schlüs-
selposition die Vielgestaltigkeit der Protestbewegung und Russlands Gesellschaft insgesamt.

Wer fühlt sich durch Nawalnyj vertreten? »Eine äußerst gebildete, intellektuelle, qualifizierte Schicht – für sie ist Nawalnyj
natürlich ihr Ein und Alles«, urteilt ein Tscheljabinsker Politikwissenschaftler. »Was aber, bitte, bleibt den anderen übrig?«[6]
Selbst dies ist eine grobe Übertreibung: Sicherlich finden sich
Anhänger Nawalnyjs vor allem in der gebildeten Hälfte der Bevölkerung; umgekehrt jedoch hegen viele gebildete Demonstranten erhebliche Vorbehalte gegen den Politiker. Auf jeden, der ihm
seine Unterstützung ausspricht, kommt mindestens einer, der
ihm aus den verschiedensten Gründen skeptisch oder ablehnend

gegenübersteht. Den einen macht seine Vorrangstellung Sorgen, die anderen sprechen ihm im Gegenteil den notwendigen Machtinstinkt ab. [7]

Kritisch sehen Nawalnyj und seine Internet-Popularität aber vor allem Teilnehmer gewachsener gesellschaftlicher Initiativen in Bereichen, zu denen er sich regelmäßig äußert – sei es Drogenhilfe, Migrationspolitik oder Korruptionsbekämpfung. »Auf der Bühne schafft es Nawalnyj, die Aufmerksamkeit der Zuhörer auf sich zu ziehen«, meint der Vertreter einer NGO. »Diese populistische Rhetorik funktioniert aber nur dort, und zwar weil Nawalnyj meiner Meinung nach große Schwierigkeiten mit seiner realen Plattform hat«.[8] Der Open-Data-Experte Iwan Begtin nennt Nawalnyj einen »Clown«, der »reinen politischen Populismus« betreibe.[9] Andere weigern sich, ihre Kritik öffentlich zu machen: »Vielleicht hätte ich in einer normalen politischen Situation etwas an ihm zu kritisieren. Privat kann ich das tun, aber nicht öffentlich – ich will dem Kreml keine zusätzlichen Argumente liefern. Nawalnyj und ich wären an verschiedenen Polen, nur jetzt gibt es bei uns überhaupt keine Pole, und er und ich sind auf derselben Seite der Barrikaden.«[10]

Nawalnyjs komplexe und widersprüchliche Rolle wirft eine ganze Reihe von Fragen auf.

Ist die geringe Bereitschaft, Nawalnyj und andere Oppositionsfiguren als realistischen Putin-Ersatz zu sehen, ein Zeichen für die allgemeine Vertrauenskrise? Drückt sich darin Desorientierung aus? Handelt es sich um eine bewusste Absage an Führerfiguren als solche? Welche konkrete Bedeutung kann politische Führung in einer Gesellschaft wie der Russlands überhaupt haben?

Wie drücken sich die von Nawalnyj immer wieder erhobenen Forderungen nach unpersönlichen, regelgebundenen Prozeduren im Alltag des Protests aus? Wie lösen die Protestteilnehmer jenseits staatlicher Mechanismen die knifflige Frage der politischen Repräsentation, die ja Ausgangspunkt für die Demonstrationen war? Wer darf für die Protestierenden sprechen? Mit welchem Recht und welchem Mandat? Welche Rolle spielen Medien bei der Definition des Protests und der Auswahl seiner vermeintlichen Anführer?

Wie artikuliert sich in der Bewegung das Verhältnis von sozialem, politischem und Bürgerprotest? Versammeln diese Protestarten verschiedene Personengruppen – oder handelt es sich eher um unterschiedliche Aktionsformen? Muss man sich die Zusammenarbeit als zweckgebundene taktische Koalition oder als neue Gemeinschaft vorstellen? Was eint die Protestierenden, was trennt sie? Ist Einheit überhaupt erstrebenswert, und wenn ja, in welcher Form? Sollte man sich die Protestierenden und den Staatsapparat grundsätzlich als Widersacher vorstellen? Ist es überhaupt sinnvoll, klar zwischen Staat und Zivilgesellschaft zu unterscheiden und Letztere eindeutig dem Protest zuzurechnen? Sollte es Gespräche, Verhandlungen und runde Tische geben – und wenn ja, mit welchen Verhandlungsparteien?

Dies führt schließlich zu einem weiteren Fragenkomplex: Handelt es sich bei den Protesten seit Dezember 2011 um eine Oppositionsbewegung? Medien in Russland wie im Ausland setzen dies oft ohne Begründung voraus, und der Name des im Oktober 2012 gewählten »Koordinationsrats der Opposition« scheint ihnen Recht zu geben. Viele der Protestteilnehmer verweigern sich jedoch dieser Bezeichnung: Die Losung »Wir sind keine Opposition, wir sind eure Arbeitgeber. Wir protestieren nicht, wir entlassen euch!« gewann im Februar 2012 einen Plakat-Wettbewerb der *Nowaja gaseta*. Sehr beliebt war auch die Variante »Wir sind keine Opposition, wir sind Bürger unseres Landes!« Auch die Weigerung vieler Demonstranten, die auf den Kundgebungen auftretenden Mediengestalten und Oppositionspolitiker als Anführer oder Repräsentanten anzuerkennen, scheint dagegen zu sprechen. Alle diese Fragen nach der Struktur und internen Dynamik des Protests sind entscheidend für ein Verständnis von Russlands neuer Protestkultur. Nicht zuletzt sind sie es auch, die einen präziseren Vergleich mit Protestbewegungen in anderen Ländern, aber auch in anderen Epochen ermöglichen.

Von Oppositionsparteien zu außerparlamentarischen Milieus

Parteien in der gelenkten Demokratie

Politische Parteien im postsowjetischen Russland lassen sich nicht mit ihren klassischen westeuropäischen Pendants vergleichen. Allenfalls die Kommunistische Partei der Russländischen Föderation kann so etwas wie eine Massenbasis vorweisen. Unter dem unablösbaren Parteichef Gennadij Sjuganow führten die internen Konflikte und Flügelkämpfe in der KPRF jedoch nie zur Entstehung einer innerparteilichen Demokratie. Einzig das sozialliberale »Jabloko«, die Partei, in der auch Nawalnyjs Karriere begann, konnte auf relativ niedrigem Niveau ein stabiles landesweites Netzwerk aufbauen, blieb aber unter den Vorsitzenden Grigorij Jawlinskij und Sergej Mitrochin ebenfalls zentralistisch organisiert. Keine Partei funktionierte als Instrument einer demokratischen Willensbildung. Davon zeugte die Diskrepanz zwischen Wählereinstellungen, Parteiprogrammen und dem Abstimmungsverhalten der Parteien. In Umfragen gaben sich Wähler liberaler Parteien wie »Jabloko« spätestens seit 2002 als fremdenfeindlicher zu erkennen als etwa die Anhänger der zentristischen Regierungsparteien oder der ultrarechten »Liberaldemokraten« des Polit-Clowns Wladimir Shirinowskij, die in der Duma trotz hurrapatriotischer Oppositionsrhetorik stets regierungstreu stimmten.[11]

Die meisten Parteien, die sich um Sitze in den Parlamenten bewarben, lebten von der Nähe zu starken Figuren der Exekutive und fungierten als reine Unterstützerplattformen – wenn sie nicht als bloße Zweckbündnisse oder Fassaden der Durchsetzung wirtschaftlicher Interessen dienten. Bereits unter Jelzin waren Sitze im Parlament nicht in erster Linie Plattformen für öffentliche Politik, sondern Staatsposten, die mit persönlichen Privilegien ausgestattet waren. Dies hieß aber auch, dass den Ortsverbänden jeder Partei völlig unterschiedliche Personen angehören konnten: Die ideologischen Vorlieben und typischen Biographien der Mitglieder hingen weitaus mehr von der Persönlichkeit und dem Freundesnetzwerk des örtlichen Vorsitzenden ab als von Programmdokumenten.

Aufgrund der politischen Entwicklung in Russland und in einigen Nachbarstaaten wurden die Jahre 2003/04 für die organisierte Opposition zu einer Zeit der Krise und des Umbruchs.

Die Wahlsaison zementierte die zunehmende Zentralisierung und Einhegung des Parteiengefüges im Zuge von Putins Wahlrechtsreformen, machte aber auch den realen Popularitätsverlust der Opposition deutlich. Bei der Dumawahl im Dezember hatten sich die liberalen Parteien »Jabloko« und »Bündnis der rechten Kräfte« einer Koalition verweigert und waren an der Fünf-Prozent-Hürde gescheitert; die vormals mächtigen Kommunisten kamen nur auf knapp über 12 Prozent. Die »Liberaldemokraten« und »Rodina« – zwei nationalistische, kremltreue Retortenparteien – konnten offiziell über 20 Prozent der Stimmen auf sich vereinigen und somit der neuen Staatspartei »Geeintes Russland« als zusätzlicher Puffer dienen. Im März 2004 wurde Putin ohne ernstzunehmende Gegenkandidaten als Präsident wiedergewählt.

Die gewaltfreien Revolutionen in Georgien (November bis Januar 2003/04) und der Ukraine (November-Dezember 2004) führten zu einer weiteren Polarisierung der Politik in Russland. Putins Führungsriege, deren »Polittechnologen« in der Ukraine mit einer politischen Intervention zuungunsten des Oppositionskandidaten Juschtschenko scheiterten, sah die Umstürze als Ergebnis eines amerikanischen Eingriffs. Die enthusiastische Reaktion von Teilen der Opposition auf die Ereignisse in Kiew und die bald darauf einsetzenden massenhaften Sozialproteste bestärkten den Kreml in seiner Furcht vor einer Wiederholung des ukrainischen Szenarios in Moskau. Um die »orange Bedrohung« von Russland abzuwenden, trieb der Präsident die bereits begonnene autoritäre Konsolidierung der politischen Elite voran, die einige Beobachter von einer präventiven Konterrevolution sprechen ließ. All jene hingegen, die sich eine Identität als

Oppositionspolitiker aufgebaut hatten, sahen sich in der neuen politischen Eiszeit vor eine Wahl gestellt:[12]

Die einen schlossen Kompromisse, um in den mit der Präsidialadministration abgestimmten Parteihierarchien zu verbleiben. Vor allem das 2006 neu gegründete »Gerechte Russland« beherbergte neben bedingungslosen Putin-Loyalisten wie dem Parteivorsitzenden Sergej Mironow auch solche Politiker, die von direkter Konfrontation mit dem Regime Abstand nahmen, um sich für soziale Belange oder die Interessen bestimmter Berufs- oder Bevölkerungsgruppen einsetzen zu können. Der IT-Manager und Sozialist Ilja Ponomarjow zum Beispiel – ein ehemaliger Mitarbeiter von Michail Chodorkowskijs Yukos-Konzern – war seit 2002 in der KPRF aktiv, ging aber vier Jahre später zum »Gerechten Russland«, nachdem er bei den konservativen Kommunisten mit seiner jugendorientierten »Linken Front« angeeckt war. Der Gewerkschaftsaktivist Oleg Scheïn aus Astrachan wechselte mehrmals die Parteien, bevor er 2003 zu »Rodina« stieß – einem vom Kreml sanktionierten Zusammenschluss von Ultranationalisten und Sozialisten. Gemeinsam mit einem großen Teil von »Rodinas« linkem Flügel beteiligte auch er sich schließlich an der Gründung des »Gerechten Russland«.

Andere zogen den Wechsel zur außerparlamentarischen Opposition vor. Diese war kein neues Phänomen. Bereits während der Perestroika entstand eine weit verzweigte »informelle Bewegung« mit unzähligen Gruppen aller ideologischen Schattierungen. Die Informellen definierten sich nicht über die Programmatik, sondern durch den Gegensatz zu den formalen Institutionen und Verbänden des kommunistischen Systems. Die diversen damals entstandenen Parteien und Verbände waren für viele der heute aktiven Politiker über vierzig biographisch prägend und dienten Anarchisten wie Monarchisten, Wirtschafts- wie Sozialliberalen als erste Stätten der Begegnung, Auseinandersetzung und politischen Selbstorganisation. Nach dem blutigen Konflikt zwischen Präsident und Parlament im Oktober 1993 verblieben viele Gegner von Boris Jelzin außerhalb der neuen Staatsduma. Neben einem großen, um die KPRF gravitierenden »rot-brau-

In der Duma bis 2003

Kommunistische Partei der Russländischen Föderation: KPRF
Einheit / Vaterland – Ganz Russland → Geeintes Russland
Bündnis der Rechten Kräfte
Liberaldemokratische Partei Russlands: LDPR
Jabloko

Offiziell zugelassene Parteien 2009

Geeintes Russland
Gerechtes Russland
Patrioten Russlands
Jabloko
KPRF
LDPR
Die Rechte Sache

Außerparlamentarische Vereinigungen (Auswahl)

Nationalbolschewistische Partei: NBP (1993 gegründet, 2007 verboten)
→ Anderes Russland (2009-)

Liberale:
Oborona (2005-, seit 2010 inaktiv)
Demokratische Alternative (2005-, seit 2008 inaktiv)
Vereinigte Bürgerfront (2005-)
Solidarnost (2008-)

Linke:
Linke Front (2005-, erster Parteitag 2008)
Vorwärts! (2005-2011) / Sozialistischer Widerstand (1990-2011)
→ Russländische Sozialistische Bewegung (2011-)

Ultranationalisten:
Bewegung gegen illegale Immigration (2002-2011, verboten)
→ Ethnopolitische Vereinigung »Die Russen« (2011-)

Außerparlamentarische Koalitionsversuche (Auswahl)

Ein anderes Russland (2006-2010)
Nationalversammlung (2008)
Organisationskomitee für gemeinsame Aktion (2011)
Moskauer Bürgerrat (2012)
Koordinationsrat der Opposition (2012-)

nen« Milieu von Stalinisten, Nationalisten und Sowjetnostalgi-
kern gehörten dazu auch kleinere Gruppen von demokratischen
Linken, Anarchisten und Trotzkisten. Die gemeinsame Opposition gegen Jelzin führte zu einer Vielzahl von Koalitionsversuchen, die jedoch zumeist an persönlichen und ideologischen
Differenzen scheiterten.

Ein besonders originelles und überraschend beständiges Sammelbecken stellte die Nationalbolschewistische Partei dar, die seit
ihrer Gründung im Jahr 1993 als Partei aller Radikalismen linke
wie rechte Extreme zu verschmelzen versuchte. Nach dem Weggang des Mitgründers Alexander Dugin – eines neofaschisti-
schen Intellektuellen neurechter Prägung – verlegte sich die NBP
zunehmend auf provokative öffentliche Aktionen, von Eier- und
Tomatenwürfen bis hin zur Besetzung des Büros von Gesund-
heitsminister Surabow oder der Präsidialadministration. Nicht
zuletzt dank der Ausstrahlung ihres Führers, des Skandalliterá-
ten Eduard Limonow, wurde die NBP zum Magneten für junge
Menschen, die mit farbenfroher national-revolutionärer Symbolik gegen Konsum, Apathie und westlich-dekadente Kultur an-
kämpfen wollten. Zu verschiedenen Zeiten beherbergte die NBP
die unterschiedlichsten Anhänger, von arbeitslosen Kleinstäd-
tern bis hin zu verarmten Intellektuellen und von nationalistischen Schlägertypen zu revolutionären Sozialisten. Vorüberge-
hend handelte es sich bei der relativ kleinen Truppe immerhin
um die größte politische Jugendbewegung des Landes, mit Able-
gern in anderen postsowjetischen Ländern.[13]

Durch ihre Bereitschaft, für ihre provokativen Aktionen Verfolgung, Polizeibrutalität und hohe Gefängnisstrafen auf sich
zu nehmen, gaben sie unter Putin im zunehmend wichtiger werdenden Straßenprotest auch für andere Gruppen den Ton an,
trotz ideologischer Berührungsängste. Eine regelrechte Rivalität
bestand zeitweise zwischen der NBP und der 1999 gegründeten
neobolschewistischen »Avantgarde der Roten Jugend« des Moskauer Professorensohns Sergej Udalzow, die zumeist im Schatten von Limonows Truppe blieb. Auch für die neu entstehenden
liberaldemokratischen Jugendgruppen der außerparlamentarischen

Opposition war die NBP eine wichtige Bezugsgröße, wenngleich die Umbrüche in Georgien und der Ukraine als Inspiration eine wichtigere Rolle spielten. Dies galt für Nawalnyjs »Demokratische Alternative«, vor allem aber für die 2005 gegründete »Oborona« (»Verteidigung«), die die geballte Faust der serbischen Otpor und der georgischen Kmara-Bewegung als Symbol für gewaltfreie Revolution übernahm.[14]

Außerparlamentarische Koalitionen

Die Verlagerung offener politischer Opposition aus den Institutionen auf die Straße führte sowohl zu neuen Konfliktlinien als auch zu neuen Zusammenschlüssen – nicht zuletzt, weil etablierte Parteien sich mit der Kultur des Straßenprotests schwer taten. Für diesen zeichneten neue Vereinigungen verantwortlich, die ebenso zahlreich wie kurzlebig waren. Dennoch begann damit ein Prozess der Herausbildung von Koalitionen jenseits programmatischer Differenzen – zunächst innerhalb der großen ideologischen Lager, schließlich aber auch in der außerparlamentarischen Opposition insgesamt.

Bereits vor der Präsidentenwahl im März 2004 entstand in Moskau ein »Komitee 2008« als Zusammenschluss von Politikern und Medienpersönlichkeiten aus dem liberalen Lager. Die Initiatoren argumentierten, der Wahlausgang sei bereits entschieden; man solle sich auf den Kampf für freie und demokratische Wahlen im Jahr 2008 konzentrieren und über eine Wählerbefragung einen gemeinsamen liberalen Präsidentschaftskandidaten bestimmen.[15] Zum Vorsitzenden des Komitees wurde der Schachweltmeister Garri Kasparow gewählt – ein ehemaliger Jelzin-Unterstützer, der seine Schachkarriere nun für die Politik aufgab. War schon der Zusammenschluss verschiedener liberaler Politiker ein schwieriges Unterfangen, so setzte Kasparow sich darüber hinaus für eine ideologisch breitere Anti-Putin-Koalition ein.[16] An dem von ihm mitgegründeten »Allrussländischen Bürgerkongress« beteiligten sich neben Politikern auch Bürgerrecht-

ler und Vertreter liberaler Think Tanks. Der Kongress schließlich regte im Jahr 2006 eine besonders gewagte Koalition an –
ein breites Bündnis mit dem Titel »Ein anderes Russland«, an
dem sich neben Liberalen verschiedener Couleur auch Eduard
Limonows Nationalbolschewisten sowie andere nationalistische
und zeitweise linksradikale Gruppen beteiligten.[17]

Das »Andere Russland« führte von 2005 bis 2008 in einer
Reihe von Großstädten gemeinsame »Dissensmärsche« durch,[18]
deren Teilnehmer von der Polizei und kremlnahen Jugendgruppen zunehmend drangsaliert wurden. Auf Limonows Initiative
wurden die »Dissensmärsche« schließlich von regelmäßigen Demonstrationen für die Versammlungsfreiheit abgelöst (die in Kapitel 6 ausführlicher dargestellt werden). Wichtig waren die Märsche und die entsprechenden Organisationskomitees vor allem
als Begegnungsorte für frühere ideologische Gegner. Nachdem
im März 2008 Putins Wunschkandidat Medwedew zum Präsidenten gekürt wurde, regte das »Andere Russland« die Durchführung einer »Nationalversammlung« mit Delegierten liberaler, linker und nationalistischer Organisationen an. Obwohl die
Versammlung nur zwei Kongresse abhielt, war sie ein Meilen-
stein bei der Herausbildung einer neuen Solidarität innerhalb der
Opposition. Immerhin trafen sich hier zum ersten Mal Menschen,
die im Oktober 1993 aufeinander geschossen hatten.[19]

Ähnliche Koalitions- und Vereinigungsbestrebungen außerhalb des Parteiengefüges gingen auch vom linken wie vom nationalistischen Lager aus.

Den Anstoß zu einem erneuten Versuch, linke Gruppen zu
bündeln, gab eine Reihe von Sozialforen, die nach internationa-
lem Vorbild seit 2003 auch in verschiedenen Städten Russlands
stattfanden, sowie die massiven Proteste vor allem älterer Menschen gegen die Monetisierung von Sozialleistungen in den Jahren 2004/05. Intellektuelle, die an der Vorbereitung der Sozialforen mitgewirkt hatten, riefen 2005 eine »Linke Front« ins Leben,
die sich auf die direkte Aktion spezialisierte. Ebenfalls 2005 entstand mit der Gruppe »Vorwärts« eine trotzkistische, im uni-
versitären und künstlerischen Milieu beheimatete Vereinigung,

die öffentliche Kampagnen etwa gegen Reformen des Bildungs-
systems und der Kommunalwirtschaft oder zur Unterstützung
unabhängiger Gewerkschaften durchführte. Im Jahr 2011 ging
»Vorwärts« gemeinsam mit anderen linken Gruppen in einer
»Russländischen Sozialistischen Bewegung« auf. Auch die russischen Anarchisten, die während der Perestroika kurzzeitig einen
enormen Aufschwung erlebt hatten, durchliefen eine Reihe von
organisatorischen Spaltungen und Koalitionsversuchen. Allerdings war die interne Dynamik hier, anders als in anderen Teilen
des außerparlamentarischen Spektrums, kaum von der veränder-
ten Parteienlandschaft bestimmt, von der sich die Anarchisten
schon kraft ihrer Ideologie seit jeher distanziert hatten. Sie bezogen sich inzwischen eher auf subkulturelle Punk- und Antifa-
Szenen und beteiligten sich an individuellen Aktionen im Bereich der Ökologie und der gewerkschaftlichen Organisation oder
am Protest gegen verdichtende Bebauung. Hier trafen sie sich zunehmend auch mit Vertretern anderer politischer Lager, die solche Protestformen neu für sich entdeckten.

Die russisch-ultranationalistische Opposition befand sich in
einer etwas anderen Situation als Liberale und Linke. Sie war nominell niemals in der Duma vertreten gewesen, obwohl die kremltreue LDPR nationalistische Positionen einnahm und die KPRF
vielen Vertretern des nationalkonservativen, antisemitischen und
antiwestlichen Milieus eine Plattform bot. Erst unter Putin bekamen die Nationalisten mit »Rodina« eine eigene Parlamentspar-
tei, deren offensichtliche Linientreue jedoch viele aus der Szene
abschreckte. Das breite, aber in viele rivalisierende Kleingruppen
mit jeweils eigenen Führern zersplitterte nationalistische Milieu
tat sich vor allem schwer damit, die wachsende Neonazi-Skin-
head-Szene oder rechte Fußballfans politisch zu organisieren. Ein
gewisser Durchbruch gelang mit der Gründung der »Bewegung
gegen illegale Immigration« (russisch DPNI) im Jahr 2002. Diese
Vereinigung trug zum einen einer ideologischen Verschiebung
der Feindbilder im nationalistischen Lager und in der Gesamtgesellschaft Rechnung: weg von Antisemitismus als gemeinsamem
Nenner, hin zu rassistisch unterfüttertem Ressentiment gegen

Politische Parteien, Straßenproteste und Koalitionen: zwei exemplarische Moskauer Politikerbiographien

Ilja Jaschin, * 1983	Sergej Udalzow, * 1977
Sozialliberaler, saß nie im Parlament.	Sozialist, ehemals Stalinist, saß nie im Parlament.
Schule mit erweitertem Russisch- und Literaturunterricht und Kunstschule.	Sohn einer zu Sowjetzeiten prominenten Familie von Revolutionären, Professoren und Diplomaten, studiert Jura an der Staatlichen Akademie für Wassertransport.
	1999 Gründer der **Avantgarde der Roten Jugend (AKM)** als Jugendorganisation der neostalinistischen Partei **Werktätiges Russland**; kandidiert vergeblich für den **Stalinblock – Für die UdSSR** für die Duma; schließt sein Studium ab.
2000 Eintritt in die sozialliberale Partei **Jabloko**, Studienbeginn an der Unabhängigen Internationalen Hochschule für Politikwissenschaften und Ökologie.	
2001 Leiter der Moskauer Jugendorganisation von **Jabloko**	2001 Initiiert »Antikapitalismus«-Märsche verschiedener linker Gruppen.
	2003 Spaltung der AKM, Udalzows Fraktion distanziert sich von **Werktätigem Russland.**
Nov. 2003-Jan. 2004: »Rosenrevolution« in Georgien; Dez.: Dumawahl. Jabloko und das wirtschaftsliberale Bündnis der rechten Kräfte verlieren ihre Sitze, die KPRF ist mit 52 statt 67 Mandaten nur noch zweitstärkste Kraft, deutlich hinter dem Geeinten Russland.	

Politische Parteien, Straßenproteste und Koalitionen: zwei exemplarische Moskauer Politikerbiographien	
	2004 Jan.: **AKM** beteiligt sich an der Gründung einer **Linken Jugendfront** gemeinsam mit anderen kommunistischen Jugendorganisationen, gegen Zusammenarbeit mit Liberalen, organisiert antikapitalistische Aktionen. Annäherung an die neokommunistische Kleinpartei **KPSS**.
2004 Nov.–Dez.: »Orange Revolution« in der Ukraine. Dez.: restriktives Parteiengesetz wird verabschiedet, Zahl der zugelassenen Parteien sinkt dadurch schließlich von 32 auf sieben.	
2005 Leiter der landesweiten Jugendorganisation von **Jabloko**, Mitgründer der außerparlamentarischen Oppositionsbewegung **Oborona** gemeinsam mit Aktivisten aus dem ehemaligen **Bündnis der rechten Kräfte**. Abschlussarbeit zum Thema »Organisationsmethoden des Straßenprotests«.	2005 Sept.: Udalzow begrüßt die Entstehung einer **Linken Front** als Zusammenschluss der außerparlamentarischen Linken, beteiligt sich aber zunächst unregelmäßig an deren Aktivitäten. Im Dezember bewirbt er sich vergeblich für die **KPRF** um einen Sitz im Moskauer Stadtparlament.
2006 (Feb.): Austritt aus **Oborona** nach dem Scheitern bei den Wahlen zu einem Koordinationsrat; **Oborona** wandelt sich zu einem führerlosen Zusammenschluss.	2006 **AKM** beteiligt sich an Aktionen der überparteilichen Koalition **Das Andere Russland** mit Kasparow, Limonow u. a.
Wiederholte Verhaftung (darunter im April 2005 in Belarus); beteiligt sich an Demonstrationen in Moskau und in der Provinz, organisiert Straßenaktionen z. B. mit Transparenten und vorgetäuschter Selbstverbrennung.	Wiederholte Verhaftung, Beteiligung an Sozialprotesten, Demonstrationen und Sozialforen in Moskau und in der Provinz.
	2007 **AKM** beendet Zusammenarbeit mit dem **Anderen Russland**.
2008 März: Medwedew wird zum Präsidenten gewählt; August: Krieg mit Georgien.	

Politische Parteien, Straßenproteste und Koalitionen: zwei exemplarische Moskauer Politikerbiographien

2008 Mitgründer der (überparteilichen, außerparlamentarischen) liberalen Koalitionsbewegung **Solidarnost** mit Aktivisten anderer ehemaliger liberaler Parteien; im Dezember Ausschluss aus **Jabloko** wegen Beteiligung an **Solidarnost** und der **Nationalversammlung**, eines vom **Anderen Russland** initiierten alternativen Parlaments mit Liberalen, Linken und Nationalisten.	2008 Beteiligung an der **Nationalversammlung**, wird in den Vorstand der **Linken Front** gewählt und tritt in der Öffentlichkeit zunehmend als deren »Koordinator« auf.
2009 bewirbt er sich für einen Sitz im Moskauer Stadtparlament, Kandidatur wird nicht zugelassen.	2009 gemeinsam mit linken und Gewerkschaftsaktivisten Mitgründer der Partei **Rot Front** (»Russländische Vereinigte Arbeiterfront«), die nicht zugelassen wird.
ab Dez. 2011: Beteiligung an der Protestbewegung, viele gemeinsame Auftritte von Jaschin und Udalzow, zahlreiche Verhaftungen.	
2012 (Apr.) *Neues, liberales Parteiengesetz tritt in Kraft.*	
2012 Wahl in Führungsgremium der liberalen **Republikanischen Partei Russlands – Partei der Freiheits des Volkes** (das 2006 erfolgte Parteiverbot hob der Europäische Gerichtshof für Menschenrechte 2011 auf).	2012 Dez.: **Rot Front** wird nach sieben Absagen zugelassen. Udalzow wird nach Erscheinen eines kompromittierenden »Dokumentarfilms« wegen angeblicher Vorbereitung von Massenunruhen angeklagt; er wird in den Koordinationsrat der Opposition gewählt.
Jaschin wird in den Koordinationsrat der Opposition gewählt.	

Hauptquellen: anticompromat.ru und lenta.ru

»Südländer« und »Gastarbeiter«, also Menschen aus dem Süd-
und Nordkaukasus sowie Arbeitsmigranten aus Zentralasien.
Zum anderen wandelten sich mit der DPNI auch die Nationalisten von traditionellen, straff autoritär organisierten Kleingruppen zu einer Netzwerkstruktur, die die Beteiligung an gemeinsamen Aktionen nicht mehr von Parteimitgliedschaft abhängig
machte. Den Anführern der DPNI gelang es, gewaltsame lokale
Konflikte in russischen Kleinstädten wie Kondopoga in Karelien
oder Salsk im Süden des Landes gezielt ethnisch aufzuladen und
als Beispiele russischen Widerstands gegen Nordkaukasier zu präsentieren. Durch die Ausrufung des 4. November als »Tag der
Einheit« bekamen die Ultranationalisten einen »eigenen« Tag im
Kalender, der seit 2005 trotz unvermeidlicher Rivalitäten einen
beträchtlichen Teil der oppositionellen nationalistischen Szene
zu »Russischen Märschen« versammelt (s. S. 255).

Mitte der zweitausender Jahre fanden sich also liberale, linke
und ultranationalistische Oppositionelle trotz erheblicher Differenzen und zum Teil erbitterter gegenseitiger Feindschaft strukturell in einer ähnlichen Lage. Nur Kompromisse und Loyalitätsbekundungen verschafften ihnen Zugang zu Wahlen und offiziellen
staatlichen Institutionen; sie mussten sich zwischen der politischen Zahnlosigkeit zugelassener Parteien und der politischen
Bedeutungslosigkeit außerparlamentarischer Straßenaktionen entscheiden. Während die Parteien an zentralisierten Organisationsformen festhielten, verlegten sich die außerparlamentarischen
Gruppen zunehmend auf flexiblere, netzwerkartige Strukturen,
die jedoch bei allem Anspruch auf horizontale Organisation von
einzelnen bekannten Persönlichkeiten geprägt blieben. Vom direkten Zugang zu den großen staatlichen Medien abgeschnit-
ten, konzentrierten sich die verschiedenen Oppositionsgruppen
auf Demonstrationen und Märsche, Protestkundgebungen und
Mahnwachen: neben den »Russischen Märschen« der Nationalisten, den »Dissensmärschen« und der »Strategie-31« gehören
dazu aber auch Demonstrationen linker Gruppen wie die »An-
tikapitalismus«-Aktionen (seit 2001) und seit 2009 die »Tage
des Zorns«, an denen sich wiederum die inzwischen verbotenen

Nationalbolschewisten und einige Liberale sowie vor allem Vertreter diverser Bürgerbewegungen beteiligten.

Keine der diversen politischen Protestaktionen war im Sinne ihrer Forderungen erfolgreich; auch nahmen an keiner der Demonstrationen mehr als ein paar tausend Menschen teil. Sie führten jedoch wenn nicht zu einer Konsolidierung, so doch zu einer zunehmenden Vernetzung der außerparlamentarischen Opposition – sowohl innerhalb der einzelnen ideologischen Lager als auch im Ganzen. In den neunziger Jahren waren oppositionelle Koalitionsbestrebungen noch gegen das als liberal gesehene Jelzin-Regime gerichtet und zielten darauf ab, linke und nationalistische Gruppen zusammenzubringen; jetzt waren es Liberale, die versuchten, eine neue Koalition zu schmieden, da sie noch am ehesten als Verbindungsglied zwischen Linken und Nationalisten dienen konnten.

Die verschiedenen Koalitionen und Vereinigungen waren nur zum Teil opportunistische Zweckbündnisse. Ohne Zweifel hatte die Existenz in der Opposition eine demokratisierende Wirkung. Dies galt selbst für Kommunisten, wie der ehemalige Jelzin-Berater und liberale Politikwissenschaftler Georgij Satarow bereits 2005 hervorhob:

> De facto finden sich viele Kommunisten, auch in der Duma, in einer Situation wieder, in der sie gezwungen sind, demokratische Werte zu verteidigen, darunter die Redefreiheit. […] Viele von ihnen beginnen zu verstehen, dass ihre kommunistische Ideologie in Russland ohne Demokratie nicht überleben wird. In diesem Sinne sind sie jetzt unsere Verbündeten.[20]

Auch die Ende 2008 neugegründete liberale Bewegung »Solidarnost«, deren Name sich vom polnischen Widerstand der achtziger Jahre ableitete, war merklich demokratischer organisiert als die elitären Zusammenschlüsse liberaler Granden zu Jelzins Zeiten: Immerhin besaß sie ein kollegiales Führungsorgan und bot neben Wirtschafts- und Nationalliberalen auch Politikern mit sozialliberalen Überzeugungen Platz.

Selbst unter Ultranationalisten bildete sich ein nationaldemokratischer Flügel heraus. Zwar hielten die oppositionellen Nationalisten durchweg an xenophoben, ja rassistischen Ansichten fest, mit denen sie in europäischen Demokratien kaum salonfähig wären, doch verlegte eine Gruppe unter ihnen sich zunehmend auf eine Kritik des Autoritarismus und der Korruption unter Putin, die sie mit der Forderung verknüpften, den Vielvölkerstaat Russland in einen »normalen europäischen Nationalstaat« der Russen zu verwandeln. Die neuen Nationaldemokraten gingen von einer Vorstellung von Demokratie als Diktatur der Mehrheit aus. Sie gaben bestimmten ethnischen Minderheiten die Mitschuld an Russlands Demokratiedefizit: sowohl den angeblich korrumpierten und kriminellen Einwohnern des Nordkaukasus als auch den angeblich unzivilisierten und fremdartigen Wanderarbeitern aus Zentralasien, die sie mit dem falsch verstandenen deutschen Lehnwort »Gastarbeiter« bezeichneten. Die Regime von Kadyrow und anderen Regionalfürsten im Nordkaukasus galten ihnen als die eine Stütze des Systems Putin, die unkontrollierte Unterwanderung durch billige Arbeitskräfte aus Usbekistan oder Tadschikistan als die andere. Sie verwiesen auf den bezahlten Einsatz von Zuwanderern auf Pro-Putin-Veranstaltungen. Zunehmend wurden die angeblich ethnisch homogenen demokratischen Nationalstaaten Westeuropas zum Bezugspunkt: Eine Vormachtstellung der Titularnation bedeute Normalität, sie sei Ausdruck eines demokratisch zu ermittelnden Volks-, also Mehrheitswillens.

Das neue Bekenntnis zu demokratischen Verfahren ließ berechtigte Zweifel an dessen Aufrichtigkeit aufkommen. Dies betraf in besonderer Weise die Nationalisten, auf andere Art aber auch die Liberalen und selbst weite Teile der außerparlamentarischen Linken – von den im Parlament vertretenen Oppositionsparteien ganz zu schweigen. Die Frage nach der inneren demokratischen Überzeugung führt jedoch in die Irre, weil sie – ahistorisch – voraussetzt, dass Demokratien von überzeugten Demokraten gemacht werden, wo sie doch vor allem durch demokratische Institutionen entstehen. Die wichtigere Frage ist, ob und in welchem Umfang die Lage, in der sich die außerparlamentarische Opposition befand, einen Einsatz für demokratische Strukturen nahelegte – als Mechanismus der internen Legitimierung und Verständigung sowie als Gegenentwurf zur autoritären Organisation des Staates. Würden Strukturen entstehen, innerhalb deren ein zunächst taktisches Bekenntnis zu Demokratie sich verstetigen könnte? Würde es einen institutionellen Rahmen geben, der etwa einen Nawalnyj als zukünftigen Amtsträger zwingen würde, seine durchaus ernst gemeinten nationalistischen Überzeugungen nur in einem rechtsstaatlichen und demokratischen Rahmen zu verfolgen – oder waren solche Versprechen nur durch Charaktereigenschaften wie Redlichkeit und Rechtschaffenheit garantiert? Würde das Bekenntnis zur Demokratie nur so lange überleben, wie jedes politische Lager sich als Träger der Mehrheitsmeinung wähnte – oder würde gerade die Einsicht in die eigene Marginalität die Oppositionellen für einen institutionalisierten Schutz von Minderheiten eintreten lassen? Welchen demokratischen Praktiken war die Existenz in der »systemexternen Opposition« also zuträglich?

Oppositionelle Milieus

All diese Fragen dürfen nicht vergessen lassen: Während der gesamten Putin-Ära blieb die außerparlamentarische Opposition sehr klein. Selbst in Moskau kamen auch bei großzügiger Zählweise nie mehr als zehn-, wahrscheinlich eher fünftausend Teilnehmer auf eine Demonstration des »Anderen Russland« oder auch der KPRF. In der Provinz ließen sich die aktiven Teilnehmer oppositioneller politischer Gruppen oft an den Fingern weniger Hände abzählen. Vor diesem Hintergrund war die gegenseitige Solidarität weit mehr als taktisches Kalkül. Wie schon bei den Dissidenten der sechziger Jahre und in der informellen Bewegung der Achtziger entstand – in den kleineren Städten viel eher als in Moskau oder Sankt Petersburg – ein gemeinsames oppositionelles Milieu. Diejenigen, die dieses Milieu bevölkerten, definierten sich durch die lebensweltliche Abgrenzung vom autoritären Staatsapparat und von der apathischen Masse der Be-

völkerung; ideologische Gegensätze untereinander spielten eine
untergeordnete Rolle. Mochten sie in ihren programmatischen
Äußerungen mehr auf der Linie von Gleichgesinnten in der Exekutive oder in den Parlamenten liegen – die staatliche Repression
begünstigte ein vorideologisches Gefühl der Verbundenheit und
Solidarität, das auch in biographischen Gemeinsamkeiten wurzelte. Wie schon zu Zeiten der (halb-)dissidenten sowjetischen
Intelligenzija fielen Begriffe wie Freundschaft, Loyalität, Ehr-
lichkeit und Rechtschaffenheit bei der gegenseitigen Beurteilung
stärker ins Gewicht als ideologische Programmentwürfe, die mangels Zugangs zu politischer Macht auf dem Papier blieben und
dadurch eine Aura der Oberflächlichkeit und Beliebigkeit ge-
wannen. Ein liberaler Aktivist aus Tomsk, der noch in den neunziger Jahren eine Zeitschrift gegen die vermeintliche faschistische
Bedrohung durch die Nationalisten herausgegeben hatte, berichtete im Sommer 2008:

> … bei näherer Beschäftigung wurde mir klar, dass in allen politischen
> Gruppen (*tusovki*) sehr ähnliche Leute stecken. Genauer gesagt, dieselben.
> Bald lernte ich die Nationalisten und die Jungkommunisten kennen, und
> es stellte sich heraus, dass sie in genau derselben Lage waren. Es gibt eine
> kleine Gruppe, die Leute treffen sich einfach, um sich zu treffen. Es gibt
> jeweils ein, zwei aktive Leute und ein paar, die sich ihnen anschließen.

Dies führte zu Annäherung – selbst mit einem ehemaligen Widersacher aus dem nationalistischen Milieu:

> Er ist ein überzeugter Nationalist. Ich bin ein überzeugter Kosmopolit.
> […] Er musste sich damit abfinden. Ab und zu kommt er zu Besuch. Wir
> treffen uns, halten den Kontakt. Einfach, um auf dem Laufenden zu blei-
> ben. Immerhin ist er jetzt gegen den Autoritarismus, und ich bin auch ge-
> gen den Autoritarismus.[21]

Wie schon in früheren Epochen war die erneute Fixierung auf
persönliche Eigenschaften und Rechtschaffenheit nicht zuletzt
der Angst vor Spitzeln und Provokateuren geschuldet. Für die
oppositionellen Aktivisten hatte diese Einstellung sowohl Vor-
als auch Nachteile. Zum einen legte der persönliche Kontakt den
Grundstein für die spätere Zusammenarbeit, gerade während der

Protestbewegung ab Dezember 2011, deren Reichweite jedoch –
wegen der starken Bindung an Persönlichkeiten – vom jeweiligen
lokalen Kontext abhing. Zum anderen spiegelte die Betonung
persönlicher Loyalität anstelle von formalen Kriterien ja gerade
das Grundprinzip des putinschen Autoritarismus, das die Oppositionellen bekämpfen wollten. Dies erschwerte die ohnehin
schwierige Ausweitung ihrer Unterstützernetzwerke: Keine
Massenbewegung kann ohne Anonymität und abgestuftes Engagement auskommen. Sie erfordert schwache und dadurch fle-
xible Bindungen.

So war es kein Wunder, dass die politischen Oppositionellen
nicht zur treibenden Kraft einer Protestbewegung werden konnten. Es gab jedoch auch andere Vorläufer.

Zivilgesellschaft?

Es liegt nahe, diese Vorläufer in der Zivilgesellschaft zu vermuten, in einer Sphäre jenseits von Staat und politischem Macht-
und wirtschaftlichem Profitstreben. Doch das Wort ist höchst
problematisch, weil es kaum von den damit verbundenen normativen Erwartungen zu trennen ist. Während des Kalten Kriegs
dienten dieser und ähnliche Begriffe zur Abgrenzung einer angeblich dissidenten und nach Autonomie strebenden Gesellschaft
vom Staat. Die Kluft zwischen Staat und Gesellschaft als menschlichen Daseinsformen wurde dabei oft überbewertet, gerade im
Fall der Sowjetunion: Tatsächlich entstanden hier ja selbst dis-
sidente Gruppen innerhalb staatlicher Institutionen. Nach dem
Zusammenbruch der UdSSR sahen sich westliche Stiftungen als
Geburtshelferinnen einer Zivilgesellschaft nach westlichem Vorbild, organisiert in modernen NGOs und dadurch der Demokratisierung zuträglich. Wie in anderen Weltregionen scheiterte
dieses Modell in seiner Idealform weniger an einer Demokra-
tieuntauglichkeit der Bevölkerung als an dem mangelnden Verständnis der Geldgeber für lokalspezifische Bindungen. Dennoch

gab es einen beidseitigen Anpassungsprozess. Etliche Freundes-
gruppen organisierten sich zunehmend als professionalisierte
NGOs, die lernten, ihre Anliegen als »Projekte« zu formulieren,
und einige Stiftungen sahen mit der Zeit davon ab, die eigenen
Prioritäten den Partnern aufzuzwingen und deren Arbeit einzig
nach dem Beitrag zur politischen Transformation zu bewerten.
Mit der Zeit kamen inländische Finanzierungsquellen hinzu.
Es entstand ein Milieu, das oft als nichtkommerzieller oder Drit-
ter Sektor – jenseits von Politik und Wirtschaft – bezeichnet
wird.[22]

Inzwischen fast klassisch ist die Einteilung dieses Sektors in
drei Segmente. Der im Westen sicher bekannteste umfasst einen
überschaubaren Kreis von Menschenrechtsorganisationen, die
dem dissidenten Milieu der Sowjetunion entstammen oder aber
im Zuge der informellen und Demokratiebewegung der Pere-
stroika-Zeit entstanden. Ihnen strukturell nicht unähnlich sind
Umwelt- oder Denkmalschutzorganisationen, die auf eine mindestens ebenso lange Vorgeschichte zurückblicken können. Neben lokal gewachsenen Gruppen gibt es hier vereinzelt auch Ableger internationaler NGOs wie Greenpeace, Human Rights
Watch oder Amnesty International. Gerade solche Organisationen haben das für Russland typische Problem, dass es sich um
kleine, professionalisierte Institutionen handelt, die durch enge,
gewachsene Freundschafts- oder sogar Verwandtschaftsbande
zusammengehalten werden und daher oft große Schwierigkeiten
mit der Öffnung nach außen und der Rekrutierung neuer Mitarbeiter und Aktivisten haben.[23] Früher als politische Parteien
haben sich Organisationen dieser Art jedoch als horizontale
Netzwerke strukturiert, die sehr unterschiedlichen lokalen
Gruppen in Russland und zuweilen in anderen postsowjetischen
Ländern Platz bieten. Bekannte Beispiele für solche Netzwerke
sind die Gesellschaft Memorial und die Soldatenmütter (beide
1989 gegründet), die Jugend-Menschenrechtsbewegung mit Sitz
in Woronesh (1999), die Juristenvereinigung Agora mit Sitz in
Kasan (2005) und das Russische LGBT-Netz mit Schwerpunkt
in Sankt Petersburg, dessen Mitgliederorganisationen sich für

die Rechte sexueller Minderheiten einsetzen (2006). Andererseits gehören zu diesem Segment – gerade in der Provinz – auch aktive Einzelpersonen, etwa auf Bürgerrechte spezialisierte Anwälte.

Das zweite Segment umfasst einige tausend Organisationen im sozialen Bereich, die sich etwa der freiwilligen Altenpflege, Waisen- oder Obdachlosenhilfe widmen, weit seltener der Flüchtlings- oder Drogenhilfe. Mit sehr geringen Mitteln ausgestattet, kompensieren solche Vereinigungen den dramatischen Rückzug des Staates aus dem Sozialbereich.

Das dritte Segment bilden zahlreiche GONGOs – offiziell unabhängige, tatsächlich aber von staatlichen Stellen geschaffene Organisationen, die nach Ansicht ihrer Kritiker zivilgesellschaftliche Aktivität nur simulieren, zuweilen auch einfach Geld aus dem Budget abschöpfen.[24] Inaktive Vereine mit eingerechnet ist die Zahl der in Russland registrierten sogenannten gesellschaftlichen Organisationen je nach Zählweise mit der in den USA vergleichbar oder sogar höher als in Westeuropa. Tatsächlich sind relativ wenige NGOs nachweisbar aktiv, zudem fast ausnahmslos sehr klein. Vereine und Verbände mit Massenbasis, wie etwa die deutsche Arbeiterwohlfahrt oder der Caritasverband, gibt es nicht.[25]

Auch diese klare und durchaus sinnvolle Einteilung ist jedoch schwer von normativen Vorstellungen zu trennen. Sie verdeckt begriffliche Schwierigkeiten, die ein Verständnis der Verbindung zwischen Zivilgesellschaft und Protest erschweren. Zum einen ist die Trennung der verschiedenen Segmente nicht immer scharf. Gerade einige der bekanntesten Menschenrechtsgruppen engagieren sich auch in der Sozialhilfe: So organisiert Memorial Unterstützung für bejahrte ehemalige Lagerhäftlinge, und der Verein Zivile Unterstützung hilft nicht nur bei der Versorgung von Flüchtlingen, sondern leistet ihnen auch juristischen Beistand und setzt sich politisch für eine humanere Gesetzgebung ein. Auch die Unterscheidung zwischen NGOs und GONGOs verdeckt den Blick darauf, dass sich engagierte Kommunalbeamte bisweilen aufrichtig in nichtstaatlichen Vereinen für soziale Belange einsetzen, wenn sie den rechtlichen und finanziellen Rahmen ihrer Institutionen ausgeschöpft haben.[26]

Vor allem aber stellt sich die Frage, was beim Blick auf die Zivilgesellschaft außen vor bleibt. Gewerkschaften etwa werden oft aus der Betrachtung ausgeschlossen, und auch der Status anderer – etwa ethnischer – Interessenvereinigungen ist unklar. Gehören Medien oder Verlage zur Zivilgesellschaft, auch wenn sie kommerziell organisiert sind? Was ist mit Think Tanks, was mit künstlerischen Vereinigungen und Religionsgemeinschaften? Und: Müssen auch solche Organisationen mitgerechnet werden, deren Ziele liberaldemokratischen Vorstellungen zuwiderlaufen – also etwa ultranationalistische Kulturverbände in Russland oder Kliniken der Muslimbrüder in Ägypten? Zu deren Erfassung dient einigen Beobachtern eine der Auslegungen des Begriffs einer »nichtzivilen Gesellschaft«.[27] Dieses Wort besitzt zwar aufgrund seiner rein wertenden Grundlage wenig analytische Schärfe und verbirgt, dass auch undemokratische Organisationen ungewollt einer Demokratisierung zuträglich sein können. Es macht aber deutlich, dass die Rede von der Zivilgesellschaft fast unausweichlich zwischen »Guten« und »Bösen« trennen muss. Das eingangs erwähnte Beispiel von Jewgenij Rojsmans Stiftung »Stadt ohne Drogen« macht die Schwierigkeit in einer Form deutlich, die auch die Protestbewegung spaltet: Ist eine Stiftung zur Drogenbekämpfung Teil der Zivilgesellschaft und als solche grundsätzlich gegen staatliche Angriffe schützenswert – auch wenn sie von einem Politiker mit Verbindungen zu kriminellen Banden geleitet wird und Folter anwendet?

Auch das Verhältnis zwischen Staat und Gesellschaft ist in Russland von rivalisierenden Unterscheidungen zwischen »nützlichen« und »schädlichen« Vereinigungen geprägt. In den neunziger Jahren gerieten staatliche Institutionen und nichtstaatliche Organisationen zwar durchaus in Konflikt, doch war die staatliche Politik eher von Desinteresse geprägt. Staatliche Förderung gab es kaum – und wenn, dann über intransparente Kanäle: Die ersten öffentlichen Ausschreibungen begannen 1996 – auf kommunaler Ebene in Sibirien, und auch dort auf Initiative einer US-amerikanischen Partnerorganisation.[28]

Putins Politik der Rezentralisierung brachte ihn sehr schnell auf Kollisionskurs mit weiten Teilen der organisierten Zivilgesellschaft und insbesondere der Menschenrechtler. Nicht nur, dass er den brutalen Zweiten Tschetschenienkrieg einleitete und kein Interesse an einer unabhängigen Aufklärung der dabei begangenen Kriegsverbrechen an den Tag legte – Putins Verhältnis zu zivilgesellschaftlichen Organisationen überhaupt war von Argwohn bestimmt, da er in ihrer Staatsunabhängigkeit und ausländischen Finanzierung eine Gefahr für die Souveränität des Landes sah. Andererseits erfüllten nichtstaatliche Organisationen, insbesondere im Bereich der Sozialhilfe, eine wichtige Funktion, da sie als Palliativ die Durchführung neoliberaler Wirtschaftsreformen unter Putin erleichterten.

So war die Politik der Präsidialadministration seit Putins Amtsantritt von Versuchen bestimmt, die Zivilgesellschaft in gute und böse, schädliche und nützliche Organisationen zu teilen. Der Grad der Nützlichkeit stand dabei nicht zuletzt in Zusammenhang mit Loyalität und staatlicher Lenkbarkeit. Bereits im November 2001 lud die Administration gesellschaftliche Organisationen zu einem ersten »Bürgerforum« in den Kreml ein; das Treffen führte zu heftigen Kontroversen um Repräsentation und Deutungshoheit in der Zivilgesellschaft. Kurz nach Putins Wiederwahl im Jahr 2004 äußerten der Präsident und einige andere führende Politiker – nicht zuletzt unter dem Eindruck der Ereignisse in Georgien – erstmals die Meinung, die ausländische Finanzierung russischer NGOs sei grundsätzlich als Bedrohung zu werten.[29] Seit 2005 entstanden auf Putins Initiative zunächst auf föderaler, dann auch auf regionaler Ebene »Gesellschaftliche Kammern«. Diese neuen Institutionen sollten die Zivilgesellschaft gegenüber staatlichen Institutionen vertreten; ihre Mitglieder wurden allerdings nicht gewählt, sondern von der Exekutive ernannt. Kritiker sahen dies als Versuch, die Zivilgesellschaft in einer ihrem Wesen fremden Weise zu hierarchisieren und zu spalten sowie das Gehör des Staates durch Konformismus erkaufen zu lassen. Obwohl sich gerade die zentrale Gesellschaftliche Kammer in einigen Fragen unerwartet kritisch äußerte, blieb die Wirksamkeit dieser Organe äußerst beschränkt. Neben einigen wenigen Repräsentanten von (unabhängigen wie staatsnahen) Menschenrechts- und Sozialhilfe-NGOs sind die Kammern meist mit Medienpersönlichkeiten und Vertretern religiöser Hierarchien sowie mit Leitern staatlicher Einrichtungen wie Krankenhäuser, Schulen und Universitäten besetzt. Ähnlich verhält es sich mit dem präsidialen Zivilgesellschafts- und Menschenrechtsrat, der im Jahr 2004 die unter Jelzin gegründete Menschenrechtskommission ablöste.

Aus Sicht der Präsidialadministration handelte es sich bei all diesen Initiativen jedoch nicht um eine Unterdrückung der Zivilgesellschaft, sondern um das Gewinnen zusätzlicher Kontroll- und Steuerungsmechanismen. Dazu gehörte auch eine Reihe absichtlich vage formulierter, restriktiver Gesetze. Diese werden nicht flächendeckend streng ausgelegt, können aber selektiv gegen Unliebsame angewandt werden; zum Teil kodifizieren sie auch einfach eine bestehende Verwundbarkeit gegenüber staatlichen Eingriffen. Darunter sind das Extremismus-Gesetz von 2002, ein Gesetz von 2006, das die Registrierung und Berichtslegung von NGOs erschwert sowie seit 2012 eine Regelung, die aus dem Ausland finanzierten Organisationen vorschreibt, sich als »ausländische Agenten« zu registrieren und zu titulieren.

Solche Maßnahmen führen nicht immer zu einer radikalen Verschlechterung der ohnehin sehr schwierigen Arbeitsbedingungen; auch war vor Beginn der neuen Protestbewegung kein systematischer Angriff etwa auf sämtliche Menschenrechts-NGOs belegbar. Überdies ist seit Ende der neunziger Jahre ein zumindest formal transparenteres System der Vergabe staatlicher Fördermittel entstanden, von dem in einigen Fällen auch kritische Bürgerrechtsorganisationen profitieren. Schließlich werden restriktive Maßnahmen nicht immer von höchster Stelle angeordnet, sondern sind meist Resultat lokaler Initiativen oder der Nutzung staatlicher Repressionsmechanismen durch konkrete Interessengruppen – wie in dem berühmt-berüchtigten Prozess um die

Ausstellung »Achtung! Religion« (s. nächstes Kapitel). Dennoch haben die Legalisierung von Restriktionen und die Einteilung der Zivilgesellschaft in konforme, institutionell vertretene Organisationen einerseits und als Außenseiter stigmatisierte Vereinigungen andererseits ähnliche Auswirkungen wie in der Parteienlandschaft. Ebenso wie das System Parteien braucht, um das eigene Legitimitätsdefizit zu kompensieren, Eliteninteressen zu kanalisieren und kontroverse Entscheidungen als Parlamentsinitiativen darzustellen, braucht es auch Nichtregierungsorganisationen, um soziale und rechtliche Ungleichheit punktuell zu lindern. Beide sind aber in einen festen Rahmen eingeschrieben und sollen dadurch als alternative Zentren gesellschaftlicher Macht neutralisiert werden. Bekamen selbst Menschenrechts-NGOs Anfang des Jahrtausends noch Zulauf von Freiwilligen, die ein Praktikum oder Volontariat als Karrierebaustein sahen, so grub Putins restriktive Politik diesen ohnehin dünnen Strom nach und nach ab, was die gesellschaftliche Isolierung der NGOs vielfach noch verstärkte.[30]

Für alle Aktiven stellt sich immer wieder die Frage, ob sie durch Zusammenarbeit mit staatlichen Institutionen an Wirkmächtigkeit gewinnen, um den Preis, dass sie das autoritäre und korrupte politische System legitimieren und ihr Ansehen bei dessen Kritikern einbüßen können – oder ob sie durch Nichtteilnahme und Wahrung der eigenen Unabhängigkeit in die Randständigkeit getrieben werden und sich gegenüber Angriffen besonders verwundbar machen. Das Dilemma verschärft sich dadurch, dass in Putins Vertikale nicht parallele Organe – etwa unabhängige Gerichte oder Parlamente – als wirksame Appellinstanzen funktionieren, sondern immer nur einzelne Persönlichkeiten als Vertreter der »Macht«.

Die Einengung des eigenen Handlungsspielraums ist aber nur ein Faktor, der einige der sonst eher auf rechtliche Mechanismen spezialisierten Nichtregierungsorganisationen in den Protest treibt. Nicht weniger wichtig ist die Lebenserfahrung vieler gesellschaftlich Aktiver, die noch aus dem Dissidentenmilieu der Sowjetzeit stammen oder sich in der Demokratiebewegung der

Perestroika engagierten. Gerade in Provinzstädten haben die Leiter von Menschenrechtsorganisationen meist einen solchen biographischen Hintergrund und enge Verbindungen zu liberalen, seltener zu linken politischen Vereinigungen. Oft sind sie in Personalunion Leiter mehrerer zivilgesellschaftlicher Organisationen und Vertreter der außerparlamentarischen Opposition. Ein bekanntes Moskauer Beispiel für diese Verquickung ist der Politiker und Bürgerrechtler Lew Ponomarjow. Als Mitgründer von Memorial und Leiter der 1997 entstandenen Bewegung »Für Menschenrechte« gehört der studierte Physiker (Jahrgang 1941) zu den prominentesten Bürgerrechtlern des Landes; er war aber in den neunziger Jahren auch Parlamentsabgeordneter, später sowohl im »Anderen Russland« als auch bei »Solidarnost« aktiv und widmete sich schon früh der Verteidigung politischer Aktivisten verschiedener Couleur. Ähnliche Persönlichkeiten mit lokalem Betätigungsfeld gibt es in vielen Städten des Landes – in Tscheljabinsk etwa die 1960 geborene Walerija Prichodkina, die als Kämpferin für die Rechte von Wehrpflichtigen und Gefangenen bekannt geworden ist, zum Vorstand von »Solidarnost« gehört und die erste große Demonstration für faire Wahlen am 10. Dezember 2011 mitorganisierte.

Auch Jüngere finden sich zuweilen in solchen Doppelrollen als Bürgerrechtler und Demokratieaktivisten wieder. Häufiger jedoch entscheiden sie sich für eine Spezialisierung auf die Verteidigung von Menschenrechten, meist sogar unter betonter Distanzierung von politischen Organisationen. Es ist eher das Betätigungsfeld vieler solcher Anwälte, das sie in den Konflikt mit staatlichen Institutionen treibt: Wer Menschenrechtsverletzungen und Korruption aufdeckt, Presse- oder Versammlungsfreiheit einfordert oder aber die Nichtachtung der Rechte von Rekruten oder Behinderten anprangert, wird fast zwangsläufig zum Protestierenden, da es an institutionellen Mechanismen zur Durchsetzung solcher Rechte fehlt. Kritik Außenstehender an konkreten Beamten wird daher oft als Angriff auf den Staat als Ganzes verstanden.

Aufgrund der – erzwungenen, zum Teil auch selbstverschuldeten – Isolierung sind die klassischen NGOs in Russland schlechte Mobilisierer. Dies liegt auch daran, dass sie sich traditionell eher als Interessens*anwälte* denn als Interessens*vertreter* sehen und erst dann aktiv werden, wenn sie von einem Bürger einen entsprechenden Auftrag erhalten. Allerdings sind sie es oft, die dem Protest seine Struktur geben und ihn rechtlich begleiten, indem sie Demonstrationen anmelden, die Verhafteten aus den Gefängnissen holen oder sie vor Gericht verteidigen. Waren Menschenrechtler noch zu Beginn der Putin-Ära mit öffentlichem Protest etwa gegen den Tschetschenienkrieg noch faktisch allein, so führte sie vor allem die Einengung der Versammlungsfreiheit zunehmend mit politischen Aktivisten zusammen, etwa im Rahmen der »Strategie-31«. Dennoch legten sie meist größten Wert darauf, ihre Eigenständigkeit zu wahren. Im Sommer 2006 etwa schufen Juristen der Internationalen Jugend-Menschenrechtsbewegung anlässlich der Proteste gegen den G8-Gipfel in Sankt Petersburg ein »Legal Team«. Sie berieten Aktivisten aus Russland und dem Ausland zu ihren Rechten und waren bei Verhaftungen schnell zur Stelle, um Rechtswidrigkeiten zu verhindern oder zumindest zu dokumentieren. Später begleiteten Anwälte des Legal Team auch andere oppositionelle und Protestveranstaltungen. Die Jugend-Menschenrechtsbewegung veranstaltete im ganzen Land Seminare zum Thema Versammlungsfreiheit.[31] Als im Dezember 2011 die große Protestwelle begann, standen sie bereit, um rechtlichen Beistand zu leisten – ebenso wie andere Gruppen oder auch einzelne Anwälte, die etwa bei den Demonstrationen der »Strategie-31« Erfahrungen gesammelt hatten.

Sozialprotest und gesellschaftliche Selbstorganisation

Neben politischen Vereinigungen und spezialisierten zivilgesellschaftlichen Gruppen gab und gibt es in Russland auch immer wieder selbstorganisierten, oft spontanen Protest, häufig Sozialprotest genannt. Darunter wird kollektives Handeln zusammen-

gefasst, das die Verteidigung konkreter Gruppeninteressen zum
Ziel hat. Bekannte Beispiele sind die Bergarbeiterstreiks in der
Spätphase der Perestroika, die Proteste gegen Lohnrückstände
Mitte der neunziger Jahre sowie die Demonstrationen gegen die
Monetisierung von Vergünstigungen in den Jahren 2004/05. Da-
zu gehören aber auch lokale Proteste gegen Umweltverschmut-
zung und -zerstörung oder gegen bauliche Verdichtung in den
Städten – und nicht zuletzt ländliche kommunale Bewegungen
wie in Kolionowo oder Chomutinino. Im weiteren Sinne lassen
sich auch Proteste von Autobesitzern, Fahrradfahrern, Studierenden oder Homo-, Bi- und Transsexuellen dazu rechnen.[32]
  Sozialproteste lassen sich nicht immer eindeutig von politischen und zivilgesellschaftlichen Organisationen abgrenzen – die
Trennschärfe nimmt immer dann ab, wenn spontan entstandene
Protestbewegungen sich verstetigen und bürokratisieren und
sich eines breiteren Kreises von Anliegen annehmen: dann also,
wenn sie erfolgreich sind. Schließlich sind viele der bekanntesten etablierten NGOs aus spontanen Zusammenschlüssen oder
früheren Protestwellen entstanden: darunter die Moskauer Helsinki-Gruppe, Memorial oder die Soldatenmütter. Zwar gibt es
in Russland keine größeren politischen Vereinigungen, die wie
in Deutschland »Bündnis 90/Die Grünen« aus Bürgerbewegungen entstanden wären, doch werden immer wieder Versuche gemacht – wie 2002 mit der gewerkschaftsbasierten »Arbeitspar-
tei«, 2004 mit der »Vereinten Volkspartei der Soldatenmütter«,
2005 mit der »Union der Grünen Russlands« und vor allem mit
der »Genossenschaft initiativer Bürger« (abgekürzt TIGR oder
»Tiger«), die aus den massiven Protesten in Wladiwostok gegen
Einfuhrzölle auf ausländische Autos in den Jahren 2008/09 entstand. Bezeichnend ist aber, dass die meisten dieser Versuche
sehr schnell gescheitert sind: Seit der Perestroika unterliegen soziale Bewegungen einem ständigen Wechsel von Institutionalisierung und Deinstitutionalisierung.[33]

Traditionen kollektiven Handelns

Kollektiver Protest und insbesondere Industriestreiks spielten zwar im späten Zarenreich – insbesondere beim Generalstreik während der Revolution von 1905 – eine wichtige Rolle; seit dem Bürgerkrieg wurden solche Formen kollektiver Aktion jedoch brutal unterdrückt – auch nach Stalins Tod, wie bei der blutigen Niederschlagung streikender Arbeiter in Nowotscherkassk im Juni 1962. Im sowjetischen System waren Konflikte keineswegs beseitigt, konnten aber nur durch Strippenziehen innerhalb des Staats- und Parteiapparats und durch ständige Verweise auf das Allgemeinwohl unblutig entschärft werden. Gewann in Westeuropa die Vorstellung von Öffentlichkeit als einer durch Kontroverse und Aushandlung bestimmten Sphäre an Gewicht, so bestand in der Sowjetunion die Idee, die Allgemeinheit habe ein eigenes, geeintes Interesse, das letztlich die Kommunistische Partei auszudrücken habe. Die Betonung individueller Belange und vor allem die von Gruppeninteressen unterhalb der Gesamtgesellschaft kam in dieser Vorstellung einer Spaltung und einem Angriff auf das Ganze gleich. Als Einzelner konnte man allenfalls einen Beschwerdebrief an eine Parteiinstanz oder Zeitung richten: ein gern genutztes und hin und wieder auch effektives Mittel, um Abhilfe zu schaffen – aber keines, das kollektiver Selbstorganisation zuträglich gewesen wäre.

Seit der formalen Auflösung sowjetischer Institutionen laborierte der Sozialprotest in Russland an mehreren Schwierigkeiten.

Erstens haben Protestierende oft erhebliche Mühe, Verantwortliche für die angeprangerten Missstände zu identifizieren und die Adressaten ihrer Forderungen zu benennen, was nicht zuletzt mit den undurchsichtigen und wandelbaren Entscheidungs- und Eigentümerstrukturen in Politik und Wirtschaft zu tun hat. Dadurch erscheinen selbst gravierende politische und soziale Probleme oft als unabwendbare Naturkatastrophen, die es stoisch zu erdulden gilt.[34]

Zweitens besteht eine große Scheu vor einer Politisierung lokalen Protests – aus grundsätzlicher Abneigung gegen Politik als einem schmutzigen Geschäft und aus Angst, Politiker könnten die lokalen Belange für Karrierezwecke missbrauchen. Paradoxerweise ist es jedoch gerade diese Scheu, die Politikern hilft, ihre Stellung im System zu festigen – weil sie ihnen erlaubt, Konflikte zu »glätten«, ohne dass sie sich ausweiten. Die Bergarbeiterstreiks von 1989/90 im westsibirischen Kusbass sind ein gutes Beispiel: Zwar entstand mit der Gewerkschaft der Bergarbeiter ein Zusammenschluss jenseits der staatstreuen Gewerkschaften, doch die Kumpel taten sich schwer damit, die Vereinigung über die eigene Region und Branche hinaus wachsen zu lassen. Zwar ernannte Jelzin den gewerkschaftsnahen Michail Kisljuk zum Dank für dessen Unterstützung im Augustputsch von 1991 zum Gouverneur, setzte ihn jedoch 1997 kurzerhand wieder ab. Als die Region im folgenden Jahr wieder zu einem Brennpunkt von Sozialprotesten wurde und Bergarbeiter aus Protest gegen Lohnrückstände die Transsibirische Eisenbahn lahmlegten, gelang es dem neuen Gouverneur Aman Tulejew sehr schnell, die Streiks einzudämmen. Seitdem sitzt Tulejew trotz regelmäßig aufflammender Proteste fest im Gouverneurssattel: Mal nutzt er den Aufruhr als Druckmittel gegenüber Moskau, mal erstickt er ihn mit Polizeigewalt.[35]

Die verbreitete Hemmung, sich zu einem Sozialprotest zu entschließen oder sich in einer Menschenrechts- oder Sozialhilfe-NGO zu engagieren, hat mit der bereits erwähnten Einstellung zu tun: Den meisten Menschen in Russland widerstrebt es, öffentliches Handeln als eine separate Sphäre zu verstehen, die nicht durch Freundschafts- und Familiennetzwerke sowie Begriffe wie Loyalität und Aufrichtigkeit geprägt ist. Das Hinaustreten in die Öffentlichkeit wird als Ausweitung der häuslichen, familiären Sphäre verstanden – anders als in politischen Kulturen, in denen sie als Aushandlungsprozess zwischen verschiedenen partikularen Interessen gilt.[36] Besondere Wirkung entfalten emotionale Appelle an patriarchale Werte wie die Verteidigung des Heimatlandes vor Feinden und die Sorge um Kinder und Enkel;

wichtige Bezugspunkte sind der Patriotismus als Erbe des Großen Vaterländischen Kriegs (der niemals als Zweiter Weltkrieg
bezeichnet wird) und die Verantwortung von Amtsträgern für
ihre Schutzbefohlenen. Vertreter von Parteien und anderen Organisationen spielen bei lokalen Protesten oft eine disziplinie-
rende, die Emotionalität dämpfende Rolle – zuweilen kanalisieren und katalysieren sie den Protest, manchmal stellen sie sich
aber auch wie ein Puffer zwischen die Protestierenden und die
Machthaber und achten auf die Einhaltung von Gesetzen und
staatlich verordneten Regeln. Im Idealfall entsteht ein stabiler
Kompromiss zwischen den häuslich-familiären Werten, die Menschen in den Protest treiben, und dem von der organisierten Zivilgesellschaft vertretenen Prinzip der Legalität. Vielfach kolla-
bieren solche Kompromisse jedoch, so dass Protestierende und
Staatsvertreter einander gegenseitig als Verräter beschimpfen und
verteufeln.

Drittens scheuen Protestierende häufig davor zurück, sich
selbst als Vertreter bestimmter Interessen oder Gruppen ober-
halb des Individuums und der Familie und unterhalb des (wie
auch immer definierten) »Volks« zu identifizieren – seien es Klas-
sen, Berufsstände oder Generationen. Auch dadurch bleiben ihre
Forderungen zumeist unspezifisch: Sind sowohl Autor als auch
Adressat vage, kann sich der Protest nur als Konflikt zwischen
»uns« und »ihnen«, zwischen dem »Volk« und der »Macht«, denen hier unten und denen dort oben artikulieren. Als drittes
Element sieht dieses Modell allenfalls eine unbeteiligte, passive,
womöglich für die rechte Sache zu gewinnende Masse vor, wie
in der klassischen Triade von Intelligenzija, Macht und Volk, die
auch heute noch vielfache Entsprechungen in den Äußerungen
von Protestierenden findet. Der mangelnde Sinn dafür, den eigenen Protest genauer zu verorten und zu spezifizieren, macht es
Protestteilnehmern schwer, die Dividenden des Dissens einzu-
streichen – also Konflikte zunächst im Inneren auszutragen,
um dadurch das eigene Selbstverständnis und die eigene Position
in der Auseinandersetzung mit dem Gegner zu schärfen und eine
klare Basis für die Bildung von Koalitionen zu gewinnen.[37] Schließ-

lich machen es die mangelnde Verortung des Protests und die Fokussierung auf geschlossene Freundschaftsgruppen Außenstehenden schwer, sich überhaupt einem Protest anzuschließen. Vorsichtiges, abgestuftes Engagement ist erschwert – meist geht es um alles oder nichts.

Der Protest gegen die Monetisierung

Seit Mitte der zweitausender Jahre sind jedoch überall in Russland neue lokale Bewegungen entstanden, die zum Nährboden für ungewöhnliche Koalitionen wurden. Warum die gesellschaftliche Mobilisierung ausgerechnet um 2004/06 Auftrieb bekam, lässt sich nicht eindeutig beantworten. Gewiss erschien das neue politische System nach den Wahlen von 2003/04 und den Reformen des Wahlrechts und des Sicherheitsapparats gefestigt und daher in seiner Gesamtheit angreifbar; diese Änderungen wirkten sich aber in erster Linie auf politische Oppositionsbewegungen aus, die bei Protesten gegen Umweltzerstörung oder Bebauung bestenfalls eine untergeordnete Rolle spielten. Aus dem gleichen Grund lässt sich ein entscheidender Einfluss der Revolutionen in Georgien und der Ukraine ausschließen. Selbst die fast überall im Land stattfindenden Proteste gegen die Monetisierung hinterließen nur wenige nachweisbare Spuren im institutionellen Gefüge, wenngleich sie die Möglichkeiten von Massenprotesten im zunehmend autoritären System anschaulich demonstrierten. Eine gewisse Plausibilität besitzt die Erklärung, dass zu diesem Zeitpunkt die Auswirkungen der Wirtschaftskrise von 1998 endgültig überwunden waren und der Ressourcen-Boom weite Teile der Bevölkerung erreichte. In den meisten Fällen protestierten jedoch nicht die neuen Wohlhabenden und auch nicht die Ärmsten, sondern diejenigen, die zwar nicht sehr viel besaßen, aber etwas zu verlieren hatten.[38]

Wie sich die Protestkultur im Zuge der neuen Bewegungen veränderte, lässt sich am besten anhand der *Demonstrationen gegen die Monetisierung* verdeutlichen, die wegen der billigen Kleidung vieler Rentner zuweilen als Kattunrevolution bezeichnet wurden.

Das sowjetische System der sozialen Fürsorge kannte eine Vielzahl fein abgestufter Personenkategorien, die ein Anrecht auf immaterielle Vergünstigungen wie freie Fahrt im Nah- und Fernverkehr, kostenlose Medikamente oder Rabatte bei Nebenkosten und Steuern hatten. Die Nomenklatur dieser Gruppen unterlag einem Wandel, grundsätzlich gehörten dazu jedoch Rentner, Behinderte verschiedener Gruppen sowie aktive und ehemalige Armeeangehörige, aber auch Einwohner bestimmter Gegenden oder Menschen in riskanten Berufen. In den späten achtziger und frühen neunziger Jahren kamen mehrere große Gruppen hinzu, allen voran Afghanistan-Veteranen und die sogenannten Liquidatoren der Reaktor-Havarie von Tschernobyl. In den neunziger Jahren halfen die Vergünstigungen, die verheerenden Ergebnisse der Privatisierung abzufedern. Zu Beginn von Putins Präsidentschaft nutzte etwa die Hälfte der Bevölkerung Vergünstigungen in der einen oder anderen Form. Gleichzeitig hemmten die staatlichen Garantien die von der Regierung gewünschte Privatisierung vieler Wirtschaftsbereiche und linderten Ungleichheit nicht nur, sondern zementierten sie auch, da zum Beispiel die Einwohner größerer Städte viel mehr davon hatten als Dorf- und Kleinstadtbewohner. Mit diesen Begründungen verabschiedete die Duma im August 2004 ein Gesetz, das föderale Vergünstigungen abschaffen und durch Geldzahlungen ersetzen (monetisieren) sollte. Im Januar 2005 trat es in Kraft.

Bereits vor der Verabschiedung des Gesetzes läuteten Tschernobyl-Helfer mit einer Demonstration vor dem Regierungsgebäude in Moskau eine Protestwelle ein, die von Januar bis März ihren Höhepunkt finden sollte. Zu den Protestierenden zählten vor allem Rentner, denen sich Veteranen, Behinderte und andere betroffene Gruppen anschlossen. Wie in anderen postsozialistischen Ländern stand die Alterspyramide des Protests in Russland zu dieser Zeit, verglichen mit Westeuropa, Nordamerika oder dem Nahen Osten, noch auf dem Kopf: Die meisten Protestierenden waren ältere Menschen; Jüngere hingegen nahm das

Arbeitsleben zu sehr in Anspruch. Überall im Land fanden Kundgebungen und Protestumzüge statt, von denen viele in Straßenblockaden, manche auch in Schlägereien mit der Polizei übergingen. Besonders massiv war der Protest in Sankt Petersburg, das anders als das reiche Moskau die unzulänglichen Zahlungen kaum aus dem eigenen Budget aufstocken konnte. Zum ersten Mal seit den frühen neunziger Jahren fanden in fast allen Landesteilen Demonstrationen statt – in erster Linie in den größeren Städten, etwas weniger in kleineren und nur sehr vereinzelt auf dem Land.

Die Proteste flauten schnell wieder ab – nicht zuletzt, weil sie zumindest ein Stück weit erfolgreich waren: Teile der Reform wurden zurückgenommen, später bekamen viele Leistungsempfänger das Recht, zwischen finanziellen und materiellen Leistungen zu wählen, und ein großer Teil der Verantwortung wurde von Moskau auf die Regionen abgewälzt.[39]

Schon wegen ihrer relativ kurzen Dauer schufen die Proteste gegen die Monetisierung keine bleibenden Strukturen. Viele Moskauer Liberale taten sie als konservative Reaktion auf Modernisierungsbestrebungen ab. Dennoch hinterließen die Demonstrationen eine Spur in der Protestkultur. Das Land war mit einer breiten Bewegung konfrontiert, die offensichtlich nicht von Parteien oder anderen Organisationen gesteuert war. Anders als früher gingen sehr viele ältere Menschen auf die Straße, die nicht mit der KPRF oder anderen Parteien verbunden waren. Neben Sozialhilfe-Organisationen, Veteranenverbänden und ähnlichen Vereinigungen beteiligten sich zwar auch sämtliche oppositionelle Parteien in der einen oder anderen Weise an den Protesten, darunter kremltreue Bewegungen und die liberalen Parteien, die die Reformen eigentlich grundsätzlich guthießen. Selbst der orthodoxe Patriarch Alexij sprach sich gegen die Reform aus. Dennoch war klar, dass die Leistungsempfänger selbst die treibende Kraft waren. Die Liberalen sahen sich erstmals seit ihrem Wechsel in die Opposition gezwungen, soziale Belange ernst zu nehmen. Zudem präzisierten die Protestierenden sowohl ihre eigenen Gruppeninteressen – wenn auch anhand von staatlich definierten Ka-

tegorien wie »Rentner« oder »Veteranen« – als auch die Adressaten
des Protests: neben der Regierung und namentlich Gesundheits-
minister Surabow traf es auch Putin, dessen Ansehen dadurch
erstmals empfindlichen Schaden nahm. Vor allem aber boten die
Sozialproteste ein Beispiel für gemeinsame Aktionen verschiedener Gruppen, die ausgehend von konkreten Forderungen die
Scheu vor einer Politisierung ihres Protests ablegten.[40]

Neue lokale Bewegungen

Etwa zur gleichen Zeit begannen sich Bürger verstärkt zusam-
menzuschließen, um für lokale Belange einzutreten. Ein wichtiges Thema ist der *Protest gegen dichte Bebauung*. In den Städten
leben die meisten Menschen in mehrgeschossigen Wohnhäusern –
fünfstöckigen, ursprünglich als Übergangslösung gebauten Ziegel-
oder Betongebäuden aus den fünfziger und sechziger Jahren oder
den großen, seit den siebziger Jahren errichteten Plattenbau-
Wohntürmen. Die Häuser wurden mit ausreichendem Abstand
gebaut, damit sie bei einem Bombenangriff nicht wie Domino-
steine ineinander stürzen oder Geröllhalden die Durchgänge
versperren. In den Zwischenräumen befinden sich Spiel- und
Sportplätze, oft auch einfach gemeinsam genutzte Grün- oder
Brachflächen, dazu häufig kleine Garagen. Auf diesen Flächen
lassen Stadtverwaltungen oder Unternehmer, die sich der Unterstützung der Exekutive und des »Geeinten Russland« ver-
sichern, nun neue Wohn- oder Nutzgebäude errichten. Dagegen
regt sich Widerstand unabhängig von Einkommen und Bildungs-
grad, zumal die meisten Menschen aufgrund der geringen geographischen Mobilität seit Jahrzehnten in denselben Wohnungen leben.[41]

Die 50-jährige Rentnerin Irina Bogdanowa wohnt in einem
Arbeiterviertel in Tscheljabinsk zwischen Hauptbahnhof, Trak-
torfabrik und Rohrwalzwerk. Nach acht Jahren Schule arbeitete
die fromme orthodoxe Christin in einer Konditoreifabrik, später 15 Jahre lang als Fräserin, als Formerin in einer Gießerei, als

Putzfrau und Hausmeisterin; ihr Mann ist Programmierer. Jetzt bekommt sie umgerechnet ca. 120 Euro Rente. »Ich lebe seit dreißig Jahren in diesem Haus. Seit es gebaut wurde«, erzählt sie. »Sobald das Haus 1983 bezugsfertig war, bin ich eingezogen. Acht meiner [zehn] Kinder sind dort geboren. Verstehen Sie, dort sind meine Kinder aufgewachsen, auf diesen Schaukeln, auf diesen Karussellen, in dem, was wir ›das Wäldchen‹ nannten. Jetzt ist das alles weg. [...] Unsere Kinder müssen auf die Straße, zu den Autos, sie haben keinen Platz mehr zum Spielen.« Eine Firma hatte eine Ausschreibung für das Grundstück gewonnen und plante jetzt, auf dem Gelände zwei neue Wohntürme zu errichten. Als im März 2011 Unbekannte anrückten, um Bäume auf dem Hof und im Waldschutzstreifen vor dem Walzwerk zu fällen, organisierte Irina Bogdanowa gemeinsam mit anderen eine Anwohnerinitiative und eine Bewohnerversammlung. Sie und einige Nachbarn stellten sich Lastern und Traktoren in den Weg. Bogdanowa trat in den Hungerstreik und veranstaltete einsame Mahnwachen vor der Stadtverwaltung. Dies verhalf ihrem Protest zu ein paar Berichten in den Medien, bevor die Journalisten – mit Verweis auf ein Verbot des Gouverneurs und des Bürgermeisters – wieder verstummten. Die Familie Bogdanow nahm Kontakt mit Abgeordneten des »Gerechten Russland« auf, die ihr bei der Formulierung von Klagen und Beschwerden halfen. Nach und nach lernte sie auch Mitglieder von »Jabloko« kennen, die örtlichen Veranstalter der »Strategie-31« und einen auf solche Konflikte spezialisierten Anwalt. Sie versuchte, Bewohner der umliegenden Häuser zum gemeinsamen Handeln zu bewegen. Es gelang ihr, den Bau zu verzögern, der Konflikt geht aber weiter – wie Hunderte ähnlicher Auseinandersetzungen in Smolensk und Samara, Nishnij Nowgorod und Nowosibirsk, in Petrosawodsk und Uljanowsk, in Moskau und vor allem in Sankt Petersburg.[42]

Über den Kampf um Aufmerksamkeit und Anerkennung kamen die Bogdanows in Kontakt mit anderen Bürgerinitiativen, denen es – auf anderem Niveau – ebenfalls um die Nutzung öffentlichen Raums ging.

Eine davon war die *Bewegung zum Erhalt des Orgelsaals* auf dem »Roten Feld«, einem Park im Stadtzentrum von Tscheljabinsk. Das während des Ersten Weltkriegs fertiggestellte Gebäude wurde als Kirche gebaut und bis 1930 für Gottesdienste genutzt. Danach diente der von den neuen Machthabern ausgeräumte Kirchenbau abwechselnd als Druckerei, Waffenlager, Archiv, Gemäldedepot, Planetarium und Schachklub, bis er Anfang der achtziger Jahre an die Philharmonie fiel, die beim Chemnitzer Betrieb Hermann Eule eine Orgel bestellte. Sie ließ das Gebäude restaurieren und an das Instrument anpassen. Im April 2010 verkündete der Bürgermeister und künftige Gouverneur des Gebiets Tscheljabinsk Jurewitsch, dass das Gebäude der Orthodoxen Kirche übertragen und die Orgel umgesetzt werden solle. Innerhalb weniger Tage formierte sich ein Schutzkomitee, das Unterschriften sowie internationale Unterstützerbriefe und Expertenmeinungen sammelte, an Präsident und Duma schrieb sowie Protestkonzerte im Orgelsaal veranstaltete. Über vkontakte- und Livejournal-Gruppen fanden die Initiatoren Mitstreiter und stellten Informationen ins Netz. Die Protestierenden wiesen darauf hin, dass hunderte Kirchen in der Region leer stünden oder restaurationsbedürftig seien; sie vermuteten, dass sich korrupte, verwaltungsnahe Firmen an dem Umzug bereichern sollten. Die Gesellschaftliche Kammer des Gebiets schaltete sich ein, um einen Kompromiss zu vermitteln, was jedoch erfolglos blieb. Ohne bauplanerische Vorbereitung und noch vor der offiziellen Übergabe an die Kirche ließ die Stadtverwaltung Glocken auf dem Gebäude installieren. Die Bürgerrechtlerin Walerija Prichodkina (s. S. 146) spielte eine wichtige Rolle bei der Anmeldung und Organisation der Demonstrationen. Das Komitee konnte zwar keine Rücknahme erwirken, verhalf dem Thema aber zu großer Aufmerksamkeit und erzwang einen Aufschub der Umzugspläne.

Der Kampf um den Orgelsaal mag stellvertretend für unzählige ähnliche Auseinandersetzungen um den Erhalt und die Nutzung historischer Gebäude stehen, die insbesondere in den historischen Altstädten von Moskau, Sankt Petersburg und Nishnij Nowgorod hohe Brisanz haben. Diese Konflikte reichen mindestens bis in die fünfziger Jahre zurück, haben aber in den letzten Jahren an Schärfe und Öffentlichkeit gewonnen: einerseits durch Privatisierung, kommerzielle Bebauung und Konflikte um Eigentümerschaft gerade bei Sakralbauten, andererseits durch die im Vergleich zur Sowjetzeit größere Versammlungsfreiheit bei gleichzeitigem Mangel an effektiven und legitimen Kanälen der Kompromissfindung.

Die Bogdanows beteiligten sich an der Bewegung zum *Erhalt des Tscheljabinsker Stadtwalds* – eines riesigen Stücks Primärwald mitten im Herzen der Industriestadt, das Einwohner gerne zum Spazierengehen, Joggen, Rad- und Skifahren nutzen. Der südwestliche Teil des Kiefernwalds wurde in den sechziger Jahren bei der Anlegung eines Stausees überschwemmt, der für die Trinkwasserversorgung von Tscheljabinsk und der umliegenden Städte genutzt wird. Im Sommer 2010 ließ der Gouverneur verlautbaren, dass am Ufer des Sees entlang durch den Wald eine Umgehungsstraße gebaut werden soll. Zum Schutz des Waldes bildete sich eine Koalition von Förstern, Umweltschützern, Bloggern und oppositionellen Aktivisten, die Demonstrationen und Mahnwachen veranstalteten und Bauwagen von der Durchfahrt abhielten. Sie konnten zwar nicht den Beschluss über die Verringerung des Waldgebiets, wohl aber den Bau der Trasse verhindern. An der Kampagne beteiligten sich nicht nur Teilnehmer anderer Protestinitiativen aus der Region, sondern auch Moskauer Politiker und Medienpersönlichkeiten. Zu einer Kundgebung im November 2011 reiste unter anderem Jewgenija Tschirikowa an. Die 35-jährige Unternehmerin aus der Moskauer Trabantenstadt Chimki, Gesicht des Kampfs gegen den Bau einer Mautstraße durch den dortigen Stadtwald, hatte es zu landesweiter Berühmtheit gebracht. Später sollte sie trotz massiver Unterstützung von Nawalnyj und anderen Oppositionspolitikern bei der örtlichen Bürgermeisterwahl scheitern.

Ob in Tscheljabinsk, in Chimki, in Angarsk am Baikalsee, beim geplanten Kernkraftwerk am Stadtrand von Nishnij Nowgorod oder bei Protesten gegen die Einfuhr von Atommüll aus Deutschland – Umweltproteste haben in den letzten Jahren besondere Bedeutung als Anlässe für die Bildung überregionaler Koalitionen bekommen. Die Szenarien ähneln einander in den meisten Fällen. Ursprünglich apolitische Ortsbewohner erfahren – manchmal zufällig – von Plänen der Verwaltungen oder großer Unternehmen, ein Naturschutzgebiet zu bebauen oder zu verseuchen. Einzelne mutige Journalisten oder Blogger nehmen sich der Sache an und erzeugen Aufmerksamkeit. Es bilden sich kleine lokale Protestgruppen, denen sich erfahrene Umweltschützer und einzelne Aktivisten aus anderen Bereichen anschließen; Politiker der außerparlamentarischen Opposition verhelfen dem Protest – vor allem aber sich selbst – zu größerer Medienresonanz. Die Protestierenden organisieren Mahnwachen und Zeltlager an den gefährdeten Orten, bei denen oft junge Anarchisten und Öko-Aktivisten – darunter einzelne ausländische Mitstreiter – das Gros der Teilnehmer bilden. Die Verwaltungen und Baufirmen üben Druck auf die Protestierenden aus, wobei auch die Kriminal-, Bereitschafts- und Migrationspolizei, Extremismuszentren und Geheimdienste zum Einsatz kommen – und nicht zuletzt brutale, anonyme Gewalt. Im Juli 2007 stürmte ein Schlägertrupp mit Baseballschlägern und Messern ein Ökolager der anarchistischen »Autonomen Aktion« bei Angarsk; einer der Attackierten, der Antifa-Aktivist Ilja Borodajenko, starb an seinen Verletzungen. Auf den Lokaljournalisten Michail Beketow in Chimki wurden mehrere Anschläge verübt, bevor er im November 2008 von Unbekannten so stark zusammengeschlagen wurde, dass er mehrere Finger und ein Bein verlor und seitdem sprachbehindert und an einen Rollstuhl gefesselt lebt. Der Fledermauskundler Suren Gasarjan von der »Ökowache Nordkaukasus« wehrte sich gegen Umweltzerstörung in der Gegend um Sotschi, dem Austragungsort der Olympiade 2014, und beim Bau eines Palasts im Auftrag der Präsidialadministration. Im Dezember 2012 musste er aus dem Land fliehen, um einem dubiosen Strafverfahren zu entkommen.

Trotz dieser Schwierigkeiten haben gerade Umweltbewegungen, die schon während der Perestroika außerordentlich aktiv

waren und ihre Organisationsstruktur nie ganz verloren haben,
immer wieder Erfolge oder zumindest Teilerfolge zu verzeich-
nen: So gelang es Aktivisten, durch eine transnationale Kampagne die Einfuhr von Atommüll ins Land stark zu reduzieren.
Bereits 2006 zwang eine breite Kampagne gegen den Bau einer
Ölpipeline direkt am Baikalsee – dem größten und tiefsten Süß-
wassersee der Welt – Putin dazu, die Pipeline verlegen zu lassen.
Auch in Tscheljabinsk wird die geplante Umgehungsstraße vorerst nicht gebaut.

Von Wladiwostok bis Kaliningrad

Schuf in Tscheljabinsk die Zusammenarbeit verschiedener lokaler Initiativen – für Versammlungsfreiheit, für den Erhalt von
Spielplätzen, des Stadtwalds und des Orgelsaals – ein Protestmilieu, in dem sich Aktivisten kennenlernen und vernetzen konnten, reichte es dort nicht für das Entstehen einer gemeinsamen
politischen Bewegung aus: Zwar wurden auf den unterschiedlichsten Demonstrationen immer wieder Rufe nach einem Rücktritt des Gouverneurs und des Bürgermeisters laut, doch bildeten
sich die Koalitionen eher um konkrete Themen, und es versammelten sich nie genügend Teilnehmer, um eine ernsthafte Protestbewegung entstehen zu lassen.

Anders war es in zwei Regionen am nordwestlichen und süd-
östlichen Rand Russlands. Im Dezember 2008 verursachte die
Ankündigung eines Einfuhrzolls auf ausländische Autos *Massenproteste in Wladiwostok*, dessen Wirtschaft in hohem Maße vom
Import japanischer Fahrzeuge abhängt. Bereits in den Jahren zuvor hatten Autofahrer mit Protesten ein geplantes Verbot von
Rechtslenkern vereitelt: Die japanischen Gebrauchtwagen machen einen Großteil der Autos im Fernen Osten aus und sind
in ganz Sibirien bis an den Ural verbreitet. Die Autofahrerprotes-
te vom Winter 2008/09 gingen bald über das ursprüngliche Thema
hinaus. Am 14. Dezember 2008 blockierten Autofahrer mehrere
Verkehrsknotenpunkte und brachten das Regionalparlament da-

zu, einen Aufruf zur Rücknahme der Zölle zu verabschieden. Bereits die nächste Demonstration wurde mit Hilfe einer aus dem Moskauer Gebiet eingeflogenen Spezialeinheit aufgelöst. Dies wiederum ließ den Protest eskalieren und politisierte ihn: Der regionale Leiter des »Geeinten Russland« trat zurück, die liberale und kommunistische Opposition bekundete den Protestierenden ihre Unterstützung, und auf der Welle der Proteste entstand mit TIGR eine neue politische Bewegung, die sich nicht mehr nur auf Autothemen konzentrierte, sondern den Rücktritt von Präsident und Regierung forderte. Die Demonstrationen und Autokorsos setzten sich bis Anfang 2010 fort, und auch in anderen Regionen entstanden Ableger von TIGR.

Ähnlich verliefen Proteste in einer anderen Grenzregion – der Exklave Kaliningrad, dem ehemaligen ostpreußischen Königsberg. Hier wurden sie im Herbst 2009 durch die Anhebung der Kraftfahrzeugsteuer ausgelöst. Die im Jahr zuvor gegründete lokale Vereinigung »Gerechtigkeit« organisierte Massenproteste dagegen; den Ausschlag zur Gründung hatte für den Elektriker und Autoimporteur Konstantin Doroschok eine Rechnung vom Zoll über mehrere Millionen Rubel gegeben. Die Demonstrationen waren, besonders für örtliche Verhältnisse, unerwartet groß. Auch hier gelang es, viele Einzelthemen zu bündeln: Neben den Steuererhöhungen protestierten tausende Einwohner gegen Preiserhöhungen und Sozialabbau, gegen die Restitution öffentlicher Gebäude an die orthodoxe Kirche, gegen die stiefmütterliche Behandlung der Exklave durch Moskau und für ein größeres Recht auf demokratische Selbstbestimmung. Wie in Wladiwostok wurden auf den Protestaktionen bald Forderungen nach dem Rücktritt von Politikern laut. Tatsächlich musste der 2005 aus Moskau entsandte Gouverneur Georgij Boos seinen Posten schließlich verlassen: Dmitrij Medwedew weigerte sich, sein Mandat zu verlängern, und ersetzte ihn durch einen Politiker aus der Region.

In Wladiwostok wie in Kaliningrad wurden die neuen Organisatoren der Proteste zwar bald in das bestehende politische System integriert: TIGR näherte sich zunehmend der örtlichen

KPRF an, während Konstantin Doroschok sich zum Unterstützer von Georgij Boos wandelte und schließlich in die Partei »Rechte Sache« des Milliardärs Michail Prochorow eintrat. Dennoch waren sowohl das Ausmaß des Protests als auch die schnelle Entwicklung von konkreten Anliegen hin zu allgemeinen Forderungen nach politischem Wandel für die Staats- und Parteiführung überraschend. Die beiden regionalen Protestbewegungen unterschieden sich in dieser Hinsicht von den vielen »klassischen« Protesten, die ebenfalls 2009 als Ergebnis der Finanzkrise in zahlreichen kleineren Industriestädten Russlands stattfanden.

Der Protest bekommt Adressaten

Die neuen Bewegungen und Zusammenschlüsse seit Mitte des Jahrzehnts trugen zu einem Wandel der russischen Protestkultur bei, der sich mit voller Wucht in der Bewegung für faire Wahlen äußerte.

Die Protestierenden erwarben sich mit der Zeit qualifizierte juristische Kenntnisse und lernten, die jeweils gesetzlich Verantwortlichen zu benennen: tatenlose Hausverwaltungen, teilnahmslose Abgeordnete, despotische Polizisten. Putins Machtvertikale dämpfte zwar zunächst den Protest, da sie den Appell an höherstehende Instanzen erlaubte. Dies brachte in einzelnen Fällen durchaus Resultate, da die jeweiligen Vorgesetzten darauf angewiesen sind, Konflikte kleinzuhalten, um die eigene Position im System nicht zu gefährden – und die Dämpfung erfolgt mal durch Unterdrückung, mal aber auch durch Ressourcenumverteilung zugunsten der am lautesten und geschicktesten Protestierenden. Auch in einem vertikalen staatlichen System finden sich immer wieder einzelne Beamte, die an gerechten Problemlösungen und einem ehrlichen Dialog interessiert sind. Insgesamt jedoch führt die vertikale Struktur und vor allem die mangelnde Unabhängigkeit der Gerichte jeden Unzufriedenen über kurz oder lang zur Kritik am Staatsoberhaupt.

Dies ist mit Jurij Saprykins Bild von den »tausenden gleichgültiger Menschen mit leerem Blick« gemeint (s. S. 40). Gerade in kontroversen Situationen wie in Chimki eskalierten komplizierte Konflikte durch die Einmischung des Staats und seines Gewaltapparats. Die Folge war, dass sie fast zwangsläufig in politische Oppositionsbewegungen mündeten. In dieser Hinsicht spielte Alexej Nawalnyj unvermittelt eine Schlüsselrolle: Mit seiner Bezeichnung des »Geeinten Russland« als »Partei der Gauner und Diebe« gab er verschiedensten Anliegen einen gemeinsamen Adressaten. Die komplexen Ursachen der sehr unterschiedlichen Missstände ließen sich so auf einen klaren gemeinsamen Nenner bringen.

Ohne die zunehmende Akzeptanz der neuen Landesgrenzen wäre dies schwieriger gewesen. Noch in den neunziger Jahren war die Unklarheit der Protestadressierung nicht zuletzt dem Umstand geschuldet, dass viele den Rumpfstaat Russland als unnatürlich empfanden. Die Verantwortlichen für den Zusammenbruch der Sowjetunion und die als dessen Folge angesehenen sozialen Probleme wurden – nicht völlig grundlos – sowohl innerhalb als auch außerhalb des neuen Staates gesucht, und nicht wenige Protestierende aus dem sowjetkonservativen wie dem russisch-nationalistischen Lager hofften auf eine Wiedererrichtung der Sowjetunion. Inzwischen erscheint Russland als Nationalstaat den meisten Einwohnern – auch den meisten russischen Nationalisten – als der natürliche Rahmen für politische Zielvorstellungen, was einerseits den Protest justiert, andererseits im Vielvölkerstaat Russland zu neuen Kämpfen um politische Zugehörigkeit und Exklusion führt. In Westeuropa lähmt die fortschreitende Transnationalisierung der Politik gesellschaftliches Engagement, weil sie den Einzelnen an der Wirkmächtigkeit von Protest im nationalstaatlichen Rahmen zweifeln lässt.[43] In Russland hat in den letzten zwanzig Jahren ein gegenläufiger Prozess stattgefunden: Dort wächst inzwischen die Minderheit derer, die glauben, dass die Verhältnisse von Entwicklungen innerhalb des Staats abhängen, nicht aber von Entscheidungen äußerer Kräfte.

Gleichzeitig differenzierten sich sowohl die Urheber als auch die Adressaten von sozialem und politischem Protest. Zum einen galt nicht mehr jeder Protest dem Staat, wovon eine Reihe erfolgreicher Streiks in privaten Betrieben wie der Ford-Fabrik in Wsewoloshsk bei Sankt Petersburg zeugte. Westliche Großunternehmen hatten nicht nur ausbeuterische Praktiken, sondern auch eine grundsätzliche Offenheit gegenüber unabhängiger Gewerkschaftsorganisation mitgebracht, was Streiks bei ihnen aussichtsreicher machte als in russischen Betrieben. Zum anderen weitete sich der Kreis derer aus, die zur Zielscheibe von Protesten wurden. Neben hohen Würdenträgern gehörten dazu immer weitere Teile der neuen Elite, die als Beamte und erfolgreiche Unternehmer den Staat für die eigenen Zwecke gekapert hatten.

Ein Beispiel dafür ist die »Blaue Eimerchen«-Bewegung. Diese Kampagne, die nach mehreren Anläufen seit 2010 endlich breite Resonanz fand, ist ein Zusammenschluss von Bloggern und Autofahrern. Tausende russische Beamte pflegen mit Blaulicht und Passierscheinen unter Missachtung der Verkehrsordnung durch die Städte zu rasen, was immer wieder Menschenleben fordert. Aus Protest gegen diese Unsitte begannen Autobesitzer, blaue Spielzeugeimer auf ihren Autos zu befestigen, die wie Rundumkennleuchten aussehen.

Desweiteren gaben sich soziale Bewegungen zunehmend konstruktive Programme und überwanden das Paradigma von »Gesellschaft gegen Staat« und den Kampf um die Durchsetzung bestimmter Interessen zugunsten eines generellen Eintretens für Rechtsstaatlichkeit und Gesetzestreue. Die Kampagne zum Schutz des Tscheljabinsker Stadtwalds wurde von Angestellten der staatlichen Forstaufsicht mit initiiert, die allerdings in der Folge ihre Anstellung verloren. Die Moskauer Initiative »Bürger Wahlbeobachter« ist ein weiteres wichtiges Beispiel, kam sie doch auf Initiative von Mitgliedern staatlicher Wahlkomitees zustande, die die Wahlen fairer und transparenter machen wollten.

Diese neue gesellschaftliche Selbstorganisation reichte weit über Protestbewegungen hinaus. Ein wegweisender Vorläufer der Bewegung für faire Wahlen waren die vielen Initiativen, die sich bildeten, als nach einer Hitzewelle im Sommer 2010 in weiten Teilen des Landes verheerende Torf- und Waldbrände wüteten, riesige Smogwolken verursachten und Dutzende von Menschenleben forderten. Der Katastrophenschutz und andere staatliche Stellen scheiterten vielerorts an der Brandbekämpfung; in mehreren Fällen versuchten sich Politiker des »Geeinten Russland« stattdessen mit gefälschten Fotos als Katastrophenhelfer darzustellen. Öffentliche Kritiker des staatlichen Vorgehens wurden zum Teil strafrechtlich verfolgt. Allerdings entstand spontan eine Bewegung freiwilliger Helfer, die Brände löschten und eindämmten, Brandstellen aufräumten, Kinder aus belasteten Gebieten bei sich aufnahmen oder Spenden sammelten. Dabei kamen Organisationsformen und Software-Plattformen zum Einsatz, die später auch beim Protest gegen Wahlfälschung eine wichtige Rolle spielen sollten. Im selben Jahr organisierte sich im Moskauer Gebiet die Freiwilligen-Kampagne »Lisa Alert«, die nach amerikanischem Vorbild über Telefon-Hotlines und Suchtrupps nach vermissten Kindern fahndet.

Durch alle diese strukturellen Veränderungen gesellschaftlicher Selbstorganisation wandelte sich schließlich auch die Zielsetzung konkreter Protestaktionen. Noch in den neunziger Jahren waren die meisten solcher Aktionen vor allem auf die unmittelbare Durchsetzung konkreter Forderungen wie der Auszahlung von Gehältern ausgerichtet: darunter Eisenbahn-Blockaden von Industrie- und Bergarbeitern sowie – von der breiteren Öffentlichkeit kaum zur Kenntnis genommen – tausende von Streiks im staatlichen Bildungssektor. Inzwischen geht es immer mehr darum, breite Aufmerksamkeit für die eigenen Anliegen zu erzielen.[44] Es handelt sich um die Ausweitung eines binären Modells, in dem nur die Protestierenden und der Staat vorkamen, hin zu einer Einbeziehung von Außenstehenden, potentiell der gesamten Gesellschaft. Diese Änderungen entsprachen einem grundlegenden Wandel: Zielte der Protest bis zum Beginn der Putin-Ära noch mehrheitlich auf den Erhalt sozialer Garantien ab, die aus der sowjetischen Zeit stammten, so pochten Protestierende inzwischen immer häufiger auf die Beachtung formaler Regeln, die bereits nach 1991 eingeführt, aber nicht eingehalten wurden: den Schutz von Privateigentum, Bankeinlagen oder Immobilieninvestitionen, aber auch Umweltschutz, Gefangenenrechte – oder faire Wahlen.

Von den Dezemberdemos zu neuen Bürgerräten

Der irreführende Begriff »Oppositionsbewegung« verdeckt den Blick auf die wichtigste Konfliktlinie, die sich nach den Dumawahlen am 4. Dezember 2011 in der neu entstehenden Bewegung abzeichnen sollte. Wie würde sich das Verhältnis zwischen politischen Parteien und Bewegungen, nichtpolitischen Organisationen sowie alten und neuen Aktivisten sozialer Bewegungen künftig gestalten? Wessen Bewegung war es, und wohin bewegte man sich? Würden die Parteien Zulauf erhalten oder von den wütenden Beobachtern überrollt und überholt werden? Würden NGOs ihre Unabhängigkeit bewahren können?[45]

Wie zentral diese Frage ist, mögen Vergleichsfälle deutlich machen. In Serbien etwa konstituierte sich die 1998 entstandene Jugendbewegung »Otpor« (Widerstand) bewusst als führerloses Netzwerk abseits der etablierten, heillos zerstrittenen Oppositionsparteien. Die Otpor-Aktivisten konzentrierten sich darauf, den gesellschaftlichen Widerstand gegen das Milošević-Regime aus dem Belgrader Studenten- und Musikmilieu in breitere Gesellschaftsschichten und in die Provinz zu tragen. Es war nicht zuletzt dem Druck von Seiten der stetig gewachsenen Bewegung zu verdanken, dass sich die organisierten politischen Parteien schließlich auf den eher farblosen Vojislav Koštunica als gemeinsamen Kompromisskandidaten bei der Präsidentschaftswahl im Jahr 2000 einigten. Otpor spielte eine zentrale Rolle bei der Mobilisierung des massiven Protests gegen Fälschungen bei dieser Wahl, der schließlich zu Miloševićs Abgang führte und Koštunica ins Amt hievte. Als jedoch Otpor-Aktivisten anschließend eine politische Partei gründeten, scheiterte diese schon bei der ersten Wahl an der Fünf-Prozent-Hürde und ging schließlich in der Demokratischen Partei auf.

Auch in Georgien verspielten viele Aktivisten der von Otpor inspirierten Kmara-Bewegung sowie Mitarbeiter regimekritischer NGOs wie des Freiheitsinstituts nach der Rosenrevolution von 2003 in nicht unbeträchtlichem Ausmaß ihre Glaubwürdigkeit, indem sie politische Posten im Regime des neuen Präsidenten Micheil Saakaschwili übernahmen.

In Argentinien büßten zu etwa derselben Zeit viele der NGOs, die sich nach dem Ende der Militärdiktatur für mehr politische Rechenschaft engagiert hatten, während der Präsidentschaft von Néstor Kirchner einen erheblichen Teil ihres Prestiges ein, weil sie sich durch eine Reihe symbolischer Gesten zur Unterstützung des Präsidenten hinreißen ließen. Darunter waren große Teile der *Madres de la Plaza de Mayo*, der berühmten Vereinigung von Müttern »Verschwundener«, die ihre Wirksamkeit als neutrale Wächterinnen der Demokratie bereits durch immer größere Nähe zu sozialistischen Regimes in anderen Staaten Lateinamerikas beeinträchtigt hatten.[46]

Diese und viele ähnliche Beispiele – nicht zuletzt die polnische Solidarność oder die DDR-Bürgerrechtsbewegung – legen nahe, dass sowohl politische Protestbewegungen als auch prodemokratische Interessengruppen in autoritären Regimes vor allem dann glaubwürdig und effizient sind, wenn sie ihre Distanz gegenüber politischen Parteien wahren und Druck auf sie ausüben können. Dabei müssen ihre Aktivisten in Kauf nehmen, dass sie nach dem ersehnten Systemwandel in die politische Bedeutungslosigkeit zurückfallen. Nur so aber können sie sich die parteienübergreifende Glaubwürdigkeit bewahren, die sie vor Diskreditierungskampagnen seitens des Regimes zu schützen vermag. Nur so können sie hoffen, konsolidierte politische Eliten zu spalten und einige von ihnen mit der Aussicht auf eine Karriere im zukünftigen System zur Opposition zu bewegen. Die drei Segmente einer Widerstandsbewegung – der Straßenprotest, die oppositionellen Parteien und Bewegungen und reformbereite Vertreter der politischen Elite – können nur zusammenarbeiten, wenn jedes von ihnen sich zuvor separat konstituiert hat.[47]

Auch in der neuen russischen Protestbewegung stellte sich von Anfang an die Frage, wer den Protest strukturieren und organisieren sollte.

Die Parteien hielten sich zunächst bedeckt. Zwar hatten die Kommunisten und Jabloko für die Tage nach der Wahl in mehreren Städten vorsorglich eigene Kundgebungen angemeldet. Dabei blieben die Parteimitglieder in den meisten Fällen unter sich: ihre Veranstaltungen wurden nicht zu Anziehungspunkten für die neuen Wutbürger. In anderen Fällen wurden Demonstrationen der Parteien von den viel zahlreicheren neuen Protestierenden regelrecht gekapert: so in Kaliningrad bereits am 7. Dezember 2011.[48]

Erst vor und während der zweiten großen Protestwelle am 24. Dezember 2011 war gerade in der Provinz vermehrt die Symbolik zugelassener Oppositionsparteien – Jabloko, Gerechtes Russland, Kommunisten und Liberaldemokratische Partei – zu sehen. Deren Mitglieder brachten entweder ihre Fahnen auf Großdemonstrationen mit oder luden zu eigenen Parallelveranstaltungen ein. Dennoch gelang es ihnen nicht, aus der Protestwelle politisches Kapital zu schlagen. In Moskau versuchten Jabloko und die KPRF vergeblich, mit eigenen Demonstrationen am 17. bzw. 18. Dezember die Energie der neuen Bewegung zu kanalisieren. In der Provinz unternahm vor allem die KPRF vielerorts den Versuch, sich liberalen Demokraten und Nationalisten mit neuen Slogans und einem Engagement gegen Wahlfälschung als einigende Kraft anzubieten. Die Kommunisten scheiterten jedoch mit diesem Vorhaben, obwohl sie auch in jenen ärmeren Regionen Protestkundgebungen gegen Wahlfälschungen veranstalteten, wo dies niemand anders tat – etwa in Dagestan und dem westsibirischen Kurgan. Auf dem Theaterplatz in Omsk fanden am 24. Dezember gleichzeitig eine Veranstaltung der KPRF und eine gemeinsame Kundgebung aller anderen Oppositionsparteien und parteiloser Protestierender statt. Als die Kommunisten den Teilnehmern der Parallelveranstaltung – wie vorher mit deren Or-

ganisatoren abgesprochen – anboten, die Demonstrationen zu-
sammenzulegen, entschieden sich diese in einer Abstimmung
dagegen. Dennoch beteiligten sich an dem Tag auch einzelne
Politiker an den Demonstrationen, die durchaus der putinschen
Elite zugerechnet werden konnten – symbolisiert durch den
Auftritt von Putins persönlichem Freund, dem kurz zuvor von
Medwedew entlassenen Finanzminister Alexej Kudrin, an der
Moskauer Kundgebung. Im April 2012 sollte Kudrin ein mit prominenten Liberalen bestücktes »Komitee der Bürgerinitiativen«
gründen, das sich für mehr Transparenz in der Politik einsetzen
wollte.[49]

In Moskau entbrannten spätestens am 5. Dezember die üblichen Konflikte zwischen verschiedenen Bewegungen der außerparlamentarischen Opposition. Die Demonstration auf dem
Tschistoprudnyj-Boulevard am Tag nach der Wahl war von »Solidarnost« angemeldet worden, doch die Veranstalter waren von
der hohen Beteiligung sichtlich überrumpelt. Ein im Sommer ge-
bildetes »Organisationskomitee für gemeinsame Aktion« liberaler und linker Aktivisten hatte vergeblich versucht, eine Genehmigung für die Aktion auf dem Manegenplatz am Wahltag zu
bekommen. Für den 10. Dezember hatte es – als Ausweichvari-
ante – eine Demonstration mit 300 Teilnehmern auf dem relativ
engen Revolutionsplatz unweit des Kremls angemeldet. Als das
Ausmaß des Protests klar wurde, trat das Komitee in langwierige
Verhandlungen mit der Stadtverwaltung, um den Ort zu verlegen
und drohende Massenverhaftungen zu vermeiden. Am 10. Dezember versammelten sich einige Tausend auf dem Revolutionsplatz, schlossen sich dann aber der weitaus größeren Kundgebung auf dem Bolotnaja-Platz an. Zurück blieben nur Eduard
Limonow und andere Aktivisten seines »Anderen Russland«,
das bereits im Herbst aus dem »Organisationskomitee« ausgeschieden war.[50] Alle Teilnehmer der Verhandlungen hatten De-
monstrationserfahrung, repräsentierten aber sehr verschiedene
Flügel der außerparlamentarischen Opposition: Darunter waren
mit Sergej Udalzow und seiner Frau Anastassija von der Linken
Front klassische politische Aktivisten mit Machtinstinkt, mit

Nadeshda Mitjuschkina aber auch eine Aktivistin vom Otpor-Typ: Die 49-Jährige arbeitet seit Jahren in einem nichtstaatlichen Reha-Zentrum für behinderte Kinder und politisierte sich erst 2008. Als Mitgründerin von »Solidarnost« setzt sie sich vor allem für die Schaffung unabhängiger Bürgergruppen ein, die auch nach einem Systemwandel politische Kontrollfunktionen ausüben können. In Sankt Petersburg führte ein Konflikt im gemeinsamen Organisationskomitee zur Durchführung zweier separater Veranstaltungen am 24. Dezember, wobei die Trennlinie quer durch die politischen Organisationen ging. So waren an der Organisation beider Demonstrationen führende Mitglieder von »Solidarnost« beteiligt. Auch der außerparlamentarischen Opposition wollte es nicht gelingen, die neue Protestwelle auf ihr eigenes Konto zu verbuchen.[51]

Wer vertritt wen?

Solange Demonstrationen überschaubar blieben, waren solche Streitigkeiten das Problem der politischen Parteien und Vereinigungen und ihrer Aktivisten. Der Massenprotest im Dezember 2011 aber warf ganz neue Fragen auf: Wer würde für die zehntausenden neuen Demonstranten sprechen dürfen, die offensichtlich kein Interesse daran hatten, sich bestehenden Organisationen anzuschließen? Wer würde für ihre Sicherheit bei den Demonstrationen verantwortlich zeichnen, wer durfte ihren Forderungen Ausdruck verleihen und ihre Gemeinsamkeiten benennen? Spiegelverkehrt stellte sich diese Frage sowohl den Protestierenden selbst als auch den staatlichen Akteuren, die den Protest einzudämmen suchten. Vor allem in Moskau führte diese Konstellation dazu, dass nicht Erfahrung in politischem Aktivismus, NGO-Arbeit oder Sozialprotest zum entscheidenden Kriterium für Bedeutung in der neuen Bewegung wurde, sondern – paradoxerweise – mediale Prominenz.

Bereits auf der ersten Großdemonstration in Moskau am Tag nach der Wahl sprachen neben Politikern wie Boris Nemzow, Ilja

Jaschin und Jewgenija Tschirikowa auch liberale Medienpersön-lichkeiten: der Musikkritiker Artemij Troitskij, der Publizist und Komiker Wiktor Schenderowitsch und der Literat und Fern-sehmoderator Dmitrij Bykow, der seit Beginn des Jahres Inter-net-Videos mit gereimter Satire auf die Tagespolitik mitgestaltet hatte.

Auch in die Verhandlungen über die Verlegung der Demonstra-tion vom 10. Dezember auf den Bolotnaja-Platz mischten sich Medienfiguren und Parteipolitiker ein, die sich weder an der Vor-bereitung vergangener Aktionen beteiligt noch die Protestwelle vorausgesagt hatten. Einige von ihnen waren bei der »Urknall«-Demonstration am 5. Dezember 2011 gar nicht oder nur zufällig anwesend. Der Journalist und Medienunternehmer Sergej Par-chomenko erinnerte sich später unverblümt:

Auf die Frage, die verschiedene Politiker, besonders Nationalisten, gerne stellen: wer uns bevollmächtigt oder gewählt habe, antworte ich gelassen: niemand. Aber es geht doch nicht um Bevollmächtigung, sondern um Ef-fektivität. [...] Wir suchten den Kontakt mit der Stadtverwaltung – einen völlig informellen Kontakt, muss ich hinzufügen, denn die Demonstra-tion war ja nicht von uns angemeldet worden, sondern von einer Gruppe von, wie ich sie beschreiben würde, technischen Mitarbeitern von »Soli-darnost« [...]. Deshalb konnten wir formal nicht in Verhandlungen mit der Stadtverwaltung treten. Wir nutzten aber bestimmte informelle Mög-lichkeiten, bestimmte Bekanntschaften – und sandten ein Signal an die Stadtverwaltung: Hier ist eine Gruppe von Leuten – nicht die formellen Anmelder, sondern Leute mit Grips. Diese Leute denken, dass die Demo verlegt werden muss, und halten das für ihr Problem. [...] Ich muss sagen, dass die Stadtverwaltung das Signal schnell und richtig verstanden hat. Man hat uns gebeten, sofort zu kommen. Das war spät am Abend, fast nachts. Und ich bin absolut überzeugt, dass wir völlig zu Recht entschie-den haben, die Kundgebung auf den Bolotnaja-Platz zu verlegen.[52]

Nicht nur die Moskauer Stadtverwaltung war gerne bereit, die gemäßigteren Prominenten als Gegengewicht zu radikaler einge-stellten politischen Aktivisten in die Verhandlungen aufzuneh-men. Auch viele der neuen Protestteilnehmer hatten nichts da-gegen, sich von ihnen vertreten zu lassen, statt von Aktivisten, die, mochten sie auch mehr Erfahrung haben, den meisten unbekannt waren. Auf der ersten Riesendemonstration auf dem Bolotnaja-Platz am 10. Dezember sprachen neben Politikern wieder vor allem Journalisten und Schriftsteller[53], deren Legitimität als Sprachrohre des Protests unklar war. Daher veranstaltete das Organisationskomitee der nächsten Großkundgebung, an dem sich Journalisten wie Parchomenko nun ganz offiziell beteiligten, im Internet eine offene Abstimmung darüber, wer dort auf der Bühne auftreten sollte. Die meisten Stimmen bekamen auch hier Medienstars: der Fernsehjournalist Leonid Parfjonow, der inzwischen aus der Haft entlassene Blogger Alexej Nawalnyj, der Rockmusiker Jurij Schewtschuk und der Schriftsteller Boris Akunin. Auch sonst überwogen unter den dreißig Ausgewählten die Journalisten, Fernsehmoderatoren und Schauspieler. Als Verwalterin eines Spendenkontos und Co-Moderatorin der Veranstaltung trat die Fernsehmoderatorin Olga Romanowa auf, die durch ihre Doppelrolle als Journalistin und Aktivistin besonderes Ansehen genoss. Ihr Mann, der Unternehmer Alexej Koslow, war im Sommer 2008 nach einem Konflikt mit einem Politiker und ehemaligen Geschäftspartner festgenommen worden. Er wurde schließlich zu einer mehrjährigen Haftstrafe verurteilt. Um Romanowa herum entstand ein informeller Kreis von Ehefrauen Inhaftierter, die sich allmählich zu einer Gefangenenhilfsorganisation mit dem Namen »Das einsitzende Russland« entwickelte.

In der Provinz waren die Demonstrationen der ersten Welle am 10. Dezember noch Ausdruck spontanen Protests – den größten Anklang fanden die emotionalen Berichte der meist jungen Wahlbeobachter. Bereits am 24. Dezember jedoch waren auch hier oftmals prominente Mediengestalten präsent, wenn auch nicht so dominant wie in Moskau. In Jekaterinburg zum Beispiel sprachen drei Stars eines Moskauer Unterhaltungskanals, die eigentlich zur Moderation einer Firmenfeier eingeflogen waren. Die Übernahme der Führungsrolle durch Prominente symbolisierte wie kaum eine andere die Reality-Show-Moderatorin Xenia Sobtschak, die sich an den Demonstrationen beteiligte und in deren Verlauf zur Partnerin des »Solidarnost«-Mitgründers Ilja Jaschin wurde.

Die Prominenz solcher Akteure war nicht zuletzt dem Umstand geschuldet, dass kaum jemand sonst den nötigen Bekanntheitsgrad und stabile Verbindungen zu Medien besaß – die meisten Demonstrationsteilnehmer waren ja Politikneulinge und kannten schon deshalb bestenfalls eine Handvoll von Oppositionspolitikern: vor allem solche, die noch vor Putins Reformen eine Rolle in Regierung und Medien gespielt hatten. Mangels einer breiten Mitgliederbasis konnten NGOs oder soziale Verbände keinen Druck ausüben, um eigene Kandidaten auf die Bühnen zu hieven. Zudem dienten neben sozialen Netzwerken vor allem liberale Internet-Medien den Demonstranten als Informationsquellen, aber auch als Organisationsplattform und Garant von Transparenz und Öffentlichkeit. Die erste öffentliche Sitzung des Moskauer Komitees zur Organisation der Demonstration vom 24. Dezember etwa fand in der Redaktion des Stadtmagazins *Bolschoj gorod* statt und wurde auf dessen Webseite live übertragen.[54] Chefredakteur Filipp Dsjadko stammte aus einer bekannten Dissidenten- und Bürgerrechtlerfamilie. Gemeinsam mit seinen zwei Brüdern leitete er daneben eine Talkshow im Internet-Fernsehsender *Doshd*, der ausgiebig über die Demonstrationen berichtete und Oppositionelle einlud. Auch andere Moskauer Medien spielten eine wichtige Rolle bei der Live-Übertragung und Berichterstattung über die Vorbereitungen zur Großdemonstration am 24. Dezember. Schon aufgrund ihrer Schutzlosigkeit vor Sanktionen sind die mit ihnen verbundenen Journalisten, auch wenn sie ihre oppositionellen Sympathien offen klarlegen, oft besonders daran interessiert, die Machthaber nicht zu verprellen: So gehört der populäre Radiosender *Echo Moskwy* dem staatlichen Gasprom-Konzern, während *Radio Swoboda* von der amerikanischen Regierung finanziert wird und als solcher besonders verwundbar ist. Tatsächlich ließen Sanktionen gegen Medienschaffende nicht auf sich warten. Schon wenige Tage nach der Wahl verlor der Chefredakteur des angesehenen Moskauer Nachrichtenmagazins *Kommersant-Wlast* seinen Posten, weil seine Zeitschrift als Illustration zu einem Bericht einen mit Putin-Beschimpfungen verunstalteten Wahlzettel veröffentlicht hatte.[55]

Die romantisierende Vorstellung von Konflikten zwischen oppositionellen, freiheitsliebenden Reportern und einer politisch motivierten Zensur geht jedoch oft an der Wirklichkeit vorbei. Zum einen handelt es sich bei den meisten bekannten Medienfiguren um kommentierende Publizisten, nicht um recherchierende Berichterstatter. Zum anderen sind Entlassungen und Redaktionspolitik von einer hauptsächlich kommerziellen Logik bestimmt. Dies lässt sich am Beispiel der Unternehmerin Natalia Sindejewa verdeutlichen, der mit *Bolschoj gorod*, *Doshd* und der Nachrichtenseite *slon.ru* drei der populärsten Medien gehören, die im Dezember 2011 mit dem Protest sympathisierten. Trotz der zentralen Bedeutung von *Bolschoj gorod* für den Moskauer Protest entließ Sindejewa im Juni 2012 dessen Chefredakteur Filipp Dsjadko, um dem Stadtmagazin ein neues Profil als Lifestyle-Blatt zu geben. Die Talkshow der Dsjadko-Brüder beließ sie aber im Programm von *Doshd*.[56]

Die wichtige Rolle, die Moskauer Medienpersönlichkeiten bei der Organisation des Protests spielten, hatte nicht nur eine Entradikalisierung zur Folge. Die Medienschaffenden projizierten auch ein Bild der Protestierenden, das ihrem eigenen Selbstverständnis entsprach: Nur so konnte der Eindruck entstehen, die Bewegung bestünde aus Moskauer Angehörigen einer vermeintlichen »kreativen Klasse«, wenn nicht gar aus iPhone-schwingenden Hipstern.[57] Gleichzeitig gaben die mit der Stadtverwaltung abgesprochenen und von einem relativ kleinen Kreis organisierten Kundgebungen den Ton an: Gab es noch im Dezember 2011 im ganzen Land zahlreiche spontane Proteste, war schon bald die Rede von einer »Sonntagsrevolution«. Anders als bei den mehrtägigen ununterbrochenen Aktionen etwa in Kiew 2004 oder in Kairo im Frühjahr 2011 beschränkten sich die Proteste in Moskau zunehmend auf kurze, mit den Behörden abgestimmte Demonstrationen an arbeitsfreien Tagen – wenngleich es auch Städte wie Nishnij Nowgorod gab, wo die Verwaltung keinen Protest zuließ und jeder Versuch mit einer Verhaftungswelle quittiert wurde. Die Journalisten und Politiker, die bei der Aktion am 10. Dezember brutale Repressionen verhindern wollten, hatten ihr Ziel zwar erreicht, gleichzeitig aber ein politisches System gestärkt, in dem Protest staatlich verwaltet wird. In diesem System kommen als Subjekte nur Mitglieder der Elite vor, die bereit sind, nach den staatlich definierten Regeln zu spielen. Ihre Fähigkeit, den Protest zu kanalisieren, bestätigt ihren Status als Ansprechpartner und als legitime Sprecher der Opposition, obwohl diese Fähigkeit nicht von einer demokratischen Legitimierung durch die Protestierenden, sondern von informellen Kontakten mit staatlichen Stellen abhängt.

Wie das serbische Beispiel zeigt, kann eine solche Legitimierung aber nur auf bewussten Druck seitens einer Protestbewegung zustande kommen. Weder »Solidarnost« noch andere Gruppen waren zum Zeitpunkt der Dumawahl in der Lage, einen solchen Druck aufzubauen – kein Wunder, bekam doch der Protest erst in diesen Tagen überhaupt eine breitere Basis. Rasch stellte sich dadurch die Frage der Legitimität seiner medialen Repräsentanten.

Wie sich organisieren?

Während die Verhandlungen über den Protestort in Moskau noch liefen, begannen sich auch einige der unzähligen Protestneulinge dort und anderswo zu organisieren. Als Inkubatoren dienten den meisten von ihnen zunächst Gruppen in Internet-Netzwerken, die häufig wiederum von Medienschaffenden initiiert wurden. Eine Facebook-Gruppe, die als Netzwerk zur Vorbereitung der Moskauer Großdemonstration am 24. Dezember 2011 entstanden war, wurde unter dem Namen »Wir waren auf dem Bolotnaja-Platz und kommen wieder« zu einer zentralen Austausch- und Informationsplattform. In der Provinz spielte vkontakte eine ähnliche Rolle. In Tscheljabinsk etwa transformierte sich die Gruppe, in der die Konflikte um die Vorbereitung der

Demonstration am 10. Dezember ausgetragen wurden, bald in einen losen Zusammenschluss unter dem Namen »Bürgerbewegung des Südurals«.

Die neuen Gruppen trafen sich aber auch offline. In Moskau initiierte die Journalistin Masha Gessen, aufbauend auf ihrer Erfahrung in der New Yorker AIDS-Hilfe-Bewegung Act Up in den späten achtziger Jahren, regelmäßige »Protestwerkstätten«, die sich in Cafés trafen, um über Taktiken und Formen des Protests zu sprechen. Jeder konnte dort Ideen vorstellen und andere um Rat und Unterstützung bei der Entwicklung von Aktionen bitten, die er selbst durchzuführen bereit war. Auch in Sankt-Petersburg entstand ein Ableger. Drei Tage nach der Dumawahl schuf Arsen Rewasow, der Leiter einer großen Firma für Internet-Werbung, eine Webseite, die das weiße Bändchen als Symbol des Protests propagierte. Einige Moskauer, die einander auf der Demonstration am Tag nach der Wahl kennengelernt hatten, griffen die Idee auf und riefen eine Reihe von Bewegungen mit Namen wie »Das weiße Bändchen« und »Widerstand« ins Leben. Sie zeichneten in den folgenden Monaten immer wieder für kreative Aktionen verantwortlich, die den Protest auch in der Zeit zwischen den Großkundgebungen sichtbar machen sollten. Die Teilnehmer veranstalteten zum Beispiel Flashmobs, indem sie mit zugeklebten Mündern durch die Moskauer Metro spazierten. Zu den spektakulärsten Aktionen gehörte ein Autokorso mit weißen Bändchen auf dem Gartenring am 29. Januar 2012 und der »Große Weiße Kreis« am 26. Februar 2012 – eine Menschenkette, die die gesamten 15 Kilometer des Gartenrings umspannte.

Der Enthusiasmus der ersten Protesttage fachte die Weiterentwicklung von Zusammenschlüssen an, die bereits vorher um bestimmte Themen herum entstanden waren. An den Großdemonstrationen in Moskau beteiligten sich engagierte Kommunalpolitiker wie Teilnehmer einer im November 2011 gegründeten unabhängigen Gewerkschaft von Hochschullehrern und schon länger bestehenden Lehrer- und Studentenvereinigungen. Auch die folgenden Großdemonstrationen brachten immer wieder neue

Gruppen hervor: So entstanden nach den Massenverhaftungen am 6. Mai 2012 mehrere Initiativen zur Unterstützung der Inhaftierten.[58]

Auch in der Provinz bildeten sich nach der Dumawahl zahlreiche Protestgruppen, die in Eigenregie neue Aktionsformen entwickelten. Einige lehnten sich an die Moskauer Initiativen an – Autokorsos zum Beispiel fanden am 19. 2. 2012 auch in Krasnojarsk, Perm, Samara, Togliatti und Tomsk statt. Andere waren Lokalgewächse: In Belgorod etwa luden einige Enthusiasten im Februar 2012 zu einem Schlittenkorso für faire Wahlen. In Tscheljabinsk schnallte sich ein einsamer Journalist im März ein Poster um, auf dem, vom Schriftzug »Fort mit dem Winter!« umrahmt, ein durchgestrichener Putin in Weihnachtsmanntracht zu sehen war. Solchermaßen ausgerüstet fuhr er mit dem Fahrrad durch die verschneite Innenstadt. Den größten Erfolg hatten die Nanodemos mit Spielzeugfiguren, die zuerst bei früheren Protesten in Belarus aufgetaucht waren und nun in Westsibirien und im Nordwesten zum Einsatz kamen, bevor sie sich über das ganze Land verbreiteten. Neben Gruppen, die sich der Vorbereitung öffentlicher Aktionen widmeten, entstanden vielerorts neue Beobachter- und Wählervereinigungen sowie kommunalpolitische Initiativen, die sich zum Ziel setzten, von unten Druck auf das politische System auszuüben.[59]

Diese Vielfalt rief nach geregelter Repräsentation. Die Facebook-Gruppen und offenen Organisationskomitees vor der Moskauer Großdemonstration am 24. Dezember lösten das Problem offensichtlich nicht. Gleich im Anschluss begann daher die Suche nach neuen Formen der Organisation, Konsolidierung, Abgrenzung und Abstimmung. Während prominente Medienpersönlichkeiten in Moskau sich zu einer überparteilichen »Wählerliga« zusammenschlossen, trafen sich neue und alte Bürgervereinigungen in Strukturen wie der Moskauer Wählervereinigung und dem Moskauer Bürgerforum. In jedem dieser Foren stellten sich die gleichen Fragen: Wie würde sich angesichts der ideologischen Differenzen die Entscheidungsfindung gestalten, und mit welchem Recht würden die Teilnehmer für die breitere Masse der

Protestierenden sprechen? In der Provinz ging die Koalitionsbildung oft schneller vonstatten, da der Kreis der Aktiven hier
ohnehin geringer und durch die repressive Atmosphäre der vergangenen Jahre bereits in einen gemeinsamen Raum gezwängt
worden war. Vielerorts entstanden Bürgerforen als Koalitionen
zwischen liberalen, linken und nationalistischen Aktivisten sowie Vertretern gesellschaftlicher Initiativen. Prominent ist zum
Beispiel das Bürgerforum in Nishnij Nowgorod, wo alle Demonstrationen brutal aufgelöst wurden, aber auch die Koalition
in Omsk, wo sich verschiedene Gruppen darauf einigten, im
April 2012 in einer Vorwahl einen gemeinsamen Oppositionskandidaten zu bestimmen. Beide Städte sollten am 4. November
2012 wieder im Brennpunkt der Aufmerksamkeit sein, als dort
zeitgleich oppositionelle »Märsche der Regionen« mit Teilnehmern aus verschiedenen Landesteilen stattfanden. Insbesondere
die aus dem Bürgerforum hervorgegangene »Bürgerbewegung
Nishnij Nowgorod« entwickelte sich zu einem weit beachteten
Beispiel eines basisdemokratischen Koordinationsgremiums mit
Teilnehmern unterschiedlichster Provenienz.[60]

In der Hauptstadt stellte der im Januar 2012 ins Leben gerufene Moskauer Bürgerrat einen besonders intensiven Versuch dar,
eine möglichst breite und transparente Koalition aller am Protest Beteiligten zu bilden. Dieses Koordinationsorgan sah jeweils
zehn Plätze für Vertreter liberaler, linker und nationalistischer
Gruppen sowie dreißig für »soziale Organisationen und Bürgergruppen« vor. Mitglieder und Beobachter wurden von politischen
Bewegungen, Protestgruppen und Gewerkschaften entsandt.
Die Auswahl der Organisationen wurde in einer offenen SMS-
Wahl getroffen, wonach die Vereinigungen selbst ihren Vertreter
im Rat bestimmten durften. In live im Internet übertragenen
Sitzungen und diversen Arbeitsgruppen versuchte der Rat, sich
als konsolidierendes Organ zu konstituieren. Er wurde jedoch
durch die Konzentration auf Verfahrensfragen und vor allem
durch die mangelnde Aufmerksamkeit und Wahlbeteiligung ge-
lähmt. Spätestens der »Marsch der Millionen« zeigte, dass prominente Figuren aus Politik und Medien weiterhin über größere

Möglichkeiten der Mobilisierung verfügten. Der Bürgerrat versandete in gegenseitigen Beschuldigungen und stellte seine Treffen ein, ohne das Problem der politischen Repräsentation des Protests gelöst zu haben.[61] Er hatte jedoch Weichen für einen zweiten, systematischeren Anlauf gestellt.

Der Koordinationsrat der Opposition

Nach dem zweiten »Marsch der Millionen« in Moskau am 12. Juni 2012 kündigte eine Initiativgruppe die Vorbereitung von Wahlen zu einem Koordinationsrat der Opposition an. Das Wahlkomitee unter Vorsitz des IT-Experten Leonid Wolkow aus Jekaterinburg und mit Vertretern der drei größten Wahlbeobachtervereinigungen erstellte ein ausgeklügeltes Regelwerk für die Zulassung der Kandidaten, die Registrierung der Wähler und die Wahlen selbst. Aktivisten verschiedener Protest- und Oppositionsgruppen veranstalteten einen »Weißen Strom« – einen für alle offenen Autokorso, der Ende August im sibirischen Krasnojarsk begann. An den Zwischenstationen gab es Demonstrationen und offene Diskussionen – zum Kennenlernen und zum Austausch mit lokalen Protestgruppen. Der »Weiße Strom« endete am 15. September in Moskau auf dem dritten »Marsch der Millionen« – bis zu diesem Datum mussten sich auch alle Kandidaten für die Wahlen zum Koordinationsrat anmelden. Neben einer offenen Liste gab es – wie schon beim Moskauer Bürgerrat – Quotenplätze für Kandidaten, die als Liberale, Linke oder Nationalisten ins Rennen gingen. Insgesamt waren 45 Plätze vorgesehen. Neben Prominenten wie Nawalnyj, Kasparow oder Sobtschak kandidierten auch weniger bekannte Personen aus Moskau und der Provinz, darunter junge Aktivisten und ernst zu nehmende Lokalpolitiker sowie einzelne schrullige Gestalten – wie ein Sozialarbeiter aus Rostow am Don, der sich in Anlehnung an einen Science-Fiction-Begriff als auf die Erde entsandter »Progressor« bezeichnete.

Ende September begannen Debatten zwischen den Kandida-

ten. Obwohl es jedem freistand, eigene Streitgespräche zu veranstalten, richtete sich das Hauptaugenmerk auf ein showähn-
lich organisiertes Debattenturnier im Internetsender *Doshd*. Zusätzlich rief das Wahlkomitee einen Wettbewerb aus, bei dem
registrierte Wähler anonym veröffentlichte Aufsätze der Kandidaten bewerten konnten, und ließ diese eine Art Wahlomat
ausfüllen, anhand dessen Wähler ihre Vorlieben mit denen der
Kandidaten vergleichen konnten. Am 20. Oktober begannen die
eigentlichen Wahlen. Wähler konnten über eine gesicherte Inter-
netplattform abstimmen, zusätzlich richteten Freiwillige im In-
und Ausland eine Reihe von Wahllokalen ein, die gerade älteren
Wählern den Zugang zu diesem System erleichterten.

Die Debatten und der Wahlprozess wurden breit und kontrovers diskutiert. Die meisten Vertreter legaler Parteien verweigerten ihre Teilnahme, die offiziellen Medien äußerten sich abschätzig. Auch innerhalb der Protestbewegung gab es viel Kritik, nicht
zuletzt an der zentralen Rolle von Moskauer Internetmedien bei
der Durchführung der Wahlen. Während der Debatten zeigte
sich, dass die meisten Kandidaten keine klare Vorstellung von
der zukünftigen Rolle des zu wählenden Gremiums hatten. Dennoch verfolgten Zehntausende die nächtlichen Runden auf *Doshd*,
bei denen zum ersten Mal seit einem Jahrzehnt eine große Palette
politischer Fragen kontrovers zur Sprache kam, darunter viele
Themen, die noch ein Jahr zuvor selbst innerhalb der außerparlamentarischen Opposition nur wenig diskutiert worden waren –
von der elektronischen Demokratie bis hin zur Lustration und zu
Perspektiven einer Spaltung der politischen Elite. Fast 100 000
nahmen die relativ komplizierte Registrierungsprozedur auf sich,
die meisten von ihnen beteiligten sich an der Wahl. Am Abstim-
mungswochenende, das am 20. Oktober begann, hatte das Wahlkomitee nicht nur mit einer massiven Denial of Service-Attacke
zu kämpfen, die das System stundenlang lahmlegte, sondern
auch mit einer ausgeklügelten Sabotageaktion: Sergej Mawrodi,
ein berüchtigter Finanzbetrüger, wies die Teilnehmer seiner Fi-
nanzpyramide – offensichtlich im Auftrag des Kremls – an, für
eine bestimmte Kombination von Kandidaten zu stimmen, um

die Wahlen zur Farce zu machen. Erst wenn sie den entsprechenden Nachweis lieferten, würde er ihre Konten wieder freischal-
ten.[62]

Ungeachtet dieser Schwierigkeiten und mit einem Tag Verspätung wurden die Wahlen abgeschlossen. Die Bilanz war gemischt.
Trotz der technischen Probleme und einiger kontroverser Entscheidungen des Wahlkomitees war die Abstimmung prozedural
ein anschaulicher Gegenentwurf zu den fälschungsgeplagten staatlichen Wahlen. Die Kandidaten übten sich in Koalitions- und
Kompromissdenken und im Formulieren der eigenen Position.
Vor allem aber lernten die Zuschauer der Debatten viele neue Gesichter und Standpunkte kennen, auch wenn schließlich fast ausnahmslos bekannte Persönlichkeiten gewählt wurden. Gleichzeitig machten die Wahl und deren Ergebnisse einige gravierende
Schwächen des Protests deutlich, ja sie zementierten diese sogar noch. Trotz des »Weißen Stroms«, der vielen Wahllokale und
einer durchaus regen Beteiligung in der Provinz bestand der
schließlich gewählte Koordinationsrat zu über 80 Prozent aus
Moskauern. Das Primat der medialen Prominenz blieb bestehen:
Bei den Gewählten handelte es sich größtenteils um alte Bekannte oder solche, die mit ihnen verbunden waren. Den ersten Platz
nahm mit einigem Abstand Nawalnyj ein, auch sonst entsprach
die Zusammensetzung in großen Teilen seinen Empfehlungen.

Was genau der Rat koordinieren sollte, blieb unklar: Die Kandidaten waren als Einzelpersonen, nicht als Vertreter von Partei-
en oder Protestvereinigungen aufgetreten, so dass viele gewählt
wurden, hinter denen keine Organisation stand. Der Koordinationsrat verstärkte noch die Verwirrung über den Unterschied
zwischen Oppositions- und Protestbewegung: Es handelte sich
ja weder um eine Versammlung von Oppositionspolitikern noch
um eine Form der Selbstorganisation und Vernetzung lokaler
Protestgruppen. Letztere hatten also keine Möglichkeit bekommen, geschlossen auf Politiker und Prominente Druck auszuüben.
Der Sozialprotest blieb fast gänzlich außen vor. Unter den 45 erfolgreichen Kandidaten waren mit den Öko-Aktivisten Alexej
Gaskarow und Suren Gasarjan nur zwei, die sich mehr oder we-

niger eindeutig kommunalen oder lokalen Protestinitiativen zu-
ordnen ließen. Andererseits waren auch kaum Abweichler aus
der politischen Elite vertreten: Allenfalls der kürzlich geschasste
Duma-Abgeordnete Gennadij Gudkow und sein noch im Parlament verbleibender Sohn Dmitrij waren dieser Kategorie zuzurechnen.

Die Wahlen zum Koordinationsrat hatten es also nicht ver-
mocht, die Probleme der Repräsentation, Legitimität und Effektivität zu allgemeiner Zufriedenheit zu lösen.

Auch war es nicht gelungen, den Protest wirksam zu strukturieren, um den Straßenprotest, die oppositionellen Parteien und
Bewegungen und Reformer aus der Elite in einen Dialog zu bringen. Ebenso wie seine Vorgänger verbiss sich der Koordinationsrat in Verfahrensfragen und in einer öffentlichen Debatte zwischen
Revolutionären und Befürwortern einer behutsamen Beeinflussung von Putins Regime.[63] In den folgenden Wochen und Monaten spielte der Rat nicht einmal bei der Organisation der großen Moskauer Demonstrationen die Hauptrolle. Mehrere seiner
Mitglieder sahen sich – wie auch andere Protestaktivisten – staatlicher Verfolgung ausgesetzt. Der linke Aktivist Leonid Ras-
wosshajew floh in die Ukraine und wurde vom russischen Geheimdienst gekidnappt, während er im Begriff war, dort bei einer
mit der UNO verbundenen Organisation Asyl zu beantragen;
Suren Gasarjan flüchtete vor einem Strafverfahren nach Estland; Nawalnyj wurde im Zusammenhang mit seiner Arbeit in
Kirow der Veruntreuung von Staatsgeldern beschuldigt. Udalzow wurde auf Grundlage eines Enthüllungsfilms angeklagt, in
ausländischem Auftrag Massenunruhen vorbereitet zu haben.
Im Zusammenhang mit den Ermittlungen gegen ihn traf es in verschiedenen Städten auch Mitarbeiter von Menschenrechts-NGOs.
Überhaupt trafen die als Reaktion auf die Proteste einsetzenden
staatlichen Sanktionen wie etwa das Gesetz über »ausländische
Agenten« überproportional Bürgerrechtler und andere Nichtregierungsorganisationen. Dies entbehrte nicht einer traurigen Ironie, hatten diese doch in vielen Fällen versucht, eine gewisse Distanz gegenüber der neuen Bewegung zu wahren.

Zahlenmäßig war der Protest bereits im Herbst in den meisten Regionen abgeflaut. In Tscheljabinsk versammelten sich am 15. September 2012 kaum mehr als hundert Menschen bei strömendem Regen auf dem Roten Feld, um, von Polizisten mit Kameras und jungen Männern in Zivil beobachtet, ihre Solidarität mit dem dritten »Marsch der Millionen« in Moskau zu bekunden. Trotz der geringen Zahl war klar, dass sich seit dem Beginn der Protestwelle vieles verändert hatte: Neben der kopftuchtragenden Irina Bogdanowa, örtlichen Ökologen und den Tscheljabinsker Organisatoren der »Strategie-31« kamen auch Protest-Neulinge. Angemeldet hatte die Veranstaltung ein Ingenieur aus der neuen »Bürgerbewegung des Südurals«. Der fahrradfahrende Journalist war ebenso dabei wie Vertreter der Piratenpartei, die wenige Tage zuvor bei Moskau ihren zweiten Parteitag abgehalten hatte. Einige waren zum ersten Mal auf einer Demonstration. Andere hatten nicht kommen können: Die Bürgerrechtlerin Walerija Prichodkina war krank, und Kira Sokolowa musste sich um ihr Kind kümmern.

Jeder, der wollte, durfte das Wort ergreifen: Anders als in Moskau gab es auf der kleinen Veranstaltung in Tscheljabinsk keinen Kampf um die Rednerliste. Diejenigen, die vor die Versammelten traten, aber auch die Menschen in der Menge scheuten sich nicht, ihre Themen – die Umweltzerstörung in der Region, die verdichtende Bebauung, das schlechte Nahverkehrsnetz – mit Forderungen nach einem Rücktritt des Gouverneurs und des Präsidenten zu verbinden. Andererseits waren die Erwartungen an die Moskauer Bewegung gedämpft. »Wir haben hier unsere eigene Tagesordnung«, urteilte einige Tage später ein Tscheljabinsker Anwalt, der seit Jahren mit lokalen Protestinitiativen zusammenarbeitet. Den Moskauer Oppositionspolitikern, die im Zuge des »Weißen Stroms« nach Tscheljabinsk gekommen waren, hatte er Beschreibungen konkreter Anliegen in die Hand gedrückt. Allein danach, ob sie sich dafür einsetzen würden, wollte er ihre Nützlichkeit beurteilen. Das Problem der Versammlungsfreiheit etwa stellte sich unabhängig davon, wer an der Macht war. »Selbst wenn irgendein Nemzow oder Nawalnyj an die Macht kommt, bleibt das Problem bestehen. Die Beamten werden trotzdem sagen: Was machen diese Leute hier, was sollen diese Demonstrationen?«

Immerhin hatte der Protest der letzten Monate die Herausbildung eines gemeinsamen Raums beschleunigt, in dem sich die vielen lokalen Initiativen bündeln konnten. »Es war ja nicht so, dass nach den Wahlen plötzlich alle zum ersten Mal auf die Straße gegangen wären«, urteilt der Anwalt. »Nein, es gab eine riesige Vorbereitungsarbeit. Dass [im Dezember] so viele kamen, das war natürlich unerwartet. [...] Der Knochen hat Fleisch angesetzt.«[64]

IV DER FALL PUSSY RIOT

Ein wichtiger Akteur des politischen Lebens in Russland stand am 6. Mai 2012 etwas abseits des Geschehens auf der Jakimanka und dem Bolotnaja-Platz – genauer gesagt auf einer erhöhten Stein-plattform auf der anderen Flussseite. Stellte man sich neben eine der gusseisernen Straßenlaternen im Kronleuchterstil des späten 19. Jahrhunderts und ließ den Blick über die ungewöhnlich leere sechsspurige Uferstraße, die für Fußgänger darüber geschwunge-ne Patriarchenbrücke und die Moskwa schweifen, so konnte man hinter dem berühmten Haus an der Uferstraße bestenfalls einen kleinen Teil der riesigen Menge und des Heers von Polizisten sehen – linker Hand aber deutlich die auf der Großen Steinernen Brücke sta-tionierten Schützenpanzerwagen. Man konnte den Hubschrauber über den Demonstranten beobachten und die beginnenden Zusam-menstöße zumindest anhand der vielen an- und abfahrenden Ge-fangenentransporter verfolgen.

Der kreidebleiche, stämmige, hünenhafte Blondschopf, von dem die Rede ist – der an diesem Tag abwesende Bestsellerautor und Protestaktivist Boris Akunin hatte eine Romanfigur von einem »häß-lichen Riesenkopf« sprechen lassen – war, wie die jüngsten unter den Demonstranten, ein Kind der postsowjetischen Epoche. Er war kaum zur Welt gekommen und noch nicht getauft worden, als Putin, der ihn oft besuchen sollte, zum ersten Mal im 600 Meter Luftlinie entfernten Senatspalast im Kreml einzog.

Während um den Bolotnaja-Platz noch Schläge auf die Demons-tranten niederprasselten, war unser Protagonist anderweitig ver-plant: nämlich festlich herausgeputzt auf einer feierlichen Veran-staltung zum bevorstehenden Siegestag, die nach einem bekannten Lied von 1985 »Verneigen wir uns vor jenen großen Jahren« beti-telt war. Auf die Bühne stiegen nacheinander medaillenbehängte Veteranen des Großen Vaterländischen Kriegs, bekannte Unterhal-tungskünstler, Gewinner eines patriotischen Liederwettbewerbs, Volkstanzensembles mit »Soldatinnen« in eng anliegenden Mini-

rock-Uniformen sowie Vertreter der Vereinigungen »Offiziere Russlands« und »Mütter Russlands«. Patriarch Kirill I. (mit bürgerlichem
Namen: Wladimir Gundjajew), das Oberhaupt der russisch-orthodoxen Kirche, traf mit anderthalb Stunden Verspätung aus dem
Neujungfrauen-Kloster ein; dort hatte, wie er glücklich verkündete,
»der erneut gewählte Präsident unseres Landes Wladimir Wladimirowitsch Putin der Kirche ein großes Heiligtum aus dem Historischen Museum übergeben – die wundertätige Ikone der Mutter Gottes von Iwersk«. Eingerahmt von knappen Ostergrüßen, war die
Ansprache des Patriarchen im Übrigen den vielen militärischen Erfolgen des Vaterlands gegen die »fremdländischen Kräfte« vergangener Jahrhunderte und dem Zusammenhalt des Volkes angesichts
zahlreicher Bedrohungen der Gegenwart gewidmet. »Wir bewahren diese Ereignisse« – den Sieg im Großen Vaterländischen Krieg
von 1941-45 – »in unserer Erinnerung, weil sie tatsächlich die Welt
verändert haben – in dem Sinne, dass sie es nicht zugelassen haben, dass die historische Rus', Russland, die Sowjetunion – wie
wir unser Land zu jener Zeit nannten – zusammenbricht und mit
ihr die ganze mächtige orthodoxe, viele Völker umfassende, aber
dennoch mehrheitlich orthodoxe Zivilisation, die – einigen mag
dies seltsam erscheinen – auf den im Evangelium begründeten ethi-
schen Prinzipien fußt. Und obwohl man zur sowjetischen Zeit nicht
an Gott glaubte, wurden diese Prinzipien nicht aufgegeben. Wir
gingen siegreich hervor, wir haben das Vaterland gerettet, wir haben die Welt gerettet. [...] Doch die Erinnerung an den Sieg ist noch
aus einem anderen Grunde wichtig. Der Sieg bietet uns ein Beispiel
dessen, wie das Volk sich um gemeinsame Ziele und gemeinsame
Werte zusammenschließen und das scheinbar Unmögliche vollbrin-
gen kann.«

   Als Beispiel für einen solchen neutestamentarisch fundierten gemeinsamen Wert führte der von E-Gitarristen flankierte Patriarch
Kampf und Krieg an: natürlich nicht den Waffengang, in dem man
»anderen seinen Willen aufdrängt, ihre Souveränität untergräbt,
sie wirtschaftlich oder ideologisch missbraucht«, sondern nur den
Kampf, in dem man »sein Volk beschützt, seine Heiligtümer, seine
Geschichte, sein eigenes nationales Selbstverständnis«.

Die OMON-*Polizisten, die in diesen Minuten das nationale Selbst-*
verständnis von Präsident und Patriarch gegen die mutmaßlich
fremdländisch inspirierten Bürgerinnen und Bürger auf der anderen
Flussseite verteidigten, durften sich bestärkt fühlen, wenn sie auch
keine Zeit hatten, der Rede zu lauschen. Die Protestteilnehmer hin-
gegen konnten nicht auf den Beistand unseres Helden hoffen. Ob-
wohl die Protestaktionen der vergangenen Monate und sogar die
der laufenden Woche ohne seine Teilnahme undenkbar gewesen
wären, hätte es dazu schon eines wundertätigen Eingreifens der
Mutter Gottes bedurft. Unser Held – die Übertragung ins Deutsche,
nicht aber ein wie auch immer gearteter Zweifel an der Eindeu-
tigkeit von Geschlechterrollen, schreibt eine andere Bezeichnung
vor: unsere Heldin – konnte ja nicht einfach aufstehen und ge-
hen. Schließlich war sie ein Gebäude: die Christ-Erlöser-Kathedrale,
das zentrale Gotteshaus der russisch-orthodoxen Kirche.

Erbaut in den Jahren 1994-1997 und in Putins Antrittsjahr 2000
geweiht, ist die Kathedrale äußerlich die Replik eines Vorgänger-
baus, der 1883 nach 34 Baujahren zur Erinnerung an den erfolg-
reichen Widerstand gegen Napoleon 1812 errichtet wurde. Die
sowjetische Staatsführung ließ das Gebäude 1931 sprengen, um
Platz für einen titanischen »Palast der Sowjets« zu schaffen, der
jedoch nie gebaut wurde. In den Jahren 1958-60 entstand auf des-
sen Fundament ein riesiges, auch im Winter geöffnetes Freibad.
Moskaus langjähriger Bürgermeister Jurij Lushkow griff in der post-
sowjetischen Zeit die weit verbreitete Idee auf, die Kirche wieder-
zuerrichten, und beauftragte seinen Lieblingsbildhauer Surab Zere-
teli mit der Fertigstellung. Heute ist die weltweit höchste orthodoxe
Kathedrale zwar nicht die Hauptresidenz des Patriarchen – er hat
seinen Amtssitz im Danilow-Kloster –, untersteht ihm aber direkt
und gilt als Russlands wichtigste Kirche.[1]

Punk-Gottesdienst

Am 21. Februar 2012 hatte in der Christ-Erlöser-Kathedrale ein Konzert einer etwas anderen Art stattgefunden. Fünf vermummte Frauen, in grellen Strumpfhosen und trotz der Kälte draußen in Sommerkleidern, betraten den Ambo der Haupthalle. Eine von ihnen packte eine Elektrogitarre aus und wurde schnell von einem Aufseher weggezerrt. Die vier anderen Frauen führten währenddessen zirka 30 Sekunden lang einen Tanz auf, bei dem sie sich bekreuzigten, betend auf die Knie fielen, die Arme reckten und »Abschaum, Abschaum, Abschaum Gottes« riefen. Mehrere Begleiter filmten die Aktion und dokumentierten, wie die Frauen von aufgebrachten Kirchgängerinnen und dem Wachdienst der Kathedrale bedrängt und schließlich aus dem Gebäude geführt wurden. Bereits am Abend erschien auf Youtube ein Video mit dem Titel »Pussy Riots Punk-Gottesdienst ›Mutter Gottes, vertreibe Putin‹ in der Kirche«. Darin waren Teile dieser Aufnahmen mit Clips von einer ähnlichen Aktion zusammengeschnitten, die zwei Tage zuvor im Nebenaltar der Moskauer Epiphanien-Kathedrale stattgefunden hatte, das Ganze unterlegt mit einem Lied, das von Gebetsgesang zu schrillem Punkgeschrei wechselt:

Mutter Gottes, Jungfrau, vertreibe Putin!
Vertreibe Putin, vertreibe Putin!

Schwarzer Priesterrock, goldene Schulterstücke –
Alle Gemeindemitglieder kriechen zur Verbeugung,
Das Gespenst der Freiheit ist im Himmel.
Die Gay Pride wurde in Ketten nach Sibirien geschickt.
Der KGB-Chef, ihr oberster Heiliger,
Eskortiert die Protestierenden ins Gefängnis.
Um den Heiligen Patriarchen nicht zu kränken,
Müssen Frauen gebären und lieben.
Abschaum, Abschaum, Abschaum Gottes!
Abschaum, Abschaum, Abschaum Gottes!
[alternativ: Heilige, heilige, heilige Scheiße!]

Mutter Gottes, Jungfrau, werde Feministin,
Werde Feministin, werde Feministin!

Kirchliche Lobpreisung für die verfaulten Führer -
Eine Kreuzprozession aus schwarzen Limousinen.
In deine Schule kommt der Prediger,
Geh zum Unterricht – bring ihm Geld!
Der Patriarch Gundjaj glaubt an Putin.
Besser sollte der Schweinehund an Gott glauben.
Der Gürtel der Jungfrau ersetzt keine Demonstrationen –
Die Jungfrau Maria ist bei den Protesten mit uns!

Mutter Gottes, Jungfrau, vertreibe Putin!
Vertreibe Putin, vertreibe Putin![2]

Das Video erreichte schnell ein ungleich größeres Publikum als
frühere Clips der feministischen Punk-Rock-Gruppe Pussy Riot,
die seit Oktober 2011 etwa in Metrostationen, auf dem Dach
eines Trolleybusses oder auf dem Roten Platz entstanden waren.
Auch die früheren Lieder hatten sowohl die Dumawahlen und
die darauffolgenden Proteste zum Thema als auch Sexismus und
Homophobie. Die Teilnehmerinnen fühlten sich vom Arabischen
Frühling inspiriert zu der Erkenntnis, »dass es in Russland an
politischer und sexueller Emanzipation, Kühnheit, einer feministischen Peitsche und einer Präsidentin fehlt«.[3] Am 3. März
wurden mit Nadeshda Tolokonnikowa und Maria Aljochina
zwei Mitglieder der bis dahin anonymen Gruppe wegen der Teilnahme an der Aktion in der Kathedrale festgenommen; am 16.
März eine dritte Aktivistin, Jekaterina Samuzewitsch. Damit begann ein Strafverfahren, das in Russland zu hitzigen Kontroversen führte und in der Wahrnehmung ausländischer Medien die
übrige Protestbewegung und das politische Geschehen in Russland bald überlagern sollte. Nachdem das Gericht die Untersuchungshaft für die drei Frauen mehrfach verlängert hatte, verurteilte sie die Richterin Marina Syrowa vom Bezirksgericht
Chamowniki am 17. August 2012 wegen Rowdytums zu einer
insgesamt zweijährigen Haftstrafe. Im Berufungsverfahren un-

terstrich die neue Anwältin von Samuzewitsch, dass ihre Mandantin nicht am Tanz teilgenommen hatte: Sie war bereits beim Auspacken der Gitarre abgeführt worden. Das Moskauer Stadtgericht setzte ihre Strafe zur Bewährung aus; Tolokonnikowa und Aljochina hingegen kamen in entfernte Strafkolonien.

Die Aktion von Pussy Riot war Ausdruck des Einfallsreichtums, die die Protestbewegung von ihrem Beginn an kennzeichnete, und löste eine neue Welle von kreativen und zunehmend kontroversen Protestaktionen aus. Weil die Gruppe über ihre bekanntesten Teilnehmerinnen mit der Kunstszene verbunden war, kristallisierten sich in der Auseinandersetzung um Pussy Riot die unterschiedlichsten Standpunkte zum Verhältnis zwischen zeitgenössischer Kunst und Politik heraus. Da Pussy Riot als Band auftrat, wurden auch Musiker zu Stellungnahmen veranlasst. Darüber hinaus warf der Punk-Gottesdienst aber auch viele Fragen zur gesellschaftlichen Rolle der Kirche und zum Stellenwert der Religion in der Protestbewegung auf. Schließlich trug Pussy Riot den im russischsprachigen Raum bislang größtenteils akademischen Feminismus in eine breite Öffentlichkeit und stellte Geschlechterrollen in Frage, die auch innerhalb der Protestbewegung kaum verhandelt worden waren. Dazu gehörte auch die Lage der Lesben, Schwulen, Bisexuellen und Trans. Sie waren in den letzten Jahren besonderen Anfeindungen von Seiten staatlicher und kirchlicher Stellen ausgesetzt, und von den relativ wenigen offen als LGBT Lebenden engagierten sich viele in der Protestbewegung, ohne jedoch eine neue Welle repressiver Gesetze verhindern zu können.

Pussy Riot und die Protestbewegung

Anders als im Westen wurde Pussy Riot zwar nie zum wichtigsten Thema der Protestbewegung. Doch Aufrufe zur Freilassung der Aktivistinnen wurden sofort nach der ersten Verhaftung laut. Am 8. März – dem in Russland enorm wichtigen, aber ins Gegen-

teil seiner ursprünglichen emanzipatorischen Bestimmung ver-
kehrten Internationalen Frauentag – fanden in Moskau, Sankt
Petersburg, Nowosibirsk und Jekaterinburg Mahnwachen zur
Befreiung von Tolokonnikowa und Aljochina statt. In Moskau
nahmen Alexej Nawalnyj und Boris Nemzow daran teil. Zwei
Tage später erschienen auf den Demonstrationen der Protestbewegung in Moskau, Petersburg und anderen, auch kleineren Städten wie Woronesh entsprechende Plakate.

   In rascher Folge schlossen sich weitere Aktionen an. Künstler
organisierten Ausstellungen und Performances, Musiker veranstalteten Solidaritätskonzerte. Unter dem Titel »Occupy Gericht«
und »Occupy Untersuchungskomitee« fanden Demonstrationen
und Sit-Ins statt, von denen viele das Pussy-Riot-Verfahren zum
Thema machten. Die Ästhetik der Gruppe fand zahlreiche Nach-
ahmer: Vor allem die grellen Skimasken wurden zu einem internationalen Wahrzeichen des Protests. Am 12. Mai 2012 etwa
band sich eine Aktivistin in Pussy-Riot-Kostüm neben der Petersburger Blutkirche an ein Kreuz mit der Aufschrift »Hier
könnte Ihre Demokratie stehen« und bat um Spenden »für die
Wiederherstellung der Reputation der Kirche«.

   Neben zahlreichen Einzelaktionen in Russland gab es auch
eine Welle von Solidaritätsbekundungen im Ausland, die zunächst vor allem von Künstlern, Literaten und Aktivisten aus
Russland organisiert wurden, nach breiterer Berichterstattung
über den Prozess aber zunehmend auch von Menschen, die kaum
über die Politik und die breitere Protestbewegung in diesem
Land informiert waren. In Russland wie im Ausland zirkulierten
mehrere offene Unterstützerbriefe, darunter solche mit prominenten Unterzeichnern, die ihre Forderung nach einer Ausset-
zung des Strafverfahrens unterschiedlich begründeten. Auch Videos und Texte der Auftritte von Aljochina, Samuzewitsch und
Tolokonnikowa während der Vernehmung fanden weite Verbreitung. Am Tag der Urteilsverkündung fanden in Russland und
weltweit in über fünfzig Städten Versammlungen von Unterstützern statt. In Berlin ketteten sich einige Aktivisten an den Zaun
der russischen Botschaft.

Die Berichterstattung staatsnaher Medien und Kommentare einiger Kirchenvertreter brachten zunehmend auch solche Aktionen mit Pussy Riot in Verbindung, die weder mit der Gruppe noch überhaupt mit der Protestbewegung zu tun hatten, darunter ein Zombie Walk geschminkter Jugendlicher am 19. August in Omsk. Auch nach der Urteilsverkündung ebbte der Strom von Aktionen und Aufrufen nicht ab. Im September fand in Sankt Petersburg ein großes Benefizkonzert für Pussy Riot und andere politische Gefangene statt. Die bunte Skimaske verselbständigte sich zu einem globalen Symbol mit jeweils unterschiedlichen Bedeutungsnuancen.

Neben viel Unterstützung gab es aber auch innerhalb des Protests kritische Stimmen zu Pussy Riot, vor allem von gestandenen Oppositionspolitikern verschiedener Couleur. Einige sahen die Pussy-Riot-Affäre als Ablenkung von wichtigeren Aufgaben. Der sozialistische Publizist Alexander Tarasow etwa riet linken Gruppen davon ab, sich zu sehr auf den Fall zu fokussieren: Die Pussy-Riot-Frauen seien weder authentische Feministinnen noch echte Punks; ihre Aktion sei kontraproduktiv, gar eine Provokation gewesen, und die Unterstützung für sie zeuge von der Unreife der linken Szene in Russland.[4] Der nationalliberale Ex-Vizeminister Wladimir Milow gab zu bedenken, es handle sich bei der Pussy-Riot-Affäre nicht um einen Sonderfall, sondern hier zeige sich lediglich an einem neuen Beispiel, wie der staatliche Repressionsapparat funktioniert. Man solle die Rolle der Kirche in der Affäre nicht überbewerten und die drei Frauen nicht als Symbole des Widerstands, sondern bestenfalls als Opfer, womöglich gar als Provokateure mit kommerziellen Interessen sehen: »Ich möchte nicht über die Organisatoren und Hintergründe dieser Geschichte mit den Tänzen in der Kirche spekulieren oder darüber, wer sie weiter aufbauscht. Diese ›ideale Provokation‹ ist eine vollendete Tatsache. Sie hat einen großen Beitrag dazu geleistet, oppositionell eingestellte Bürger vom ernsthaften politischen Kampf um die Demokratisierung des Landes abzulenken und sich stattdessen falschen Zielen zuzuwenden, die in keinem Zusammenhang damit stehen. [...] Die Kluft zwischen der Gesellschaft und den Pussy-Riot-Unterstützern innerhalb der Opposition wächst.«[5] Eduard Limonow war sichtlich pikiert über den Verlust seiner Führungsrolle bei öffentlichen Provokationen. Er wies Vergleiche mit Aktionen der Nationalbolschewisten zurück, die anders als die der Pussy-Riot-Frauen von »künstlerischem Scharfsinn« geprägt gewesen seien. Obwohl er sich zuvor oft abschätzig über die in Traditionen verfangene russische Kultur geäußert hatte, behauptete er nun: »Wir haben nie gegen den Volksglauben ausgeholt.« Die »Intelligenzija«, kritisierte er, »entfernt sich immer weiter vom Volk, spricht ihm das Recht auf seine Traditionen und seine Geistigkeit ab«.[6] Grigorij Jawlinskij hingegen, dessen sozialliberale Jabloko-Partei sich für eine Einstellung des Verfahrens eingesetzt hatte, kritisierte zwar die Aktion in der Kirche, sah aber in der Nichteinhaltung rechtsstaatlicher Normen beim Prozess ein größeres Spaltungspotential: »Die lange Inhaftierung der jungen Frauen und der Geist der Nichtvergebung und der Rache schaden Russlands Gesellschaft weitaus mehr als der Unfug, den sie in der Kirche getrieben haben.«[7]

Eine kontroverse Diskussion entbrannte, auch in Unterstützerkreisen, über die Rolle des ersten Anwaltstrios und Tolokonnikowas Ehemann Pjotr Wersilow: Kritiker beschuldigten sie einer übertriebenen Politisierung der Affäre zum Schaden der drei Angeklagten, aber auch des Versuchs, aus der Marke Pussy Riot Gewinn zu schlagen. Einen Höhepunkt dieser Kontroverse bildete ein offener Brief von Aljochina und Tolokonnikowa vom 11. Oktober aus dem Gefängnis, mit dem sie Wersilow das Recht aberkannten, öffentlich im Namen der Gruppe zu sprechen: »Nur eine Frau in einer Skimaske kann die Gruppe legitim repräsentieren.«[8] Im November übertrugen auch Tolokonnikowa und Aljochina ihr Mandat der Anwältin Irina Chrunowa, die Samuzewitschs Freilassung erwirkt hatte und nun eine Klage vor dem Europäischen Gerichtshof für Menschenrechte vorbereitete. Die Mitarbeiterin der Vereinigung »Agora« hatte unter vielen anderen bekannten Angeklagten den Finanzmagnaten Michail Chodorkowskij verteidigt. Agora-Mitglieder hatten bereits an vielen anderen politischen Prozessen teilgenommen, darunter den gegen die ehemalige Nationalbolschewistin Taissija Ossipowa, die – im Ausland kaum zur Kenntnis genommen – keine zwei Wochen nach der Pussy-Riot-Verkündung von einem Gericht in Smolensk zu einer achtjährigen Haftstrafe wegen angeblichen Drogenbesitzes und -handels verurteilt wurde – doppelt so viel, wie die Staatsanwaltschaft gefordert hatte.

Gerade im Ausland führte die Aufmerksamkeit für Pussy Riot nur selten zu einer Beschäftigung mit anderen Gerichtsprozessen dieser Art – oder auch mit der Vielfalt künstlerisch-politischer Aktionen vor und nach Einsetzen der Protestbewegung. Ohne diesen Kontext ist die Bedeutung der Gruppe aber kaum zu verstehen.

Musik, Kunst und Politik

Anders als in vielen ähnlichen Bewegungen wurde die Musik in Russland nicht zur wichtigsten Ausdrucksform des Protests, schon weil dessen Teilnehmer – und damit die Geschmäcker – zu unterschiedlich waren. Auf den ersten Demonstrationen erlebte eine Rockhymne aus der Perestroika eine unerwartete Renaissance: »Wir warten auf Veränderungen« des jung gestorbenen Wiktor Tsoj. Ansonsten erreichte jedoch kein Musikstück den Kultstatus, den die Lieder von Jacek Kaczmarski für die Solidarność-Bewegung in Polen oder GreenJollys Hip-Hop-Kreation »Zusammen sind wir viele« in Kiew anno 2004 besaßen. Eine politisierte Musikkultur gab es zwar seit Jahren, vor allem in der DIY-Punk-Szene. Der nach 18 Jahren aus den USA zurückgekehrte Rockmusiker Wassilij Schumow arbeitete seit Anfang 2009 an einer Vernetzung politisch engagierter Interpreten; zum zweiten »Marsch der Millionen« am 12. Juni präsentierte er gemeinsam mit zwei Kollegen ein »Weißes Album« mit über 300 alten und neuen Protestliedern verschiedener Stilrichtungen, deren Autoren sich auf einen Aufruf im Internet hin gemeldet hatten, und im Netz zirkulierten schon vor der Dumawahl kriti-

sche Lieder, etwa »Unser Irrenhaus wählt Putin« der Gruppe
Rabfak aus Jekaterinburg. Dennoch wurden weder die Rap-
Kompositionen von Noize MC noch anonyme Kreationen wie
»Putin kaputt« zum Soundtrack des Straßenprotests.[9]

Obwohl auch Pussy Riot formal als Musikgruppe auftrat,
wurzelte das Kollektiv in der Kunstszene. Aktionskünstler waren unter den Ersten, die nach der Dumawahl protestierten und
der entstehenden Bewegung eine Sprache gaben. Neben Vertretern der Kunstszene im engeren Sinn gehörten dazu auch Literaten sowie Geistes- und Sozialwissenschaftler etwa aus dem
Umfeld der seit 2003 meistens in Sankt Petersburg aktiven linken Plattform »Was tun?« (im Ausland vor allem in der englischen Schreibweise »Chto Delat?« bekannt). Der bekannte Moskauer Dichter und Aktivist Kirill Medwedew zog bereits am
Abend des Duma-Wahltags mit einer Gruppe von zwanzig bis
vierzig mit Handfackeln bewaffneten Anarchisten und Sozialisten durch die Pretschistenka-Straße im Zentrum der Hauptstadt.[10] Die Demonstranten skandierten »One solution – revolution«, »Unser Kandidat ist die Selbstverwaltung« und hielten
ein großes Banner mit der Aufschrift »Man hat euch verarscht«
in die Höhe. Der Petersburger Poet und Videokünstler Pawel Arsenjew aus dem »Laboratorium des poetischen Aktionismus«
steuerte am 10. Dezember 2011 ein Wortspiel bei, das sowohl
»Ihr seid nicht unsere Repräsentanten« als auch »Ihr habt ja gar
keine Ahnung von uns« bedeuten kann. Die Losung war vom
»No nos representan« der spanischen Indignados abgeleitet.
Nachdem die oppositionelle Zeitung *Nowaja gaseta* den Slogan
vor dem Aktionstag am 4.2.2012 großformatig abdruckte, war
er auf Demonstrationen von Karelien bis Sibirien zu sehen und
wurde kurz darauf als Titel für eine Ausstellung von Protestpla-
katen im Moskauer Kunstzentrum Artplay ausgesucht. (Auch
Nadeshda Tolokonnikowa war auf der Ausstellung als Co-Auto-
rin zweier Plakate vertreten: »Wir wollen es nicht ein drittes Mal
mit Putin treiben« und »Auch du bist queer!«) Street-Art-Künst-
ler wie Timofej Radja und Slawa PTRK aus Jekaterinburg inspirierten eine breite Culture Jamming-Bewegung, die etwa in Mos-

kau unter dem Namen »Partisaning« Reklameplakate antikapita-
listisch umgestaltete.

Wie so oft beeinflussten also Menschen die Ausdrucksformen
der Bewegung, die schon vorher, von den meisten Landsleuten
unbemerkt, an der Entwicklung einer originellen Sprache des
Protests gearbeitet hatten.[11] Gemeinsam mit dem Künstler Dmitrij Wilenskij und anderen Mitgliedern von »Was tun?« hatte Arsenjew bereits zwei Monate vor den Dumawahlen den dokumen-
tarischen Kunstfilm *Russische Töne* vorgestellt. Das von Jean-Luc
Godards marxistischem Streifen *British Sounds* (1970) inspirierte
Video sollte die Atmosphäre im Land vor den Wahlen und die
Lage auf dem »Höhepunkt der Reaktion« dokumentieren.[12] Kirill Medwedew, vielfach als »bester Dichter seiner Generation«
gepriesen, hatte die Poesie zeitweilig aufgegeben, seine öffentlichen Auftritte dann aber wieder aufgenommen, um aus den Er-
lösen unabhängige Gewerkschaften zu unterstützen. Als Aktivist der Bewegung »Vorwärts« engagierte er sich seit Jahren für
Graswurzelbewegungen von Industriearbeitern, Studenten und
Umweltschützern. Im Jahr 2010 gründete er die nach dem russischen Übersetzer der »Internationale« benannte Band Arkadij
Koz – auch deren revolutionäre Lieder wurden nach den Dezem-
berprotesten weit über einen engen Kreis linker Aktivisten und
Intellektueller hinaus bekannt.[13]

Wie so viele andere Protestbewegungen schöpfte auch die russische einen großen Teil ihrer »strategischen Dramaturgie«[14] aus
Ideen und Arbeiten, die der Kunstszene entstammten. Die oft
absurden und spielerischen Plakate erinnerten besonders stark
an die »Monstrationen«, die auf Anregung des Künstlers Artjom
Loskutow und der Vereinigung »Contemporary Art Terrorism«
seit 2004 alljährlich am 1. Mai in Nowosibirsk stattfinden. Die
parodistischen, Flashmob-ähnlichen Aufmärsche versammeln inzwischen regelmäßig mehr Menschen als die gleichzeitig stattfindenden Veranstaltungen etwa der Kommunistischen Partei.[15] Die
Teilnehmer amüsieren einander und die Zuschauer mit Plakaten
wie »Tanja, weine nicht!«, »In etwa so« oder »Ich habe kroko-
dilt, krokodile und werde weiter krokodilen!«, aber auch politi-

schen Anspielungen wie »O Gebieter, wo ist dein Ausschalt-
knopf?« Auch in anderen Städten Russlands, aber auch in Kiew,
Riga und sogar Peking finden inzwischen ähnliche Aktionen
statt. Loskutow selbst bezeichnete die Monstrationen während
der Protestwelle rückblickend als »zivilgesellschaftliche Gym-
nastik«, die den Teilnehmern gezeigt habe, wie man sich im Zeitalter der Parteienmüdigkeit mit einer individuellen Botschaft
im öffentlichen Raum Gehör verschaffen kann.[16] Die Monstrationen verwandelten das Genre der Kundgebung von einer Zusammenkunft Gleichgesinnter in einen Raum des Zusammen-
treffens und der offenen Kommunikation vorher unbekannter
Menschen.

Auch für die Demonstrationen von 2011/12, vor allem die in
den größeren Städten, war die Suche nach künstlerischer und
sprachlicher Originalität charakteristisch. Professionelle Künstler und Kritiker nahmen dies mit Genugtuung zur Kenntnis.
»Um Witz und Scharfsinn tobt ein Konkurrenzkampf«, schrieb
der Kurator Michail Ratgaus in der Ankündigung der Artplay-
Ausstellung. »Die Menschen, die Plakate für die Demonstrationen auf dem Bolotnaja-Platz und dem Sacharow-Prospekt anfer-
tigten, verstanden, dass sie miteinander wetteifern. Sie schufen
ein Objekt, das bemerkt werden soll – von ihren Mitstreitern
wie von denen, gegen die sie auf die Straße gingen. Dieser Akt
der Selbstdarstellung steht der Geste des Künstlers schon sehr
nahe.«[17] Einige Künstler empfanden diese spontane Kreativität
aber auch als Herausforderung, wenn nicht gar als Bedrohung.
Der Moskauer Künstler und Galerist Anton Litwin rief bereits
im Dezember auf Facebook eine Gruppe mit dem Titel »Wir sind
sichtbar« ins Leben, um künstlerische Protestplakate zu sammeln. Im Gründungsmanifest schrieb er: »Wir müssen die Teilnahme von Künstlern an den Demonstrationen ausbauen und
effektiver gestalten. Derzeit ist das größte Problem, dass die
Bildsprache vor allem von den Kreationen von Facebook-Usern
und Designern bestimmt wird. Lauter Scherzchen und Witze-
leien. Es müssen ernsthaftere Protestthemen angesprochen werden. Wer kann und soll das tun, wenn nicht aktuelle Künstler?

Ein Künstler kann mehr als bloß Zuschauer auf einer Demonstration sein. Ich schlage vor, dass wir es übernehmen, die Forderungen zu visualisieren. [...] Künstler, lasst uns wirklich aktuell sein. Raus aus den Galerien, gehen wir auf die Leute zu.«[18]

Künstler und kreative Protestteilnehmer waren bereits im Begriff, dies zu tun. Sie gingen nicht nur auf die Leute zu, sondern traten vor allem im städtischen Raum und auch vor Kirchengebäuden in Erscheinung. Der Auftritt von Pussy Riot war nicht die erste Gelegenheit, bei der die Christ-Erlöser-Kathedrale von politischen Aktionskünstlerinnen für ein Gebet zur Erlösung von Staats- und Kirchenvertretern gebraucht wurde. Bereits am 9. Dezember 2011 – dem Vorabend des ersten großen Protesttags – hatten sich bei Temperaturen leicht über dem Gefrierpunkt drei langhaarige Frauen aus der ukrainischen Gruppe »Femen« barbusig und breitbeinig, in knappen Bußkleidern und mit Blumen gekränzt, vor dem Gebäude aufgestellt. Sie hielten Plakate hoch, auf denen in russischer und englischer Sprache »Gott, jage den Zaren fort!« stand. Wild gestikulierend – eine von ihnen schwang eine Geißel – wiederholten sie das Gebet auch dann noch, als sie von herbeieilenden Polizisten überwältigt wurden.[19]

Auch andere Moskauer Gotteshäuser dienten als Protestkulisse. Am 11. Februar 2012 erschienen vier Männer in schwarzen Priesterröcken vor der Kirche des heiligen Wundertäters Nikolaj, deren Vorsteher Wsewolod Tschaplin in der russisch-orthodoxen Kirche für die Beziehungen zwischen Kirche und Gesellschaft zuständig ist und sich wiederholt feindselig über die Protestbewegung geäußert hatte. Während drei von ihnen ein Plakat mit der Aufschrift »Gott, stopfe Tschaplin das Maul!« hochhielten, verlas der vierte vor laufenden Kameras eine Erklärung. Eine Minute später wurden sie von der Polizei festgenommen und abtransportiert. Die Künstlergruppe »Wir sind mehr besser geworden« trat allerdings nach der Veröffentlichung des entsprechenden Videos nicht mehr in Erscheinung.[20]

Bereits lange vor den gefälschten Dumawahlen von 2011 und der Debatte um Putins Unterstützung durch die orthodoxe Hierarchie waren die zwei wichtigsten Kathedralen der Hauptstadt zum Kristallisationspunkt für politische Auftritte der Moskauer Aktionskünstler geworden.

Als im Mai 1994 nach einer kontroversen Diskussion die Arbeiten zum Schleifen des Schwimmbads und zur Wiedererrichtung der Christ-Erlöser-Kathedrale begannen, führte eine Gruppe von Künstlern um Andrej Welikanow eine »sozial-künstlerische Forschungsaktion« durch. Eingeladen wurden rund zweihundert Menschen, die sich bereits zum Neubau geäußert hatten oder von denen eine Reaktion erwartet wurde. Den Boden des bereits geleerten Schwimmbeckens beschrifteten die Künstler mit den Namen der Eingeladenen, um so der bereits durch die Oberhäupter von Stadt und Kirche vorweg genommenen Entscheidung eine »freie und kreative Willensäußerung« entgegenzusetzen. Während Anton Litwin vom 10-Meter-Brett Schwalben aus Zeitungspapier fliegen ließ, begann der neben ihm sitzende Aktionskünstler Alexander Brener zu masturbieren, um, wie er später sagte, allen Teilnehmern der Veranstaltung seine Missachtung kundzutun.[21] Bereits im folgenden Winter folgte eine weitere Aktion Breners: Nachdem er seine künstlerischen Aufrufe gegen den Tschetschenienkrieg bereits an Galeriebesucher, den Verteidigungsminister und Präsident Jelzin gerichtet hatte, rief er als letzte Instanz Gott an. Am 11. Februar 1995 stürmte der Performancekünstler in die Epiphanienkathedrale, zu Sowjetzeiten Sitz des Patriarchen. Laut »Tschetschenien! Tschetschenien!« rufend, verteilte er Flugblätter. Nach jeder der Aktionen wurde Brener verhaftet und kurz darauf wieder freigelassen.[22]

Im April 2000 veranstaltete der früher im Umfeld der Nationalbolschewistischen Partei agierende Künstler Oleg Mawromatti vor einem Institut des Kultusministeriums, das auf dem Ufer gegenüber der Christ-Erlöser-Kathedrale liegt, eine Performance, bei der er sich mit echten Nägeln an ein Holzkreuz schlagen und auf seinem nackten Rücken die Worte »Ich bin nicht Gottes Sohn« einritzen ließ. Die eigentlich an ein Künstlerpublikum gerichtete Aktion hatte eine große Medienresonanz und führte zu einer Anklage nach dem berüchtigten Paragraphen 282, die Mawromatti schließlich ins politische Asyl trieb.[23]

Bereits die im Untergrund arbeitenden Soz-Art-Künstler und Konzeptualisten der siebziger Jahre hatten durch künstlerische Aktionen den Anspruch der Partei auf totale Kontrolle über die Definition und Verwendung öffentlichen Raums hinterfragt. Gerne nutzten sie zum Beispiel übliche Requisiten ideologischer Selbstvergewisserung wie Transparente oder Medaillen, die sie aber mit betont persönlichen, ja intimen Botschaften ausfüllten. Die Aktionskünstler gingen weiter, sie wollten direkt auf andere wirken: Dmitrij Prigow zum Beispiel, der 1986 in Moskau auf offener Straße eigene Gedichte als Flugblätter verteilte und von den Behörden zur Strafe kurzzeitig in eine psychiatrische Klinik eingewiesen wurde.

Während Perestroika und Glasnost (Transparenz/Offenheit – ein Schlagwort der späten Achtziger) entstand eine öffentliche Sphäre, die sich der Kontrolle durch Partei und Staat entzog. Die Fragen, die sich Aktionskünstlern dadurch stellten, werden seitdem immer wieder aufs Neue verhandelt. Welche Orte sind für künstlerische Aktionen geeignet – nur die bereits entsprechend markierten, wie Galerien und Museen, oder auch Straßen und Plätze, zumal solche, die bereits im Brennpunkt des allgemeinen Interesses stehen? Sollten Künstler eine besondere Narrenfreiheit genießen? Muss man ihre Handlungen nach anderen Maßstäben bewerten, *weil* sie Künstler sind? Und nach welchen? Allein denen der Ästhetik und Kreativität? Gelten andere Regeln, wenn sich Nichtkünstler ähnliche Formen zu eigen machen? Und wer verleiht eigentlich die Künstlerwürde – die Kollegen durch Anerkennung, der Staat durch Preise? Wenn Künstler sich zu Politik und Gesellschaft äußern, warum sollte dies dann über die Verständigung innerhalb der eigenen Zunft hinaus Bedeutung haben? Ist die biedere Ernsthaftigkeit der Politik ihrem Gegenstand nicht eher angemessen als die schrillen Einwürfe der Absolventen von Kunstakademien? Und wenn Künstler gesellschaftliche Missstände durch Provokation oder die überzogene, ironisch gemeinte Nachahmung des Stjob (s. S. 66) behandeln, leisten sie dann einen Beitrag zu ihrer Überwindung? Oder legitimieren sie sie dadurch noch mehr, da selbstgefälliges Augenzwinkern jede konstruktive Debatte ersetzt?[24]

Solche Fragen, die den Streit um Kunst im öffentlichen Raum weltweit bestimmen, stellen sich in Russland auf besondere Weise. In Staaten, in denen offene Kanäle gesellschaftlicher Willensbildung verstopft sind oder nie ausgehoben wurden, schlagen nur provokante öffentliche Aktionen Wellen im trüben Wasser der Politik. Dass diese von den Herrschenden in das Umfeld von Terrorismus und Extremismus gerückt werden, ist folgerichtig, handelt es sich doch in beiden Fällen um die »Waffen der Schwachen«, die keine andere Möglichkeit sehen, ihren Forderungen Ausdruck zu verleihen.[25]

Die verschiedenen Antworten, die auf die umrissenen Fragen gegeben werden können, wurden unter anderem im langjährigen Konflikt zwischen Gruppen orthodoxer Eiferer und einem Teil der Kunstszene verhandelt. Wohlgemerkt nur einem Teil: Der Nationalist Ilja Glasunow etwa hatte mit seinen immens populären patriotischen Monumentalbildern während der Perestroika zur Renaissance der Orthodoxie als staatstragender Religion beigetragen; auch andere akademische Künstler suchten die Trennung zwischen Kunst und Religion, die in Russland erst im 18. Jahrhundert begonnen hatte, zu überwinden. Zu ihnen gehörte auch der bereits erwähnte Bildhauer Surab Zereteli, unter Bürgermeister Lushkow für viele große Monumentalbauten in Moskau zuständig.

In anderen Fällen gestalteten sich die Beziehungen weniger harmonisch, wobei sich der Konflikt oft um die Verwendung von künstlerischem und kirchlichem Raum drehte. Nicht jeder öffentliche Raum ist ja gleich öffentlich: Universitäten und Einkaufszentren, aber eben auch Kirchen und Museen sind Treffpunkte der Allgemeinheit, deren Bedeutung und Verwendung aber von der Leitung dieser Institutionen kontrolliert werden. Brener nutzte eine orthodoxe Kirche für eine unorthodoxe Botschaft und sprach damit der Kirchenhierarchie – die für die Orthodoxie eine leitende gesellschaftliche Rolle einforderte – das Kontrollrecht über das Benehmen in Sakralbauten ab, wobei er

bewusst auf die russische Tradition des Jurodiwyj, des göttlich
inspirierten Narren in Christo, zurückgriff. Im Gegenzug wollten es neokonservative Moralhüter nicht dulden, dass Religion
zum Gegenstand künstlerischer Kritik wird – und sei es in privaten Ausstellungsräumen. So stürmten im April 1999 mehrere
aufgebrachte Aktivisten unter Leitung des 18-jährigen Priester-
sohnes Sergej Schargunow die Moskauer Galerie von Marat Gelman. Sie besprühten Werke von Awdej Ter-Oganjan mit Farbe
und drohten dem Künstler und dem Galeristen mit Rache. Die
ausgestellten Arbeiten des wegen eines Magengeschwürs abwe-
senden Künstlers galten zwar nicht religiösen Themen, doch vier
Monate zuvor hatte dieser während einer Ausstellung in der Moskauer Manege eine Performance veranstaltet, bei der er kommerzielle Reproduktionen orthodoxer Ikonen mit einer Axt zerhieb.
Im Januar 2003 zerstörten militante orthodoxe Laien Werke,
die im Moskauer Sacharow-Zentrum auf einer Schau mit dem
Titel »Achtung, Religion!« ausgestellt waren. In beiden Fällen waren am Ende die Künstler, Kuratoren oder Galeriebetreiber die
Leidtragenden. Ter-Oganjan wurde wegen der Aktion in der Manege wegen Anstiftung zum Hass angeklagt und floh im September 1999 nach Tschechien, wo er politisches Asyl erhielt. Das zunächst gegen die Angreifer vom Sacharow-Museum angestrengte
Ermittlungsverfahren wurde eingestellt, stattdessen wurden die
Veranstalter der Ausstellung wegen Anstiftung zum Hass zu einer Geldstrafe verurteilt, ebenso in einem Folgeprozess um eine
weitere Ausstellung mit dem Titel »Verbotene Kunst«.[26]
   Bereits die Angriffe der radikalen Orthodoxen zeigten, dass
Aktionskünstler auch auf das Handlungsrepertoire ihrer Gegner einen großen Einfluss ausgeübt hatten: Schargunow etwa
bezeichnete seine Zerstörungsaktion als »Performance«. Einige
Künstler machten solche Aktionsformen durch ihren Einfluss
auf politische Bewegungen weit über den eigenen Kreis hinaus bekannt. Eine Schlüsselrolle spielte dabei die Nationalbolschewistische Partei, an deren Gründung im Jahr 1993 sich neben dem
Schriftsteller Eduard Limonow zahlreiche andere Personen aus
dem künstlerischen Untergrund beteiligten, darunter der Punk-

rocker Jegor Letow und der experimentelle Musiker und Performancekünstler Sergej Kurjochin. Die NBP erhob die Provokation zum politischen Prinzip und wurde zu einem Sammelbecken für unangepasste Intellektuelle und Künstler, die sich darin gefielen, Politik zu ästhetisieren. Vielen von ihnen lag daran, ähnlich wie Limonow die literarisch überhöhte Vorstellung einer Heldenbiographie nachzuleben. Den konsumfixierten postsowjetischen Spießbürgern und dem naiv prowestlichen und wirtschaftsliberalen Mainstream demonstrierten sie ihre Ablehnung und Opferbereitschaft durch ultranationalistische Aktionen. In den ersten Jahren von Putins Herrschaft richteten sie ihren Protest zunehmend nicht mehr gegen »Liberale« und »Demokraten«, sondern gegen das neue Regime des »Geeinten Russland«. Sie warfen Tomaten und Eier oder ketteten sich an öffentliche Gebäude.

Während die NBP für den aufkommenden politischen Straßenprotest stilbildend wirkte, beriefen sich immer neue Gruppen von Aktionskünstlern auf die Tradition des Konzeptualismus und Vorbilder wie Prigow. Insbesondere »Was tun?« trug zu einer zunehmenden Politisierung solcher Aktionen bei, da die Gruppe Künstler in einen Dialog mit linken Aktivisten und Theoretikern brachte. Die Mitglieder der 2007 entstandenen Künstlergruppe Wojna (Krieg), zu der auch Tolokonnikowa und ihr Mann Wersilow gehörten, beteiligten sich an oppositionellen Aufmärschen und Demonstrationen mit Aktionen gegen McDonald's, aber auch gegen Putin und Medwedew. Besonderes Aufsehen erregte Wojna mit einer Gruppensex-Performance im Moskauer Biologischen Museum vor den Präsidentschaftswahlen 2008, mit der sie darauf aufmerksam machen wollte, dass »die Machthaber das Volk ficken«. Weitere Aktionen in Moskau und Sankt Petersburg galten der Polizei oder dem Regierungsgebäude; einmal löteten sie die Metalltüren eines Clubs zu, um zu zeigen, dass willkürliche Schließungen gemeinsamer Räume kein Privileg des Gewaltapparats sind. Bereits 2009 zerfiel Wojna in eine Petersburger und eine Moskauer Fraktion, wobei einige Petersburger ihre ehemaligen Mitstreiter unter anderem der Bespitzelung in staatlichem Auftrag beschuldigten.[27]

Die politischen Aktionen von Wojna hatten zu einer Annäherung und gegenseitigen Aufmerksamkeit von Aktionskunst und politischem Protest geführt. Diese Annäherung hatte die gleichen Gründe wie das Zusammenkommen oppositioneller politischer Gruppen verschiedener ideologischer Ausrichtung: die Einengung der Versammlungsfreiheit und die Dominanz des Gewaltapparats in einem autoritären politischen System, das den Konsum förderte, aber nicht die freie Meinungsäußerung. Aktionen wie die der ehemaligen Nationalbolschewisten, aber auch die von Wojna, konnten weiterhin sowohl nach künstlerischen als auch nach politischen Kriterien bewertet, also sowohl nach ihrer Zweckmäßigkeit als auch nach ihrer Originalität befragt werden: Spätestens seit Limonow waren solche Aktionen weder auf das eine noch auf das andere reduzierbar. Man konnte sie aber auch am Primat der häuslichen, familiären, von Freundschaftsnetzwerken geprägten politischen Kultur messen, die die Politik in Russland weiterhin prägt: Dann war das Schockierende an solchen Aktionen, dass sie Konflikte und Kontroversen mit voller Wucht im öffentlichen Raum ausrollten, statt sie unter Freunden auszutragen. Sie wurden umso skandalträchtiger, je mehr dieser Raum zusammenschrumpfte und je mehr seine zulässigen Nutzungsarten durch einige wenige privatisiert wurden.

Erst im Kontext der neuen Protestbewegung und dem mit ihr einsetzenden Kampf um die Räume der Stadt konnte Pussy Riot, das sich mit dem Moskauer Teil von Wojna überschnitt, zu einem landesweiten und internationalen Politikum werden. Ein ebenso wichtiger Faktor war die neue Präsenz der russisch-orthodoxen Kirche und die Vorstellung vieler Protestierender, dass sie im Begriff war, mit dem Staat zu verwachsen und dadurch Räume zu besetzen, in denen sie nichts zu suchen hatte. Viele stellten die Frage nach der Rolle der Kirche im System Putin, und einige begaben sich auf die Suche nach einer neuen Form von religiösem Dissens.

Strukturwandel der Kirche

Die Geschichte des gewaltfreien Widerstands wäre ohne religiöse Gefühle, Symbole des Glaubens und Häuser des Gebets kaum vorstellbar. Leo Tolstoj begründete eine neue Lesart des Christentums und lag im Streit mit der orthodoxen Kirche. Der tschetschenische Mystiker Kunta-haji inspirierte im 19. Jahrhundert den Widerstand gegen die russische Eroberung. Der gewaltfreie Arbeitermarsch im Januar 1905, dessen Niederschlagung als »Blutsonntag« in die Geschichte einging, wurde vom orthodoxen Priester Georgij Gapon angeführt. Mohandas Gandhi deutete hinduistische Traditionen neu, griff aber auch auf jainistische, christliche, buddhistische und muslimische Glaubenssätze zurück. Martin Luther King war ein baptistischer Seelsorger, und Papst Johannes Paul II. wurde zur Symbolfigur der Solidarność-Bewegung im kommunistischen Polen. Der katholische Erzbischof Jaime Sin spielte eine Schlüsselrolle in der philippinischen People-Power-Revolution von 1986, in der sich katholische Nonnen Panzern gegenüberstellten. Die blutig niedergeschlagene birmanische Protestbewegung von 2007 bezog ihre Legitimität zu einem großen Teil aus der Teilnahme buddhistischer Mönche, ähnlich der tibetischen Autonomiebewegung.

In Chile unter Pinochet, im segregierten Süden der USA und in der DDR wurden Kirchen zu Orten, an denen Freiheit geprobt und friedlicher Protest geplant wurde. In der DDR fanden die ersten Punkkonzerte in Kirchenräumen statt, und Punks waren am Aufbau der dissidenten »Kirche von unten« beteiligt. Überhaupt waren Kirchen die wichtigsten nicht von der SED kontrollierten Räume und spielten als Treffpunkte für Friedens- und andere Bürgerbewegungen eine entscheidende Rolle bei der Vorgeschichte und dem Verlauf der friedlichen Revolution von 1989.

In Russland hingegen sind Kirchen gleich welcher Art zumeist weder Orte freier politischer Diskussion noch Brennpunkte gesellschaftlicher Selbstorganisation – obwohl sie vordergründig zu den wenigen öffentlichen Räumen gehören, die nicht vom Staat oder von privaten Eignern vereinnahmt wurden.

Religion spielte indessen auch zu sowjetischen Zeiten durchaus eine wichtige Rolle im Widerstand gegen den Staat. Repressionen gegen Vertreter der orthodoxen Kirchen und islamischer Glaubensrichtungen (auch gegen Juden, die aber fast ausschließlich als ethnische Gruppe galten), vor allem aber auch gegen Protestanten etwa der Pfingstbewegung oder der baptistischen Kirchen wurden besonders in den dreißiger Jahren bis zum Krieg mit besonderer Härte betrieben. Unter Chruschtschow begann eine erneute antireligiöse Kampagne mit Kirchenschließungen und anderen Einschränkungen, und auch später setzten sich Repressalien fort: Kriegsdienstverweigerern aus Gewissensgründen drohten lange Haftstrafen, religiösen Eltern konnten ihre Kinder entzogen werden.[28] Unter orthodoxen Gläubigen gab es nationalistische und liberale Dissidenten; Letztere gründeten 1976 ein Christliches Komitee, das sich auch für die Rechte anderer christlicher Konfessionen einsetzte und einen ökumenischen Dialog anregte.[29] Im Dissidentenmilieu herrschte oft eine besondere, wenn auch nicht spannungsfreie Solidarität zwischen Anhängern verschiedener Religionen und Konfessionen. Die offizielle Hierarchie der russisch-orthodoxen Kirche hingegen entwickelte sich nie zu einem Ort des Widerstands. Innerhalb des Klerus gab seit den sechziger Jahren eine Gruppe junger Bischöfe um den Leningrader Metropoliten Nikodim den Ton an, die wiederum in einen progressiv-ökumenischen und einen national-patriotischen, auf enge Zusammenarbeit mit dem Staat bedachten Flügel zerfiel.[30]

Nach den aufwendigen Feiern zum tausendjährigen Jubiläum der »Taufe Russlands« im Jahr 1988 kam die Orthodoxie als kulturelles Identifikationsmerkmal über intellektuelle Milieus hinaus wieder in Mode. Seit 1989 wird der Klerus nicht mehr eng von den Geheimdiensten überwacht; die Zahl der orthodoxen Priester hat sich seitdem etwa vervierfacht. Unter dem ab 1990 amtierenden Patriarchen Alexij II. begann eine Konzentration der Macht in den Händen der Nikodim-Generation und vor al-

lem eines vierköpfigen »Politbüros«[31]. Die konservative Kirchenleitung wehrte einen drohenden Aufstand von fundamentalisti-
schen, mit dem berühmten Kloster von Sergijew Possad bei Moskau verbundenen Bischöfen ab und baute die symbolische Rolle
der Kirche in Politik und Öffentlichkeit aus. Die zentrale Kir-
chenführung sicherte sich nicht nur den Besitz vormals enteig-
neter und unzähliger neu gespendeter Kirchengebäude, sondern
konnte auch ein rentables Firmenimperium aufbauen. Allerdings
werden die vielen Sakralbauten zunehmend zu einer Belastung,
da die tatsächliche Zahl der regelmäßigen Kirchgänger seit den
achtziger Jahren faktisch stagniert und zu einem sehr großen Teil
aus älteren Frauen mit niedrigem Einkommen besteht. Auch die
geschäftlichen Aktivitäten des Moskauer Patriarchats nehmen
sich nach russischen Standards bescheiden aus. Vor allem aber
schaffte es die Kirche trotz vieler Lippenbekenntnisse nicht, sich
einen realen innenpolitischen Einfluss zu sichern, obwohl sie gerade im Gewaltapparat inzwischen stark verankert ist und – auch
dank enger Beziehungen zum Außenministerium – unter Alexij
eine eigenständige, zuweilen aggressive Politik gegenüber christlichen Kirchen im Ausland verfolgte. Gerade weil die politische
Stellung der Kirche prekär und von Abhängigkeit geprägt war,
wurde sie nie zu einem Hort von Protest und Widerstand, obwohl viele Mitglieder des Klerus mit oppositionellen politischen
Zirkeln und Parteien – vor allem aus dem ultranationalistischen
Lager – verbunden sind. Die formelle Mitgliedschaft in Parteien
wurde ihnen jedoch von der Kirchenleitung verboten. Nach einem vergeblichen Vermittlungsversuch durch den Patriarchen in
der Verfassungskrise von 1993 gab die Kirche als solche jegliche
aktive Einmischung in die »große« Politik auf.

Alexij starb im Dezember 2008. Sein Nachfolger Kirill war
bereits zu sowjetischen Zeiten ein wichtiger Repräsentant des
staatstragenden, russisch-nationalistischen Flügels in der Kirchenhierarchie. Seit zwei Jahrzehnten für die internationalen Beziehungen der Kirche verantwortlich, blieb er auch nach seinem
Amtsantritt als Fernsehprediger tätig. Dem ökumenischen Dialog gegenüber zeigte er sich offener, bewies jedoch im Verhältnis

zur eigenen Gesellschaft weniger Sinn für Diplomatie. In seinen Auftritten präsentierte er sich als russischer Nationalist und – auch im Wahlkampf – als bedingungsloser Unterstützer Putins, der Russland vor dem Zerfall gerettet habe.[32] Unter Kirill wuchs die Zahl der für die Öffentlichkeitsarbeit der Kirche zuständigen Stellen, was im April 2012 zu einem peinlichen Fauxpas führte, als von einem im Internet veröffentlichten Foto die Luxus-Armbanduhr des Patriarchen wegretuschiert wurde. Zudem häuften sich 2012 Berichte über Priester, die – ähnlich betuchten Staatsdienern – leichtfertig Verkehrsunfälle verursachten oder gar mit Fäusten auf andere Verkehrsteilnehmer losgingen.[33]

Bereits 2004 schrieb der Religionssoziologe Nikolay Mitrokhin: »Zweifellos existiert eine gemeinsame ideologische Plattform der russisch-orthodoxen-Kirche. Sie lässt sich als konsequent antiliberal, antiwestlich, ethnischen Minderheiten gegenüber xenophob, mit einer monarchischen (oder zumindest autoritären) Staatsform sympathisierend, etatistisch und marktfeindlich beschreiben.«[34] Liberale Priester wie Gleb Jakunin oder Jakow Krotow waren bereits in den neunziger Jahren aus dem Klerus gedrängt worden und hatten alternative orthodoxe Kirchen gegründet. Unter Kirill wurde die konservative Tendenz noch pronConcierter. Die Kirche bekam militante Laienaktivsten wie den »Bund orthodoxer Bürger« oder den »Orden orthodoxer Fahnenträger« nicht unter Kontrolle, und auch in der Präsentation der Kirche nach außen war der ultrakonservative Flügel überrepräsentiert, dessen Ansichten in fast kompletter Abschottung vom Rest der überwiegend säkularen Gesellschaft entstanden waren. Das Image der Kirche unter Außenstehenden wurde zunehmend durch Männer wie Wsewolod Tschaplin bestimmt, der seit März 2009 für Beziehungen zwischen Kirche und Gesellschaft zuständig ist. Tschaplin sprach sich wiederholt für Zensur aus, relativierte die Evolutionstheorie, brachte Homosexualität mit Pädophilie in Verbindung und machte spärlich bekleidete Frauen für Vergewaltigungen verantwortlich, wogegen er einen landesweiten Dress-Code vorschlug.[35]

Nach der Pussy-Riot-Aktion forderte Tschaplin den Staat

ausdrücklich auf, die Teilnehmerinnen streng zu bestrafen.[36] Schon das Ermittlungsverfahren war ja auf Initiative von Kirchenvertretern eingeleitet wurden: Dmitrij Pachomow, Prorektor einer kirchlichen Missionsschule, wandte sich schon am Tag nach der Veröffentlichung des Videos mit einer diesbezüglichen Beschwerde an die Generalstaatsanwaltschaft.[37] Auch der Patriarch selbst griff Pussy Riot in einer Predigt vom 24. März 2012 scharf an, wobei er den Vorwurf der Gotteslästerung nicht religiös begründete, sondern vor allem die wichtige Rolle Putins und die Rolle der Kirche in Russlands militärischen Erfolgen unterstrich.[38] Angesichts dieser und vieler ähnlicher Äußerungen musste die offizielle Stellungnahme der Kirche nach der Urteilsverkündung hohl klingen, in der sie den Staat aufforderte, »den Verurteilten gegenüber im Rahmen des Gesetzes Barmherzigkeit walten zu lassen«.[39] Bezeichnenderweise hatte der Patriarch zahlreiche Aufrufe von Orthodoxen ignoriert, eine solche Bitte bereits vor der Urteilsverkündung zu veröffentlichen, unter anderen einen Appell des bekannten Diakons Andrej Kurajew, einen offenen Brief von liberalen orthodoxen Laien, darunter viele bekannte Intellektuelle, und ein Schreiben des exzentrischen Schauspielers und zwischenzeitlichen Priesters Iwan Ochlobystin.[40]

Die Position der Kirche während der Protestbewegung und der Pussy-Riot-Affäre resümierend, kommt Mitrokhin zu folgendem Ergebnis: »In wenigen Monaten haben Kirill und seine Helfer vollbracht, wofür ihre Vorgänger im zaristischen Russland Jahrzehnte brauchten: die Kirche gleichzeitig mit Diktatur, stumpfsinniger Grausamkeit und Korruption in enge Verbindung zu bringen.«[41]

Diese Verbindung war in gewisser Weise ein Nebeneffekt der weitreichenden Reformen, die Kirill – von der Öffentlichkeit weitgehend unbemerkt – innerhalb der Kirchenhierarchie durchführte. Sie spiegelten Putins Neugestaltung von Russlands politischem System zu Beginn des Jahrtausends, und auch die Methoden änderten sich. Unter seinem Vorgänger waren die einzelnen Kirchengemeinden und Diözesen zumeist auf sich gestellt gewesen; die Bischöfe und Leiter synodaler Abteilungen hatten auf

»ihrem« Territorium das Sagen und führten zum Beispiel kaum Kirchensteuern nach Moskau ab. Kirill betrieb eine radikale Zentralisierung. Er teilte die Diözesen auf und verdoppelte dadurch ihre Zahl, was ihm erlaubte, sie mit loyalen Gefolgsleuten zu bestücken: Seit seinem Amtsantritt im Jahr 2009 erfolgten fast hundert Bischofsweihen – etwa so viele wie in der gesamten postsowjetischen Zeit vor ihm. Geweiht wurden vor allem Dreißig- bis Vierzigjährige, darunter viele Männer mit Erfahrung in weltlichen Berufen, vom Ingenieur bis zum Journalisten. Kirill reduzierte die Möglichkeiten innerkirchlicher Mitbestimmung, schuf mit dem Obersten Kirchenrat eine faktische Zentralregierung und unterstellte immer mehr Gemeinden unmittelbar dem Patriarchat. Dem Widerstand einiger Gemeinden begegnete die Kirchenleitung mit Druck bis hin zur Gewalt – in der Provinz werden oppositionelle Kirchen nicht selten mit Hilfe der OMON-Polizei oder Gerichtsvollziehern unter Kontrolle gebracht.[42]

Notwendig waren diese Reformen aus Kirills Sicht schon deshalb, weil die Kirche entgegen ihrer Selbstdarstellung im Alltag nur noch für eine verschwindende Minderheit der Bevölkerung Relevanz besitzt. Was ihre Finanzierung und die Verankerung ihrer moralischen Autorität angeht, ist sie daher sehr stark auf Unterstützung durch staatliche und private Institutionen angewiesen. Auch dadurch erklären sich die ständigen Loyalitätsbekenntnisse des Patriarchen zu Putin und seine ganz weltlich anmutenden patriotischen Äußerungen: Wie andere Putin-Loyalisten kann sich auch Kirill nur durch solche Bekenntnisse den nötigen Freiraum für die Kontrolle im Inneren verschaffen. Die vielen öffentlichen Auftritte orthodoxer Würdenträger zeugen also keineswegs von einer Ausweitung des kirchlichen Einflusses hin zu einer Art Klerikalfaschismus, sondern sind Zeichen von Schwäche und Abhängigkeit.

Gerade die Christ-Erlöser-Kathedrale kann als Sinnbild für die Verflechtung und gegenseitigen Abhängigkeiten von Wirtschaft, Politik und Kirche dienen. Dort fand etwa am Vorabend des Galakonzerts zum Siegestag eine Veranstaltung für zerebral gelähmte Kinder statt, organisiert von einer entsprechenden Stif-

tung und einer »Sozial-Konservativen Union«. Vier Tage zuvor
ein privates Fest, dessen Teilnehmer unter anderem zu »Ra-Ra-
Rasputin« der Gruppe Boney M tanzten.[43] Allerdings bot nicht
der Hauptsaal der Kirche den Rahmen für alle diese Veranstaltungen – einschließlich des eingangs beschriebenen Auftritts des
Patriarchen –, sondern der Saal des Kirchenkonzils, der für hohe
Beträge als Mehrzweckhalle vermietet wird. Anders als die meisten Sakralbauten gehören sowohl das Gebäude als auch das
Grundstück der Stadt Moskau, die beides von einer Stiftung ver-
walten lässt. Diese aus dem städtischen Budget reichhaltig sub-
ventionierte Stiftung ist es, die nicht nur den Veranstaltungssaal
vermietet, sondern darüber hinaus im Gebäude der Kathedrale
ein Business-Center mit Dutzenden von Geschäften und Büros
sowie eine Autowaschanlage und einen kostenpflichtigen Park-
platz betreibt, wobei einige der Firmeneigner mit dem Vorsitzenden der Stiftung verwandt sind. Zwar werden die Veranstal-
tungssäle angeblich nur an orthodoxe Christen vermietet, doch
selbst die Kirche muss bei Nutzung der »weltlichen« Veranstal-
tungsräume den vollen Tarif bezahlen. Andererseits nehmen
Kirchenvertreter – darunter der Patriarch – dort regelmäßig an
nichtkirchlichen Veranstaltungen teil, was wiederum bei deren
Vermarktung eine wichtige Rolle spielt.[44]

Auch durch solche Auftritte verschmilzt die Kirche jedoch in
der Außenwahrnehmung mit dem Staat und dem politischen Regime und macht sich zum Feind vieler, die gegen das Regime protestieren, ohne dabei die Gläubigen wirksam für politische Zwecke mobilisieren zu können. Das »Volk«, dessen »Geistigkeit«
Limonow durch die Pussy-Riot-Aktion verletzt sah, war weniger ein kirchliches als ein staatliches Konstrukt: Öffentliche Kritik an Pussy Riot folgte der negativen Berichterstattung in den
staatlichen Medien und wurde meist aus der Position des außenstehenden Hüters konservativer Moralvorstellungen statt aus
der Sicht des erzürnten Kirchgängers formuliert. Ähnliche For-
mulierungen finden sich im Text des Urteils: So wurden das Ermittlungsverfahren und der Prozess – beide von hämischen Fern-
sehberichten begleitet – zu einem Versuch, eine konservative

Mehrheit um die Ablehnung von Pussy Riot und damit der gesamten Protestbewegung zu konstruieren und zu konsolidieren.[45]

Religiöser Protest

Die Unsichtbarkeit der Religion in der Protestbewegung und die größtenteils schockierte Reaktion auf Pussy Riot haben allerdings nicht nur und nicht einmal in erster Linie mit dem Verhältnis der Kirche zum Staat zu tun. Es ist fraglich, ob die Haltung einer vom Staat klarer getrennten Kirche anders ausgefallen wäre. Zwar gibt es besonders in den Großstädten nicht wenige orthodoxe Gemeinden mit politisch liberaler Ausrichtung; doch gerade deren Mitglieder sind am ehesten geneigt, ihren Glauben als Privatsache anzusehen und von ihrem gesellschaftlichen Engagement zu trennen – nicht zuletzt aus Angst vor einer möglichen Spaltung des mehrheitlich konservativen Kirchenleibs. Im streng ritualisierten orthodoxen Gottesdienst sind offene Diskussionen und individuelle Interpretation nicht vorgesehen, und die traditionelle Ausrichtung auf das Konziliäre wird im postsowjetischen Russland durch die gesamtgesellschaftliche Suche nach symbolischer Einheit noch verstärkt.

Wie die Orthodoxie ist auch der Islam in Russland seit Katharina der Großen hierarchisch organisiert – anders als in weiten Teilen der muslimischen Welt. Die Regionen Russlands, in denen der Islam im Alltag mehr als eine oberflächliche Rolle spielt, weisen eine ganz eigene Dynamik auf, in der die gesamtnationale Protestbewegung kaum ins Gewicht fällt. In Dagestan etwa, wo der Islam am stärksten wirkt, wurden die oppositionellen Demonstrationen fast ausschließlich von der traditionell säkularen Kommunistischen Partei organisiert. Die vielen salafistischen Kundgebungen, die im gleichen Zeitraum stattfanden, hatten mit dem Geschehen in Moskau nichts zu tun.[46]

So waren auf den Demonstrationen im Winter 2011/12 im gan-

zen Land kaum Zitate oder Anspielungen auf die Bibel oder den
Koran und nur sehr wenige religiöse Symbole zu sehen. Selbst
protestantische Gruppen nahmen nicht als solche an der Protestbewegung teil. Mitglieder protestantischer Gemeinden gelten
zwar als gesellschaftlich besonders engagiert und innovations-
freudig, und adventistische, baptistische, lutherische oder Pfingst-
kirchen sind im Fernen Osten sowie Teilen Sibiriens und des
Nordwestens inzwischen im Begriff, zur zahlenstärksten religiösen Strömung zu werden. Doch der durch die öffentliche Dominanz der Orthodoxie geschaffene Rechtfertigungsdruck und
der Verdacht der Fremdartigkeit veranlassen evangelische Christen häufig zu Zurückhaltung oder gar zu einer besonderen Betonung ihres Patriotismus und moralischen Konservatismus.[47]
Zumindest unterstreichen Protestanten regelmäßig, dass sie lediglich als Bürger und nicht als Kirchenvertreter aktiv werden.
Dabei bietet sich einzelnen protestantischen Politikern in dem
neuen gesellschaftlichen Klima durchaus eine Chance. Der erste
Beleg dafür ist der Baptist Sergej Andrejew, der in den neunziger
Jahren in der Industriestadt und Mafiahochburg Togliatti eine
karitative christliche Organisation ins Leben rief und ab 2000
im Parlament der Stadt saß. Im Jahr 2006 wurde die von ihm
mitgegründete Vereinigung »Dezember« überraschend zweit-
stärkste Kraft bei den städtischen Wahlen, was den Kreml dazu
veranlasst haben soll, Wählervereinigungen von weiteren Urnen-
gängen auszuschließen. Nachdem in Togliatti bereits bei den Dumawahlen das »Geeinte Russland« von der KPRF überholt worden war, konnte sich Andrejew bei den Bürgermeisterwahlen im
März 2012 gegen einen Konkurrenten aus der Staatspartei durchsetzen.[48]

Die spezifisch russische Trennung zwischen Religion und Protest ist ein Grund dafür, dass der Auftritt von Pussy Riot von
so vielen Beobachtern als antireligiöse statt antiklerikale Provokation verstanden wurde. Darüber geriet eine weitere Dimension der Aktion aus dem Blick, nämlich ihr Stellenwert als religiöser Protest. Die Teilnehmerinnen verstanden ihren »Punk-

Gottesdienst« sehr reflektiert und aufrichtig als einen Versuch, die neue Protestkultur um eine religiöse Dimension zu bereichern und – umgekehrt – den Raum des Religiösen für den offenen Ausdruck oppositioneller christlicher Überzeugung zu beanspruchen. Wie die Teilnehmerin Jekaterina Samuzewitsch in ihrem Schlussplädoyer formulierte: »In unserer Aktion haben wir es gewagt, ohne den Segen des Patriarchen das Bild der orthodoxen Kultur mit dem der Protestkultur zu vereinen, womit wir kluge Menschen auf die Idee gebracht haben, dass die orthodoxe Kultur nicht nur der russisch-orthodoxen Kirche, dem Patriarchen und Putin gehört, sondern auf der Seite des Bürgeraufstands und des Protests sein kann.«[49] Im Berufungsverfahren setzte sie jedoch einen anderen Akzent: »Unsere Aktion war politisch, nicht religiös. Wie schon in unseren früheren Aktionen haben wir uns auch diesmal gegen die Macht des derzeitigen Präsidenten, gegen die Verflechtung der Kirche als Institution mit dem Staat, gegen die politischen Äußerungen des Patriarchen gestellt.«[50]

Trotz der Berufung auf erkennbare orthodoxe Traditionen wie der des Jurodiwyj betrieben die Pussy-Riot-Frauen also eine bewusste Erweiterung des russischen Protestrepertoires, wie Nadeshda Tolokonnikowa bereits im November 2011 in einem Interview über die Aktionen von Wojna deutlich machte: »Jede Gesellschaft hat ihre eigene charakteristische Kultur des Aufstands – wie auch eine Essens- oder Freizeitkultur usw. In diesem Sinne existiert immer eine Kultur des Aufstands. Was uns angeht, so arbeiten wir einfach mit der in Russland und Europa existierenden Kultur des Aufstands, wobei wir improvisieren und von unseren eigenen Vorstellungen ausgehen.«[51]

Tolokonnikowa, die während des Verhörs von ihrem Glauben an Gott sprach, war bereits als 17-jährige Studentin an Religion und deren Zusammenhang mit der Kunst interessiert. In einem Interview aus dem Jahr 2008 sprach die in Sibirien Aufgewachsene von ihrer Begeisterung, als es ihr kurz nach der Ankunft in Moskau gelang, auf eine Veranstaltung im Rahmen der Ausstellung »Ich glaube!« durchzudringen und dort ein paar Worte mit ihrem Vorbild Dmitrij Prigow zu wechseln. Wie so viele post-sowjetische Intellektuelle war sie damals am Buddhismus interessiert; in ihrem Zimmer im Studentenwohnheim fand sie statt der von ihrer Mutter angekündigten großstädtischen Ausschweifungen zwei tief gläubige christliche Kommilitoninnen vor.[52]

Maria Aljochina hatte nicht nur seit 2008 an Aktionen von Naturschützern teilgenommen, sondern sich auch ehrenamtlich in einer im selben Jahr gegründeten orthodoxen Jugendgruppe engagiert, die ihren Sitz im Danilow-Kloster hat, der Residenz des Patriarchen. Als Mitglied der Danilowzy kümmerte sich die Nichttrinkerin und Vegetarierin um geistig behinderte Kinder. Auch sie sprach in ihrem Schlussplädoyer im August dem Klerus das Monopol auf die Interpretation religiöser Wahrheit ab und äußerte sich verwundert darüber, dass Vertreter der orthodoxen Hierarchie während des Verfahrens in ihrer Definition von »Gotteslästerung« ausgerechnet auf eine Stelle im Johannesevangelium Bezug nahmen (10,33), in der diese Anklage an Jesus Christus gerichtet wird.[53]

Vom Beginn der Protestbewegung an hatte es vor allem unter christlichen Intellektuellen und durchaus auch innerhalb der Kirche eine Diskussion über mögliche Einstellungen zu den Protesten gegeben. Der Punk-Gottesdient von Pussy Riot führte jedoch zu einer ungleich aktiveren und kontroverseren Debatte, wobei theologisch und kirchenhistorisch Gebildete unter den Ersten waren, die der Aktion einen religiösen Sinn zu geben wussten. Oberdiakon Andrej Kurajew, ein umstrittener orthodoxer Publizist, der unter anderem durch Predigten auf Rockkonzerten und Kommentare zu *Harry Potter* Russlands bekanntester kirchlicher Medienstar wurde, kommentierte die Pussy-Riot-Aktion wenige Stunden nach dem Auftritt in der Christ-Erlöser-Kathedrale in seinem Blog:

> … ihre Tat ist natürlich Unfug, aber ordnungsgemäßer Unfug. Es ist Fastnacht. Die Zeit der Possenreißer und Verwandlungen. Der gesellschaftliche Kosmos stürzt ein (in der Hoffnung, dass er sich im Frühjahr gemeinsam mit der Natur erneuert), die sozialen Rollen werden vertauscht.

> Zu Zeiten Peters des Großen gehörten solche Ausschreitungen an diesen
> Tagen zur Ordnung (besser gesagt zur fastnächtlichen Ordnung). Ja, wir
> lesen gerne in schlauen Büchern über alte Traditionen. Wenn es aber dar-
> auf ankommt ... Hier geht es um die sehr komplexe Frage der kulturellen
> Norm. Nicht alle diese Normen gefallen mir, aber das ist kein Grund, zu
> vergessen, dass es eben Normen sind. Es war ein NORMaler Streich. Die
> jungen Rowdys mögen dies nicht gewusst haben [...]. Uns aber ziemt es
> nicht, es zu vergessen, wenn wir unsere Reaktion abwägen.[54]

Abends, nach Durchsicht des Pussy-Riot-Videos und hunderter feindseliger Kommentare in seinem Blog, bezeichnete er die
Pussy-Riot-Feministinnen zwar als »Widersacher«, rief aber zu
Gelassenheit, Vergebung und Barmherzigkeit auf. Kurajew lässt
sich keineswegs einem liberalen Flügel der Kirche zurechnen:
trotz seiner Offenheit gegenüber der Popkultur und obwohl er
eine Moskauer Pro-Putin-Demonstration vom Februar 2012 als
Aktion von »Punk-Satanisten« bezeichnete, sieht er sich nicht
als Teil der Protestbewegung. Auch tritt er öffentlich für konservative Moralvorstellungen und eine gegenüber anderen Religionsgemeinschaften privilegierte Rolle der russisch-orthodoxen
Kirche ein. Trotzdem blieb seine Reaktion innerhalb des orthodoxen Klerus eine seltene Stimme der Besonnenheit. Aufsehen
erregte der orthodoxe Diakon Sergij Baranow aus Tambow, der
in einem offenen Brief an den Patriarchen seinen Austritt aus
der Kirche erklärte und dies mit dem »unrechtmäßigen Urteil
gegen Pussy Riot« begründete, das »auf direkte Anstiftung
der Hierarchie der russisch-orthodoxen Kirche und von Menschen, die sich auf Grund eines Missverständnisses als ›orthodoxe Bürger‹ bezeichnen«, ausgesprochen worden sei.[55] Ein
Dorfpriester im Moskauer Gebiet, der im März 2012 bekannt-
gab, sich bei den Angeklagten für die »rasende Wut« entschuldi-
gen zu wollen, die ihnen »ein Teil der orthodoxen Gemeinschaft«
entgegenbrachte, wurde später für fünf Jahre vom Dienst suspen-
diert.[56] Außerhalb der Kirche machten sich einzelne dem Protest nahe-
stehende orthodoxe Theologen für Pussy Riot stark. Einer von
ihnen, der nationalistische Publizist Wladimir Golyschew, be-

zeichnete die Pussy-Riot-Aktion als »Erscheinung Christi vor
den Russen« und interpretierte Nadeshda Tolokonnikowas Brief
aus der Untersuchungshaft als Ausdruck von »Barmherzigkeit
gegenüber den eigenen Henkern« und »Zorn Christi« gegenüber
der Perversion der Kirche. Walerij Otstawnych aus Tula, der später für den Koordinationsrat der Opposition kandidieren sollte,
schrieb während des Verfahrens ein Gutachten für die Verteidigung.[57]

All dies berechtigt jedoch nicht dazu, von einer orthodoxen
Protestbewegung zu sprechen. Im September 2012 machte im
russischen Internet ein Foto die Runde, das Priester der georgischen orthodoxen Kirche in den ersten Reihen des Protests
gegen die Folter im Gefängnis von Gldani zeigte, die im georgischen Wahlkampf zu Massenprotesten und zur Suspendierung
aller Gefängnisaufseher im Land geführt hatten. Obwohl die ge-
orgische Kirche selbst aus russischer Sicht beileibe nicht als Vorbild für eine demokratische religiöse Kultur dienen kann, rief das
Bild Neid hervor. Die Hoffnung, Pussy Riot könne eine neue
Form von religiösem Protest begründen, hatte sich nicht erfüllt.
Die orthodoxe Kirche stand – wenn auch aus anderen als den
häufig genannten Gründen – als Institution weiterhin treu zum
System Putin.

Feminismus und Homophobie

Dass die Auftritte von Pussy Riot ins Mark nicht nur der politischen und kirchlichen Elite, sondern der gesamten Gesellschaft
und auch der Protestbewegung trafen, hatte noch einen weiteren
Grund: die feministische Dimension ihrer Aktionen. Dabei ging
es um weit mehr als Kostümierung, Deklarationen und Liedzei-
len; hier entwickelten Frauen eine eigene Ästhetik und bauten
ein Aktionsrepertoire auf, das bewusst gegen gesellschaftliche
Konventionen verstieß. Wie sehr die Aktion in der Christ-Erlöser-Kathedrale als Affront gegen herrschende Vorstellungen von

Geschlechterrollen aufgefasst werden musste, zeigte sich in der Vernehmung durch die Ermittler, die das kremlnahe Fernsehen auszugsweise ausstrahlte. So wurde Nadeshda Tolokonnikowa gefragt, ob ihr Papa mit ihr zufrieden sei; Jekaterina Samuzewitsch sollte antworten, ob sie, wenn sie schon keine Kinder und keinen Ehemann habe, wenigstens von beidem träume. Die Tatsache, dass hier junge Frauen selbständig eine gut durchdachte radikale Aktion geplant und durchgeführt hatten, wurde von ihren Gegnern, aber auch von vielen ihrer Fürsprecher, mit Unglauben und Herablassung quittiert. Wie in politischen Diskussionen in Russland fast unvermeidlich, unterstellten viele Kommentatoren, die Aktion sei von anderen bestellt, geplant und bezahlt worden. Die zur Zeit des Auftritts 22-jährige Tolokonnikowa und die 23-jährige Aljochina – beide Mütter, beide hoch gebildet und in ihren Auftritten abwägend, artikuliert und auf ein fundiertes historisches Wissen zurückgreifend – sowie die 29-jährige Programmiererin Samuzewitsch, die unter anderem in einem Rüstungskonzern Software für ein Atom-U-Boot mitentwickelt hatte, wurden kaum anders als »dewotschki« oder »dewuschki« (Mädchen oder junge Frauen) bezeichnet.[58] Immer wieder war von ihrer angeblichen Dummheit oder Unreife die Rede. Bezeichnend war eine Talkshow des regimenahen orthodoxen Journalisten Maxim Schewtschenko im wichtigsten staatlichen Fernsehsender vom 15. März 2012: Der Moderator und die geladenen Männer, der Galerist Marat Gelman und der Priester Maxim Koslow, ließen die anwesenden Frauen, die ebenfalls regimenahe Bürgerrechtlerin Olga Kostina und TV-Star Xenia Sobtschak, kaum zu Wort kommen; doch auch Letztere bezeichnete die Aktivistinnen als »junge Mädchen, die bloß eine Schau abziehen wollten«.[59] Das Gerichtsurteil relativierte allerdings solche Einschätzungen. In einem Blog-Eintrag nach der Urteilsverkündung nannte selbst Schewtschenko die Pussy-Riot-Mitglieder zwar noch »Loser aus einer Punk-Band«, kritisierte aber das Urteil und Russlands politisches System unerwartet scharf und warnte: »Punks und sich amüsierende Studenten für ein Liedchen mit Gefängnis zu bestrafen, bringt Hass und Helden hervor. Die

Punks und Studenten werden zu Revolutionären und Philosophen.«[60]

Die Angeklagten machten sich das traditionelle Geschlechterverständnis durchaus zunutze: Auch sie bezeichneten sich als »Mädchen« und pochten auf ihre Mütterrollen. Die Kinder zwei- er der Aktivistinnen mussten beiden Seiten auf eine Weise als Argument dienen, die bei männlichen Angeklagten undenkbar gewesen wäre. Durfte man kleine Kinder ihrer Mütter berauben? Oder sollte man diese sogar für untauglich erklären und ihnen ihre Kinder entziehen?

Der Protest insgesamt bewegt sich zu einem erheblichen Teil im Rahmen der traditionellen und durchaus paradoxen Vorstellungen von Familien und Geschlechterrollen, die sich im 20. Jahrhundert aus bäuerlicher und kirchlicher Moral, revolutionärer Emanzipation, demographischem Ungleichgewicht und sowjetischem Spießertum entwickelt hatten. Zwar spielten Frauen in der Bewegung eine prominente Rolle: Die Journalistin Olga Romanowa und die Öko-Aktivistin und Politikerin Jewgenija Tschirikowa waren zentrale Figuren, und im Dezember kam die Wirtschaftswissenschaftlerin Oxana Dmitriewa kurzzeitig als gemeinsame Präsidentschaftskandidatin ins Gespräch. Dennoch wurden Frauen gleichzeitig oft auf Sexsymbole oder Heiratssuchende reduziert. Drei Tage vor der Großdemonstration am 24. Dezember 2011 verkündete ein von über einer halben Million Menschen angesteuertes Youtube-Video einer Partnervermittlung, unterlegt von Animationen und fröhlicher Ska-Musik:

Am 10. Dezember fand in Moskau auf dem Bolotnaja-Platz eine Demonstration statt. Nach verschiedenen Informationen versammelten sich auf dem Platz 25 000 bis 60 000 Menschen. Laut Berichten und einer Analyse der Veranstaltung waren 70 Prozent der Teilnehmer Männer. 65 Prozent davon sind unter 35; 80 Prozent haben ein überdurchschnittliches Einkommen; 75 Prozent einen überdurchschnittlichen IQ. Und 50 Prozent von ihnen sind UNVERHEIRATET. Von guter Erziehung und Verantwortungsbewusstsein ganz zu schweigen. Ergo: Tausende vorzügliche FREIE Männer. Keine Partneragentur in Russland hat einen solchen Kundenstamm! Deshalb raten wir als Experten: Geht auf die Demonstration.

> Das letzte Mal bestand eine solche Chance VOR ZWANZIG JAHREN. Sacharow-Prospekt, 14 Uhr. Eine gute Wahl![61]

Dieser augenzwinkernde Aufruf verstand sich gewiss nicht als programmatisches Dokument, ebenso wenig wie die Facebook-Gruppe »Miss Opposition 2012«, in der seit dem Sommer Fotos von Protestteilnehmerinnen verschiedenen Alters aus dem ganzen Land veröffentlicht und in den Kommentaren für weibliche Qualitäten wie Schönheit und Fürsorge gelobt wurden. Dennoch spiegelten solche Initiativen ein Rollenbild, das Männern Führung und Verantwortung zuschrieb und Frauen als abhängig, im Idealfall aber stoisch ihre Männer unterstützend darstellte.

Das öffentliche Rollenbild verdeckt einen grundlegenden Wandel in den Geschlechter- und Eltern-Kind-Beziehungen, der bereits in der spätsowjetischen Zeit begonnen hatte und keineswegs nur die größten Städte erfasste: hin zu einer stärkeren Beteiligung von Vätern an der Kindererziehung und mehr Selbständigkeit für die schon immer berufstätigen Frauen.[62] Es fehlt jedoch bis heute an einer politischen Grammatik, die diesen Wandel in der Öffentlichkeit artikulieren könnte: Der russische Feminismus etwa verzog sich nach hoffnungsvollen Anfängen während der Perestroika in einen empirisch ertragreichen, aber politikfernen und in der Wissenschaftslandschaft gefangenen Gender Studies-Diskurs.[63] Selbst in linken Vereinigungen oder Jugendszenen wie jener der DIY-Punks klafften geschlechterdemokratischer Diskurs und politische Alltagspraxis meist weit auseinander. Vor diesem Hintergrund lösten die Aktionen von Pussy Riot, die den Feminismus sowohl offen propagierten als auch vorlebten, zwangsläufig scharfe Kontroversen aus. Im Zuge der Protestbewegung erhielten auch andere kreative Feministinnen einen Resonanzraum für ihre Aktivitäten. Davon zeugte im Herbst eine Ausstellung feministischer Grafik – insbesondere die Teilnehmerin Wiktorija Lomasko erreichte im ersten Protestjahr mit ihren gezeichneten Reportagen von Demonstrationen und Gerichtsverhandlungen ein großes Publikum.

Nicht weniger wichtig war aber der Einsatz von Pussy Riot für

die Rechte von Homosexuellen. Auch die LGBT-Bewegung war
nach Anfängen in den späten Achtzigern und frühen Neunzigern nahezu unsichtbar geworden. Im Jahr 1993 entkriminalisierte
Russland im Rahmen von Beitrittsverhandlungen mit dem Eu-
roparat die Homosexualität; in den größten Städten entwickelte
sich allmählich so etwas wie eine LGBT-Szene mit einer Handvoll Clubs. Nach einigen kleineren Anläufen bildete sich erst
ein Jahrzehnt später eine Reihe von Organisationen, die sich
für die Rechte von Homosexuellen als Bürgerrechte einsetzten,
sich aber auch um AIDS-Prophylaxe und andere soziale und ge-
sundheitliche Projekte kümmerten. Viele dieser Organisationen
kamen in einem landesweiten »LGBT-Netzwerk« zusammen.
Die Vereinigung GayRussia um den Moskauer Bürgerrechtler
Nikolaj Alexejew veranstaltete seit 2006 Gay Pride-Paraden in
Moskau. Die Veranstaltungen wurden von Bürgermeister Lushkow verboten und mit Gewalt aufgelöst; die teilnehmenden russischen und ausländischen Aktivisten sahen sich auch meist brutalen Angriffen von Seiten nationalistischer und orthodoxer Eiferer
ausgesetzt.

   Die Paraden waren innerhalb der organisierten LGBT-Szene
umstritten, da einige Aktivisten sie als unnötige Provokation
sahen. Tatsächlich boten die Veranstaltungen konservativen Politikern und der gewaltbereiten nationalistischen Szene einen Vorwand, die LGBT-Bewegung als ein neues Feindbild zu installieren.
Dabei bedienten sie sich oft demographischer Argumente – ausgehend von der Vorstellung, Homosexualität sei nicht angeboren,
sondern eine Modeerscheinung, deren Verbreitung in Russland
auf westlichen Einfluss, aber auch auf die Opposition zurückgehe.
Die Verbindung zwischen der politischen Opposition und dem
Eintritt für die Rechte Homosexueller war zum größten Teil eine
Chimäre: Keine Oppositionspartei bekundete der Bewegung uneingeschränkte Unterstützung, und im Jahr 2006 scheiterte die
Gründung einer Grünen Partei an einem Konflikt um die homo-
phoben Äußerungen mehrerer älterer Umweltaktivisten. Andererseits führten die öffentlichen Auseinandersetzungen um die
Gay Pride-Paraden auch zur Politisierung und Konsolidierung

eines Teils der LGBT-Szene und ihrer Vernetzung mit Unterstützern im In- und Ausland, zu denen insbesondere Menschenrechtsorganisationen zählten, zunehmend aber auch einzelne Personen innerhalb der außerparlamentarischen Opposition. Es kamen auch neue Aktionen hinzu: Auf Anregung eines in Hamburg lebenden Bühnenbildners veranstalteten Aktivisten zum Beispiel seit Mai 2009 in Russland und im Ausland Regenbogen-Flashmobs, bei denen sie hunderte bunter Luftballons fliegen ließen.

So war es ganz natürlich, dass der politisierte Teil der Szene die neue Protestbewegung mehrheitlich unterstützte, wenn auch nicht ohne Angst und Vorbehalte. Trotz der offenen Atmosphäre der ersten Großdemonstrationen waren offen Flagge zeigende LGBT-Aktivisten auch in Moskau und Sankt Petersburg in der Menge immer wieder Angriffen von Ultranationalisten ausgesetzt, wurden aber – nicht selten zu ihrer Überraschung – von Umstehenden verteidigt. Fast zeitgleich mit dem Einsetzen der Bewegung begann eine Diskussion um Gesetzesvorschläge, die zum Schutz von Kindern die »Propaganda des Homosexualismus« unter Strafe stellen sollte, was faktisch einem Verbot der öffentlichen Erwähnung gleichkam. Auf Initiative des Petersburger Stadtverordneten und radikalen orthodoxen Aktivisten Witalij Milonow verabschiedete das Parlament der Stadt ein solches Gesetz; bis Ende 2012 taten es ihm zehn weitere Regionen nach, und Anfang 2013 passierte ein ähnlicher Vorschlag in erster Lesung die Duma. Solche Vorhaben dienten offensichtlich der Konstruktion einer moralisch konservativen Machtbasis für das »Geeinte Russland«, das seine Gegner mit vermeintlicher Sittenzersetzung in Verbindung bringen sollte. Umgekehrt führte die Debatte bei einem Teil der Protestierenden zu einer zuvor ungekannten Solidarisierung: Heterosexuelle hefteten sich rosa Winkel an, die an die NS-Verfolgung Homosexueller erinnern sollte. Im Mai 2012 entstand in Sankt Petersburg nach US-amerikanischem Vorbild eine »Allianz der Heterosexuellen für die Gleichberechtigung der LGBT«, die die Antidiskriminierungsaktionen mit öffentlichen Aktionen begleitete, aber auch hunderte Unterstützerfotos aus dem ganzen Land im Internet sammelte.[64] Die

Kundgebungen und Fernsehdebatten gaben Aktivisten die Möglichkeit, ihre Anliegen einer breiteren Protestöffentlichkeit zu
präsentieren. Pussy Riot, in deren Texten das Thema eine Rolle
spielte und deren Mitglieder sich zuvor an Gay Pride-Demons-
trationen beteiligt hatten, trug ein weiteres dazu bei und machte
die Gruppe für viele in der LGBT-Szene zu einer Ikone.

In der Einschätzung einer in Petersburg lebenden 29-jährigen
Innenausstatterin und lesbischen Aktivistin aus Karelien kommt
der Optimismus des Protests zum Ausdruck, verbunden mit
der noch immer verbreiteten Sehnsucht nach gesellschaftlicher
Einheit. Zwei Tage vor dem »Marsch der Millionen« im Mai 2012
schrieb sie:

> Die Protestwelle und die inakzeptablen obskurantistischen Gesetze ha-
> ben zumindest innerhalb der Gemeinschaft der Protestierenden eine ganz
> spontane und natürliche Akzeptanz für LGBT-Menschen und ihren
> Kampf um die eigenen Rechte geschaffen. Das ist unser gemeinsamer
> Sieg: ein Sieg der LGBT-Gemeinschaft über ihre Angst, ein Sieg der Ge-
> sellschaft über Homophobie, ein Sieg der Opposition über die Zerrissen-
> heit. Für uns alle ist es eine positive Erfahrung, ein Fundament für eine ge-
> meinsame harmonische Zukunft: für ein Land ohne Homophobie, in dem
> das gesamte Volk geeint ist.[65]

Ob der Protest wirklich zu einem Rückgang der Homophobie
führen würde, war eine offene Frage – ebenso wie die nach der
tatsächlichen Einstellung der Protestierenden zu Pussy Riot.
Überhaupt blieben die Motivationen, politischen Sympathien
und Zielvorstellungen der Demonstranten trotz handlicher For-
meln wie »Hipster« und »Mittelklasse« unklar. Ebenso unklar
war, wer sich überhaupt am Protest beteiligte. Diese Fragen stellten sich Teilnehmern wie Außenstehenden bereits in den ersten
Tagen der neuen Bewegung. Der Kampf um die Deutungshoheit
vermischte sich sehr schnell mit dem Kampf um den öffentlichen
Raum: Protesträume wurden zu Erkenntnisräumen.

V PROTEST UND NEUGIER

»Dies ist unsere Stadt!« skandierten die Teilnehmer der Moskauer Demonstrationen und Spaziergänge. Ich bin in Moskau geboren und aufgewachsen und weiß, dass sie unrecht haben, zumindest zum Teil.

Ohne Zweifel ist dies Putins Stadt. Für ihn können Straßenzüge im Stadtzentrum geräumt, für ihn kann Moskaus unaufhaltsamer Verkehr zu jedem Zeitpunkt angehalten werden. Ihm sollen 35 000 Petersburger hierher gefolgt sein, um im Staatsapparat zu arbeiten und die Kaviarkörnchen in seinem Umfeld aufzupicken. In Moskau kann Putin eine Bierbar betreten und eine Stammkundenkarte überreicht bekommen, obwohl er zum ersten Mal hier ist und nie wiederkommen wird. [...] In Moskau haben schließlich 45 Prozent der Wähler für Putin als Präsidenten gestimmt, und er selbst hat über seinen Freund Medwedew den hiesigen Bürgermeister eingesetzt. Was braucht man noch, um eine Stadt für sich beanspruchen zu können? [...]

Unbestreitbar ist dies auch die Stadt derjenigen, die gegen Putin spazieren gehen. Sie kennen einander alle, sie hängen im »Jean-Jacques«, im »Majak«, im »Rolling Stone« und in der »Strelka-Bar« ab. Sie haben in dieser Stadt ihre eigenen Orte (sogar der Gorki-Park wurde für sie umgebaut), ihre Presse, ein ziemlich reichhaltiges kulturelles Leben, ihren eigenen Kreislauf von Geld, Menschen, kleinen und großen Intrigen. Hier ist das Milieu, in dem sie einchecken und instagrammen. Wer behauptet, dies sei nicht ihre Stadt, soll sich Moskau mal ohne sie vorstellen. Klappt. Und, wie gefällt euch die Vorstellung?

Dies ist eindeutig die Stadt der Xenia Sobtschak. Hier gibt es keinen, der sie nicht erkennen würde, dafür viele Menschen, die sich für jede Windung ihres Lebenslaufs interessieren – von ihren Yogaübungen bis hin zu ihren oppositionellen Praktiken. Hier sind ihre Männer, ihr Haus (und [die von ihr moderierte Reality-Show] Haus 2), ihre Privatauftritte und Stammklubs. Sie kommt nicht von hier, aber sie schlendert durch Moskau und braucht nur mit den Wimpern zu klimpern, um hier alles ihr Eigen zu nennen.

Dies ist auch meine Stadt, obwohl ich weder Putin noch Sobtschak bin und noch nie im Leben im »John Donne« war. Hier ist die Neubauwohnung, in der ich aufgewachsen bin, meine vier Schulen, die Universität, an der ich versuchte zu studieren, die (inzwischen stillgelegte) Fabrik, zwei Banken und an die fünf Redaktionen, in denen ich gearbeitet habe. Meine Kinder sind hier geboren und groß geworden; hier gibt es Ecken, die andere, wenn überhaupt, dann nur durch Zufall kennen. An den letzten Straßenschlachten habe ich nicht teilgenommen, weil ich jetzt in Kiew lebe, dafür habe ich im August 1991 vom Dach eines Hauses auf dem Lenin-Prospekt beobachtet, wie Panzer, den Asphalt knitternd, zum Stadtzentrum krochen und wie später vor dem Weißen Haus aus einem Trolleybus eine Barrikade errichtet wurde. Das soll nicht meine Stadt sein? [...]

Dies ist auch die Stadt von Sweta, die mit ihrem Mann und zwei Töchtern in einem Wohnheimzimmer lebt. Während ihr Mann in einer Matratzenfabrik arbeitet, passt Sweta auf anderer Leute Kinder auf und putzt Wohnungen. Sie lächelt fast immer und verliert nie den Mut. Sie verschmäht keine Arbeit: Wenn sie sieht, dass es etwas zu tun gibt, dann tut sie es einfach. Sweta geht nicht protestieren; sie hat keine Zeit. Sie stimmt auch nicht für Putin; von ihm hat sie überhaupt nichts. In dieser Stadt ist für Sweta fast alles zu teuer, aber sie weiß, dass ihre Töchter es besser haben werden, und deshalb wird sie nicht wegziehen. Diese Stadt ist ein Kokon für ihre Kinder, wie sie in ganz Russland keinen besseren finden wird.

Dies ist auch die Stadt des Straßenfegers Abdullodjon. Weil in dieser Stadt der Hof ist, in dem Abdullodjon weiter saubermacht, wenn die Einheimischen aufgeben, ihre Besen und Hebeeisen wegschmeißen und Wodka holen gehen. Er steht in seiner Stadt als erster auf, und obwohl er nicht ganz legal beschäftigt ist, kennt der Revierinspektor den Straßenfeger Abdullodjon und tut ihm nichts. Wenn er ein wenig Freizeit hat – Ruhetage gibt es keine –, fährt Abdullodjon mit seinen Freunden ins Stadtzentrum, kauft eine Fla-

sche Bier (Allah wird es ihm verzeihen) und schaut sich um: So-
was hat er noch nicht gesehen. Hier die Hipster mit ihren iPhones,
dort der OMON *(Abdullodjon zieht den Kopf ein: anders als der Re-*
vierinspektor kennen die ihn noch nicht). Und da drüben drückt
auch Xenia Sobtschak entschieden ihren Protest aus. Schön ist die,
denkt sich Abdullodjon und nippt an seinem Bier. Das ist sein Bier,
das ist seine Stadt. Er wird unbedingt seine Familie herbringen, so-
bald Allah es erlaubt.

Ob es euch gefällt oder nicht, dies ist die Stadt der Männer vom
OMON*, die jetzt keine Zeit für Abdullodjon und seine fragwürdigen*
Papiere haben. Im Prinzip können sie sich hier greifen, wen und
was sie wollen, und mit dem Erbeuteten anstellen, was sie wollen –
solange es ihre Vorgesetzten erlauben (oder nicht sehen). Sie be-
sitzen in dieser Stadt die umfangreichste Gewaltlizenz, sie haben
ihre eigene Kameradschaft, und jeder, über dem sie ihre Knüppel
schwingen, verspürt unwillkürliche Angst. Fehlt die Angst, so ha-
ben sie genug Hass, um den Knüppel trotzdem niedersausen zu las-
sen. Außerdem haben sie Freundinnen und Ehefrauen und Kinder
und ein klein wenig Geld und den Wunsch, die Uniform auszuzie-
hen und normale Kerle in ihrer Stadt zu sein, zu grillen, beim Bank-
drücken 150 Kilo zu stemmen und sich über den Billardtisch zu beu-
gen, um einen komplizierten Stoß auszuführen. [...]

Leonid Berschidskij, *snob.ru*, 9. 5. 2012

Erkenntnisräume

Moskau, die »Dirne« mit den »Zähnen aus Gold«, ist »die herr-
lichste Stadt der Welt«, urteilt Till Lindemann von der Band
Rammstein. Das prägnante Stadtpanorama von Leonid Ber-
schidskij, der Lindemanns Lied am Ende seines Artikels auf
Deutsch zitiert, ist aber nicht nur eine Liebeserklärung an die
Hauptstadt. Es ist auch ein Versuch, die Vielfalt von Russlands
Großstadtgesellschaft zu fassen und die Protestbewegung darin
zu verorten.

Fast unvermeidlich unterlaufen dem frisch weggezogenen Autor dabei Überzeichnungen und Ungenauigkeiten. Selbst großzügig definiert lässt sich nur ein Bruchteil der Demonstrationsteilnehmer und eine Minderheit der Protestspaziergänger als »Hipster« beschreiben; für die meisten von ihnen sind ein iPhone oder eine Flasche Wein im »Jean-Jacques« weniger erschwinglich als für Berschidskij, einen der bekanntesten Medienmacher der Stadt und nebenbei Bankdirektor mit einem MBA aus Frankreich. Außerdem beschränken sich die Proteste ja bei weitem nicht auf Moskau, und in Jessentuki oder Nishnewartowsk müsste man ein Hipster-Biotop schon mithilfe der von Dmitrij Medwedew so hoch gepriesenen Nanotechnologien suchen. Beim OMON liegt Berschidskij ebenfalls leicht daneben, denn ein großer Teil der auf den Demonstrationen eingesetzten Bereitschaftspolizisten wird aus anderen Landesteilen eingeflogen; erst zu Hause werden die Männer wieder Zeit für Schaschlik und Billard haben. Schließlich ist es unwahrscheinlich, dass Abdullodjon wirklich seine Familie nach Moskau bringen will: Entgegen einem beliebten Vorurteil sind die meisten Tadschiken in der Hauptstadt saisonale Migranten.

Berschidskij beteiligt sich damit an dem Spiel, das russische Medien jeglicher Couleur vom Beginn der Protestwelle mit handlichen, aber willkürlichen Begriffskonstruktionen wie »Mittelklasse«, »kreative Klasse«, »Hipster«, »Büroplankton« oder »Internetmeerschweinchen« treiben. Diese Wortschöpfungen beruhen auf keinerlei ernsthafter Untersuchung und entsprechen auch nicht dem Selbstverständnis der meisten Protestierenden, die sich solche Bezeichnungen, wenn überhaupt, nur zögerlich, mit Vorbehalten oder ironisch zu eigen machen.[1]

Nur weil er sich auf grobe Vereinfachungen einlässt, gelingt es dem Autor, mit wenigen Strichen ein anschauliches Porträt zu zeichnen, das allerdings wie die meisten journalistischen Analysen stark auf Moskau zugeschnitten ist. Trotz allem drückt sich in seinem Text aber in erster Linie eine soziologische Neugier aus, die für die Protestbewegung charakteristisch ist. Indem er die Moskauer und ihr Verhältnis zu den Protesten in einigen Ty-

»Sibiriens Hipster für faire Wahlen«. Nowosibirsk, 10.12.2011. Fotograf unbekannt

pen kristallisiert, deren Lebensumstände umreißt und ihr Zusammentreffen im gemeinsamen Raum beschreibt, bedient er sich eines Verfahrens, das auch Soziologen nutzen, um die Vielfalt und Logik menschlichen Verhaltens darzustellen.

Berschidskij ist darin nicht allein. Die Wucht der Protestwelle seit Anfang Dezember 2011 traf fast alle, auch die meisten Teilnehmer unerwartet. Nicht nur in Blogs und in den Medien, auch auf den Demonstrationen selbst wurde die gesellschaftliche Selbsterkenntnis zu einem der wichtigsten Themen. Menschen mit und ohne sozialwissenschaftliche Vorbildung versuchten sich an spontanen Umfragen, neuen Zählmethoden, politikwissenschaftlichen Erklärungsmodellen und biographischen Interviews. Die Zusammensetzung der Gesellschaft, die Funktionsweise der Politik und die Auswirkung der Proteste im sozialen Gefüge sind ständiges Diskussionsthema. Als »Wissensmaschine«[2] betrachtet, sind die Demonstrationen weitaus erfolgreicher und bedeutsamer denn als strategisch durchdachtes Mittel zur Durchsetzung klar definierter politischer Ziele. »Ich lese gerne die Plakate – [um zu erfahren,] was die Leute überhaupt denken«, antwortete der neunjährige Iossif Martschenko, der Enkel einer der Teilnehmerinnen an der berühmten Demonstration von 1968 auf dem Roten Platz gegen den sowjetischen Einmarsch in der Tschechoslowakei, als er in einem *Doshd*-Interview nach seinem wichtigsten Eindruck von den Moskauer Demonstrationen gefragt wird.[3] Seine kindliche Neugier teilten aber auch Erwachsene jeglichen Alters.

Nun ist dieser Zusammenhang zwischen Protest und Neugier nichts Neues: Für Revolutionäre und Demonstranten sind Zeiten intensiver Mobilisierung häufig auch Momente besonderen Erkenntnisgewinns. Wie die internationale Resonanz der Occupy-Bewegung mit ihren Lagern und Teach-Ins zeigt, kommt dieser erkenntnisbildenden Funktion von Protestbewegungen eine immer größere Bedeutung zu, da andere institutionelle Formen der politischen Erkenntnis und Willensbildung erodieren – allen voran politische Parteien und andere große Interessensvertretungen. Umgekehrt spielen Menschen mit sozialwissenschaftlichen Interessen oft eine Schlüsselrolle in Protestbewegungen, wie 1968 die Studentenunruhen von Mexiko bis Japan vor Augen führten.[4]

Eine Besonderheit der russischen Protestbewegung besteht darin, dass sie spontan in einer Gesellschaft entstand, die in vielerlei Hinsicht atomisiert war. Allein das Heraustreten in einen gemeinsamen Raum und das unvermittelte Zusammentreffen mit vormals unbekannten, gleichgesinnten oder doch zumindest dialogbereiten Menschen wird für viele Demonstrationsteilnehmer zum Aha-Erlebnis. Diese Bedeutung verbindet die Proteste in Russland mit solchen in anderen Ländern, wo der von allen geteilte Raum nicht im westeuropäischen Sinne als öffentlich verstanden wird und seine Nutzung – ob es sich um Straßen und Plätze oder Zeitungen und Fernsehkanäle handelt – im vermeintlichen Interesse des Staates, nicht aber der Gesellschaft reglementiert wird.

In der Phänomenologie des demonstrierenden Geistes folgt auf die Überwindung der Vereinzelung zunächst ein Zuwachs an Selbstvertrauen, das sich zuweilen euphorisch und karnevalesk ausdrückt; sodann der Versuch, seinen eigenen Platz in der Menge zu bestimmen, was wiederum voraussetzt, dass man sich über die Einstellungen und Interessen der anderen klar wird und Formen der Kommunikation mit ihnen findet.

Überall auf der Welt richten sich Protestierende mit ihren Plakaten, Slogans, Stirnbändern und Sprechchören nicht nur an Machthaber und Außenstehende, sondern auch und oft zuallererst an die anderen Demonstrationsteilnehmer, die gemeinsam mit ihnen die Arena des Protests bevölkern.[5] Die zentrale Bedeutung dieser internen Kommunikation wurde vielen Protestierenden schnell klar. Michail Ratgaus, der Kurator der oben (S. 197) erwähnten Plakatausstellung, resümierte bereits im Februar 2012: »Es sind neue Menschen zum Vorschein gekommen. Oder besser gesagt: Menschen, die ein neues Selbstgefühl und eine neue Selbsterkenntnis gewonnen haben.« In Anspielung auf Pawel Arsenjews populären Slogan »Ihr habt ja gar keine Vorstellung von uns« fuhr Ratgaus fort: »Die Message des Slogans ist nicht nur nach oben gerichtet, sondern auch an die Nebenstehenden: Nicht nur ›sie‹ – der Staat, der Kreml und Putin – haben keine Vorstellung von ›uns‹. Wir selbst lernen einander zum ersten Mal in dieser neuen Qualität kennen. Darin liegt die große Freude und Frische dieses Moments.«[6]

Wie funktioniert dieses Kennenlernen, wie ist diese Erkenntnis strukturiert? Wie wird sie durch den Raum, in dem sie stattfindet, bedingt? In welchem Verhältnis stehen die von den Demonstrierenden selbst erarbeiteten Kategorien zu den von Medien, Meinungsforschern und Sozialwissenschaftlern konstruierten Begriffen? Solchen Fragen widmet sich dieses Kapitel.

Zählproteste und Protestzähler

Auf dem Höhepunkt der oppositionellen Grünen Bewegung im
Iran im Jahr 2009 entwickelte ein 31-jähriger Computerspezia-
list und Aktivist aus Teheran eine Methode zum Zählen von De-
monstrationsteilnehmern. Mit Hilfe von Google Maps und einer
systematischen Auswertung von Fotos und E-Mail-Berichten er-
rechnete er die Zahlenstärke von Protestaufmärschen. Über ein
Netzwerk von Journalisten kamen Amirs Zahlen an die Welt-
öffentlichkeit und bildeten ein Gegengewicht zu den systematisch heruntergespielten Angaben offizieller iranischer Stellen.[7]

  Die Schlacht der Zahlen ist ein ewiger Nebenschauplatz im
Konflikt zwischen oppositionellen Massenbewegungen und Regierungen, die diese Bewegungen, ob zu recht oder zu unrecht, als
minoritär und randständig darstellen. Dabei sagt Zahlenstärke
allein nicht viel aus. Demonstrationen und Aufmärsche sind ja
nur eine von vielen Arten der Mobilisierung von Menschen. Die
größten Massenaufläufe auf der Welt sind mit Pilgerfahrten und
Beerdigungen verbunden, wenngleich beide natürlich politisch
aufgeladen sein können, gerade im Iran, wo der religiöse Führer
Ruhollah Khomeini im Februar 1979 bei seiner Rückkehr aus
dem Exil von – je nach Quelle – zwei bis fünf Millionen Menschen begrüßt wurde.[8] Schließlich können selbst riesige politische
Massenkundgebungen ihren Zweck verfehlen: Die größten Demonstrationen in der bekannten Menschheitsgeschichte waren die
Aufmärsche gegen den Irakkrieg in London und Rom am 15. Februar 2003 mit jeweils geschätzten drei Millionen Teilnehmern.

  Trotzdem wird die Fähigkeit einer Bewegung, viele Menschen
auf die Straßen und Plätze zu führen, gemeinhin von Gegnern
und Unterstützern als Messlatte für ihre Vitalität bewertet. Das
Abflauen von Massendemonstrationen wird hingegen als Zeichen
eines Scheiterns gesehen, obwohl es oft eher von einem Wandel
der Bewegung zeugt – etwa hin zu langwieriger lokaler Überzeugungsarbeit oder zu Professionalisierung.

  Eine systematische Zählweise kann einer Aussage über Demonstrationsgrößen unter Umständen größere Glaubwürdigkeit verleihen. Im Zeitalter von digitaler Foto- und Kartografie sowie sozialen Medien können Oppositionelle und unabhängige Beobachter neue Instrumente entwickeln, die mit Polizeihubschraubern und Militärsatelliten konkurrieren.

Auch die russische Protestbewegung brachte ihre Erbsenzähler hervor – vor allem in Moskau, wo die größten Demonstrationen stattfanden. Einige von ihnen hatten schon vorher Erfahrungen sammeln können. Der Politikwissenschaftler Alexander Werchowskij schätzte in seinem Blog die Zahl der jeweils Anwesenden, indem er von seinen Beobachtungen zur Stehdichte in verschiedenen Abschnitten der Aufmärsche und zur Geschwindigkeit der Demonstrationszüge ausging. Werchowskij, der sich seit zwanzig Jahren mit der nationalistischen Szene beschäftigt, hatte sein Zählvermögen regelmäßig auf den »Russischen Märschen« der Ultranationalisten trainiert. Der Landvermesser Nikolaj Pomeschtschenko wiederum berechnete anhand von elektronischen Stadtplänen und Fotos die Zahl der Anwesenden zur Spitzenzeit der Demonstrationen und führte zur Berechnung der Dichte auf verschiedenen Abschnitten schon vorher Experimente mit Personen durch, die sich in verschiedener Stehdichte fotografieren ließen. Damit wiederholte er unwissentlich Überlegungen und Beobachtungen, die Herbert Jacobs an der University of California in Berkeley bereits 1967 angestellt hatte. Von seinem Bürofenster aus konnte der Journalistikprofessor den rasterförmig angelegten Platz einsehen, auf dem Studenten gegen den Vietnamkrieg protestierten.[9]

Anatolij Kaz, Spezialist für computergestützte Bilderkennung, und Igor Churaskin, Informatiker, gingen noch weiter: Sie posierten Freiwillige auf den Dächern der Häuser entlang der Demonstrationsrouten und ließen sie aus verschiedenen Winkeln je ein Foto pro Sekunde machen. Die Aufnahmen wurden dann mithilfe eines eigens geschriebenen Programms, des »Weißen Rechners«, ausgewertet. Der Fotograf und Verleger Dmitrij Ternowskij machte sich die Praxis der Moskauer Polizei zunutze, alle Protestteilnehmer durch Metalldetektoren zu schleusen: Auf dem »Marsch gegen die Schurken« am 13. Januar 2013 verteilte er mechanische Zähler an sieben Mitarbeiter und positionierte sich mit ihnen vor den Schranken, um jeden Durchgehenden zu zählen. Sein Ergebnis lag mit 24 474 Menschen beim Dreifachen der Polizeiangaben, aber deutlich unter den Einschätzungen einiger Organisatoren. Der wichtigste Unterschied zwischen diesen Zählmethoden und den offiziellen Angaben besteht in ihrer prinzipiellen Offenheit: Die entsprechenden Methoden und das benutzte Bildmaterial wurden im Internet detailliert beschrieben, und es stand jedem offen, sie zu kritisieren oder die Ergebnisse zu verfeinern.[10]

Die Betonung des Quantitativen fügte sich gut in die Logik der Protestbewegung ein. Schließlich hatten die Berichte von Wahlbeobachtern der Bewegung den entscheidenden Impuls gegeben, und die Berufung auf unabhängige Auszählmethoden und statistische Berechnungen verlieh ihr Legitimität und einen Anspruch auf Neutralität. Carl Friedrich Gauß, der 1809 als erster die Glockenkurve der statistischen Normalverteilung beschrieb, war eine der meistzitierten Autoritäten auf den Demonstrationen im Dezember 2011 und wichtigster symbolischer Widersacher des Wahlleiters Tschurow. Vor allem in Moskau, Petersburg und auf den Auslandsprotesten forderten viele die Achtung der Normalverteilung. Die meisten dieser Plakate bezogen sich auf Artikel des Physikers und Programmierers Sergej Schpilkin, der bereits zwei Tage nach der Dumawahl einen Artikel publizierte, indem er anhand einer statistischen Analyse der offiziellen Wahlergebnisse systematische Fälschungen zugunsten des »Geeinten Russland« glaubhaft machen konnte.[11] Noch weiter verbreitet war der Vorwurf, Tschurow beherrsche die Gesetze der Arithmetik nicht oder ziehe ihnen die der Zauberei vor; selbst »2 + 2 = 4« wurde zu einem subversiven Protestslogan. Besonderer Popularität erfreuten sich Variationen der Angabe »146 Prozent« – dazu summierte sich die Wahlbeteiligung im Gebiet Rostow laut Fernsehbild von *Rossija-24*. Einige Demonstranten schrieben einfach die von unabhängigen Beobachtern ermittelte Stimmenverteilung aus bestimmten Wahlbezirken auf die Plakate.

»Wir sind für die Normalverteilung!« Brüssel, 24. 12. 2011. Foto: Maxim Mayorov

Eine andere Ausdrucksform des Zählimperativs waren formalisierte Umfragen. Im Petersburger Protestlager im Mai 2012 wurden auf den Versammlungen immer wieder die Fragen diskutiert: »Wer sind wir? Was wollen wir?« Obwohl er keinerlei Erfahrung mit solchen Forschungsmethoden hatte, entschloss sich ein 31-jähriger, aus einer kleinen Provinzstadt stammender Programmierer, eine Umfrage durchzuführen, um diese Fragen zu beantworten. Das Ergebnis der Befragung von über hundert Anwesenden: Es sind kaum Parteimitglieder da, und niemand sehnt sich nach einem Anführer; ansonsten sind keine Verallgemeinerungen möglich.

Dass ein Laienforscher wie selbstverständlich zum Instrument der Umfrage greift, um seine neue Umgebung zu verstehen, ist dem einzigartigen Status von Meinungsumfragen in der russischen Medienlandschaft geschuldet. Diese Methode wurde seit den sechziger Jahren als ein staatliches Instrument zum Verständnis und zur Kontrolle einer Bevölkerung entwickelt, deren Ansichten und Vorlieben den Herrschenden zunehmend rätselhaft er-

Sankt Petersburg, 18.12.2011. Foto: Irina Beketowa

schienen. Ende der achtziger Jahre gründete eine Gruppe von Sozialtheoretikern das »Zentrum zur Erforschung der öffentlichen Meinung«. In der damals in Hunderttausender-Auflagen erscheinenden Tagespresse publizierten und kommentierten die Meinungsforscher ihre Umfrageergebnisse neben Statistiken zum Leseverhalten und anderen Lebensbereichen. Musste man sich in der intransparenten sowjetischen Gesellschaft zuvor auf offizielle Verlautbarungen, eigene Erfahrungen, zufällige Gespräche und Darstellungen in Literatur und Film verlassen, so hatte nun auf einmal eine breite Leserschaft Zugang zu objektiv erscheinenden Informationen darüber, was die Menschen im Land dachten. Die Neuheit und Prägnanz ihrer Ergebnisse ließen die Demoskopie in der medialen Wahrnehmung als gleichbedeutend mit Sozialforschung erscheinen: Das Wort »Soziologie« bezeichnete für Laien nunmehr formalisierte Umfragen und nichts anderes. Dies führte dazu, dass nicht nur in der innerrussischen Diskussion, sondern auch in der ausländischen Forschung zu Russland Umfrageergebnisse einen weitaus größeren Platz einnehmen als in den meisten anderen Ländern – obwohl von außen an Menschen herangetragene formale Fragen mit vorformulierten Antwortmöglichkeiten nur begrenzt Aufschluss über die Logik sozialen Handelns geben können. Die Bedeutung solcher Ergebnisse ist so hoch, dass der Kreml im Jahr 2003 unter einem Vorwand den Leiter des Zentrums für Meinungsforschung feuerte und ihn durch einen loyalen Direktor ersetzte, der im Auftrag staatlicher Stellen Umfragen mit suggestiven Fragen durchführen ließ. Die Belegschaft des Zentrums wechselte mit dem geschassten Direktor Jurij Lewada geschlossen in eine neue, private Organisation, die bis heute dessen Namen trägt.[12]

Die ohnehin gewichtigen methodologischen Probleme groß angelegter Umfragen als Erkenntnismethode potenzieren sich in Zeiten des Umbruchs, wenn gesellschaftliche und politische Strukturen ins Wanken geraten und die eigene Identifikation in Frage gestellt wird. Meinungsumfragen sind dann aufschlussreich, wenn Menschen zu den angesprochenen Themen eine festgefügte Meinung haben und Fragende und Befragte sich sicher sein können, dieselbe Sprache zu sprechen. Auf den großen und kleinen Aufmärschen, Demonstrationen und Protestlagern in Russland kann davon keine Rede sein. So entsteht ein Teufelskreis: Demoskopen und Laienforscher befragen Protestteilnehmer, um sich über die Zusammensetzung der Demonstrationen klar zu werden und sich selbst darin zu verorten – während die Protestierenden sich über ihre Rolle und Selbstbeschreibung noch gar nicht im Klaren sind und von den Forschern Aufklärung erwarten.

Oft zementieren solche Umfragen erst die Bedeutung derjenigen, die in der eigenen Vorstellung oder in den Medien zu den Führern des Protests gehören. Zudem wird die Dominanz Moskaus auf diese Weise noch einmal verstärkt. So gaben vor der Großdemonstration in der Hauptstadt am 24. Dezember 2011 einige der Organisatoren beim Lewada-Zentrum eine Umfrage unter den Teilnehmern in Auftrag. Das Zentrum schickte sowohl erfahrene Mitarbeiter als auch Freiwillige mit Fragebögen in die Kälte. Diese setzten gesprächsbereiten Demonstranten unter anderem eine Liste prominenter Gestalten vor und fragten nach ihrer Unterstützung für die Aufgezählten. Auch am 4. Februar und am 15. September 2012 führte das Zentrum ähnliche Befragungen durch – aber jeweils nur in Moskau. In einem Zwischenbericht stützte sich ein Mitarbeiter des Zentrums auf Befragungen dieser Art, darunter landesweite repräsentative Umfragen – sowie ausführliche Interviews mit Moskauer Journalisten und politischen Aktivisten. Eine kleine Moskauer Elite bekam somit die Deutungshoheit über den Protest, während die restlichen Teilnehmer nur als Zahlen vorkamen. Auch andere Meinungsforscher nutzten allenfalls die Moskauer Großdemonstrationen und Protestlager zu Umfragen, nicht jedoch die Dutzenden Protestaktionen in anderen Städten. Die offensichtlich beschränkte Reichweite solcher Methoden führte zur Entstehung neuer Initiativen im Bereich der Meinungsforschung. Im Rahmen eines Projekts mit dem Titel »Offene Meinung«, das eine stärkere Beteiligung von Forschergruppen in der Provinz vorsah, entbrannte eine Methodendiskussion. Die Teilnehmer forderten eine Entwicklung weg von zentralisierten, staats- oder wirtschaftsnahen Forschungsinstituten hin zu horizontalen Netzwerken, wie sie sich auch in oppositionellen Vereinigungen vollzog.[13]

Auch politische und kommunale Aktivisten bedienen sich gern der Methode der Umfrage – ob aus aufrichtiger Neugier oder zur Ausstaffierung der eigenen Programmatik. Die sowjetnostalgische Vereinigung »Das Wesen der Zeit«, die als Mitveranstalter von Pro-Putin-Kundgebungen fungierte, hatte bereits im Frühjahr und Sommer 2011 groß angelegte Umfragen unter angeblich zehntausenden Einwohnern des Landes durchgeführt. Wenig überraschend antworteten nach Aussage der Veranstalter 89,7 Prozent der Befragten, sie würden es ablehnen, die Sowjetunion in einem hypothetischen Referendum als kriegstreibenden, genozidären Staat zu deklarieren. Für die rechtsradikale Vereinigung »Die Russen« führte Xenia Trubezkaja am 15. September auf dem dritten »Marsch der Millionen« eine Umfrage durch, deren Ergebnisse sie dahingehend auslegte, 47 Prozent der Anwesenden seien dem rechten Lager zuzuordnen. Solche und ähn-

liche Übungen besaßen zwar aus sozialwissenschaftlicher Sicht
wenig Aussagekraft, zeugten aber von dem Prestige, das Zahlen-
tabellen auch und gerade in antiliberalen Milieus genossen.

Dass politische Aktivisten auch aufrichtigere Umfragen veranstalten konnten, stellte der Online-Journalist und sozialdemokratische »Eurosozialist« Pawel Prjanikow unter Beweis, der für
den Koordinationsrat der Opposition kandidierte. Kurz vor dem
Internet-Wahlgang befragte er 97 Arbeiter der Moskauer Konditoreifabrik »Rot-Front« und 21 Landarbeiter und andere Dorfbewohner aus einer Sowchose 80 Kilometer nördlich von Moskau. Vom Koordinationsrat hatten vier Arbeiter gehört, im Dorf
aber niemand, das Internet nutzten die meisten gar nicht oder
nur selten. Prjanikow nahm diese Stichprobe zum Anlass, um
den Veranstaltern der Wahl elitäre Abgehobenheit vorzuwerfen
und dem Koordinationsrat die Schaffung eines eigenen Umfrage-
instituts nahezulegen.[14]

Den Kontrast zwischen dem Objektivitätsanspruch der trockenen Zahlen und den chaotischen, bisweilen unfreiwillig komi-
schen Umständen ihrer Gewinnung illustriert dieser Ausschnitt
aus dem Bericht einer Tscheljabinsker Journalistin vom zweiten
»Marsch der Millionen« am 12. Juni 2012 in Moskau:

> Plötzlich baut sich vor uns eine vor dem Hintergrund der malerisch bun-
> ten Menge unpassend streng aussehende junge Soziologin auf: ›Bitte be-
> antworten Sie einige Fragen aus einem Fragebogen bezüglich der Motive
> Ihrer Beteiligung am Demonstrationszug. Sie protestieren gegen: den am-
> tierenden Präsidenten, das politische System, die Partei »Geeintes Russ-
> land«, die Moskauer Stadtverwaltung?‹ ›Haken Sie alles ab‹, kommt mir
> ein Kerl mit Brille zuvor, der plötzlich neben mir auftaucht.[15]

Eine weitaus angemessenere Methode zur Erforschung der Sinn-
gebung im Protest – die Fokusgruppe – ließ sich auf den Demonstrationen nicht anwenden. Anhand organisierter Gruppen-
diskussionen in verschiedenen Landesteilen hatte das regierungs-
nahe Zentrum für Strategische Analysen bereits im Sommer 2011
als einzige Forschungseinrichtung eine baldige Protestwelle vor-
hergesagt. Nach dem Einsetzen des Protests stellte das Zentrum

anhand neuer Fokusgruppen fest, dass Kritik am politischen System inzwischen breite Bevölkerungsschichten erreicht hatte, wenn auch nur wenige glaubten, dass die bevorstehenden Veränderungen von ihnen abhingen. Alexej Lewinson vom Lewada-Zentrum führte Befragungen in ähnlichen Fokusgruppen durch, zu denen er Teilnehmer von Pro- und Anti-Putin-Demonstrationen einlud. Es kam heraus, dass sich die Werte und Präferenzen beider Gruppen nicht grundlegend voneinander unterschieden. Beide waren noch auf der Suche.[16]

Forscher, Forschende und Erforschte

Die Demonstrationszüge, Kundgebungen und Protestlager sind keine mechanischen Zusammenkünfte von Menschen mit festgefügten Überzeugungen, vorformulierten Forderungen und eindeutigen strategischen Absichten. Selbst die Auftritte auf den Bühnen – etwa Alexej Nawalnyjs Frage- und Antwort-Sprechchor »Wer ist hier die Macht? Wir sind hier die Macht!« – zeugen häufig eher von der Ratlosigkeit der Redner und dem Versuch, sie performativ zu überwinden. Die vermeintlichen Anführer des Protests sind sich ebenso wenig sicher, wie es weitergehen soll, wie die Menschen in der Menge, müssen aber Selbstbewusstsein ausstrahlen, um der Dramaturgie der Kundgebung gerecht zu werden.

In ausführlicheren Interviews wird deutlich, dass sich viele der Anwesenden auch Monate nach Beginn der Protestbewegung über ihre politischen Vorlieben und ihre Handlungsmöglichkeiten nicht im Klaren sind – was nicht verwundert, ist doch ein öffentlicher Wettbewerb konkurrierender Programme im System Putin nicht vorgesehen. Gerade die weniger bemittelten und medienkundigen Demonstranten kommen, um sich einen Überblick über das politische Spektrum zu verschaffen. Eine Moskauerin im Rentenalter erzählt auf dem »Marsch der Millionen« am 6. Mai, sie gehe auf »alle« Demonstrationen, da sie »heraus-

finden wolle, was mit unserem Land passiert«. »Das Fernsehen
hat das Volk schon längst in Zombies verwandelt«, daher habe
sie sich als Wachfrau bei der Post verdingt, denn nur so könne
sie kostenlos Zeitungen unterschiedlicher Ausrichtung lesen.[17]
In Tscheljabinsk erklärt ein 47-jähriger, arbeitsloser und etwas
heruntergekommener Radioingenieur, der das Internet nach eigenem Bekunden nur hin und wieder zur Jobsuche nutzt und
neun Monate nach der Dumawahl zum ersten Mal auf eine Demonstration kommt, er sei aus Neugier da und wolle »zugucken,
zuhören, beobachten«. Eigentlich sei er gar nicht »auf die Demonstration gekommen«, denn »in die Politik muss man, wie
in einen kalten Fluss, sehr vorsichtig steigen – wenn man plötzlich hineinspringt, bekommt man einen Krampf«. Der Soziologe
Alexander Bikbov weist darauf hin, fast keiner der über 500 von
ihm und seinen Kollegen interviewten Demonstranten zeichne
die politische Lage und die eigene Meinung als klar konturiert:
»Die Teilnahme an den Demonstrationen war für sie weniger eine
klare politische Geste als ein Akt der Erkenntnis, der durch das
Interview noch einmal an Intensität gewann: Der Sinn dieser
Teilnahme war ihnen nicht schon vorher offensichtlich, sondern
entstand erst während der Demonstration.«[18]

Das gegenseitige Kennenlernen und die interne Kommunikation sind auch deshalb die wichtigsten Aspekte, weil sich die
Proteste in einer Arena mit weitaus mehr Teilnehmern als Zuschauern abspielen. Jeder Raum schafft eigene Methoden der Erkenntnis. Indem Stadtverwaltungen den Protestierenden in vielen Fällen geographisch isolierte Orte wie den Bolotnaja-Platz
in Moskau zuwiesen und Polizisten die Zugangswege durch Metalldetektoren und Großaufgebote absperrten, schufen sie Räume, die frei waren von zufälligen Passanten und sonstigen Unbe-
teiligten. Durch die vielen Kameras wurde der Raum des Protests
zwar auf die Bildschirme von Internetnutzern und in die Amts-
stuben des Gewaltapparats ausgeweitet; vor Ort jedoch waren
die Demonstrierenden zunächst unter sich. Die Einsatzkräfte der
Polizei bildeten, je nach Geographie und Größe der Demonstration, entweder einen Ring um die Protestierenden oder stan-

den mit ihren Gefangenentransportern abseits. Sie bildeten so etwas wie Wände oder Außenskelette um die Menge herum. Selbst bei Knüppel- oder Verhaftungsattacken blieben die Polizisten oft physisch von der Menge getrennt: Sie mochten einen Keil hineintreiben, um sich einzelne Demonstranten herauszugreifen, zuweilen schlugen sie auch wahllos zu, doch anschließend zogen sie sich meist wieder in ihre Reihen zurück. Nur auf den Pro-Putin-Kundgebungen war der Raum der Demonstration stärker kontrolliert: Hier mischten sich Sicherheitsbeamte in Uniform oder Zivil in die Menge und bildeten ein Innenskelett, um auf die Einhaltung der vorgegebenen Choreographie zu achten und Abweichler sofort abzuführen.

Durch die äußere Abgrenzung entstanden auf den legalen Demonstrationen für faire Wahlen paradoxerweise Freiräume, in denen die Protestierenden ungehemmt kommunizieren, einander beäugen und kennenlernen konnten. Diese Möglichkeit wurde für die meisten zum wichtigsten Erlebnis. Die Demonstrationen in Moskau und einigen anderen Metropolen begannen häufig mit einem Umzug, der manchmal zwei oder drei Stunden dauern konnte, wobei sich viele Teilnehmer schon Stunden vorher am Startpunkt sammelten. Diese ersten Stunden waren für die meisten Teilnehmer wichtiger als die anschließenden Kundgebungen, deren Lautstärke und undurchsichtige Planung viele Demonstranten verdross: Spätestens Anfang Februar verließ ein beträchtlicher Teil der Anwesenden den Zug in dem Moment, wo die Rednertribüne in Sicht kam. Ein Moskauer Aktivist berichtet:

Ich und meine Freunde sind alle Befürworter von Umzügen. Auf den Kundgebungen war ich überhaupt nicht. Am 10. Dezember auf dem Bolotnaja-Platz bin ich kurz auf die Kundgebung gegangen und habe mir die trostlosen Reden dieser Leute angehört. [...] Dort treten vielleicht gerade mal zwei, drei Personen auf, die etwas sagen, was mit meinen geistigen Bedürfnissen in irgendeiner Beziehung steht. [...] Neben persönlichem Ehrgeiz – was für Leute, die auf Kundgebungen sprechen, normal ist – sehe ich dort einen gewissen Mangel an Selbstidentifikation und den Versuch, diese im Moment des Auftritts durch populistische oder charismatische Rednertricks zu ertasten. [...] Die Kundgebungen sind eine Bla-

mage. [...] Aus meiner Erfahrung mit Veranstaltungen im Westen sehe
ich sofort, was sich hier bei uns anbietet. Am anderen Ende des Platzes
sollte eine alternative Bühne stehen. [...] dort sollten Gitarristen auftreten, Punks, alternative Aktivisten, die nicht auf die erste Bühne gelassen
werden [...] und dann wollen wir mal sehen, wo mehr Leute hingehen.
Dort sollten, wie in Deutschland, Zelte mit Infoständen stehen, wo Leute
Zettel verteilen; da drüben sollte jemand von mir aus vegetarische Pasteten
verteilen. Es sollte eine Selbstorganisation des Raums geben, aber das alles
gibt es nicht. [...] Irgendwo standen junge Leute [...] mit einem Plakat
»Das Gute wird das Böse besiegen« und verteilten Kaffee. Da war mir sofort klar: Hier beginnt die Selbstorganisation. [...] Diese Leute sind für
mich viel geiler als Nemzow & Co. [...] Die Leute haben sich selbst noch
nicht organisiert, ihre Energie findet noch keinen Ausdruck, und Kundgebungen kanalisieren sie nicht. Die Umzüge machen wenigstens einen
Anfang, denn ein Umzug – das ist Bewegung.[19]

Weil Strukturen fehlen, die diese Energie der Selbsterkenntnis
und Selbstorganisation institutionalisieren würden, fanden sich
Sozialforscher auf den Demonstrationen – die im Russischen
treffend mit dem englischen Wort »meeting« bezeichnet werden – oft in der Doppelrolle von Interviewern und Interviewten
wieder. Die Teilnehmer erwarteten von den Soziologen Aufklärung über das Geschehen.

Neben Laiensoziologen begannen auch professionelle Sozialforscher unmittelbar nach Beginn der Protestwelle, die Demonstrationen und ihre Teilnehmer zu untersuchen. Der Übergang zwischen beiden Gruppen war durchaus fließend. Zum einen waren
sehr viele Geistes- und Sozialwissenschaftler selbst von der Protestwelle mitgerissen und hatten Mühe, die Trennung zwischen
eigenem Engagement und der Forschung aufrechtzuerhalten –
nicht zuletzt, weil viele von ihnen die Freiheit von Forschung
und Bildung durch die Reformen der letzten Jahre bedroht sahen. Zum anderen beteiligten sich auch Aktivisten ohne sozialwissenschaftliche Vorbildung und Wissenschaftler aus ganz anderen Bereichen gemeinsam mit Fachleuten an der Erforschung
der Proteste.

Auch die Zusammenarbeit von professionellen und Laienfor-
schern war kein ganz neues Phänomen: Einige heute tätige For-

schungszentren und -gruppen entstanden während der Perestroika in einer Konstellation, die der von 2011/12 sehr ähnelt. Auch
damals herrschte – nicht nur bei Demonstranten und politisch Aktiven – ein riesiger Informationshunger, und viele Geistes- und
Sozialwissenschaftler, von Ethnologen über Geographen bis hin
zu Altertumshistorikern, verbanden politisches Engagement mit
der Beschreibung und Analyse des gesellschaftlichen Wandels.
Im Umfeld der sogenannten informellen Bewegung jenseits von
Staat und Partei entstand 1989 das Panorama-Zentrum, das seit
über zwanzig Jahren das politische Leben in Russland und anderen Nachfolgestaaten der UdSSR detailreich dokumentiert. Eines
der bekanntesten unabhängigen Netzwerke von Nichtregierungsorganisationen – die Gesellschaft Memorial – beschäftigte sich
bereits kurz nach der offiziellen Gründung im Jahr 1988 nicht
nur mit der historischen Erforschung des stalinschen Terrors,
sondern auch mit der Menschenrechtslage in Russland. Eine noch
länger bestehende Menschenrechtsvereinigung, die Moskauer
Helsinki-Gruppe, nutzte seit Ende der neunziger Jahre sein Netzwerk in der russischen Provinz, um systematisch Daten etwa zur
Xenophobie im Land zu sammeln. Im Jahr 2003 entstand auf der
Basis der Vereinigung das Demos-Zentrum, das sich als Think-
Tank der Zivilgesellschaft verstand. Unter Leitung professioneller Soziologen sammelten Bürgerrechtler vor Ort Informationen
etwa zur Polizei oder zum Justizsystem. Schon im Jahr zuvor
hatten ehemalige Mitarbeiter von Panorama und der Moskauer
Helsinki-Gruppe das SOVA-Zentrum gegründet, das schnell zur
wichtigsten Dokumentationsstelle zu den Themen Rechtsradikalismus, Xenophobie und Religion wurde.

Seit 2004 gibt es in Moskau das Institut für Kollektive Aktion,
das mit unabhängigen Gewerkschaften, Anwohnerinitiativen und
anderen lokalen Bewegungen vor allem außerhalb Moskaus zusammenarbeitet und sich an der Organisation von Sozialforen
im ganzen Land beteiligt. Die Direktorin, Carine Clément, war
1994 aus Paris nach Moskau gekommen, um Arbeiterbewegun-
gen in Russland zu erforschen, und blieb dort; mehrere Jahre
lang war sie mit dem Gewerkschaftsaktivisten und Politiker Oleg

Scheïn aus Astrachan verheiratet. Das Institut versteht seine Forschungstätigkeit, darunter die statistische Erfassung von Protestaktivitäten, als Beitrag zur Stärkung unabhängiger Bewegungen und bildet eine Schnittstelle zwischen Forschung und Engagement. Hinsichtlich der neuen Protestwelle gerade in Moskau war das Institut jedoch anfangs eher skeptisch, da ihm diese als abgehoben von konkreten lokalen Belangen und den Interessen sozial Benachteiligter erschien.

Um die atemberaubende Entwicklung zu dokumentieren und zu begreifen, bildeten sich neue Forschergruppen inner- und außerhalb der Universitäten.

Schon in den ersten Tagen nach dem 4. Dezember 2011 entstand in Moskau im Umfeld einiger Kulturanthropologen ein Forschernetzwerk, das sich aufmachte, die »Folklore der Schneerevolution« zu dokumentieren: Tausende von Plakaten, Slogans, Wortspielen, Verkleidungen, Graffitis, Internet-Bildchen oder Nanodemos von Spielzeugfiguren, die die Proteste zu einem spontanen Karneval der Kreativität werden ließen. Die Teilnehmer der Gruppe hatten ihren Blick an ganz anderen Gegenständen geschult. Unter ihnen war ein Spezialist für Heiligenkulte und die traditionelle bäuerliche Kultur des russischen Nordens; eine Expertin, die religiöse Sekten im postsowjetischen Russland erforschte; eine Sammlerin mongolischer Folklore, die auch ein Buch über Witze der Stalinzeit verfasst hatte; eine Soziologin, die sich auf sowjetische Begräbnisrituale spezialisierte. In Zusammenarbeit mit einem Psychologen, der Rituale in städtischen Jugendszenen erforschte, und einer Bibliothekarin, die seit 1989 für die Historische Bibliothek in Moskau Flugblätter und politische Broschüren zusammentrug, begannen sie, auf Demonstrationen, aber auch auf Pro-Putin-Kundgebungen in Moskau und Petersburg Material zu sammeln. Über eine zu diesem Zweck angelegte Facebook-Gruppe und eine Wiki-Seite konnten bald über 300 Teilnehmer ihre Sammelleidenschaft ausleben.[20]

Kaum zwei Wochen später entstand ebenfalls in Moskau eine weitere Forschergruppe. Auf einer Diskussionsveranstaltung mit dem Titel »Politik ohne Vermittler« trafen sich Künstler, Anarchisten, Journalisten und Soziologen, um die neue Lage in Russland im internationalen Kontext zu besprechen. Im Anschluss formierte sich eine Gruppe zur soziologischen Erforschung der Demonstrationen, an der sich neben Fachleuten und Studierenden unter anderem ein Künstler, zwei Philosophen, eine Anthropologin, eine Literaturwissenschaftlerin, ein Angestellter, eine Psychologin, ein Ingenieur und ein Raketenbauer beteiligten. Später stießen neue Teilnehmerinnen dazu – darunter eine Anthropologin von der Universität Cambridge, die Direktorin des Instituts für kollektive Aktion sowie die im dritten Kapitel als Wahlbeobachterin zitierte Xenia Winkowa, die sich zuerst aus einer Pro-Putin-Perspektive an der Erforschung der Proteste beteiligte. Insgesamt zeichneten die Forscher über 500 oft kurze Interviews mit Demonstranten und Teilnehmern an den Protestlagern auf – vor allem in Moskau, aber auch in Sankt Petersburg, Saratow und Paris.

Erklärtes Ziel der Gruppe, die sich »Unabhängige Initiative zur Demonstrationsforschung« nannte, war es, reguläre Demonstrationsteilnehmer voraussetzungslos über den Kontext ihrer Mobilisierung zu befragen, anstatt sie über politische Labels oder ihre Einstellung zu den Bühnenstars der Kundgebungen einzuordnen. Die Forscher sahen sich als Geburtshelfer der Selbsterkenntnis und versuchten sich auch an einer Art soziologischer Intervention, indem sie einige Forschungsergebnisse und Ratschläge auf den jeweils folgenden Großdemonstrationen verteilten: in Form von Broschüren mit Interviewzitaten oder Ausgaben der anarchistischen Zeitung *Wolja*, die Texte der Gruppe, gezeichnete Reportagen der Künstlerin Wiktorija Lomasko und Einschätzungen erfahrener Aktivisten publizierte. Dabei wählten sie die Zitate bewusst aus, um die Beteiligung von Ultranationalisten und die Redehoheit professioneller Politiker in Frage zu stellen.

Einige Mitglieder der Gruppe beteiligten sich wenig später an der Gründung einer dritten Initiative mit Schwerpunkt in Sankt Petersburg. Bereits im September 2011 hatten an der dortigen Europäischen Universität Magisterstudenten und Doktoranden der Soziologie aus verschiedenen Institutionen mit polittheoretisch interessierten Aktivisten linker Gruppen ein Seminar ins Leben gerufen, das Prozesse der Politisierung und Entpolitisierung empirisch erforschen wollte. Die unerwartete Protestwelle wurde für sie zum Testfall. Um die Seminarteilnehmer entstand ein »Kollektiv zur Erforschung der Politisierung«. Auch deren Mitgliedern war an interner Demokratie und Hierarchielosigkeit gelegen; auch sie zählten sich größtenteils zur antiautoritären Linken. Ähnlich der »Unabhängigen Initiative« führten sie in Sankt Petersburg und Moskau sowie in einigen Provinzstädten und auf Auslandsprotesten detaillierte Interviews mit Protestteilnehmern und Aktivisten etwa von Beobachtervereinigungen.[21]

Die Vorgeschichte sowohl der »Unabhängigen Initiative« als auch des »Kollektivs« reicht mehrere Jahre zurück. Bereits in den Jahren 2007/08 war es in Moskau und Sankt Petersburg zu Konflikten um akademische Freiheit gekommen, die große Resonanz auslösten. Sie verdienen nähere Betrachtung, da sich in ihnen der Zusammenhang zwischen Raum, Erkenntnis und Mobilisierung auf eine Weise artikulierte, die vieles in der Protestbewegung vorwegnahm.

Im Februar 2007 eskalierte an der Moskauer Staatsuniversität ein Streit um die überteuerten Mensapreise in der Soziologischen Fakultät zu einem mehrmonatigen Studentenaufruhr gegen deren Dekan, Wladimir Dobrenkow, dessen Sohn als Eigner der Mensa identifiziert wurde. Zum Regime des erzkonservativen Dekans, der sich lautstark für die Wiedereinführung der Todesstrafe einsetzt, gehört die Bespitzelung und Schikanierung von Studenten und aufmüpfigen Dozenten, die Verteilung von antisemitischen Traktaten und der Zwang zur vorrangigen Lektüre seiner eigenen Schriften, die nachweislich zu großen Teilen aus Plagiat bestehen. Er rief eine »orthodoxe Soziologie« aus und vergab Doktortitel und Lehrstühle an rechtsradikale Politiker wie Wladimir Shirinowskij und Alexander Dugin. Über eine von ihm geleitete soziologische Vereinigung mit guten Kontakten zum Ministerium für Bildung und Wissenschaft genießt Do-

brenkow auch an Provinzuniversitäten einigen Einfluss. Die erst
1989 gegründete Soziologische Fakultät – gemessen an der Zahl
der Studierenden die größte in Europa – betreibt er wie ein privates Unternehmen, was angesichts der hohen Studiengebühren
durchaus lukrativ ist.[22]

An den Protesten gegen Dobrenkow beteiligte sich neben Aktivisten linker und Bürgerrechtsgruppen sowie Studenten anderer Fakultäten vor allem ein Kern angehender Soziologen. Mit
der Gründung der sogenannten OD-Gruppe gelang ihnen für
kurze Zeit, was Studierenden an anderen staatlichen Universitäten immer wieder misslungen war: eine unabhängige Studenten-
vertretung zu gründen, als Gegengewicht zu den gegenüber der
Obrigkeit stets loyalen »professionellen Komitees«. Viele der
aktiven Soziologiestudenten hatten zuvor schon an einem außerhalb der Universität angesiedelten Forschungsseminar von
Alexander Bikbov teilgenommen. Dieser hatte seinerseits seine
Anstellung am Institut für Soziologie der Akademie der Wissenschaften verloren, nachdem er gemeinsam mit einem Kollegen in
einem langen Artikel argumentiert hatte, die institutionalisierte
sowjetische und russische Soziologie sei von einer staatlichen
Kontrollperspektive, nicht vom Streben nach wissenschaftlicher
Autonomie bestimmt gewesen.[23]

Die Rebellion gegen Dobrenkow blieb zwar trotz des großen
Echos letzten Endes erfolglos und endete mit dem Ausschluss
oder Weggang der aufsässigsten Studenten, die mit ihrem Eintreten für hohe Bildungsstandards stets in der Minderheit geblie-
ben waren. Dennoch waren im Zuge der Kampagne neue Kontakte zwischen jungen und älteren Soziologen sowie Aktivisten
linker und liberaler Bürgerrechtsgruppen entstanden, was während der Protestwelle nach dem 4. Dezember 2011 ein schnelles
Reagieren möglich machte. Die »Unabhängige Initiative zur
Erforschung der Proteste« bildete streckenweise eine Art erweiterte Neuauflage von Bikbovs früherem Forschungsseminar. Sowohl in der »Initiative« als auch im »Kollektiv« waren Soziologen aktiv, die seinerzeit als Studenten in Moskau an der Gründung
der OD-Gruppe beteiligt gewesen waren. Einige von ihnen setz-

ten ihre Ausbildung inzwischen an der Europäischen Universität Sankt Petersburg fort – einer geistes- und sozialwissenschaftlichen Hochschule für Postgraduierte, an der überwiegend Forscher mit westlichen Doktortiteln unterrichten.

Das harte Durchgreifen des Staates gegen diese Universität hatte Anfang 2008 einen ähnlichen Mobilisierungseffekt gehabt wie zuvor schon die Dobrenkow-Affäre – allerdings mit glimpflicherem Ausgang. Als Reaktion auf die Schaffung eines landesweiten Netzwerks von Wahlforschern und -beobachtern durch Grigorii V. Golosov (s. S. 102) ließen die Behörden die Universität unter dem Vorwand der Nichteinhaltung von Brandschutzbestimmungen schließen und entzogen ihr die Lizenz. Die Universitätsleitung hatte das anstößige Programm zu diesem Zeitpunkt bereits ausgesetzt, und nach einer mehrwöchigen internationalen Unterstützerkampagne durften die Professoren und Studierenden wieder in ihr Gebäude einziehen. Während des erzwungenen Exils jedoch hatten sie viele Lehrveranstaltungen auf die Straße verlagert. Gemeinsam mit Aktionskünstlern wie dem Dichter Pawel Arsenjew und Stadtsoziologen wie Dmitrij Worobjow hoben sie eine »Straßenuniversität« in der Petersburger Salzgasse aus der Taufe. Unter freiem Himmel konnte jeder, der wollte, öffentliche Vorlesungen halten. Der Anthropologe Ilja Utechin stellte Videos der Veranstaltungen ins Internet. Die Vorlesungen und Diskussionen auf offener Straße ähnelten bereits stark den Versammlungen, die zu einem Markenzeichen der Occupy-Lager im Mai 2012 werden sollten. Die »Straßenuniversität« setzte ihre Aktivitäten auch nach Wiedereröffnung der Europäischen Universität in unregelmäßigen Abständen und an verschiedenen Orten fort und zeitigte Ableger in anderen Städten, darunter viele in der Ukraine.

Auch Vertreter der 2003 gegründeten linken Künstler- und Theoretikervereinigung »Was tun?« (s. S. 195) waren aktiv an den Veranstaltungen und an der Kampagne um die Europäische Universität beteiligt. Eines ihrer Mitglieder, der politische Philosoph Artemij Magun, ist inzwischen Dekan der Fakultät für Politikwissenschaft und Soziologie. Dass er Mitglied des »Kollektivs

zur Erforschung der Politisierung« sowie Doktorvater einiger
seiner Initiatoren ist, sichert der Gruppe sowohl institutionelle
Verankerung als auch einen Freiraum für die Verbindung von Forschung und politischem Aktivismus.[24]

Die Straßenuniversität fügte sich in eine bereits seit Ende 2006
bestehende Bewegung zum Schutz städtischen Raums ein, die
für den Erhalt der historischen Bausubstanz Sankt Petersburgs
eintrat. Eine breite Koalition von Bürgervereinigungen, Denk-
malschützern, Intellektuellen, Stadtsoziologen und Journalisten
engagierte sich gemeinsam mit der Partei »Jabloko« gegen die
Errichtung eines fast 400 Meter hohen Büroturms des Gasprom-
Konzerns in der historischen Altstadt direkt an der Newa, der
ohne ordentliches Planungsverfahren und mit städtischen Mitteln erbaut werden sollte. Anders als vielen ähnlichen Initiativen in anderen Städten gelang es der Bewegung nach mehreren
Jahren der Mobilisierung, den Bau zu verhindern. Im Zuge der
Kampagne entstand ein Netzwerk von Aktivisten, die jenseits
ideologischer Programmatik für eine konkrete Sache zusammen-
arbeiteten – so organisieren sie seit 2007 jeden Herbst gemeinsame Umzüge zum Erhalt des städtischen Raums.[25]

Was aber ist der Raum, um dessen Eroberung es geht? Wo befindet er sich, und wie ist er definiert und strukturiert? Handelt
es sich überhaupt um eine Rück- oder eher um eine Neuerobe-
rung?

Diese Fragen stellten sich während der Konflikte um die akademische Freiheit. Wem gehörte der universitäre Raum? Den
Behörden? Den Hochschulverwaltern, die in Russland wie anderswo ihre Macht in den letzten Jahren ausgebaut hatten? Oder
doch den Lehrenden und Studierenden als einem selbstverwalte-
ten Kollektiv? Und wie sollte dieses Kollektiv seinen Anspruch
geltend machen?

Im Moskauer Fall hatte eine über Monate immer wieder er-
neuerte Präsenz der Protestierenden in und vor den Hochschul-
gebäuden nicht zum Ziel geführt. In Sankt Petersburg wurde gerade die physische Abwesenheit der Hochschulangehörigen zum
Inbegriff des Widerstands.

Eine Verlagerung freier Diskussionen auf die Straße, mit potenziell unkontrollierbaren Folgen, war sicher nicht im Sinne der Behörden. Konnte die temporäre Nutzung des Raums aber mehr sein als eine rein symbolische Vereinnahmung, die an Ort und Stelle keine Spuren hinterließ – eine Eroberung auf Widerruf, bis zum nächsten Polizeieinsatz?

Ähnliche Fragen stellten sich im Zusammenhang mit den unterschiedlichsten Protestaktionen vor und nach dem 4. Dezember 2011. Was bedeutet es, wenn Menschen für vierzig Sekunden, zwei Stunden oder auch mehrere Tage aus dem privaten Raum hinaustreten, um ihre Unzufriedenheit kundzutun? Ist es etwas anderes, ob sie dies allein oder in kleinen Gruppen tun, als Punkband oder Straßenseminar, als fahnenschwingende Demonstranten oder als Massenaufzug? Verursachen sie dadurch bleibende Veränderungen über den Moment ihrer physischen Präsenz hinaus? Machen sie sich die Stadt damit wirklich zu eigen – und was gehört überhaupt zu dieser Stadt?

Wem gehört die Stadt?

Die russische Gesellschaft ist atomisiert. Man möchte fast sagen »molekülisiert«, denn die Netzwerke der meisten Menschen reichen nicht weit über einen überschaubaren Familien- und Freundeskreis hinaus. Die besseren Moskauer Zeitungen und Zeitschriften werden nur von einer kleinen Minderheit gelesen, und gesellschaftliche Kommunikation findet vor allem über das Medium Fernsehen statt. Nicht nur die Putzfrau Sweta und der Straßenfeger Abdullodjon sind isoliert, selbst die meisten Nutzer des Web 2.0 kommunizieren innerhalb von Netzwerken mit nur wenigen Teilnehmern. Der explosive Zuwachs neuer Verbindungen im Internet war eines der wichtigsten Resultate der großen Protestwelle vom Winter 2011/12.

Das Internet füllt eine Leere, die durch den relativen Mangel an öffentlichem, genauer: kollektiv und frei nutzbarem Raum in

Russland entsteht. Offline-Netzwerke und Versammlungsorte, die für eine kollektive Mobilisierung genutzt werden könnten, bleiben vor allem in der Provinz rar. Anders als im Nahen Osten mit seinen Moscheen, Märkten und Kaffeehäusern, die zumindest für Männer traditionell Orte der Versammlung und politischen Diskussion darstellen, sind in Russland weder Gebetshäuser noch Orte von Kommerz oder Konsum Räume kollektiver Aktion.

In den letzten Jahren sind jedoch in allen größeren Städten Shopping-Zentren und teure Cafés entstanden. Eine Privatisierung potenziell öffentlichen Raums ist im Gang, die sich wie in anderen Ländern auch verheerend auf die Möglichkeiten seiner nichtkommerziellen Nutzung auswirkt. Als Feldforscher in der russischen Provinz bekommt man dies ständig zu spüren: Kann man sich mit etwas besser bemittelten Aktivisten in Cafés oder Kantinen treffen, so finden Interviews mit Studenten, jüngeren Arbeitern oder Mitgliedern diverser Jugendszenen oft in Form von Spaziergängen, auf Brachen, in Höfen und Garagen oder den Küchen von Privatwohnungen statt.

Versuche, die meist mit Zugangskontrollen versehenen Hochschulgebäude für die Organisation unabhängiger zivilgesellschaftlicher Initiativen zu nutzen, scheitern regelmäßig am Widerstand autoritärer Verwaltungen, wie der Fall Dobrenkow anschaulich belegt. In einigen Städten sind seit den neunziger Jahren kleine Klubs entstanden, die gleichzeitig als Buchläden, preiswerte Cafés und Veranstaltungszentren fungieren. Viele von ihnen ahmen das Vorbild von Klubs wie der PirOGI-Kette oder Bilingua nach, die der Unternehmer und studierte Literaturwissenschaftler Dmitrij Izkowitsch in Moskau geschaffen hat. Doch ob in Moskau, Sankt Petersburg oder der Provinz, die meisten dieser Klubs überleben nicht lange; häufig ist es weniger staatlicher als kommerzieller Druck, der unabhängige kulturelle Aktivität an solchen Orten für einen großen Teil gerade der jüngeren Bevölkerung unerschwinglich macht. Die Nutzung existierender Veranstaltungs- und Versammlungsorte, oft »Kulturhäuser« aus sowjetischen Zeiten, unterliegt in den meisten Fällen einer kommerziellen Logik, die zum einen von Profitstreben geprägt ist und zum anderen gerade dadurch für politischen Druck anfällig wird. Mal ist der Zugang zu einem öffentlichen Ort für politisch Unliebsame gesperrt, mal ist es unmöglich, ihn einfach zu reservieren, um dort unter sich bleiben zu können. Ein Beispiel aus der jugendlichen Musikszene mag dies verdeutlichen: In Provinzstädten wurden Konzerte bereits in den neunziger Jahren meist von apolitischen, auf Profit bedachten Veranstaltern organisiert, die möglichst viele örtliche Bands einluden, um Publikum anzuziehen. So fanden sich auf Konzerten immer wieder Neonazi-Bands auf der Bühne, deren Anhänger nicht selten die ebenfalls anwesenden Zuhörer von Punkbands körperlich attackierten.

Ähnliches gilt für Räume unter freiem Himmel: die zentralen Plätze, Leninstraßen oder Parks, die bis heute oft als Versammlungsorte für Biker, Skater, Rapper, Hippies, Punks und politische Aktivisten herhalten müssen: Stets dem Risiko von Angriffen durch rechtsradikale Gruppen oder Razzien der Polizei ausgesetzt und während der langen Winter kaum nutzbar, sind solche Orte ein schlechter Ersatz für öffentliche Gebäude. Halböffentliche Räume wie die erwähnten Kulturhäuser sind es schon eher; deren Nutzung ist jedoch oft an ein Eintrittsgeld gebunden, ob im buchstäblichen Sinn oder in Form einer ideologischen Vorverpflichtung – zum Beispiel im Falle von patriotischen Jugendklubs oder Turnhallen.

Schließlich haben sich viele gesellschaftliche Organisationen in Russland – vor allem solche im Bereich der Sozialhilfe – in einer unerwartet engen Symbiose mit dem Staat entwickelt.[26] Dies bedeutet, dass sie in Situationen, wo gesellschaftliche und behördliche Interessen in Konflikt geraten, nicht ohne weiteres Räumlichkeiten für unabhängige Kommunikation und Aktivität zur Verfügung stellen können.

Symbolische Geographie

Gerade der Mangel an Räumlichkeiten, die politisch oder zivilge-
sellschaftlich Aktive wie selbstverständlich für sich reklamieren
können, lässt ihnen kaum eine andere Wahl, als den eigenen Anspruch auf zentral gelegenen städtischen Raum geltend zu machen.

Zunächst geht es dabei um die Einnahme der staatlich definierten Räume des Jubels in den Stadtzentren – der Boulevards und
Prospekte, der zentralen, meist von großen Denkmälern dominierten Plätze, wo zu sowjetischen Zeiten Aufmärsche oder Paraden zum Tag der Arbeit, zum Tag des Sieges oder zum Jahrestag
der Oktoberrevolution am 7. November stattfanden. Oft speist
sich die symbolische Bedeutung solcher Plätze und Straßen aus
der physischen Nähe zu den Zentren staatlicher Macht.

In Moskau wird die Hierarchie der Plätze in dieser Hinsicht
vom Roten Platz und dem direkt am Kreml und unweit der Moskauer Stadtregierung gelegenen Manegenplatz angeführt. Die
gegenüber dem Manegenplatz abgehende Twerskaja-Straße, flankiert von weiteren symbolisch wichtigen Plätzen, ist ebenfalls
bedeutungslastig. Viele wichtige Akte der Aneignung staatlich
beanspruchten Raums fanden in den letzten Jahrzehnten hier
statt: Die öffentlichen Lesungen der poetischen Vereinigung
»Smog« im Jahr 1965 auf dem damaligen Majakowski- und heutigen Triumphplatz; die ersten kleinen Demonstrationen von
Menschenrechtlern in den Jahren 1965 bis 1967 auf dem Puschkinplatz; schließlich die berühmte »Demonstration der Sieben«
gegen den sowjetischen Einmarsch in die Tschechoslowakei am
25. August 1968 auf dem Roten Platz. Auch während der Perestroika war dieser Teil des Moskauer Stadtzentrums der am hei-
ßesten umkämpfte. Am 6. Mai 1987 gingen mehrere hundert
Unterstützer der antisemitischen Pamjat-Bewegung auf den Manegenplatz und erzwangen so ein Treffen mit dem damaligen
Stadtoberhaupt Boris Jelzin. Im Jahr 1990 fanden auf und um
den Roten Platz mehrere antikommunistische Massendemons-

trationen mit über hunderttausend Teilnehmern statt; am 1. Mai
etwa begab sich nach dem offiziellen Umzug zum Tag der Arbeit
eine Kolonne von Gorbatschow-Gegnern auf den Roten Platz.
Seit 1995 finden auf dem Roten Platz wieder verstärkt Militär-
paraden statt, gleichzeitig wird er zunehmend zu einem Veranstaltungsort für kommerzielle Konzerte.

In Petersburg spielen der Schlossplatz und der kilometerlange
Newskij-Prospekt eine sehr ähnliche Rolle wie in Moskau die
zentralen Plätze und die Twerskaja. Aber auch in Provinzstädten
sind die Gebäude der Stadt- und Gebietsverwaltung sowie der
entsprechenden Parlamente oft um einen zentralen Platz grup-
piert, der für die größten offiziellen Massenfeste verwendet wird
und meist an oder nahe der Hauptstraße liegt. Der Revolutionsplatz in Tscheljabinsk ist ein imposantes Beispiel.

Auch in der postsowjetischen Zeit waren oppositionelle und
Bürgerrechtsbewegungen anfangs bestrebt, ihre Kundgebungen
und Aufmärsche auf den zentralen Plätzen und Straßen durchzuführen – weniger um möglichst viele Menschen zu erreichen,
als um ihren symbolischen Anspruch auf den Raum geltend zu
machen. Doch bereits Anfang der neunziger Jahre erweiterte
sich die Geographie der Proteste und Aufmärsche – zunächst
vor allem in Moskau, wo bedeutende politische Ereignisse neue
Orte in den Blickpunkt der Aufmerksamkeit und der Erinnerung gerückt hatten.

Das Weiße Haus des Obersten Sowjets war im August 1991
Brennpunkt des Widerstands gegen den Putschversuch und wurde im Oktober 1993 auf Jelzins Befehl beschossen. Seitdem dienen die Bucklige Brücke und der Vorplatz des Gebäudes, das seit
1994 die Regierung beherbergt, immer wieder als Sammelort für
Demonstranten liberaler oder aber linker Bewegungen, die der
Opfer eines dieser Ereignisse gedenken und ihre politische Ge-
nealogie damit verbinden. Vor dem Regierungsgebäude demonstrieren jedoch auch immer wieder Bergarbeiter, Investoren oder
Rentner gegen Zahlungsrückstände, Kürzungen oder Immobilienbetrug. Anders als die Plätze an der Twerskaja liegt das Weiße
Haus abseits der großen Menschenströme im Stadtzentrum, so

dass die Demonstranten ihre Botschaften dort vor allem aneinander, bestenfalls an die Medien und möglicherweise an die Adressaten in der Regierung richten können. Ähnlich verhält es sich mit dem Vorplatz des Sendergebäudes und Fernsehturms in Ostankino nördlich des Stadtzentrums, der vor allem linken und nationalpatriotischen Gruppen als Gedenkort für die Parlamentsanhänger dient, die dort am 3. Oktober 1993 im Konflikt zwischen Präsident und Oberstem Sowjet ums Leben kamen. Der Lubjanka-Platz gegenüber dem massiven Gebäudekomplex des Geheimdiensts dient seit 1990 als Gedenkort für die Opfer der stalinistischen Repressionen. Damals, noch bevor im August 1991 die Statue des Tscheka-Gründers Felix Dsershinski gestürzt wurde, brachte die Gesellschaft Memorial einen Felsbrocken von den Solowki-Inseln auf den Platz. An diesem Stein finden seitdem an jedem 30. Oktober Versammlungen zum Gedenken an die Opfer des Stalinismus statt; am Vortag werden seit 2007 jeden Tag die Namen Tausender von ihnen verlesen.

Die Aufmärsche der sowjetnostalgischen Kommunisten beginnen seit den neunziger Jahren meist an Lew Kerbels Lenindenkmal auf dem Kaluga-Platz, den die Kommunisten wie zu sowjetischen Zeiten als Oktoberplatz bezeichnen und der auch Startpunkt für den »Marsch der Millionen« am 6. Mai war. Den ursprünglich als Revolutionstag begangenen 7. November ließ Jelzin nach seinem prekären Wahlsieg im Jahr 1996 zum Tag der Eintracht und der Aussöhnung ausrufen. Nachdem dieser Feiertag im Jahr 2005 durch einen Tag der Einheit des Volkes ersetzt wurde, der am 4. November an eine dubios datierte »Befreiung Moskaus von polnischer Besatzung« erinnert, hatten auch ultranationalistische Organisationen, die zuvor eher gemeinsam mit Kommunisten demonstriert hatten, plötzlich ein einheitliches Versammlungsdatum, das im ganzen Land mit »Russischen Märschen« begangen wird. Allerdings werden die Märsche jeweils von unterschiedlichen, oft miteinander rivalisierenden Gruppen organisiert und finden in Moskau von Jahr zu Jahr an unterschiedlichen Orten statt – zwischen 2009 und 2011 im abgelegenen Arbeiterviertel Ljublino im Südosten der Stadt.

Auf dem Poklonnaja-Hügel, auf dem 1995 ein großer Siegespark zum Gedenken an den Großen Vaterländischen Krieg eröffnet wurde, finden neben offiziellen und kommunistischen Veranstaltungen zum Siegestag auch andere armeebezogene Versammlungen statt: Am 7. November 2010 etwa demonstrierten hier Armeeveteranen gemeinsam mit nationalistischen Aktivisten gegen die Militärreform von Verteidigungsminister Serdjukow, die sie mit Sozialabbau in Verbindung brachten. Am 4. Februar 2012 war der Park Schauplatz einer Großkundgebung von Putin-Unterstützern und Gegnern der als »orange Revolution« angeprangerten Bewegung für faire Wahlen. Dazu wurden tausende Beschäftigte staatseigener Betriebe eigens mit Charterbussen aus verschiedenen Städten nach Moskau gebracht.

Wird hier auf diese Weise eine Verbindung zwischen der Verteidigung des Vaterlands gegen den Angriff im Krieg und der Verteidigung gegen eine akute liberale Gefahr mit der Wahl des Ortes unterstrichen, gibt es andere Plätze, deren Bedeutungspotenzial kaum von Demonstranten genutzt wird. Sowohl der Senatsplatz in Sankt Petersburg – immerhin Schauplatz des gescheiterten Dekabristenaufstands von 1825 – als auch der Krasnopresnenskaja-Platz in Moskau, der an 1905 erinnert, sind als Demonstrationsorte zweitrangig, während in Jekaterinburg wiederum der Platz der Revolution von 1905 zentraler Versammlungsort ist.[27]

Geschlossene Räume

Sieht man vom Inhalt ab, folgen alle diese Demonstrationen einer durchaus traditionellen, noch zu Sowjetzeiten standardisierten Dramaturgie: Es handelt sich um Kundgebungen, denen in manchen Fällen ein- bis zweistündige Aufmärsche vorangehen. Auf der Bühne werden in zuvor festgelegter Reihenfolge Reden gehalten, Musik abgespielt oder auch Deklarationen verlesen, von denen es in den Medien später oft heißt, sie seien »von den Demonstranten verabschiedet« worden. Die Stimmung ist – gerade bei Gedenktagen – feierlich bis grimmig; es sind viele ältere Menschen präsent; Frauen (am Siegestag auch männliche Veteranen) halten Blumensträuße in den Händen. Neben den Fahnen politischer Organisationen sind auch große Transparente zu sehen, die die Demonstranten als Mitglieder eines bestimmten Ortsverbands ausweisen oder politische Forderungen formulieren. Eine informelle Kommunikation zwischen den Anwesenden findet vor und während des Aufmarschs statt, bei der anschließenden Kundgebung nur noch am Rande der Menge. Die Veranstaltungen haben nur einen einzigen Pol, und die Menschen diesseits der Bühne erscheinen Außenstehenden – zumindest solange sie sich nicht durch Plakate oder Symbolik anderweitig ausweisen – als Unterstützer der Redner. Auch aus diesem Grund sind Diskussionen um die Bedeutung dieser oder jener Demonstrationen so auf Zahlenstärke fixiert. Im Medienbild erscheinen die Anwesenden als willige – weil stumme – Anhänger der auf der Bühne auftretenden Personen, die dadurch die Definitionshoheit über den Sinn der Versammlung bekommen und als umso gewichtiger gelten können, je mehr Menschen vor und unter ihnen stehen.

Schon in den ersten Jahren nach Putins Amtsantritt verstärkten die Behörden die bei jeglichen Versammlungen zum Einsatz kommenden Polizeiaufgebote. Spätestens ab 2003 wurde es vor allem in Moskau und Sankt Petersburg üblich, größere oppositionelle Aufmärsche und Demonstrationen durch menschliche Wände aus Uniformierten sowie mithilfe von Zugangskontrollen und Metalldetektoren abzuriegeln. Dadurch wurden sie zu geschlossenen Räumen, meist mit nur einem Zugang, in die sich zufällige Passanten oder Neugierige nicht verirren konnten und die man zwar verlassen, danach aber nur schwer aufs Neue betreten konnte. Die Polizeikordons, neben denen auch immer wieder Beobachter des Geheimdiensts oder der Extremismuszentren Stellung beziehen, dienen zusätzlich als Abschreckungsmaßnahme.

Das im Sommer 2004 eingeführte Gesetz zur Versammlungsfreiheit[28] verankerte auf dem Papier relativ liberale Regeln, vor allem ein Anmeldeverfahren, das es Stadtverwaltungen nicht mehr freistellte, eine Veranstaltung einfach zu verbieten. Gleichzeitig

nannte das Gesetz eine Vielzahl von Gründen, aus denen die Behörden eine geplante Veranstaltung verlegen oder einschränken
konnten – darunter eine anderweitige Verplanung des angege-
nen Ortes oder ein nirgends näher definiertes Fassungsvermö-
gen. In der Praxis erschwerten die neuen Regeln die Anmeldung
und Durchführung oppositioneller Kundgebungen in vielen Städten, darunter in Moskau. Die Stadtverwaltungen lehnen ange-
meldete Versammlungen häufig mit der Begründung ab, der Ort
sei bereits für eine andere Veranstaltung reserviert. Oft sind es
kremlnahe Organisationen, die plötzlich beginnen, an den frag-
lichen Orten systematisch Sportfestivals oder Kundgebungen
zu veranstalten, wobei nicht immer festzustellen ist, ob die entsprechenden Anmeldungen tatsächlich zuerst eingegangen sind.
In einigen Fällen erweist sich die angebliche Konkurrenzveran-
staltung schlicht als Schwindel.

Solche Maßnahmen erlauben es den Behörden, unliebsame
Demonstranten von zentralen Orten zu verbannen und sie zunehmend in Reservate zu verbannen, wo der Kontakt mit Außenstehenden auf ein Minimum reduziert ist. Der trotz seiner
geographisch zentralen Lage abgeschirmte Bolotnaja-Platz in
Moskau ist ein Paradebeispiel dafür.

**Routen und Orte der größten Umzüge, Aktionen und Kundgebungen
in Moskau, Dezember 2011 bis Januar 2013**

10.12.2011	Kaluga-Platz bis Bolotnaja-Platz (1,9 km)
24.12.2011	Sacharow-Prospekt
4.2.2012	Kaluga-Platz bis Bolotnaja-Platz
26.2.2012	Menschenkette um den Gartenring
5.3.2012	Puschkinplatz
10.3.2012	Neuer Arbat
6.5.2012	Kaluga-Platz bis Bolotnaja-Platz
12.6.2012	Puschkinplatz bis Sacharow-Prospekt (2,8 km)
15.9.2012	Puschkinplatz bis Sacharow-Prospekt
15.12.2012	Lubjanka-Platz
13.1.2013	Puschkinplatz bis Sacharow-Prospekt

Während der Protestwelle von 2011/12 wurde das Gesetz in verschiedenen Regionen sehr unterschiedlich gehandhabt. In Moskau verliefen die meisten Großkundgebungen bis auf den »Marsch
der Millionen« vom 6. Mai verhältnismäßig friedlich, auch dank
der Selbstorganisation der Teilnehmer und dank der umstrittenen Absprachen der jeweiligen Organisatoren mit den Behörden.
Große Verhaftungswellen gab es jedoch nicht nur am Abend der
Dumawahl und am folgenden Tag sowie am 6. Mai und bei den
anschließenden Spaziergängen, sondern auch jeweils nach dem
offiziellen Abschluss der Kundgebungen oder bei alternativen,
nicht angemeldeten Veranstaltungen, zu denen radikalere Gruppen aufriefen. Nach der Kundgebung auf dem Puschkinplatz am
5. März 2012 – dem Tag nach der Präsidentenwahl – kletterten
Demonstranten, darunter die bekannten Oppositionellen Nawalnyj, Jaschin, Udalzow und Ilja Ponomarjow, auf den Springbrun-
nen am Platz und riefen dazu auf, diesen besetzt zu halten und
Zelte aufzustellen. OMON-Polizisten verhafteten und verprü-
gelten viele der Demonstranten. Ähnlich war es früher am Abend
anderen ergangen, die versucht hatten, eine Pro-Putin-Siegesfei-
er auf dem Manegenplatz zu stören, und denen, die nahe des Lub-
janka-Platzes vor dem Gebäude der Zentralen Wahlkommission
demonstrieren wollten.

In anderen Städten griff die Polizei von Anfang an viel här-
ter durch. In Nishnij Nowgorod zum Beispiel genehmigte die
Stadtverwaltung keinen einzigen der Demonstrationszüge für
faire Wahlen. Fast jedes Mal gab es Verhaftungen, die meisten am
10. März 2012 und beim »Marsch der Regionen« am 4. November 2012, zu dem auch viele Teilnehmer und Journalisten aus anderen Städten anreisten.

Abgesehen von den meist rechtswidrigen und brutalen Ver-
haftungsaktionen führte die Protestwelle von 2011/12 zu einer
neuen Serie von Verschärfungen des Versammlungsrechts. Sofort nach Putins Amtsantritt erhöhte ein blitzartig verabschiede-
tes Gesetz (s. S. 25) die Strafe selbst für kleinere Verstöße von
einigen tausend auf bis zu 1,5 Millionen Rubel (über 35 000 Euro). Auf die Moskauer Protestszene machte dies zwar keinen gro-

ßen Eindruck: Hier vertraute man darauf, das Geld schlimmstenfalls durch Spendenaufrufe zusammenzubekommen. Demonstranten in der Provinz waren weitaus empfindlicher getroffen und eingeschüchtert. Zudem führten regionale Verwaltungen und Parlamente, von der Bewegung in Moskau weitgehend unbemerkt, zusätzliche Verschärfungen auf städtischem oder Gebietsniveau ein. Anfang Oktober erschien zum Beispiel im sibirischen Barnaul ein Erlass, der auf Demonstrationen eine Maximaldichte von einer Person pro Quadratmeter vorschrieb. Kaum zwei Wochen zuvor hatte das Parlament des Gebiets Tscheljabinsk ein Gesetz verabschiedet, das nicht nur Demonstrationen und Umzüge, sondern selbst Mahnwachen in einem 200-Meter-Radius um Sportanlagen, Kindergärten und Schulen, Krankenhäusern und Polikliniken verbot. Davon war nahezu das gesamte Stadtzentrum betroffen, vor allem aber die traditionellen Versammlungsorte wie das Rote Feld im Herzen der Stadt. In Jekaterinburg verbot die Gebietsregierung Versammlungen in der Nähe von Bahnhöfen und Flughäfen, aber auch vor den Amtssitzen der Regierung, des Gouverneurs, des Parlaments sowie kommunalen Verwaltungsgebäuden.[29] Auch in Sankt Petersburg sprachen viele vom »Kollektiv zur Erforschung der Politisierung« befragte Demonstranten und Wähler im Herbst 2012 davon, sie seien durch die hohen Strafen entmutigt.

Neben solchen Restriktionen brachten die Behörden immer wieder »Hyde-Parks« als Inseln der Rede- und Versammlungsfreiheit ins Gespräch, die Protestierende endgültig aus den Stadtzentren an die Peripherie verbannen und staatliche Überwachung erleichtern sollten. Die Moskauer Stadtduma kündigte im August 2012 an, im folgenden Jahr solche Foren im Sokolniki-Park und im Gorki-Park einzurichten, der in den Augen von Journalisten wie Leonid Berschidskij schon jetzt als Hort der Hipster erscheint.[30]

Topographie und Dramaturgie

Die zunehmende Einschränkung der Versammlungsfreiheit veränderte seit Mitte der zweitausender Jahre nach und nach sowohl
die Topographie als auch die Dramaturgie des Protests.

Immer mehr Demonstranten gaben den aussichtslosen Versuch auf, den Machthabern die Hoheit über zentrale Plätze und
die immer gleichen symbolträchtigen Orte streitig zu machen.
Stattdessen erschlossen neue Protestbewegungen neue Orte. Für
Sankt Petersburg etwa hat der Stadtsoziologe Dmitrij Worobjow
nachgezeichnet, wie sich die Geographie der Demonstrationen
vom Newskij-Prospekt immer weiter in andere zentrale und ent-
legenere Stadtteile ausbreitete. Die Bewegung für den Erhalt des
historischen Stadtbilds, der antifaschistische »Marsch gegen den
Hass«, der Protest gegen den G8-Gipfel im Jahr 2006, aber auch
liberale, kommunistische, anarchistische und nationalistische
Gruppen verteilten sich auf verschiedene Flussufer und zeichneten neue Marschrouten auf den Stadtplan. Dadurch wurden Demonstranten verschiedener politischer Ausrichtung physisch
voneinander getrennt.[31]

Die Restriktionen führten aber auch zu einem gegenläufigen
Prozess, denn nicht alle waren bereit, den Anspruch auf zentral
gelegene symbolische Orte aufzugeben. Die neuen Einschränkungen trafen ja ein breites Spektrum von Demonstranten ungeachtet ihrer inhaltlichen Forderungen: So drückte sich im
Schrumpfen des für Protest verfügbaren geographischen Raums
das Schrumpfen des politischen Raums aus. Im Kampf um die
Versammlungsfreiheit entstanden neue Koalitionen und Bewegungen jenseits ideologischer Trennlinien, aber auch neue Arten
der Zusammenkunft jenseits der althergebrachten Kundgebungs-
dramaturgie.

Im Mai 2009 riefen Eduard Limonow und andere Aktivisten
des »Anderen Russland« dazu auf, am 31. eines jeden entsprechenden Monats um 18 Uhr für die Versammlungsfreiheit auf
die Straße zu gehen – zur Verteidigung von Artikel 31 der Verfas-

sung, der diese Freiheit garantiert. Die ersten Aktionen fanden
auf dem Moskauer Triumphplatz statt, doch die »Strategie-31«
wurde schnell von Bürgerrechtlern und Oppositionellen im ganzen Land aufgegriffen, weil sie sich dank ihrer klaren Botschaft
dezentral und führerlos organisieren ließ. Wie in Moskau waren
auch die Aktionen in den meisten anderen Städten nicht genehmigt; in zahlreichen Fällen gab es Massenverhaftungen. Gerade
dadurch aber erzeugte die »Strategie-31« Aufmerksamkeit bis
in internationale Medien hinein. In vielen Städten führte sie zur
Entstehung und Konsolidierung einer Protestszene, die nützliche Erfahrungen im Umgang mit Polizei und Gerichten sammelte. In Tscheljabinsk folgten 2009 bei der ersten Aktion nur
fünf junge Männer einem anonymen Aufruf; die regelmäßigen
Versammlungen auf der Kirowstraße schweißten sie und einige
später Dazugestoßene zusammen. Während der Protestwelle seit
Dezember 2011 gehörten sie zu den aktivsten Veranstaltern der
Demonstrationen. Sie organisierten das Tscheljabinsker Treffen
mit den Moskauer Oppositionspolitikern, die im Sommer 2012
im Rahmen des »Weißen Stroms« das Land bereisten; sie waren
es auch, die in Tscheljabinsk im Oktober ein Wahllokal für die
Stimmabgabe zum Koordinationsrat der Opposition eröffneten,
das am Tag der Abstimmung durch eine FSB-Kontrolle stundenlang lahmgelegt wurde.

Die immer größeren Schwierigkeiten bei der Durchführung
von Demonstrationen und die physische Abschottung der Demonstranten von Außenstehenden zwangen Aktivisten, nach
phantasievollen Wegen zu suchen, um öffentlichen Raum für politische Kommunikation zu nutzen. Dazu gehörten künstlerische
Initiativen wie die »Monstrationen« in Nowosibirsk oder die Aktionen der Gruppe Wojna; am spektakulärsten war die vom 14.
Juni 2010 in Sankt Petersburg: Mitglieder des Künstlerkollektivs
malten einen ca. 65 Meter langen Penis auf die Litejnyj-Brücke
gegenüber dem FSB-Gebäude, kurz bevor diese wie jede Nacht
hochgeklappt wurde, um Schiffe passieren zu lassen.

Dazu gehörten aber auch die »russischen Läufe« ultranatio-
nalistischer Gruppen, die damit getreu dem Motto »Russe sein

heißt nüchtern sein« einen enthaltsamen und sportlichen Le-
benswandel propagieren wollten – ein Vorhaben, das durchaus
an die deutsche Turnbewegung von Friedrich Ludwig Jahn erinnert. Der erste Lauf fand am Neujahrstag 2011 in Sankt Petersburg statt; bald wurde die Idee auch in vielen anderen Städten
in Russland und von Aktivisten russischer Minderheiten in einigen anderen postsowjetischen Staaten aufgegriffen. Inzwischen
werden sie mancherorts fast jedes Wochenende durchgeführt
und versammeln dabei in einzelnen Fällen mehrere hundert jugendliche Teilnehmer, die mit schwarz-gold-weißen Flaggen und
anderer nationalistischer Symbolik bei jedem Wetter durch die
Stadt joggen. Fanden die Läufe zunächst vor allem in Parks statt,
verlagerten sie sich schnell auf zentrale Straßen und vor die Augen erstaunter Passanten, getreu einem Manifest der Bewegung,
das ausrief: »Wir sind Herren in unserem eigenen Land!« Der-
selbe Text verweist stolz auf das »geniale Format, das nicht unter das Bundesgesetz Nr. 54 fällt«, also das Versammlungsgesetz.
Das Manifest erteilt »jeglicher Schirmherrschaft durch politische Parteien und Religionsgemeinschaften« eine Absage. »Die
Bewegung wird nicht zentral gesteuert«, heißt es weiter, »in jeder Stadt gibt es einen autonomen ›Russischen Lauf‹ mit eigenen
Anführern. [...] Alle wichtigen Entscheidungen werden kolle-
gial durch Diskussion im Internet oder auf Versammlungen getroffen.« Als eines der Ziele der Bewegung verkündet das Manifest »die Schaffung einer Zelle der Zivilgesellschaft als Institut
unmittelbarer Volksherrschaft«. Schließlich beruft sich das Manifest ähnlich der »Strategie-31« auf die Verfassung: »Wir kämpfen nicht um die Macht, sie ist unser Geburtsrecht; ihre unmittelbare Ausübung ist uns durch die Verfassung garantiert.«[32]
   Abgesehen von der Symbolik und der zugrundeliegenden nationalistischen Ideologie, die sich zum Beispiel in Invektiven gegen Kaukasier ausdrückt, ähnelt die vernetzte Organisationsform
der »russischen Läufe« auf verblüffende Weise derjenigen der
»Strategie-31« und anderer Initiativen zur Aneignung öffentlichen Raums – zum Beispiel den »Critical Mass«-Aktionen, bei
denen große Mengen von spontan an einem Ort zusammentref-

fenden Fahrradfahrern die sonst dem motorisierten Verkehr gehörenden Straßen erobern. Die 1992 in San Francisco entstandene
Bewegung gibt es seit 2002 auch in Russland, wo die exponentielle Automobilisierung seit Anfang der neunziger Jahre die Stadtstrukturen radikal verändert.³³ Auch solche Aktionen werden jedoch spätestens seit 2007 oft von der Polizei gewaltsam aufgelöst.
Strukturell ähneln alle diese Versammlungsformen dem Flashmob, der sich in Russland (aber auch in der Ukraine oder Belarus)
dank der Verbreitung des Internets seit 2003 wachsender Beliebtheit erfreut und in Form von Kissen- oder Schneeballschlachten,
Tänzen oder kurzen Versammlungen durchgeführt wird.

Immer häufiger verlegten sich Protestierende unter Putin auch
auf die Aktionsform der individuellen Mahnwache, da diese nicht
unter die gesetzlichen Meldevorschriften fällt, solange zwischen
den Demonstranten mindestens 50 Meter Abstand besteht. Solche Einzelproteste mit Plakaten finden insbesondere vor Polizeiwachen und Gerichtsgebäuden statt, um gegen die Verhaftung
und Verurteilung Unschuldiger zu protestieren. Trotz ihrer eindeutigen Legalität werden sie von der Polizei häufig mit Verhaftungen quittiert, wobei in einigen Fällen Provokateure behilflich sind, die sich zu den Protestierenden gesellen, um aus der
legalen Mahnwache eine illegale Versammlung zu machen. Eine
andere Möglichkeit, das restriktive Gesetz zu umgehen, ist die
Durchführung einer Versammlung in Form eines »Treffens mit
einem Abgeordneten«. Dieses Formats bediente sich während
der ersten großen Proteste für faire Wahlen vor allem der oppositionelle Duma-Abgeordnete Ilja Ponomarjow – etwa am 29. Dezember 2011 zur Unterstützung des zu dem Zeitpunkt inhaftierten und im Hungerstreik befindlichen Sergej Udalzow, am
5. März 2012 nach Abschluss der offiziellen Kundgebung auf
dem Puschkinplatz zum Schutz der dort verbleibenden Demonstranten oder während des »Weißen Stroms« in der Provinz.

Die Bewegung für faire Wahlen brachte viele neue Formen der
Aneignung von öffentlichem Raum hervor – oder belebte alte
Aktionsformen wieder. Dazu gehörte in Moskau der »Große
Weiße Kreis« im Februar 2012, der an die Menschenketten in

»Für Putin, für Russland, für fünfhundert Rubel«. Omsk, März 2012. Foto: Alexej Grashdankin

der Endphase der Perestroika erinnerte. Dazu gehörten aber auch die Autokorsos, Schlittenfahrten und Fahrradaktionen – und nicht zuletzt die berühmten Nanodemos.

Um auch in kommerzielle Räume vorzudringen, bedruckten oder beschrifteten Aktivisten Geldscheine mit subversiven Losungen und schafften somit »ehrliches Geld«. Dies war ein Mittel, um den Protest von den zentralen städtischen Räumen fortzutragen, die zwar hohe symbolische Bedeutung besitzen, im alltäglichen Leben der meisten Menschen jedoch keine große Rolle spielen. Zur Herausforderung für die Protestbewegung wurde die Suche nach einer Alternative zu der immer nur punktuell möglichen Eroberung der zentralen Plätze. Nicht alle Ausdrucksweisen, die Protestbewegungen in anderen Ländern ausgearbeitet hatten, waren in Russland anwendbar: Das laute Topfschlagen der lateinamerikanischen »Cacerolazos« etwa ist dort am wirkungsvollsten, wo Wohnhäuser innerstädtische Straßen säumen – was in Russlands Städten mit ihren außerhalb der Stadtzentren

»Freiheit für Pussy Riot! Mutter Gottes, vertreibe Putin«. Moskau, Demonstration vor dem Weißen Haus am 19.8.2012, Archiv des Autors

konzentrierten Ansammlungen von Wohntürmen nicht der Fall ist. Hingegen werden die in den letzten Jahren überall entstehenden Fußgängerzonen – in Brjansk und Woronesh, in Kasan und Tscheljabinsk – zu neuen Protestbühnen. Doch auch in abgelegene Wohngebiete zieht der Protest langsam ein: Alexej Nawalnyjs Projekte sind auch deshalb so beliebt, weil er mit seinem Schlaglochverzeichnis und der Kontrolle von Hausverwaltungen am Stadtbild arbeitet und das unmittelbare Lebensumfeld vieler Menschen erreicht, denn nicht nur den fiktiven Abdullodjon verschlägt es selten ins Stadtzentrum.

Durch die Ausweitung und Differenzierung der Geographie und Formen des Protests wandelt sich dieser von einem kurzfristigen Kampf um die symbolischen Orte der Macht hin zu einer langwierigen Eroberung verschiedener gesellschaftlicher Räume – auch dies ist ein Grund für das allmähliche Abflauen der Massendemonstrationen. Eines jedoch eint die Kundgebungen in den Innenstädten mit den diffuseren Aktionen in abgelegenen Stadtteilen: Trotz polizeilicher Kontrolle über den öffentlichen Raum verläuft der Protest fast ausnahmslos friedlich.

Maria Pawlowna Sokolowa aus einer Großstadt an der Wolga war vierunddreißig Jahre alt, als im April 1986 im ukrainischen Kraftwerk Tschernobyl die Kernschmelze einsetzte. Sie arbeitete damals als Betriebsplanerin in der Atomindustrie, die nach dem zuständigen Ministerium für Mittleren Maschinenbau unter dem Kürzel »Sredmasch« bekannt war. Insgesamt 600 000 Menschen aus der ganzen Sowjetunion waren zwischen 1986 und 1989 als Liquidatoren mit der Dekontaminierung des verstrahlten Gebiets beschäftigt, darunter auch Maria Pawlowna. Viele von ihnen erkrankten an Krebs oder Schilddrüsenleiden; die Todesrate ist weitaus höher als in der Gesamtbevölkerung. In Russland und einigen anderen Nachfolgestaaten wurden die Tschernobyl-Veteranen als Invaliden eingestuft und erhielten, wie andere Behinderte auch, staatliche Vergünstigungen etwa bei der medizinischen Versorgung, aber auch im öffentlichen Nahverkehr oder bei Mietnebenkosten.

Doch nicht immer werden die Vergünstigungen tatsächlich berücksichtigt. Als 2004 auch noch Pläne der Regierung bekannt wurden, einen Großteil davon abzuschaffen und durch pauschale Auszahlungen zu ersetzen, waren es die Tschernobyl-Veteranen, die mit öffentlichen Aufmärschen eine Welle von Protesten einläuteten, an denen Hunderttausende – vor allem Rentner – teilnahmen. Maria Pawlowna war in ihrer Heimatstadt an vorderster Front dabei. Wie so viele, lieferten sie und ihre Mitstreiter sich zu diesem Zeitpunkt bereits seit Jahren einen Rechtsstreit mit den Behörden um ihr zustehende Sozialleistungen. Heute ist sie sechzig und leitet die örtliche Vereinigung der Liquidatoren. »Seit zehn Jahren gehen wir in den Gerichtssälen ein und aus. Uns wird ganz offen gesagt: ›Ihr werdet euch vor Gericht abquälen, bis ihr Herzinfarkte und Schlaganfälle bekommt.‹ So ist es auch gekommen. Einige von uns sind während der Gerichtsverhandlungen gestorben.« Die Richter, klagt sie, setzten sich über bestehende Gesetze hinweg, und selbst Urteile zu ihren Gunsten würden schlicht und einfach nicht vollstreckt.

Inzwischen platzt der angeschlagenen, aber rüstigen Dame der Kragen: »... ein Richter, der ein gesetzwidriges Urteil fällt und mich dadurch beraubt, ist ein Verbrecher. [...] Wenn der Staat mich nicht schützt, dann muss ich mich selbst beschützen. Verbrecher müssen vernichtet werden. Ich werde schon Wege finden, um einen solchen Richter aus dem Justizsystem zu entfernen – und sei es mit Gewalt. Ich als Frau will das eigentlich nicht. [...] Vor ein paar Jahren wurde bei uns ein Attentat auf die Vorsitzende des Kreisgerichts verübt. [...] Am nächsten Morgen kam ein Anruf: ›Maria Pawlowna, waren das vielleicht Ihre Tschernobyler?‹ Ich antwortete: »Wir sind nicht so blutrünstig. Aber wir unterstützen diese Aktion. Ein Mensch, der ein Verbrechen begeht, muss irgendwann seine Verantwortung dafür spüren. Heute bin ich dazu bereit. Wenn niemand mich und meine Rechte schützt, bin ich selbst zum Kampf gegen die Verbrecher bereit, notfalls mit Gewalt.«

Gewaltkulturen

Wie kommt eine sechzigjährige Dame dazu, einen Anschlag auf das Leben einer Richterin gutzuheißen – ein Attentat, das nach Dafürhalten der Staatsanwaltschaft von Gangstern aus der organisierten Kriminalität heraus geplant und verübt wurde? Woher nimmt sie den Mut und die Verzweiflung, in aller Öffentlichkeit von ihrer Bereitschaft zur Selbstjustiz gegen Beamte zu sprechen? Und wie ernst sollten solche Ankündigungen genommen werden? Handelt es sich schlicht um den Ausdruck einer allgegenwärtigen Kultur der Gewalt in einem Land, in dem Menschenleben kaum etwas wert sind? Und müsste eine politische Protestbewegung in einem solchen Land nicht zwangsläufig zu Blutvergießen führen?

Unbestreitbar ist Russland das mit Abstand gewalttätigste Land sowohl Europas als auch Asiens. Gemessen an der Anzahl der Morde je 1000 Einwohner liegt es weit vor Moldawien und Estland, Kasachstan und Thailand und ist am ehesten mit Mexiko oder Nicaragua vergleichbar[1]. Durch Bürger- und Weltkriege, Hungersnöte und staatlichen Terror entstand im ohnehin nicht gerade friedfertigen russischen Reich zwischen 1914 und 1953 eine vielschichtige Kultur der Gewalt und Gewaltduldung, die bis heute nachklingt. Die Tradition hierarchischer Brutalität innerhalb der Armee (*dedowschtschina*) und zuletzt vor allem die Kriege in Afghanistan und Tschetschenien trugen das ihre dazu bei, einen maskulinen Gewaltkult zu zementieren, der durch zurückkehrende Veteranen aus den Randgebieten des Imperiums auch in die privilegierten Städte getragen wurde. Die Tschetschenienkriege und später auch der mörderische Dauerkonflikt in den benachbarten Teilrepubliken Dagestan und Inguschetien brachten den Krieg schließlich auch nach Moskau und ins russische Kernland: Bomben- und Selbstmordattentate, blutige Geiselnahmen sowie politische Auftragsmorde bleiben seit Mitte der neunziger Jahre an der Tagesordnung. Bestrafungs- und Vergeltungsmaßnahmen durch staatliche Akteure nehmen oft einen nicht weniger blutigen Ausgang als die Terrorakte außerstaatlicher Gruppen. Schließlich leben in Russland mehr als 800 000 Menschen in Zuchthäusern, zu denen man neben den Gefängnissen und Straflagern – der »Zone« – auch viele der desolaten Waisenhäuser und Irrenanstalten zählen muss.[2] Manche Gesellschaftsforscher gehen so weit zu behaupten, dass die Sozialisierung vieler Männer durch die »Zone« so bedeutsam und die Übertragung ihrer Verhaltensregeln auf die Gesamtgesellschaft so massiv ist, dass ganz Russland wie eine große »Zone« funktioniert.[3] So weit muss man nicht gehen; klar ist aber, dass das Recht des Stärkeren, bedingungslose persönliche Loyalität und Misstrauen gegenüber Unbekannten die Lebenswelten vieler Menschen in Russland prägen. Es herrscht eine »diffuse Militanz«.[4]

Getränkt wird diese Militanz nicht zuletzt mit Alkohol. In den siebziger Jahren stieg der Konsum in der Sowjetunion und vor allem in Russland in schwindelerregende Höhen. Die Antialkoholkampagne von 1985 bis 1991 dämmte diesen Trend kurzzeitig ein, aber mit dem Ende der Perestroika brachen alle Deiche. Heute liegt der Pro-Kopf-Verbrauch bereits bei über 15 Liter reinem Alkohol pro Jahr. Zwar liegt Russland damit im weltweiten Vergleich auf Platz vier hinter Moldawien, Tschechien und Ungarn, seine Einwohner haben jedoch die gefährlichsten Trinkgewohnheiten, vor allem in Form von Saufgelagen unter Männern.[5] Es bleibt abzuwarten, ob sich der fulminante Erfolg der postsowjetischen Bierindustrie langfristig in gemäßigterem Konsumverhalten niederschlagen wird – oder ob der Bierpegel steigt, ohne den Wodkaspiegel zu senken. Schnapsleichen sind wie in anderen nördlichen Ländern vielerorts ein vertrauter Teil des Stadt- und vor allem Landbilds, und wie auch bei Opfern trunkener Prügeleien bleibt ihr Leichendasein nicht immer metaphorisch. Nicht zuletzt mit dem hohen Alkoholkonsum hängt auch die weite Verbreitung häuslicher Gewalt zusammen, darunter Körperstrafen an Kindern. Wie andere Formen von Gewaltanwendung ist diese überwiegend männlich. Gerade weil das immer noch weit verbreitete patriarchalische Verständnis von Geschlechterrollen der Wirklichkeit schon längst nicht mehr entspricht, entlädt sich der Frust der durch maskuline Ideale überforderten Männer oft in Brutalität.[6]

Hinzu kommt die ritualisierte und oft auch kalkulierte Anwendung von Gewalt als Kennzeichen diverser Subkulturen. Dies sind zum einen kriminelle Banden, die einen Großteil des Wirtschaftslebens mitbestimmen, zum anderen jugendliche Gangs, die in den siebziger und achtziger Jahren als »Ljubera« brutal gegen vermeintlich verwestlichte Jugendliche vorgingen und seit Ende der neunziger als Neonazi-Skinheads angeblich ethnisch Fremde umbringen. Gerade in den Großstädten und den multikulturellen Regionen Südrusslands werden gewalttätige Auseinandersetzungen etwa zwischen Fußballfans oder unter Dorfbewohnern immer stärker als ethnische Konflikte markiert, nicht zuletzt durch die Bemühungen nationalistischer Organisationen. Die – absolut gesehen – sehr hohe Zahl rassistischer Morde etwa an afrikanischen Studenten oder tadschikischen Arbeitern führt in Russland wie im Ausland regelmäßig zu moralischer Panik; sie muss jedoch im Zusammenhang sowohl mit der allgemeinen Gewaltbereitschaft in Russland wie auch mit dem gesamteuropäischen Anstieg tätigen Fremdenhasses gesehen werden.

Angesichts dieser vielfältigen Gestalten der Brutalität mag man meinen, dass auch der politische Protest zwangsläufig in gewalttätigen Bahnen verlaufen müsste. Doch das Gegenteil ist der Fall: Von den Demonstranten selbst geht – bis auf ein paar fragwürdige Einzelfälle – keine Gewalt aus. Selbst symbolische Gewalt bleibt aus: Unter tausenden Plakaten auf den Protestdemos lässt sich allenfalls der einsame Schriftzug »Putin must die« als Aufforderung dazu lesen – und auch dabei geht es womöglich um jedermanns »inneren Putin«.[7] Von Beginn an fand sogar, nach klassischer gewaltfreier Manier, eine Art Selbstzensur statt: Bereits auf den Dezember-Aufmärschen wurden Hitzköpfe von der Menge zurückgehalten und jegliche Aufrufe zu Revolution und Gewalt sofort niedergebuht.[8] Mehr noch, die Atmosphäre selbst auf den größten Demonstrationen wurde – trotz der Enge und der politischen Differenzen – allgemein als ungewöhnlich friedlich, freundschaftlich und hilfsbereit empfunden. Viele Teilnehmer unterstrichen den Kontrast zwischen der gereizten Stimmung im Alltag und dem Wohlwollen der Menge.[9]

Erst das brutale Vorgehen der knüppelnden Polizisten etwa am 6. Mai 2012 in Moskau führte zu Gegengewalt. Ein paar Demonstranten schafften es, einigen der Uniformierten unter dem Beifall der Menge die Helme vom Kopf zu reißen und als Trophäen in die Moskwa zu werfen. Es flogen auch einzelne Steine und später sogar Asphaltbrocken. Einige Polizisten wurden leicht verletzt. Doch zu einem großen Teil beschränkte sich die Gegenwehr auf das Schleudern leerer Plastikflaschen: Jeder 1. Mai in Berlin verläuft um ein Vielfaches gewalttätiger. Bemerkenswert ist auch, dass die verbleibenden Demonstranten jede Pause in den Knüppelattacken der Polizeikolonne nutzten, um ihren Protest wieder in friedliche und sogar festliche Bahnen zu lenken: Durch spontane Flashmobs und gegenseitige Hilfsaktionen beschworen sie immer aufs Neue den Geist der Solidarität und der Ausgelassenheit. Der Widerstand der meisten Demonstranten drückte sich darin aus, dass sie sich weigerten, den Anweisungen der Polizisten zu folgen, und sich nur durch Knüppel und körperlichen Druck vertreiben ließen: auch dies eine klassische Form des gewaltfreien Widerstands spätestens seit Gandhi.

Wie kommt es also, dass in einem Land, wo Gewalt auf vielfältigste Art zur Normalität gehört, der politische Protest friedlich bleibt und die Demonstranten selbst dafür sorgen, dass auch der Widerstand gegen Polizeibrutalität weitgehend gewaltfrei abläuft? Die Dynamik der Aggressionsentladung erklärt dies nur zum Teil. Den Hintergrund dafür bildet eine Tradition des gewaltfreien Widerstands, die parallel zum scheinbar allgegenwärtigen Gewaltkult besteht. Diese lässt sich mindestens zweihundert Jahre zurückverfolgen.

Gewaltfreiheit und Widerstand

Pazifistische christliche Sekten wie die Molokanen und Duchoborzen erlebten in Russland am Anfang des 19. Jahrhunderts eine Blütezeit. Auch die militärische Eroberung des Kaukasus provozierte neben bewaffnetem auch gewaltfreien Widerstand seitens der Anhänger des tschetschenischen Mystikers Kunta-Haji. Der wirkungsmächtigste Theoretiker des Gewaltverzichts war jedoch Leo Tolstoj, der diesen in seinem Spätwerk philosophisch und religiös rechtfertigte. Seine Schriften waren nicht nur international einflussreich. Auch in Russland begründete er, mehr als seine pazifistischen Vorgänger, über die Bewegung der Tolstojaner hinaus eine Kultur des individualistischen und gewaltfreien Widerstands gegen die als ungerecht empfundene Macht von Staat und Kirche.

Beispiele aktiven gewaltfreien Widerstands gegen die Staatsgewalt sind seit dem ausgehenden Zarenreich und bis in die Stalinzeit hinein bekannt. Dazu gehören die Industriestreiks seit den siebziger Jahren und die bis zum Moskauer Dezemberaufstand weitgehend unblutigen Aktionen der Revolutionäre von 1905, aber auch einzelne Fälle von taktischem Gewaltverzicht bei den sonst rücksichtslosen Bolschewiki und schließlich die Aufstände von Gulag-Insassen, die in den Massenstreiks von Norilsk und Workuta gleich nach Stalins Tod im Jahr 1953 gipfelten. So schöpfte denn auch Gene Sharp, der große Propagandist des gewaltfreien Widerstands, in seinem wichtigsten Kompendium zahlreiche Methoden aus der Geschichte Russlands.[10]

Auch unter Chruschtschow fanden – von Regierung und Medien verschwiegen und im Westen kaum wahrgenommen – immer wieder Massenunruhen statt, so etwa 1956 in der georgischen Hauptstadt Tbilissi, 1959 im kasachischen Termirtau, 1961 im südrussischen Krasnodar und 1962 im nahegelegenen Nowotscherkassk. Meist wurden sie im Blut erstickt. Bereits 1965 zeigte jedoch eine Riesenkundgebung in Jerewan, der Hauptstadt Armeniens, dass gewaltfreier Widerstand unter bestimmten Bedingungen auch im repressiven Sowjetstaat Erfolg haben konnte. Zehntausende demonstrierten 24 Stunden lang vor dem Operngebäude zum Gedenken an den Völkermord von 1915. Als Reaktion gab die Regierung ein Mahnmal für die Opfer des Genozids in Auftrag, das 1967 fertiggestellt wurde.

Relevanter für ein Verständnis der heutigen Proteste ist die aus den sechziger Jahren stammende Tradition des Gewaltverzichts bei den Dissidenten. Deren öffentliche Aktionen hatten zwar keine unmittelbare politische Wirkung, sie bereicherten jedoch die russische Protestkultur um ein entscheidendes Moment: einen beispiellosen Legalismus, der statt revolutionärer Umwälzungen oder bestimmter politischer Maßnahmen die Einhaltung bestehender Gesetze fordert. Tonangebend war bereits die erste öffentliche Aktion am 5. Dezember 1965, dem Verfassungstag, bei der eine Handvoll von Demonstranten auf dem Puschkinplatz in Moskau ein Spruchband mit den Worten »Respektiert die sowjetische Verfassung« ausbreiteten, um auf den unfairen Prozess gegen die Schriftsteller Andrej Sinjawskij und Julij Daniel aufmerksam zu machen. Auch die sieben Regimekritiker, die im August 1968 auf dem Roten Platz gegen den Einmarsch sowjetischer Truppen in die Tschechoslowakei demonstrierten, wollten ihre Aktion als Protest gegen einen Rechtsbruch verstanden wissen. In den folgenden Jahren widmeten die Dissidenten ihre Bemühungen der Erfassung von Menschenrechtsverletzungen und anderen Verstößen gegen formal in der Sowjetunion geltendes Recht. Sie grenzten sich scharf von gewalttätigen Aktionen ab, etwa als einige von ihnen beschuldigt wurden, an den Bombenattentaten in Moskau im Januar 1977 beteiligt gewesen zu sein.

Diese Tradition fand während der Massenkundgebungen der Perestroika ein Echo, als der Physiker und Menschenrechtler Andrej Sacharow oder auch der Korruptionsermittler Telman Gdljan kurzzeitig zu Volkshelden wurden – Menschen also, die als Kämpfer für Gesetzestreue und gegen die Willkür des Staates oder einzelner Beamter gesehen wurden. Der Moskauer Diskussionsklub »Perestroika«, aus dem viele wichtige Persönlichkeiten der folgenden Jahre hervorgingen, erhob eine bedingungslose Absage an Gewalt im August 1987 zu einem seiner Grundsätze. Dies wurde richtungsweisend für die »informelle Bewegung«, das organisierte politische und gesellschaftliche Spektrum, das sich nun außerhalb der Kommunistischen Partei neu bildete.

In der postsowjetischen Zeit wurde das Vermächtnis der Dissidenten negativ besetzt, da sie mit dem Zerfall der Sowjetunion und dem anschließenden Chaos in Verbindung gebracht wurden. Zudem hatten etliche Liberale, die sich in der Tradition der Dissidenten sahen, Jelzins blutiges Vorgehen gegen den Obersten Sowjet im Oktober 1993 unterstützt und dadurch in den Augen vieler Menschen ihre Legitimität eingebüßt. Die legalistische Tradition der Menschenrechtler lebte jedoch in kleinen, professionalisierten Organisationen weiter, die, oft von ehemaligen Dissidenten oder Vertretern der informellen Bewegung gegründet, als Think-Tanks zu bestimmten Themenbereichen – Menschenrechte, Korruption, Armeebrutalität, Polizeireform, Rechtsradikalismus – fungierten. Paradoxerweise gehören Russlands Menschenrechts-NGOs, obwohl vielfach von der breiteren Gesellschaft isoliert, weltweit zu den professionellsten und juristisch am besten Bewanderten auf ihrem jeweiligen Gebiet.

Diejenigen in Russland, die sich nicht vor dem Clinch mit dem Staat scheuen, greifen oft auf die von Bürgerrechtlern aufrechterhaltene Tradition zurück. Wer auch immer sich auf öffentlichen Protest einlässt, beginnt meist mit geradezu pedantischen Verweisen auf Paragraphen. Auch Maria Pawlowna richtete jahrelang Briefe und Videobotschaften voll langer Aufzählungen von Gesetzesverstößen an Medwedew und Putin, bevor sie es sich erlaubte, öffentlich über ihre Gewaltphantasien zu sprechen. Natürlich werden in Russland Gesetze routinemäßig ignoriert oder ausgehöhlt. Aber gerade diese Erfahrung verstärkt den Wunsch nach eindeutigen und transparenten Regeln: Je weniger das Gesetz befolgt wird, desto mehr berufen sich Bürgerrechtler darauf. Seit die sowjetischen Machthaber 1975 die Helsinki-Schlussakte der KSZE unterzeichneten, üben sich Menschenrechtsaktivisten in der Kunst des politischen Jiu-Jitsu: Gesetze, die zu Zwecken des Machterhalts und Machtausbaus verabschiedet werden, versuchen sie beim Wort zu nehmen und zum Schutz staatlich Verfolgter zu nutzen.

Die Großkundgebungen in Moskau am 24. Dezember 2011 und am 12. Juni 2012 fanden – symbolträchtig – auf dem Sacharow-Prospekt statt; allerdings war dies nicht der geplante Veranstaltungsort, sondern eine von der Stadtregierung vorgeschlagene Alternative zum ursprünglich vorgesehenen Gartenring. Im Dezember wurden sowohl Sacharow als auch der sechs Tage zuvor verstorbene tschechische Dissident und Politiker Václav Havel auf einzelnen Plakaten als Symbolfiguren beschworen; auch das Motto von der Demonstration auf dem Puschkinplatz 1968, »Für eure und unsere Freiheit«, war zu sehen. Generell jedoch äußerte sich das Erbe der Menschenrechtsbewegung eher im Gewaltverzicht der Protestierenden statt im expliziten Bezug auf historische Vorbilder. Memorial veranstaltete nach dem Beginn der Protestbewegung in Moskau eine Vortragsreihe zur Erfahrung gewaltfreier Bewegungen weltweit, in denen auch die sowjetische Tradition zur Sprache kam. Ähnliche Seminare hatten zuvor auch Organisationen wie das Moskauer Sacharow-Zentrum oder die Internationale Jugend-Menschenrechtsbewegung veranstaltet, die politischen Bewegungen gleichwohl durchaus distanziert gegenüberstanden.

Gewaltfreiheit als dominante Tradition der Opposition im brutalen Russland? Eigentlich sollte dies nicht verwundern. Man denke nur an die bekanntesten Geburtsstätten gewaltfreier Theorie und Praxis: Südafrika und Indien, Chile und Palästina, die Philippinen und die amerikanischen Südstaaten. In all diesen Gesellschaften gehörte Gewalt zum Alltag. Bewaffneter Widerstand hatte sich als unzureichend oder zwecklos erwiesen. Mit dem Verzicht darauf konnte man ein Zeichen setzen und an bestehende ethische Grundsätze appellieren: ob an das Gleichberechtigungsprinzip, die christliche Moral oder den demokratischen Anspruch. In demokratischen und friedfertigen Gesellschaften hingegen kommt Gewaltfreiheit seltener zur Blüte: Wo legitime Institutionen demokratischer Entscheidungsfindung den Protest kanalisieren, findet irgendwann ein Votum statt, das ihm zum Sieg verhilft oder ihm das Wasser abgräbt: Stuttgart 21 mag als Beispiel dienen. Totalitäre Regime mit intakter Ideologie hingegen können Protestierende ohne viel Getue niederknüppeln, einsperren und umbringen lassen. Gewaltfreiheit gedeiht in den Zwischenräumen: in autoritären Staaten, unter Kolonial- und Okkupationsregimen – überall dort, wo Gewalt und Unterdrückung weit verbreitet sind, aber mit einem Defizit an Legitimität kämpfen müssen.

Erstaunlicher als der Verzicht auf Gewalt seitens derjenigen, die sich in der Tradition der sowjetischen Menschenrechtler sehen, war zunächst das unerwartet niedrige Gewaltniveau auch bei Protestteilnehmern aus dem radikal-nationalistischen Lager. Im Widerstand gegen den sowjetischen Staat fand Gewalt generell meist dann Anwendung oder zumindest Zuspruch, wenn sie als Mittel einer wie auch immer gearteten nationalen Befreiungsbewegung gesehen wurde oder gegen ethnische Feinde gerichtet war. Auch dem russischen Nationalismus sagten einige Beobachter bereits in den siebziger Jahren eine rapide Evolution bis hin zum bewaffneten Kampf voraus. Doch ließ ein blutiger Aufstand gegen das angebliche westliche oder jüdische Besatzungsregime auch in der postsowjetischen Zeit auf sich warten, obwohl die Anführer kleiner paramilitärischer Organisationen wie der Russischen Nationalen Einheit (RNE) sich mit ihrer Bereitschaft dazu brüsteten. Allerdings kamen zu den hunderten Straßenmorden an fremd aussehenden Menschen und Antifa-Aktivisten unter Putin auch vermehrt politische Anschläge seitens russisch-nationalistischer Terroristen hinzu. Am 12. Juni 2005 etwa ließen zwei Sympathisanten der RNE mit einem Sprengsatz einen Zug von Grosnyj nach Moskau entgleisen. Drei Monate zuvor hatten mehrere Nationalisten einen Anschlag auf den neoliberalen Wirtschaftsreformer Anatolij Tschubais verübt. Es gab keine Toten, ebenso wenig bei einem Sprengstoffanschlag auf ein McDonald's-Restaurant in Sankt Petersburg im Februar 2009 und in mehreren anderen Fällen. Anders war es am 19. Januar 2009, als die Journalistin Anastasia Baburowa und der Anwalt Stanislaw Markelow in Moskau am helllichten Tag mit Kopfschüssen ermordet wurden.

Im Unterschied zu radikal-islamistischen Terroristen stellten radikale Nationalisten jedoch zu keinem Zeitpunkt eine ernsthafte Gefahr für das politische Regime dar. Ihre Bluttaten gelten meist nicht Vertretern der Staatsgewalt, sondern fast ausschließlich vermeintlichen »Feinden« aus der Gesellschaft. Auch nach Einsetzen der Protestbewegung suchten sich Nazi-Schläger Opfer unter Anarchisten oder Schwulenrechtlern; sie griffen jedoch abseits der großen Demonstrationszüge an, schon weil ihre Versuche von den anderen Anwesenden effektiv unterbunden wurden. Attacken auf Polizisten blieben bis auf einzelne Ausnahmen aus.

Die gelegentlich bemühte Rhetorik vom bewaffneten Widerstand hat keine Tradition der Auflehnung begründet. Der organisierte Teil der nationalistischen Szene weiß genau, dass sie zu klein ist, um sich allein im Kampf gegen den Staat behaupten zu können. Ein Alleingang würde zum sofortigen Ausschluss aus der größeren Protestbewegung führen und die radikalen Nationalisten ihrer neuen Bühne zur gesellschaftlichen Selbstdarstellung berauben. Nationalistische Oppositionspolitiker riefen daher zu Mäßigung auf.

Dabei hätten sie sich zur Rechtfertigung von gewalttätigem,

gar bewaffnetem Widerstand ebenfalls auf eine intellektuelle Tradition aus der russischen Geschichte berufen können – die des konservativen Religionsphilosophen Iwan Iljin, der 1925 im Berliner Exil unter dem Titel *Über den gewaltsamen Widerstand gegen das Böse* eine Streitschrift gegen Tolstoj und seine Anhänger veröffentlichte. Iljin beschuldigte Tolstoj, mit seiner Philosophie des Gewaltverzichts die russische Intelligenzija verweichlicht zu haben, und verteidigte das Recht auf national und christlich-orthodox legitimierten Widerstand gegen das »absolute Böse« des Bolschewismus. In einem kurz zuvor erschienenen Aufsatz ging er so weit, General Lawr Kornilow zu einem »russischen Helden« auszurufen – einen der militärischen Anführer der Weißen Bewegung zu Beginn des Bürgerkriegs, der Terrorismus und Massaker guthieß und auch durchführte.[11]

Iljins Schriften wurden von einzelnen russischen Nationalisten in den fünfziger und sechziger Jahren rezipiert, so auch von den Mitgliedern der Allrussischen Sozial-Christlichen Union zur Befreiung des Volkes – einer gemäßigt nationalistischen antikommunistischen Untergrundorganisation mit einigen Dutzend Mitgliedern und Sympathisanten, die zwischen 1964 und 1967 in Leningrad aktiv war. Innerhalb des Milieus der Andersdenkenden war dies die einzige Gruppe mit Gewicht, die Gewaltanwendung zumindest nicht gänzlich ausschloss: »Aber man kann nicht ewig lügen, und Gewaltherrschaft wird durch Gewalt fallen« hieß es in ihrem Programm.

Doch im neuen Jahrtausend wurde Iljins Vermächtnis der Gewaltlegitimierung von Staat und Kirche vereinnahmt. Putin zitiert regelmäßig Iljins Warnungen vor Russlands Zerfall und fühlt sich von dessen ideologischer Kombination von rigider Zentralmacht, starker Armee und Kapitalismus sichtlich angesprochen.[12] Auf Putins persönlichen Einsatz hin wurde Iljins Leichnam nach Russland überführt, und der Präsident besuchte wiederholt sein neues Grab. Im Juni 2012 wurde in Jekaterinburg unter bischöflicher Segnung ein Denkmal für den Philosophen eingeweiht. Auch dies war folgerichtig, denn Iljins Gedanken zum gewaltsamen Widerstand gegen das Böse finden vor allem bei offiziellen Kirchenvertretern Anklang. Wsewolod Tschaplin, bei der Synode des Moskauer Patriarchats für Beziehungen zwischen Kirche und Gesellschaft zuständig, äußerte sich im März 2012 dahingehend, die Kirche hätte sich in den zwanziger Jahren mit Waffengewalt gegen Lenin zur Wehr setzen sollen. »Ethisch und eines Christen würdig wäre es gewesen, so viele Bolschewiki wie möglich zu vernichten, um Dinge zu retten, die einem Christen heilig sind, und die bolschewistische Macht zu stürzen. […] Die gesamte orthodoxe Tradition und auch das Evangelium Christi gebietet den Menschen in einem solchen Fall, sich zu verteidigen, auch mit Waffengewalt.« Auch gegen die jungen Frauen von Pussy Riot und ihre Unterstützer sei Gewalt angebracht: »Als Antwort auf diesen Frevel und auf Versuche, ihn zu rechtfertigen, muss der Staat Gewalt anwenden. Wenn er keine Gewalt anwendet, dann muss das Volk dies tun.«[13]

Die Opferrhetorik vom »Widerstand gegen das Böse« kann eins nicht verbergen: Gewalt aus vermeintlicher Staatsräson gehört in Russland zum politischen Repertoire, Gewalt gegen den Staat dagegen schon lange nicht mehr. Einen Fremden ermorden, sich an einem Räuber rächen, die eigene Frau schlagen, das Kind züchtigen – dies alles ist vorstellbar, für viele sogar normal. Mit Gewalt für die eigenen politischen Rechte zu kämpfen hingegen ist kaum denkbar. Daher ist es schon beachtlich, wenn Maria Sokolowa sich dazu bereit erklärt. Doch wie wahrscheinlich ist es, dass eine alte Dame zum Widerstand gegen die Staatsgewalt zur Waffe greift?

Ob bei Maria Sokolowa oder bei Vater Tschaplin, zwischen Gewaltphantasien und der Rechtfertigung von Gewalt auf der einen Seite und der persönlichen Gewaltbereitschaft auf der anderen Seite muss unterschieden werden. Auch unter Schriftstellern, Journalisten oder politischen Aktivisten kommt es in Russland öfter zu Raufereien und Ohrfeigen-Duellen. Doch wer gewalttätiges Vorgehen öffentlich rechtfertigt, ist nicht unbedingt selbst ein Schlägertyp. Eher reagiert er auf den Siegeszug von positiven Rollenbildern: Gerade in Film und Fernsehen wurden in den neunziger Jahren Banditen und unter Putin Vertreter der Sicherheitskräfte als durchsetzungsfähige Macher porträtiert. Wer authentisch und volksnah klingen und sich nicht dem Vorwurf der Naivität aussetzen will, unterstreicht zumindest im privaten Gespräch seine Gewaltbereitschaft. Wenigstens streut man derbe Wörter oder Redewendungen aus dem kriminellen Jargon der Straflager ein. Doch zwischen diesem rhetorischen Macho-Gehabe und der Wirklichkeit liegt eine breite Kluft. Was muss geschehen, damit jemand selbst vom Wort zur Tat schreitet?

Die Angst vor dem Aufstand

Maria Pawlowna ist nicht allein in ihrer Wut. Auf den Massenkundgebungen zwischen den Wahlen war noch fast ausschließlich von Gewaltfreiheit und evolutionärer Entwicklung die Rede. Spätestens im Mai 2012 jedoch finden sich auf den Märschen und in den Protestlagern viele ein, die nicht davor zurückschrecken, Gewalt gutzuheißen. Der Tenor ist der Gleiche: Die da oben lassen dem Volk keine Wahl. Wenn friedlicher Protest unterdrückt und die Korruption nicht eingedämmt wird, muss es über kurz oder lang zu einem blutigen Aufstand kommen. Die Frage ist nur, wann. Ein 35-jähriger Kleinunternehmer erinnert auf dem Moskauer Protestmarsch am 4. Februar an die Exekution des rumänischen Diktators Nicolae Ceaușescu im Dezember 1989. »Alles ist möglich: ein rumänisches Szenario ebenso wie ein ukrainisches oder georgisches. Ich denke, unsere Machthaber haben noch die Möglichkeit eines normalen Ausgangs, aber ehrlich gesagt glaube ich nicht sehr daran. Wahrscheinlich werden sie sich bis zuletzt an die Macht klammern, und dann wird es schlecht enden.« »Wenn ihr nicht von alleine geht«, droht ein 24-jähriger nationalliberaler Aktivist aus Nordrussland in einem Petersburger Protestlager im Mai, »wird es über kurz oder lang losgehen. Wenn nicht jetzt, dann eben in zehn Jahren. Wenn jeder schuftende Arbeiter in unserem Land versteht, dass er entweder heute zur Arbeit gehen und verhungern kann, weil denen das Geld ausgegangen ist und er kein Gehalt bekommt – oder er geht morgen auf die Barrikaden und versucht, unter Einsatz seines Lebens etwas zu verändern –, dann kriegen sie in zehn Jahren ihre Radikalisierung. Einen blutigen Aufstand, sinn- und gnadenlos.« Am 5. März analysiert ein 33-jähriger Jurist auf dem Moskauer Puschkinplatz: »Putin führt das Land mit seinen Handlungen zum Blutvergießen. Ich würde das sehr ungern sehen. Leider hängt es ganz stark von ihm ab, ob es hier ein Gemetzel gibt oder nicht.« Am 6. Juni, als auch der Föderationsrat das restriktive neue Versammlungsgesetz verabschiedet, prophezeit Sergej Mitrochin, der Vorsitzende der Jabloko-Partei, auf einer spontanen Protestkundgebung auf dem nahegelegenen Manegenplatz: »Das ist die gleiche Harke, auf die die Zarengewalt vor hundert Jahren getreten ist. … Die Machthaber züchten sich ihre eigenen Totengräber heran. Sie löschen den Brand mit Kerosin. Ich fürchte um das Leben derer, die dieses Gesetz verabschiedet haben.«[14]

Eines ist diesen Einschätzungen gemeinsam: Die hier Zitierten sprechen als warnende Außenstehende – als Protestteilnehmer, die Gewalt vermeiden wollen, sie aber nicht mehr lange aufhalten können. Der gewalttätige Widerstand selbst wird, wenn er ausbricht, vom »Volk« ausgehen, von den »schuftenden Arbeitern«. Unsere gebildeten Interviewpartner stellen sich in die Tradition der kritischen, genau beobachtenden, aber selbst machtlosen russischen Intelligenzija, die das brutale Durchgreifen der Staatsgewalt gegen das derbe und leidgeprüfte »Volk« mal gutheißt, mal verurteilt. Das vom Petersburger Aktivisten zitierte Puschkinwort vom »sinn- und gnadenlosen Aufstand« bezog sich auf die Niederschlagung des Bauernaufruhrs unter Jemeljan Pugatschow durch Katharina II. in den siebziger Jahren des 18. Jahrhunderts.

Die Angst davor, dass Gewalt gegen den Staat zu einem Volksaufstand mit unkontrollierbaren Folgen führen könnte, ist auch heute zu spüren. Zum Teil wurzelt sie in der Vorstellung von einer blutrünstigen, jederzeit pogrombereiten Masse. Die oft nationalistisch gefärbten Krawalle von Fußballfans im Moskauer Stadtzentrum scheinen ihr recht zu geben – etwa im Juni 2002

nach einer Niederlage gegen Japan oder im Dezember 2010 nach
dem Tod eines russischen Fans infolge einer Auseinandersetzung
mit mehreren jungen Männern aus den nordkaukasischen Teilrepubliken Dagestan und Kabardino-Balkarien. Auch am »Tag der
Luftlandetruppen« im August kommt es in vielen postsowjetischen Städten alljährlich zu Ausschreitungen von Soldaten und
Veteranen. Nun gibt es zwar auch andernorts rauflustige Sport-
fans und einen Jahreskalender der Gewalt – man denke an die
Krawalltage in Deutschland zum 1. Mai. In Russland jedoch wird
bei solchen Gelegenheiten regelmäßig die Tradition bäuerlicher
Brutalität und fremdenfeindlicher Pogrome beschworen. Repressive Maßnahmen seitens des Staates erscheinen gerechtfertigt,
denn sonst drohe sich aus dem Inneren des Volkes eine Welle
fremdenfeindlicher und illiberaler Gewalt zu erheben.

Auch diese Furcht hat Tradition. Vier Jahre nach der Revolution von 1905 mahnte der Publizist Michail Gerschenson in einem berühmt gewordenen Aufsatz: »Wir sollten diese Staatsgewalt segnen, die uns mit ihren Bajonetten und Gefängnissen vor
dem Volkszorn schützt!«[15] Dabei wird gerne übersehen, dass alle
Versuche seitens (meist nationalistischer) Politiker, derlei kurze
Gewaltausbrüche für ihre Zwecke zu kanalisieren, kläglich gescheitert sind. Auch die gewaltbereite russische Neonazi-Skin-
head-Szene sperrt sich der Verwandlung in eine Armee von
Braunhemden. Nicht, dass die politischen Ansichten gewaltbe-
reiter Subkulturbewohner keine Bedeutung hätten: weder deutsche Linksautonome noch russische Neonazis darf man als bloße
Straßengangs sehen, die ihre Lust an Schlägereien mit einer zufälligen Ideologie tarnen. Doch damit Gewalt dauerhaft politisch
wirksam wird, muss ein Gewaltmarkt entstehen: Es müssen Strukturen geschaffen werden, die deren Ausübung honorieren und
den Schlägern ein Auskommen sichert und Karrierechancen versprechen. Geschieht dies nicht, wird die Gewaltanwendung in
die Freizeit und ins Private verbannt. Zu solchen Strukturen
kann ein Freikorps zählen, eine parteiinterne Sturmabteilung oder
die Privatarmee eines Warlords. In Russland stellen vor allem die
Polizei, die Armee und diverse private Sicherheitsdienste solche

Strukturen dar. Was nach außen hin wie ein staatliches Gewaltmonopol aussieht, ist tatsächlich viel komplexer – dies wird im
nächsten Kapitel ausführlich behandelt. Ein gewalttätiger Volksaufstand ist jedoch unter solchen Bedingungen chancenlos und
extrem unwahrscheinlich.

Ähnlich verhält es sich mit der in den neunziger Jahren viel beschworenen Perspektive eines Bürgerkriegs. Der Zerfall der Sowjetunion, das wirtschaftliche Chaos, die Unsicherheit, die sen-
sationsheischende Berichterstattung über Gewalt und Kriminalität in den plötzlich von politischer Zensur befreiten Medien, die
lautstarken Auftritte russischer, aber auch tatarischer oder tschetschenischer Nationalisten, schließlich die Kriege in den Randgebieten des bröckelnden Imperiums – Karabach, Abchasien,
Tadschikistan, Transnistrien, Tschetschenien –, all dies ließ einen
Krieg aller gegen alle als realistische Vorstellung erscheinen. Die
blutige Auseinandersetzung zwischen Präsident Jelzin und dem
Obersten Sowjet im Oktober 1993 galt den einen als Schranke,
den anderen als Startschuss für eine lange Zeit blutiger Wirren.
Viele sahen eine rot-braune Koalition aus Nationalisten und Alt-
kommunisten auf dem Weg zur bewaffneten Konterrevolution.
Obwohl Jelzin und seine Unterstützer diese Furcht in ihrem
Kampf gegen die wiedergegründete Kommunistische Partei und
andere politische Gegner zum Machterhalt nutzten, war das Gefühl selbst kein Produkt politischer Manipulation, sondern der
Verunstetigung der Lebenswirklichkeit.

Der Verlust einer vermeintlichen gesellschaftlichen Einheit und
die daraus resultierende Angst wurde zum Tenor der neunziger
Jahre und kristallisierte sich schließlich in der Projektion von Ein-
heitsphantasien auf Wladimir Putin, den Retter aus dem Nichts.
Folgerichtig galt in den zweitausender Jahren jegliche Opposition zunehmend als Anschlag auf die Eintracht, mit potenziell
verheerenden Folgen. Doch das Damoklesschwert des Bürgerkriegs verkommt leicht zum staubigen Museumsstück, wenn es
nicht ständig poliert und geschärft wird. Eine ideologische Dau-
ermobilisierung wie in den dreißiger Jahren vermag dies zu leisten. In einer zynischen Konsumgesellschaft wie dem heutigen

Russland geht das langfristig nicht – trotz aller Versuche, zentral gesteuerte Jugendbewegungen aus dem Boden zu stampfen. Gerade die in den zweitausender Jahren sozialisierte Generation hat – bis auf Teile des Nordkaukasus – weitaus mehr Erfahrungen mit Korruption, Behördenwillkür und dem Einheitsbrei des Zentralfernsehens als mit dem vermeintlich bürgerkriegsähnlichen Chaos der frühen Neunziger.

Im Übrigen dürfte es nicht verwundern, dass die meisten sich hüten, eine wie auch immer geartete Gewalt offen gutzuheißen. Sie nehmen lieber die Position des mahnenden Beobachters ein. Diese Menschen – sie bilden die Masse der Protestierenden – sind es, die bei den Demonstrationen eine interne Kontrolle ausüben und keine Gewalt zulassen. Überraschender ist, dass einige Protestierende – gerade auch Frauen – sich selbst zu gewalttätigen Aktionen bereit erklären. Eine solche – zumindest deklarierte – Gewaltbereitschaft erwächst meist aus Erfahrungen mit dem staatlich provozierten oder in Kauf genommenen Tod. Frustrierende Begegnungen mit korrupten Staatsdienern gehören zum Alltag der meisten Einwohner Russlands. Doch erst wenn die Korruption Menschenleben fordert, wächst die Bereitschaft zu handgreiflichem Widerstand. So wie die Selbstverbrennung des jungen tunesischen Straßenhändlers Mohamed Bouazizi aus Protest gegen Schikane durch Beamte den Funken zum Arabischen Frühling gab, ist es der Tod Nahestehender, der russische Protestierende der bedingungslosen Gewaltfreiheit abschwören lässt. Für Maria Pawlowna sind es die Infarkte ihrer Mitstreiter in Gerichtssälen. Für Alisa, eine 18-jährige Kellnerin und Studentin der Sozialpädagogik, war es der vermeidbare Tod ihres tuberkulosekranken Vaters. Die nötige Operation sollte dem Gesetz nach kostenlos sein, doch das Krankenhaus verlangte 60 000 Rubel, fast 1500 Euro: zu viel für die Familie. »Sie verstehen doch«, zitiert Alisa die Ärzte, »wenn Sie nicht zahlen, stirbt Ihr Vater.« So kam es auch. Die bis dahin apolitische junge Frau organisierte zwei Monate lang Mahnwachen vor dem Krankenhaus in Sankt Petersburg. Sie und ihre Freunde forderten eine echte kostenlose Medizin. Zwar verhallte der Protest; doch als sie nach den Dumawahlen zufällig zu einer Kundgebung für faire Wahlen stieß und prompt verhaftet wurde, war ihre Radikalisierung vollzogen. »Kann man denn mit Gewalt die Bildung einer parlamentarischen Republik erreichen?« frage ich sie nach dem Zusammenhang zwischen ihrem deklarierten politischen Ziel und den dafür vorgeschlagenen Methoden. »Ja«, antwortet sie und erklärt sich ohne Zögern bereit, selbst daran teilzunehmen.

Richtet sich der allgemeine friedliche Protest gegen eine kollektive und undifferenzierte Elite (»die Machthaber«, »die da oben«, »die Gauner und Diebe«), so haben Gewaltphantasien oft konkretere Adressaten. Es sind die Institutionen, in deren Getriebe Menschenleben zermahlen wurden: die unfreie Rechtsprechung, die korrupte Medizin, die brutal und willkürlich handelnde, oft zur Folter greifende Polizei, die mit ihren fußgängermordenden Luxuskarossen als Herren der Straßen auftretenden Beamten, schließlich auch das als Anlaufstelle unbrauchbare Parlament.

Polizeibrutalität steht dabei an erster Stelle, wobei die Täter meist anonym bleiben und durch ihre Kollegen und Vorgesetzten geschützt werden. In einem besonders aufsehenerregenden Fall aus dem Jahr 2009 gelang das nicht. In der Nacht zum 27. April begab sich der Polizeimajor Denis Jewsjukow in einen Supermarkt im Süden Moskaus, wo er ohne Vorwarnung mit einer gestohlenen Pistole auf junge Menschen zu schießen begann, nachdem er vorher bereits seinen Taxifahrer erschossen hatte. Ein weiteres Opfer erlag den Verletzungen, sieben kamen mit ihrem Leben davon. Beim Versuch, Geiseln zu nehmen, wurde er überwältigt. Am nächsten Tag entließ Präsident Medwedew den langjährigen Moskauer Polizeichef Wladimir Pronin. Jewsjukows Name wurde zu einem Symbol für Polizeiterror.

In der ersten Jahreshälfte 2010 agierte im fernöstlichen Gebiet Primorje eine Bande aus sechs jungen Männern im Alter von 18 bis 22 Jahren, die gezielt tödliche Anschläge auf Polizisten verübten. Bis zum Showdown im Juni, bei dem zwei Mitglieder der Gruppe Selbstmord begingen und die restlichen verhaftet wurden, versteckten sie sich in der Taiga vor den über 1000 auf sie angesetzten Sicherheitskräften. Daraufhin wurden sie –

in Anlehnung an berühmte »rote« Kämpfer im russischen Bürgerkrieg – als »Partisanen von Primorje« bekannt. Die Motive der jungen Männer waren ein kompliziertes Gemisch aus persönlichen Rachegelüsten und einer russisch-nationalistischen, christlich-orthodoxen, aber auch islamistischen Ideologie. Auf keinen Fall handelte es sich um eine direkte Antwort auf den Amoklauf im entfernten Moskau oder gar um eine Bande von Robin Hoods. Dennoch sprachen die »Partisanen« in einer ihrer Videobotschaften von der Polizei als einer »jewsjukowschen Bande«. Sie drohten: »Ihr seid richtige Banditen, anders kann man es gar nicht nennen. Ihr schützt Drogenhandel und Prostitution, ihr raubt den Wald. Die Leute wissen das genau, und alle haben Angst vor euch, weil ihr die Macht habt, dies zu tun. Die Leute haben Angst vor euch, aber ihr sollt wissen, dass es noch Menschen gibt, die sich nicht vor euch fürchten, die auf eure Abzeichen schießen und euch die eigenen Schulterstücke fressen lassen werden.«[16]

Aufschlussreicher als die Aktivitäten der Gruppe selbst waren die gesellschaftlichen Reaktionen. In Wladiwostok und anderen russischen Städten tauchten Plakate und Graffitis zur Unterstützung der Bande auf. Einige russische Nationalisten feierten sie als Helden des ersten postsowjetischen Volksaufstands. Am Tag nach der Festnahme wurden in der Uralregion und im Nowgoroder Gebiet ähnliche Anschläge auf Polizisten verübt, die die Medien mit den »Partisanen« in Verbindung brachten. In einer landesweiten Umfrage des Lewada-Zentrums in der Woche nach der Verhaftung bekundeten 25 Prozent derjenigen, die von den Ereignissen gehört hatten, Verständnis oder gar Sympathie für die jungen Männer. 34 Prozent äußerten die Meinung, die Polizei stelle eine größere Gefahr für einfache Menschen dar als die »Rächer aus dem Volk«.[17]

Mit Gewalt gegen die Gewalt?

Die Geschichte der »Partisanen« macht eins deutlich. Dem System Putin droht offensichtlich weder ein spontaner Volksaufstand noch eine organisierte Rebellion. Dafür fehlen die politischen Traditionen, der Organisationsgrad und der gesellschaftliche Rückhalt. Junge Protestteilnehmer wie Alisa werden kaum eine Gelegenheit haben, sich an einem Sturm auf das Parlament zu beteiligen. Doch die Korruption innerhalb der staatlichen Institutionen generiert neben Anpassungsstrategien und diffuser Unzufriedenheit bei Einzelnen auch immer wieder Gewaltbereitschaft: vor allem dann, wenn das System Menschenleben fordert, ohne den Hinterbliebenen rechtliche Wege zu bieten, die Täter zu bestrafen und symbolische Wiedergutmachung zu erhalten. Gerade in einer Gesellschaft, wo enge Bindungen im Kreis von Familie und Freunden die Lebenswirklichkeit bestimmen, vermag der nicht vergoltene Tod eines Nahestehenden weitaus stärkere Rachegefühle hervorzurufen als vermeintliche Angriffe auf die Nation.

Die meisten werden zwar die Hemmschwelle zur Gewaltanwendung niemals überwinden. Einzelne jedoch können in einer solchen Situation immer wieder zu Verzweiflungstaten getrieben werden. Trotz aller ihrer Beteuerungen ist es unwahrscheinlich, dass Maria Sokolowa sich ihr Recht mit der Waffe in der Hand erkämpfen wird. Doch das korrupte, Menschenleben nicht als Selbstzweck achtende System wird zwangsläufig neue Opfer fordern. Da nun auch die repressive Reaktion des Staates auf die Protestbewegung immer brutaler wird, erhöht sich die Wahrscheinlichkeit, dass einige zu Gegengewalt greifen. Über solche Einzelfälle können grundsätzlich keine Prognosen abgegeben werden.

Ein Teil Russlands jedoch ist dem Rest des Landes in dieser Entwicklung bereits voraus: der Nordkaukasus. Dort geht der Staat seit Jahren mit wahllosen Verhaftungen, rücksichtsloser Brutalität und unter Missachtung rechtlicher Normen gegen die religiöse Opposition vor. Dadurch steigt deren Rückhalt auch in der vormals apolitischen Bevölkerung, vor allem unter Angehörigen der Verfolgten. Die daraus resultierende Radikalisierung führt in einen Teufelskreis. In Dagestan etwa vergeht seit Jahren buchstäblich keine Woche ohne tödliche Anschläge, zumeist auf Polizisten.[18] Die Grenze zwischen krimineller Bandenaktivität und ideologischem Widerstand gegen den Staat verläuft dabei oft fließend. Die Geschichte der »Partisanen von Primorje« wiederholt sich hier regelmäßig, und zwar in viel größerem Maßstab. So ist es kein Zufall, dass die »Partisanen« sich von islamistischen Ideen aus dem Nordkaukasus inspirieren ließen und Grußbotschaften an Widerstandskämpfer am anderen Ende des Landes schickten. Auch viele der Terroranschläge in Zentralrussland – gerade diejenigen, die auf das Konto von Selbstmordattentäterinnen gehen – wurden von Menschen verübt, deren Angehörige vorher zu Opfern staatlicher Gewalt geworden waren, oft ihrerseits in Form von Vergeltungsschlägen für vorherige Attentate. So steigt mit jeder Drehung der Gewaltspirale die gesellschaftliche Akzeptanz von Attentaten gegen die Staatsmacht, auch bei denjenigen, die sich selbst nie daran beteiligen würden. Radikale Oppositionsführer gewinnen an Prestige, während Aufrufe zu gewaltfreiem Widerstand ein immer geringeres Echo finden.[19]

Wie für jedes autoritäre Regime stellt diese Situation auch für Russlands Führung ein Dilemma dar. Gewaltfreie Demonstrationen sind leicht zu kontrollieren. Sie können eingegrenzt, aufgebrochen, niedergeknüppelt, verteufelt und verboten werden. Doch wenn die Repression zu stark wird, wenn es Verletzte oder gar Tote gibt und die Teilnahme am Protest zu einer Gefahr für Leib und Leben wird, mögen zwar die meisten zu Hause bleiben oder nach anderen Formen des Protests suchen, doch die restlichen werden sich radikalisieren. Führt dies zu Gewalt gegen den Staat, bekommt dieser wiederum eine Rechtfertigung für Gegengewalt. Diese schließlich könnte zu einer noch größeren Radikalisierung des Protests führen und ihn unkontrollierbar machen.

Aus dieser Dynamik erklärt sich, dass Russlands Regime Ge-

walt – aus eigener Sicht – nur in sehr kontrollierten Formen anwendet. Vorrangiges Ziel ist die Abschreckung. Hunderte werden verhaftet, doch die meisten bleiben nur Stunden oder Tage
in Polizeigewahrsam; lediglich an einigen wenigen wird mit langen Freiheitsstrafen ein Exempel statuiert. Auch horrende Geldstrafen sollen die Latte für eine regelmäßige Teilnahme an Protest-
märschen sehr hoch ansetzen. Der Zweck dieser Maßnahmen
ist, Freunde und Angehörige der Bestraften zu Geiseln statt zu
Rächern zu machen. Der Vater eines von der Polizei zu Tode Ge-
folterten hat womöglich nichts mehr zu verlieren. Wessen Tochter jedoch auf Jahre im Gefängnis landet, wird erpressbar und
dadurch kompromissbereit. Die Staatsmacht hat also eine ständige Gratwanderung zu bewältigen. Zu wenig Repression kann als
Schwäche ausgelegt werden und den Protestierenden neue Möglichkeiten eröffnen, ihre Forderungen durchzusetzen. Zu viel Repression führt zwangsläufig zu einer Radikalisierung des Protests. In beiden Fällen wird dieser schwerer zu kontrollieren
sein.[20]

All diese Maßnahmen funktionieren jedoch nur, solange das
Regime eine vollständige Kontrolle über den Gewaltapparat be-
hält. Die Bereitschaftspolizisten, die gegen Demonstranten eingesetzt werden, dürfen Befehle zum Knüppeln und Verhaften
nicht verweigern. Sie dürfen aber auch nicht ausscheren und unkontrolliert auf die Protestierenden einschlagen. Genau hier bietet sich eine Angriffsfläche für eine gewaltfreie Protestbewegung. Nur wenn eine solche Bewegung staatliche Repressionen
neutralisieren kann, indem sie einen bedeutenden Teil der Polizei und der Streitkräfte zur Befehlsverweigerung animiert, hat
sie Aussicht auf Erfolg. Vergleichende Analysen gelungener und
gescheiterter gewaltfreier Aufstände zeigen, dass dieser Faktor
immer wieder den Ausschlag gibt. So erreichten die Bewegung
gegen den chilenischen Diktator Pinochet, der People Power-Auf-
stand gegen Fernando Marcos auf den Philippinen, die friedliche
Revolution in der DDR oder der tunesische Frühling ihr Ziel, weil
Armee und Polizei sich auf die Seite der Rebellierenden schlugen oder eine unparteiische Position einnahmen. Hingegen schei-

terten die Demokratiebewegungen in Panama, Kenia, China oder
Iran trotz großen Rückhalts in der Bevölkerung an der Loyalität
der Truppen.[21]

Um die Perspektiven der russischen Protestbewegung zu verstehen, müssen wir uns also nun fragen, welche Antworten auf
den Protest dem Staat offenstehen. Wie hat das russische Regime
bisher auf die Demonstrationen reagiert? Kann es dem Protest
die Luft abschnüren, ohne zu direkter Gewalt zu greifen? Über
welche ideologischen und finanziellen Ressourcen verfügt das
System Putin, um die Breitenwirkung der Bewegung einzudämmen? Können Reformen eingeleitet werden, die einen Teil der
Forderungen berücksichtigen und den Protestierenden dadurch
das Wasser abgraben? Vor allem aber: Haben Russlands Präsident
und seine Verbündeten eine bedingungslose Kontrolle über den
Gewaltapparat? Wer sind die Menschen in Uniform, die auf den
Demonstrationen ihren protestierenden Mitbürgern gegenüberstehen? Was gibt ihnen die Kraft und den Willen, Monat für Monat zu prügeln, zu verhaften und einzusperren? Sympathisieren
gar einige von ihnen mit der Protestbewegung und wünschen ihr
insgeheim Erfolg? Diesen Fragen widmet sich das nächste Kapitel.

Michail Michajlowitsch Wistizkij, Jahrgang 1966, leistete seinen Wehrdienst 1984 bis 1986 zunächst als Fallschirmjäger bei einer sowjetischen Aufklärungseinheit in Perleberg in der Prignitz ab und unterrichtete anschließend in einem Ausbildungszentrum der sowjetischen Luftlandetruppen im litauischen Gaižiūnai. Der studierte Bauingenieur führt heute als Kleinunternehmer in Moskau Dichtungsarbeiten beim Straßenbau aus und arbeitet als Zulieferer für eine israelische Teerfabrik. Am 27. Januar 2012 wurde im Internet ein wackliges Musikvideo mit dem Titel »Ein Lied über Putin« veröffentlicht. Der kahlgeschorene, mit dem charakteristischen Barett und dem Matrosenhemd der Fallschirmjäger bekleidete Wistizkij schlug darin etwas unbeholfen die Gitarre an und sang, flankiert von ähnlich martialisch aussehenden Gefährten an Bass, Schlagzeug und Mikrofon, die halsbrecherisch gereimten Zeilen: »Du hast die Rüstungsindustrie ruiniert und die Armee verraten, du scheißt auf die Soldaten und schasst die Offiziere. Wir werden dir nicht verzeihen, wir fordern friedlich: Geh, Tyrann! ... Wir werden dich daran hindern, weiter zu lügen und zu stehlen. Wir sind die Landetruppen der Freiheit, Mutter Russland ist mit uns.«

Die »Singenden Fallschirmjäger« wurden schlagartig zu Medienstars der Protestbewegung. Sie wurden von der zur Opposition gewechselten Fernsehdiva Xenia Sobtschak interviewt und traten auf der Großdemonstration in Moskau am 4. Februar 2012 auf; am 14. April sangen sie in Astrachan auf einer Solidaritätsveranstaltung für den im Hungerstreik ausharrenden Bürgermeisterkandidaten Oleg Scheïn. Vor dem »Marsch der Millionen« in der Hauptstadt am 6. Mai verlas Wistizkij, diesmal in Anzug und Krawatte, eine Videobotschaft im Namen der Kampagne »Für eine ehrliche Staatsmacht«. Er forderte die Teilnehmer auf, im Anschluss an die Demonstration den Manegenplatz im Stadtzentrum besetzt zu halten, bis ihre Forderungen erfüllt würden, und versprach ihnen Schutz durch seine Waffenbrüder[1]: »Tausende Menschen, die in Spezialein-

*heiten der Fallschirmjäger, des Aufklärungsdienstes und der Ma-
rineinfanterie gedient haben, werden extra anreisen, um Euch vor
Übergriffen des OMON zu schützen, dessen Mitarbeiter den sie selbst
ausraubenden Generälen für dreißig Silberlinge bereitwillig die Är-
sche lecken und sich nicht scheuen, Bürger der Russischen Föderation anzugreifen, die die Achtung ihrer verfassungsmäßigen Rechte
fordern.« In Interviews stellte Wistizkij sich als Vorsitzender eines
Veteranenkomitees mit angeblich 140 000 Unterstützern vor.[2] Für
den 6. Mai hätten sich allein aus dem sibirischen Tomsk 250 ehemalige Soldaten angekündigt.[3]*

    *Am Tag der Demonstration waren jedoch, anders als angekün-
digt,[4] kaum uniformierte Soldaten oder Veteranen in der Menge
zu sehen. Kein Trupp durchtrainierter Männer kam denjenigen Demonstranten zu Hilfe, die sich auf dem Bolotnaja-Platz eine Schlacht
mit dem OMON lieferten oder in den folgenden Stunden von diesem durch die Innenstadt gejagt wurden. Im Anschluss wurde der
für einige Tage aus der Öffentlichkeit verschwundene Wistizkij heftig kritisiert, gar als Provokateur beschimpft. In seinem ersten Fern-
sehinterview nach dem Marsch gab er jedoch zu bedenken, er habe
seine Leute auf einen abendlichen Einsatz am Manegenplatz vorbereitet, nicht auf den Schutz des Demonstrationszugs am Nach-
mittag. Zum Platz jedoch sei niemand vorgedrungen, also sei auch
seine Aufgabe entfallen. Zudem seien viele seiner Mitstreiter von
Sicherheitskräften bereits an der Anreise nach Moskau gehindert
worden.[5]*

Männer in Uniform

Michail Wistizkijs Äußerungen und die Begeisterung über
die »singenden Fallschirmjäger« werfen viele Fragen auf, die innerhalb der Bewegung im Zusammenhang mit der Rolle von Armee und Polizei immer wieder diskutiert werden. Wer sind die
Männer in Uniform? Sind sie ein »Teil des Volkes«, sind sie »Menschen wie wir« – oder besteht zwischen dem Gewaltapparat und

dem Rest der Gesellschaft eine Kluft? Welche Rolle spielen Veteranen und Ehemalige von Armee, Innenministerium, Geheimdiensten und den diversen Spezialeinheiten? Welche Unterschiede bestehen zwischen den verschiedenen Ministerien, Abteilungen und Einheiten des Gewaltapparats? Sind die auf Großdemonstrationen zum Einsatz kommenden Uniformierten des OMON (»Mobile Einheit besonderer Bestimmung«) im Vergleich zu gewöhnlichen Polizisten aggressiver und dem Regime besonders verbunden? Lassen sich oppositionell eingestellte Offiziere und Veteranen effektiv zum Widerstand gegen Putin organisieren, könnten sie den ehemaligen Geheimdienstler gar zum Abgang bewegen? Und wie würden sich Menschen mit kampftrainierten Körpern, Zugang zu Waffen und der Fähigkeit zu deren Einsatz verhalten, sollte sich die Protestbewegung radikalisieren oder der Präsident eine blutige Niederschlagung anordnen?

> Ich bin gegen radikale Methoden, gegen Gewaltlösungen. Wenn wir uns Russlands Geschichte ansehen, erkennen wir, dass Bürgerkrieg zu nichts Gutem führt. Oft finden sich gleichdenkende Menschen auf verschiedenen Seiten der Barrikaden wieder: Freunde schießen auf Freunde, Brüder auf Brüder, Söhne auf Väter und so weiter. Ich bin gegen Bürgerkrieg. Ich meine, heutzutage sind die Menschen gebildet genug, um eine friedliche Lösung zu finden. Ich bin gegen jegliche radikale Bewegungen, gegen gewaltsame Machtergreifung und den Slogan, den Kreml zu erobern. [...] Ich finde, wenn wir uns einfach vereinigen, wenn das Offizierskorps, die Gewaltstrukturen, die jetzt dieser Macht dienen, wenn sie sich einfach darüber klar werden, dass sie nicht Putin dienen, sondern dem Volk, dann wird alles schon anders. Momentan ernährt er sie, und sie unterstützen ihn. Aber über kurz oder lang ... Ich habe Bekannte in den Gewaltstrukturen. Sie sagen selber, dass sie genug von dem allen haben, obwohl sie jetzt alle eine schöne Gehaltserhöhung bekommen haben. Sie verstehen selber, was passiert, sie sind genau solche Bürger wie wir. Deshalb möchte ich nicht, dass wir aneinandergeraten und Blut fließt.

Diese Analyse stammt aus einem Interview, das ich am 6. Mai 2012 auf dem »Marsch der Millionen« in Moskau mit einem Demonstrationsteilnehmer aus Twer geführt habe. Der 29-Jährige arbeitet in Moskau als Angestellter in einem Autohaus und stimmte für die sozialliberale »Jabloko«-Partei und den Milliardär Michail Prochorow. Hat er recht mit seiner Einschätzung, oder sollte man eher denjenigen Glauben schenken, die die Polizisten als durchweg gewaltbereit, korrumpiert und dem System Putin verpflichtet ansehen?

Der vorsichtige Optimismus des Mannes aus Twer ist durchaus typisch für die Beziehung vieler Demonstranten zu den »Gewaltstrukturen« – ein Wort, mit dem in Russland die vielen verschiedenen Ministerien und Behörden beschrieben werden, denen Uniformierte und Bewaffnete unterstehen. Da systematische Informationen über den Gewaltapparat und die politischen Einstellungen seiner Mitarbeiter fehlen, werden Anekdoten und Gerüchte über Unterstützer aus den Reihen von Polizei und Armee gerne hoffnungsvoll weitergereicht. Mal sind es »Bekannte in den Gewaltstrukturen«, mal der legendäre »Onkel Kolja« – ein Polizeioffizier, der außerhalb der Dienstzeit in das Petersburger Protestlager kam, um neugierig den Diskussionen und Vorlesungen zu lauschen. Auch aus den Polizeiwachen und den *Awtosaki*, den als »günstigste Nahverkehrsmittel« karikierten Gefangenentransportern, werden immer wieder Sympathiebekundungen seitens der Uniformierten gemeldet.

Michail Wistizkijs Versprechen, hunderte Fallschirmjäger auf den »Marsch der Millionen« zu bringen, um die Demonstranten zu schützen, wurde ebenso begeistert aufgenommen wie die folgende Meldung des Autors, Christdemokraten und populären Bloggers Oleg Kosyrew:

Wie sich herausstellt, haben sich vor dem 12. Juni über 200 Einsatzkräfte einer der Gewaltstrukturen schriftlich (!!!) geweigert, auf der Demonstration zu arbeiten. Mehr noch, ein anderer Teil [derselben Einheit] informierte ihre Vorgesetzten, dass sie auf keinen Fall Gewalt gegen friedliche Demonstranten anwenden würden. Wieder andere […] bemühten sich, [während der Demonstration] Dienstreisen anzutreten. Interessant ist auch, dass im letzten Monat die Zahl der Kündigungen aus den Einheiten von Innenministerium und FSB, die an Repressionen gegen Andersdenkende beteiligt sind oder auf Massenkundgebungen der Opposition eingesetzt werden, stark gestiegen ist. Ich darf nicht sagen, woher diese Info stammt, aber für mich ist es eine zu hundert Prozent vertrauenswürdige Quelle.[6]

Pawel Chwatkin, ein Blogger, der die regelmäßigen Straßensper-rungen für Putins Autokorso anprangert, überlegt, ob der Präsi-dent Scharfschützen gegen eine Straßenblockade einsetzen würde:

> Nach informellen Gesprächen mit verschiedenen Vertretern des Gewalt-apparats bin ich endgültig zu dem Schluss gekommen, dass diese Obrig-keit mehr als irgendeine Opposition inzwischen ihre eigenen Beschützer ärgert ... Besonders das einfache Personal. Das aber ist [für die Obrigkeit] ein sehr gefährliches Zeichen ...[7]

Eins kann festgehalten werden: Die geschlossenen Reihen der Uniformierten täuschen darüber hinweg, dass gegen die Demons-tranten Polizisten der verschiedensten Einheiten zum Einsatz kommen – und dass in den Uniformen Individuen stecken, die unterschiedliche politische Einstellungen und Empfindungswei-sen mitbringen. Auch in Russland sind Polizei, Armee und Ge-heimdienste keineswegs eine homogene staatstreue Truppe. Ein Verständnis ihrer internen Dynamik, ihrer Beziehungen zuein-ander und ihrem Verhältnis zu den Demonstranten ist aber für ein Verständnis der Bewegung unabdingbar.

Der internationale Vergleich zeigt, dass der Erfolg von gewalt-losen Protestbewegungen entscheidend vom Verhalten der Streit-kräfte und der Polizei abhängt. Sind diese durch ideologische Bande oder wirtschaftliche Interessen dem Regime so innig ver-pflichtet, dass sie auch vor mörderischer Gewalt nicht zurück-scheuen, können selbst kleine Verbände eine noch so gut organi-sierte gewaltfreie Bewegung in Schach halten, wie der Sieg von Panamas Drogenboss und Militärdiktator Manuel Noriega über den »Bürgerkreuzzug« in seinem Land zeigte. Sind die Bewaff-neten jedoch selbst unzufrieden oder sehen sie die Herrschen-den als ihrer Loyalität nicht würdig an, sind Letztere schlagartig des repressiven Apparats beraubt, der entscheidend zur Aura der Macht beiträgt. Ein häufig ausschlaggebender Faktor ist die soziale Distanz der Soldaten und Polizisten gegenüber den Protestierenden. Oft kommen die Uniformierten aus Unterschichten und entlegenen oder ländlichen Gebieten. Sie verdanken Armee und Polizei ihren Aufstieg und werden von diesen Institutionen zu Loyalität und Korpsgeist erzogen. In ideologisch aufgeladenen Gesellschaften werden zur Verteidigung der jeweiligen politischen Ordnung eigens Milizen geschult, die ihre Legitimität und Energie häufig aus der Initialzündung einer Kriegserfahrung beziehen. Im Fall Russlands war dies der Bürgerkrieg nach der Oktoberrevolution, für die mächtigen Bassidschi im heutigen Iran der Krieg mit dem Nachbarland Irak. Zur Unterdrückung von Protestbewegungen werden häufig gezielt Verbände aus fernen Landesteilen eingesetzt. In Russland hatten während der Revolution von 1905 Kosaken diese Funktion inne; in China spielten Truppen aus der Inneren Mongolei, die des Mandarinchinesischen nicht mächtig waren, eine Schlüsselrolle bei der Niederschlagung der Pekinger Proteste von 1989.

Seit Stalins Tod und bis in die achtziger Jahre war die Sowjetunion selten mit Massenprotesten und nie mit größeren organisierten Oppositionsbewegungen konfrontiert. Der Gewaltapparat – zahlenmäßig der größte der Welt – unterstand der administrativen Kontrolle durch die Kommunistische Partei. Er war in dieser Zeit in drei relativ klar voneinander getrennten Teilen organisiert: Armee, Geheimdienste und Polizei. Hinzu kam die »Generalprokuratur«, eine Art Staatsanwaltschaft, die zwar über keine eigenen Truppen verfügte, aber sehr eng mit den gewaltausübenden Teilen der Staatsmacht verflochten war. Insgesamt beschäftigte der Gewaltapparat im weitesten Sinn in den Achtzigern über neun Millionen Menschen, also mehr als drei Prozent der erwachsenen Bevölkerung.

Hinter dieser klaren Gliederung verbarg sich jedoch eine Vielzahl verschiedener Aktivitäten und Einsatzbereiche. Seit der Perestroika entstanden in Russland durch zahlreiche Reformen, Aufspaltungen und Umorganisierungen viele neue »Gewaltstrukturen« – von militarisierten Einheiten des Ministeriums für Atomenergie über die Gefängnisverwaltung des Justizministeriums, den Katastrophenschutz und die Feuerwehr bis hin zu diversen Nachfolgeorganisationen des Komitees für Staatssicherheit (KGB).

Die in diesen Strukturen tätigen Polizisten, Geheimdienstler und Soldaten sind Teil der Gesellschaft, und zwar insgesamt ein nicht weniger zahlreicher als die aktiven Protestteilnehmer. Sie sind in dieselben Praktiken involviert wie alle anderen Menschen in Russland, insbesondere sind sie auch in die Netzwerke persönlicher Loyalität eingebunden, die der Entwicklung einer rationalen, depersonalisierten und rechtsstaatlichen Kultur entgegenstehen. In diesem Kapitel sollen daher die Institutionen näher beleuchtet werden, die für ein Verständnis der staatlichen Reaktionen auf die Protestbewegung wichtig sind.

Der Gewaltapparat – ein kollektives Porträt

Bei allen Unterschieden und Konflikten hat der Gewaltapparat als Ganzes seit Putins Amtsantritt enorm an Bedeutung gewonnen und ist faktisch zum wichtigsten Instrument der Durchsetzung politischer Entscheidungen geworden – von der Rezentralisierung des föderalen Systems über die Erhöhung von Steuereinnahmen und die Umverteilung wirtschaftlicher Macht bis hin zur Unterdrückung politischer Opposition. Zum anderen lässt sich ein erheblicher Teil der »Gewaltstrukturen« nur als morsch beschreiben. Offiziere auf allen Ebenen verfolgen ihre eigenen wirtschaftlichen Interessen und agieren als Gewaltunternehmer, die die Körper des ihnen unterstellten Fußvolks gewinnbringend einsetzen. Den gemeinen Polizisten und Soldaten wiederum bleibt oft keine Wahl, als sich ebenfalls an korrupten Praktiken zu beteiligen. Dabei sind Zentralisierung und politische Unterordnung auf der einen Seite und Korruption auf der anderen keineswegs gegenläufige Prozesse. Im Gegenteil, sie bedingen einander. Rivalisierten in den neunziger Jahren Gewaltunternehmer, die oft aus den sowjetischen Gewaltstrukturen stammten, noch auf offener Straße und in mafiös anmutenden Firmen organisiert miteinander, so wurden sie ab dem Ende des Jahrzehnts zu einem großen Teil wieder in die Black Box des Staates eingegliedert, wo sie auch politische Aufgaben übernahmen und wo ihre Rivalitäten für Außenstehende weniger sichtbar sind. Je loyaler sich ein Offizier gegenüber seinen Vorgesetzten und letztendlich gegenüber dem Zentrum in Moskau zeigt, desto größere Freiräume erhält er in Bereichen, die diesem gleichgültig sind. Ramsan Kadyrow, der die Republik Tschetschenien mit Hilfe einer ihm persönlich ergebenen paramilitärischen Polizei weitgehend ungestört regiert und im Gegenzug stets die vom Kreml gewünschten Wahlergebnisse liefert, mag dieses System als ein extremes Beispiel illustrieren. Diese Dynamik erklärt auch, warum Russlands Gewaltapparat generell gut darin ist, außerordentliche Aufgaben und vor allem als persönliche Befehle formulierte politische Aufträge auszuführen – und sich gleichzeitig mit Routinefunktionen etwa der Verbrechensbekämpfung oder des Umwelt- und Katastrophenschutzes schwertut.

Die höheren Ränge aller dieser Institutionen werden gemeinhin als »Silowiki« (von »Kraft« oder »Gewalt«) zusammengefasst. Nach Jelzins Abgang rissen sie einen beträchtlichen Teil der politischem und wirtschaftlichen Macht im Lande an sich und wurden zu »Silogarchen«.[8] Trotzdem – und obwohl unter Putin die Struktur der Gewaltministerien wieder konsolidiert wurde – gibt es zwischen den verschiedenen Behörden und in deren Innerem immer wieder Machtkämpfe und Konflikte. Die »Silowiki« sind keine einheitliche Gruppe, sondern rivalisieren in Clans miteinander, die nach dem Prinzip der geographischen oder institutionellen Herkunft, aber auch durch Freundschafts- und Familienbande organisiert sein können.

Die Leiter der jeweiligen Ministerien lassen sich in zwei idealtypischen Figuren darstellen. Zum einen gibt es Vertreter der entsprechenden Berufsgruppe, die ihre Korporation als Machtbasis ansehen und ihr durch Seilschaften, wirtschaftliche Abhängigkeiten und eine Art Korpsgeist verpflichtet sind. In internen Machtkämpfen mögen sie zwar als Schiedsrichter auftreten, aber nicht als unparteiische. Anstatt Reformaufträge eines ge-

wählten Regierungschefs auszuführen, werden solche Minister
mit ihren jeweiligen Domänen gebraucht, um den Präsidenten
und seinen Machtzirkel in kritischen Momenten zu stützen, womit sie sich wiederum interne Handlungsfreiheit sowie Vergünstigungen für die von ihrem Ministerium Abhängigen und ihre
Angehörigen erkaufen. Zum anderen gibt es den Vertrauten Putins, der seine Autorität aus der persönlichen Loyalität gegenüber dem Präsident bezieht.

   Obwohl die Wirklichkeit stets komplizierter ist, können zwei
Minister diese Typen illustrieren.

   Das markanteste Beispiel für den ersten Typus ist sicherlich
Sergej Schojgu. Bis zum Mai 2012 leitete er das von ihm selbst
1990 zunächst als Russisches Rettungskorps gegründete Ministerium für Katastrophenschutz. Bereits in den neunziger Jahren
konnte der Sohn eines tuwinischen Parteibosses mehrmals seine
Loyalität beweisen, etwa als er während der Verfassungskrise im
Oktober 1993 für den Premierminister Jegor Gajdar eintausend
Maschinenpistolen aus dem Arsenal des Zivilschutzes bereit-
stellte oder im Jahr 1996 die Wahlkampagne von Präsident Jelzin
koordinierte. Drei Jahre später wurde Schojgu von einer Gruppe
um den Milliardär Boris Beresowskij zum Vorsitzenden und Gesicht der neu gegründeten Partei »Einheit« bestimmt, die schließlich 2001 im »Geeinten Russland« aufging. Als telegener Bändiger
von Naturkatastrophen, der eine flächendeckende Infrastruktur
kontrollierte, eignete er sich hervorragend für diese Rolle. Im
Gegenzug durfte Schojgu sein (von vielen bereits als außergewöhnlich korrumpiert bezeichnetes) Ministerium weiter ausbau-
en: So verfünffachte sich die Zahl seiner Mitarbeiter im Jahr 2002
durch Eingliederung eines großen Teils der Feuerwehr. Was für
das zum Teil paramilitärisch ausgestattete und daher als »Ge-
waltstruktur« geltende Ministerium gilt, lässt sich auch auf Polizei und Armee übertragen: Politische Loyalität und wirtschaftliche Interessen sind auf allen Ebenen eng miteinander verflochten, und Reformen können nur auf äußeren Druck zustande
kommen.

   Dieses Prinzip, aber auch den zweiten Politikertypus im Gewaltapparat, verkörpert Anatolij Serdjukow. Der Manager einer Petersburger Möbelfirma heiratete im Jahr 2000 die Tochter von Putins Mitarbeiter und zukünftigem Premierminister Wiktor Subkow und machte eine steile Karriere in der russischen Steuerbehörde, dessen Leitung er im Februar 2007 abgab, um die des Verteidigungsministeriums anzutreten. Als erster Mann, der diesen Posten übernahm, ohne ein Produkt der »Gewaltstrukturen« zu sein, leitete Serdjukow weitreichende Reformen ein. Im Herbst 2012 jedoch verlor er seinen Posten. Offizieller Anlass war ein Korruptionsskandal im Ministerium; da dieser sich jedoch um eine Mitarbeiterin drehte, die auch persönlich eng mit dem inzwischen von seiner Frau getrennten Serdjukow liiert war, lag die Vermutung nahe, dass die wahren Gründe für seinen Abgang im Geflecht persönlicher Abhängigkeiten um Putins Vertraute zu suchen waren. Serdjukows Amt übernahm Schojgu. Erst im Mai war dieser – der bei weitem dienstälteste Minister des Landes – zum Gouverneur des Gebiets um Moskau ernannt worden, das zuvor durch eine Grenzerweiterung der Hauptstadt geschrumpft war. Anders als Serdjukow hatte der neue Verteidigungsminister Schojgu seine Verlässlichkeit unter Beweis gestellt und konnte von nun an eher dem zweiten Typus zugerechnet werden.

Bezieht man die regulären Mitarbeiter des Gewaltapparats, zumindest die männlichen, in die Betrachtung ein, wird eine andere biographische Gemeinsamkeit deutlich, die sich in einem besonderen Verhältnis zu Körperlichkeit und Gewalt ausdrückt. Bereits in der Sowjetunion war der eigene Körper ein wichtiges Instrument sozialer und geographischer Mobilität. Nicht nur Industriearbeiter wurden relativ hoch entlohnt. Junge Männer aus ländlichen Gegenden, wo Körperkraft im Arbeitseinsatz und in häufigen Schlägereien Status verleiht, waren durch die Passgesetze oftmals an ihren Wohnort gebunden. Der Dienst an der Waffe und anschließend die Aufnahme in den Apparat des Innenministeriums bot eine Möglichkeit, aus den engen Verhältnissen auszubrechen. Zudem haftete Armee, Geheimdiensten und mit Einschränkungen auch der Polizei ein gewisses gesellschaftliches

Prestige an. Zwar war der Armeedienst in der einen oder anderen Form eine den meisten jungen Männern gemeinsame Erfahrung; doch durchliefen Menschen in akademischen oder Verwaltungsberufen vor und nach dem Dienst einen anderen Prozess der Körpererziehung als diejenigen, die ihren Körper als Kapital einsetzen mussten.[9]

Dieses aus vielen Gesellschaften bekannte Gefälle verschärfte sich in der postsowjetischen Zeit. Die gesellschaftliche Mobilität wurde rapide eingeschränkt, schon weil manuelle Arbeit jeder Art mit dem Zusammenbruch des Arbeiter- und Bauernstaats ihr Prestige einbüßte und Arbeiterkindern nun vom Staat keine Aufstiegschancen mehr angeboten wurden. Der Armeedienst wurde zu einem wahren Schibboleth. Schon zu Sowjetzeiten waren Akademiker vielfach von der anstrengenden soldatischen Wehrpflicht freigestellt; stattdessen ließen sie sich während des Studiums an »militärischen Lehrstühlen« und in Kurztrainings zu Reserveoffizieren ausbilden. Nach 1991 wurde es immer leichter, sich ganz vom Dienst freizukaufen. Es schossen unzählige kommerzielle Hochschulen aus dem Boden. Viele von ihnen finanzierten sich zu einem erheblichen Teil durch die Beiträge junger Männer, die dem Dienst an der Waffe und den damit in Kriegs- und Friedenszeiten verbundenen Gefahren entgehen wollten. Wer hingegen nicht studieren wollte oder konnte und nicht die nötigen Kontakte und finanziellen Ressourcen aufbrachte, für den wurde die Wehrpflicht zur wegweisenden Erfahrung. Dort, wo Armee und Polizei weiterhin als einzige verlässliche Arbeitgeber gelten, etwa im verarmten Nordkaukasus und generell in kleineren Städten, ist der Wehrdienst allerdings weiterhin eine begehrte biographische Station.

So wurden soziale Unterschiede durch die Armee zementiert oder überhaupt erst geschaffen. Welcher Weg steht einem jungen Mann nach dem Wehrdienst offen, vor allem wenn er einen Teil davon in Tschetschenien abgeleistet hat – gegen höheren Sold, aber um den Preis der Gleichgültigkeit oder Verachtung durch die städtische Gesellschaft? Wer nicht bei der Armee bleibt, kann zur Polizei wechseln. Ein abgeschlossener Wehrdienst ist für Männer Bedingung für die Aufnahme in den riesigen Apparat des Innenministeriums. Ein anderes Sammelbecken sind die vielen privaten Sicherheitsdienste, die von ehemaligen Armeeangehörigen, Polizisten oder Geheimdienstmitarbeitern gegründet wurden. Der Übergang zwischen diesen Welten und denen der organisierten Kriminalität ist fließend, da in allen Fällen die gleichen Fähigkeiten gefordert und honoriert werden. Hinzu kommt die für viele prägende Erfahrung des Aufenthalts in Tschetschenien. Neben Berufssoldaten kamen dort früher Wehrpflichtige sowie bis heute reguläre Polizisten zum Einsatz.

Aktive und ehemalige Fallschirmjäger sind am 2. August, dem sie ehrenden Feiertag, regelmäßig in alkoholisierte Massenschlägereien verwickelt und stehen auch deshalb in dem Ruf besonderer Körperkraft. Auch die Spezialeinheiten jeglicher Couleur umgibt eine Aura von Unbeugsamkeit und Ausdauer, die auf deren strenge Auslese und das anspruchsvolle Training im oder nach dem Wehrdienst zurückgehen. Aber auch andere Formen der Leibesertüchtigung waren bereits in der UdSSR dem Gewaltapparat untergeordnet. Die größten Sportvereine waren mit einem der drei Gewaltministerien verflochten. Dynamo stand dem NKWD und später den Nachfolgeorganisationen KGB und Innenministerium nahe, die Armee hatte ihren Zentralen Sportklub; zwischen den beiden bestand vor allem in den siebziger und achtziger Jahren eine erbitterte Rivalität. Viele der ehemaligen Offiziere, die ab Ende der achtziger Jahre Erpresserbanden oder private Sicherheitsdienste gründeten, kamen aus solchen Sportklubs.[10] Das zu weiten Teilen zusammengebrochene System des sowjetischen Massensports wird heute durch ebenfalls sozial differenzierte Angebote ersetzt: Fitnessstudios und Tennisplätze in den Großstädten für die Wohlhabenden, Bodybuilding und Kampfsport in militärisch-patriotischen Klubs für junge Männer in Randgebieten und Kleinstädten. Letztere werden gewöhnlich von Veteranen geleitet; sehr oft sind sie mit ultranationalistischen Gruppen verbunden.

Diese Kontraste werfen ein Licht auf die Problematik von Gewalt und Gewaltlosigkeit. Die an den Protesten Beteiligten sind zu einem erheblichen Teil überdurchschnittlich gebildet und nicht selten an Büroarbeit gewöhnt. Gewalt existiert für sie eher als Fantasie oder als Erfahrung im Umgang mit der ihnen größtenteils fremden Welt des staatlichen Apparats. Für dessen Mitarbeiter hingegen ist Gewalt ein vertrautes Mittel der Durchsetzung von Interessen und ein Teil der Lebenswirklichkeit.

Selbstredend handelt es sich um Idealtypen; die mikrosoziologische Analyse konkreter Situationen kommt darin zu kurz. Auch in Russland kann ein bekannter Kulturmanager und Protestaktivist seine Frau ermorden und die Leiche zerstückeln; auch in Russland kann ein Fallschirmjäger aus einer Sondereinheit im Afghanistankrieg zum Wissenschaftshistoriker mit besonderem Interesse an feministischer Geschichtsschreibung werden.[11] Und doch sind viele der Faktoren, die zur weit verbreiteten Brutalität in der Gesellschaft beitragen, in bildungsfernen Milieus gebündelt präsent, die wiederum im Gewaltapparat überrepräsentiert sind. Aber erst die interne Logik der verschiedenen Gewaltinstitutionen mit ihrer negativen Selektion potenziert das Problem.

Über diese Gemeinsamkeiten hinaus gibt es jedoch auch erhebliche institutionelle Unterschiede zwischen den verschiedenen »Gewaltstrukturen«. Auch für die Protestbewegung haben sie sehr unterschiedliche Relevanz.

Die russische Armee

Das Einschreiten oder die Untätigkeit der Streitkräfte hat in vielen Vergleichsfällen – nicht nur im Arabischen Frühling – die Geschicke gewaltfreier Protestbewegungen entschieden. Russland jedoch hat in dieser Hinsicht eine besondere Tradition. Die sowjetische Armee führte in der Nachkriegszeit fast ausschließlich äußere Aufgaben aus: Die Truppen mochten zwar gegen Aufständische in der DDR, Ungarn oder der Tschechoslowakei zum Einsatz kommen und offen oder inoffiziell in Kriegen – Vietnam,

Angola, Afghanistan – kämpfen, sie hatten jedoch kaum innere militärische Funktionen und hüteten sich vor jeglicher Einmischung in die Politik. Eine geeinte, ihren Korpsgeist über die Interessen von Staat und Führung stellende Armee wie etwa die in Pakistan oder Ägypten hat es in Russlands Geschichte nie gegeben.[12] Zwar wurde die Armee immer wieder zur Eroberung und dann zur Befriedung von Randgebieten des Imperiums eingesetzt. Noch in den fünfziger Jahren kämpfte sie gegen antisowjetische Partisanen etwa in der Ukraine oder im Baltikum, und 1962 kam neben dem KGB und Einheiten des Innenministeriums auch Militär zum Einsatz, um den Arbeiteraufstand im südrussischen Nowotscherkassk in Blut zu ersticken. Im postsowjetischen Russland spielt die Armee vor allem im Nordkaukasus eine Rolle, auch hier allerdings neben paramilitärischen Einheiten des Innenministeriums. Auch wurden die Eisenbahn- und Werkschutzbrigaden, die bis 1990 der Armee angehörten, dieser ab 2004 größtenteils wieder einverleibt.

Doch die meisten Versuche, die Streitkräfte als letzte Instanz in einer Macht- oder Verfassungskrise auftreten zu lassen, spalteten die Truppe. Im Dezember-Aufstand gegen Nikolaus I. im Jahr 1825 gelang es den adligen Offizieren nicht, genügend Regimenter auf ihre Seite zu ziehen. Während der Revolution von 1905 desertierten massenhaft Soldaten. Der Bürgerkrieg von 1917 bis 1924 wurde zwischen mehreren rivalisierenden Heeren ausgefochten und durch die neu gegründete Rote Armee gewonnen. Nikita Chruschtschow sicherte seinen Sieg in den Machtkämpfen nach Stalins Tod dank der persönlichen Unterstützung des charismatischen Marschalls Shukow und dessen Truppen, verkleinerte jedoch schon bald darauf die reguläre Armee zugunsten der Nuklearstreitkräfte und schickte den Kriegshelden Shukow in den Ruhestand. Der Augustputsch von 1991 scheiterte an der Weigerung wichtiger militärischer Befehlshaber, die Weisungen des »Staatskomitees für den Ausnahmezustand« auszuführen, zu denen mit dem Verteidigungsminister Dmitrij Jasow auch ihr Befehlshaber gehörte. Den Konflikt zwischen Präsident und Parlament im Herbst 1993 entschied Boris Jelzin schließ-

lich mit Waffengewalt für sich, jedoch nur dank der persönlichen
Loyalität einiger Offiziere. Deren Unterstützung war er sich bis
zuletzt nicht sicher, weswegen er auch auf Personal und Ausrüstung anderer Gewaltstrukturen zurückgriff, darunter Sonder-
einheiten der Polizei und Katastrophenschutz.[13] Auch ging Jelzin
in diesem Fall nicht gegen eine Massenbewegung vor, sondern gewann den Konflikt faktisch durch Einnahme zweier Gebäude –
des Fernsehturms und des Parlamentsgebäudes. Jeder dieser Fälle
förderte ein personalisiertes System zutage: Ausschlaggebend war
jeweils der Gehorsam der Soldaten gegenüber ihren unmittel-
baren Vorgesetzten, die wiederum von den Machthabern persönlich um Hilfe gebeten wurden und im Anschluss ihre eigene Macht-
position ausbauen konnten. Bestes Beispiel ist der charismatische
General Alexander Lebed (1950-2002), der mit seiner Division
1991 Befehle der Putschisten verweigerte und 1993 Jelzin zu Hilfe eilte. Als einer von wenigen Generälen machte er im Anschluss
eine steile politische Karriere.

Zwar beleben Wladimir Putin und andere Geheimdienstmit-
arbeiter in den letzten Jahren verstärkt eine sowjetische Rhetorik wieder, die interne politische Opposition mit äußeren Feinden gleichsetzt, wobei sie durchaus eine militärische Sprache
bemühen. Putin zitiert gerne das Wort seines Vorgängers Jurij
Andropow von »ideologischen Sabotageakten«. In einer Rede
im Moskauer Luschniki-Stadion am 23. Februar 2012 – dem Tag
der Armee – setzte er die angeblich aus dem Ausland gesponserte
Bewegung für faire Wahlen mit Napoleons 200 Jahre zuvor ge-
scheitertem Russlandfeldzug gleich. Mit dem Jahr 2000 wurde
das Datum der Amtseinführung des Präsidenten auf den 7. Mai
gelegt – zwei Tage vor dem Siegesfest, das als Russlands faktisch wichtigster Nationalfeiertag jeweils mit einer Militärparade
im Herzen Moskaus begangen wird. Die zu Übungen und Proben zusammengezogenen Panzer- und anderen Armeeeinheiten
wurden von einigen der Teilnehmer an den Massenprotesten des
6. Mai als Machtdemonstration verstanden.

Es ist jedoch unwahrscheinlich, dass die Armee gegen eine
friedliche Protestbewegung zum Einsatz kommen könnte. Nicht

nur ist sie dafür nicht geschult, sondern weiterhin vor allem auf
äußere Widersacher und in erster Linie den Erzfeind USA fixiert; es wäre auch gar nicht nötig, da sich die OMON-Sonder-
einsatzkräfte der Polizei auf diese Aufgabe spezialisiert haben
und das Innenministerium für Herausforderungen dieser Art im
äußersten Fall die Internen Truppen bemühen könnte, eine Art
Gendarmerie oder Nationalgarde.

Auch könnte sich das Regime der Loyalität und Einsatzbereit-
schaft der Truppen nicht restlos sicher sein. In der postsowjetischen Zeit wurden immer wieder Schwächen der Armee mo-
niert, deren Wurzeln in die sowjetische Periode zurückreichen.
Neben dem schon erwähnten Dedowschtschina-System der Schikanierung junger Rekruten fällt vor allem die ärmliche Ausstattung, die Verwendung der gemeinen Soldaten als Arbeitssklaven
durch oder zugunsten von Vorgesetzten und die überhöhte Zahl
von Generälen im Vergleich zu Unteroffizieren auf. Aktive und
ehemalige Armeeangehörige und deren Familien gehörten zu den
von den Sozialreformen von 2005 am empfindlichsten Getroffe-
nen; viele warten seit Jahren auf vom Staat versprochene Vergünstigungen, darunter vor allem auf Wohnraum. Trotz eines Verbots
beteiligten sich viele Offiziere an den Protesten gegen die Monetisierung. In deren Zuge versuchten einige von ihnen im Februar
2005 ein oppositionelles Offiziersbündnis aus der Taufe zu he-
ben, wurden jedoch durch ein OMON-Aufgebot daran gehindert, den dafür in Moskau gemieteten Saal zu betreten.

Michail Wistizkij mag zwar den Organisationsgrad der oppositionell gestimmten Heeresangehörigen maßlos übertrieben haben. Schließlich scheiterte schon zuvor jeder Versuch, eine auf
der Armee basierende Oppositionsbewegung zu schaffen oder
diese durch Offiziere als Spitzenkandidaten einzubinden. Bereits in den neunziger Jahren versagten etwa Stanislaw Terechows
nationalistisch-stalinistischer »Verband der Offiziere«, der »Kongress der Russischen Gemeinden« mit Lebed als Aushängeschild
und die »Bewegung zur Unterstützung der Armee« von General Lew Rochlin. Dennoch gibt es innerhalb der Armee zu viel
Unmut, als dass sie verlässlich gegen die eigene Bevölkerung ein-

setzbar wäre; auch deshalb hoffen viele in der Bewegung auf die Fallschirmjäger.

Dieser Unmut hat einen weiteren Grund. Die umrissenen Probleme von Russlands Militär lassen mindestens seit der Perestroika immer wieder Rufe nach einer umfassenden Armeereform laut werden. In Putins ersten Amtszeiten fiel diese Aufgabe dem Hardliner Sergej Iwanow zu, einem ehemaligen Auslandsspion und Kollegen Putins aus dessen Zeiten im Leningrader KGB der siebziger Jahre. Dieser nahm die Reform jedoch kaum in Angriff; unter anderem scheiterte er an der Schaffung einer Berufsarmee. Dies änderte sich unter Iwanows bereits erwähntem Nachfolger Anatolij Serdjukow, der ebenfalls zum inneren Zirkel gehört. Serjudkow trat als Reformer an. Vor allem als Reaktion auf militärische Fehler im Krieg mit Georgien im August 2008 wurde die Gliederung der Armee vereinfacht, der Apparat des Ministeriums verjüngt, die Zahl der Offiziere und vor allem Generäle verkleinert, zahlreiche Funktionen der Armee an private Anbieter ausgelagert und ausländische Waffen eingekauft. Die Reform galt zwar unter Experten als langfristig vielversprechend und könnte durch die Professionalisierung der Armee auch die Befehlsstruktur verlässlicher machen. Serdjukow ignorierte jedoch die massiven sozialen Kosten der Verkleinerung der Armee und traf auf heftigen Widerstand.[14] Die »Zerstörung der Armee« wird dem Regime auf den Protestdemonstrationen immer wieder als Verfehlung angelastet.

Als daher Präsident Medwedew am 7. November 2011 – dem ehemaligen Gedenktag der Oktoberrevolution – medienwirksam ein Gesetz zur Erhöhung von Armeegehältern unterzeichnete, verstanden dies viele als Wahlgeschenk, wobei zu jenem Zeitpunkt noch niemand mit dem Aufkommen einer massenhaften Protestbewegung rechnete. Versprochen wurden zwei bis 2,5-fache Erhöhungen, die umfangreichsten seit Breshnew. Die tatsächlichen Zulagen waren dann vielfach niedriger, da der Höchstsatz nur für die Dienstältesten galt; nichtmonetäre Vergünstigungen wiederum entfielen ganz.[15]

Die Geheimdienste

Eine viel wichtigere Rolle beim Umgang mit den Protesten spielen die Geheimdienste, allen voran der FSB. Die berühmte Vorgängerorganisation KGB wurde 1954 aus dem Innenministerium ausgegliedert und direkt der sowjetischen Regierung unterstellt. Trotz seiner weitreichenden Befugnisse unterlag der KGB stets der Kontrolle durch die Partei – auch unter dem KGB-Vorsitzenden Jurij Andropow, der schon zu Breshnews Zeiten einen großen politischen Einfluss ausübte und diesen 1982–84 als Generalsekretär beerbte. Neben vielen anderen Aufgaben oblag dem KGB der Schutz der »verfassungsmäßigen Ordnung« und der Kampf gegen »ideologische Sabotageakte«, also die Kaltstellung von Dissidenten. Um diese kümmerte sich die berüchtigte fünfte Abteilung, die 1967 auf Betreiben Andropows gegründet und anfangs mit 201 Mitarbeitern ausgestattet wurde. Flächendeckender präsent waren die in einer Großzahl von Einrichtungen funktionierenden »ersten Abteilungen«, die unter zentraler Federführung des KGB den Zugang zu geheimen Dokumenten und Informationen regelten.

Nachdem sich KGB-Chef Wladimir Krjutschkow 1991 am Augustputsch beteiligt hatte, übertrug Gorbatschow die Leitung des Dienstes dem Parteireformer Wadim Bakatin, der zuvor schon Änderungen im sowjetischen Innenministerium durchgesetzt hatte. Bakatin zerschlug das Komitee in mehrere Teile, die in einigen Bereichen miteinander rivalisierten. Jelzin führte diese Reformen zunächst fort und wechselte die Chefs der diversen Nachfolgedienste in rascher Folge aus. Auch Wladimir Putin, der seine Karriere im KGB begonnen hatte, leitete bis zu seiner Ernennung zum Premierminister 1999 ein Jahr lang den FSB. Unter dessen Dach führte er die meisten Nachfolgeorganisationen des KGB als Präsident wieder zusammen und besetzte auch zahlreiche andere Leitungsposten in Politik und Wirtschaft mit ehemaligen KGB-Kollegen. Der FSB spielte eine Schlüsselrolle bei der Schwächung des Föderalismus durch Errichtung einer »Machtvertikale« und baute dadurch auch seine Macht in der Provinz gegenüber den Gouverneuren und der Polizei aus. Die Stadtpaläste aus Zarenzeiten, die den regionalen Abteilungen des FSB vermehrt als Hauptquartiere dienen, legen ein beredtes Zeugnis von dessen neuer Bedeutung ab. FSB-Generäle haben begehrte Immobilien zu symbolischen Preisen »privatisiert«, und Offiziere des Geheimdienstes werden regelmäßig zum Dienst in lukrative private Firmen abkommandiert, wobei durchaus finanzielle und Loyalitätskonflikte entstehen. Vordenker des FSB rechtfertigen ihre Kontrolle über Schlüsselbereiche der Wirtschaft mit dem Verweis auf nationale Sicherheitsbelange. Als Problem oder gar Bedrohung für die Sicherheit von Staat und Nation haben Vertreter des Geheimdiensts in den letzten Jahren das Internet, die Medien, zivilgesellschaftliche Organisationen, eine unabhängige Wissenschaft und ausländische Firmen bezeichnet. Zudem unterhält der FSB Abteilungen in der Armee. Auch die »ersten Abteilungen«, inzwischen offiziell »Regime- und Geheimnisabteilungen« betitelt, sind Pflichtteile eines breiten Spektrums an Einrichtungen, darunter Universitäten und Archive.

Der ehemalige KGB-Offizier Wiktor Tscherkessow, ein enger Vertrauter Putins und zu jenem Zeitpunkt Chef der Drogenbehörde, nannte den KGB in einem offenen Brief vom 9. Oktober 2007 den »Haken«, der die russische Gesellschaft vor dem Fall in den Abgrund gerettet habe.[16] Ein ähnliches Selbstvertrauen äußerte Nikolaj Patruschew, der Putin als FSB-Chef nachfolgte und dieses Amt bis 2008 bekleidete, bereits im Dezember 2000 in einem Zeitungsinterview, als er die Besten unter den FSB-Mitarbeitern als Russlands »neuen Adel« betrachtete. Die Analogie ist ungenau, aber sicher nicht ganz unangebracht, stützt sich doch die neue politische und wirtschaftliche Macht des FSB letztendlich auf eine Art Öl- und Gasrente, die dessen Mitarbeiter kraft ihrer Loyalität gegenüber der aus ihren Reihen hervorgegangenen Staatsführung und von deren Gnaden beziehen. Dabei trennen sie – ähnlich Aristokraten – nicht zwischen ihren eigenen Interessen und denen des Staates, da sie aufrichtig davon überzeugt sind, die Besten im Staat zu sein. Alexander Etkind spricht folgerichtig von einer Kohlenstoffaristokratie,[17] zu deren Kern leitende FSB-Mitarbeiter gehören. Wie schon unter Breshnew förderten diese neuen Aristokraten gezielt eine positive Darstellung der Geheimdienste in der Popkultur, die geradezu kultartige Züge annimmt.[18]

Abteilungen des FSB

1. Spionageabwehr
2. Verfassungsschutz und Terrorismusbekämpfung
3. Grenzschutz
4. Wirtschaftliche Sicherheit
5. Operative Information und internationale Kontakte
6. Organisation und Personal
7. Kontrollabteilung
8. Wissenschaft und Technik
9. Technik und Buchhaltung
10. Sozialabteilung

sowie diverse Einrichtungen, die direkt der zentralen Leitung unterstehen, darunter die FSB-Akademie, das Archiv, ein zentraler Sportklub usw.

Quelle: www.agentura.ru/dossier/russia/fsb/structure/

Im Vergleich zum sowjetischen KGB, selbst zu Zeiten Andropows, hat der neu konstituierte FSB seine Macht erheblich ausgeweitet, da die ihn ehemals überwachende Staatspartei weggefallen ist, ohne durch andere – etwa parlamentarische – Kontrollinstanzen ersetzt zu werden. Unter anderem gewann der Geheimdienst unter Putin nach und nach die Oberhand im jahrzehntelangen internen Machtkampf mit der größeren Schwesterinstitution, dem Innenministerium. Die große Reorganisation des Gewaltapparats in den Jahren 2003/04 brachte Raschid Nurgalijew an die Spitze des Ministeriums, wie Putin ein KGB-Mann aus dem Nordwesten des Landes. Erst im Mai 2012, nach Putins offizieller Neuvereidigung, verlor er diesen Posten. Sowohl auf föderaler Ebene wie in den Regionen überwacht der FSB nun eine Reihe von Aktivitäten, für die formal das Innenministerium verantwortlich zeichnet. Dazu zählt in allererster Linie die »Extremismusbekämpfung« – seit 2008 Aufgabe der E-Zentren des Innenministeriums, von denen im Folgenden ausführlicher die Rede sein wird. Der Geheimdienst hat Zugang zur Datenbank »Extremist«, in der das Innenministerium Daten zu Oppositionellen sammelt.[19] Innerhalb des FSB wurde bereits ab Ende der neunziger Jahre die Terrorismusbekämpfung wieder mit der Bekämpfung von »politischem Extremismus« zusammengeführt – zunächst auf Initiative von Gennadij Sotow, der schon zu Sowjetzeiten in der fünften Abteilung gedient hatte. Die wichtigste Rolle bei der Überwachung oppositioneller Aktivisten spielt heute die Verwaltung für die Bekämpfung von Terrorismus und politischem Extremismus innerhalb der Abteilung für Verfassungsschutz und Terrorismusbekämpfung.

Im Juli 2010 wurden die Befugnisse des FSB noch einmal ausgeweitet: Duma, Föderationsrat und Präsident Medwedew winkten ein Gesetz durch, das es dem Geheimdienst erlaubt, Einzelpersonen gegenüber »Warnungen« auszusprechen und »prophylaktische Maßnahmen« zu ergreifen, auch wenn kein Straftatbestand vorliegt. Damit dürfen diese Personen an Handlungen gehindert werden, die »Bedingungen« für die Ausübung bestimmter Straftaten herstellen könnten. Bei Nichtbeachtung der Warnungen und Maßnahmen drohen empfindliche Geldstrafen oder Ordnungshaft. Die Gesetzesnovelle wurde von Bürgerrechtlern, Oppositionspolitikern und ausländischen Beobachtern heftig kritisiert und von Ella Pamfilowa, bis dahin Vorsitzende des präsidialen Zivilgesellschafts- und Menschenrechtsrates, mit sofortigem Rücktritt quittiert. Die neuen Vollmachten werden unter anderem dazu genutzt, oppositionelle Aktivisten schon an der bloßen Anwesenheit bei öffentlichen Aktionen zu hindern.[20]

Es folgten weitere Kompetenzzuwächse. Bereits seit 2000 hat der FSB faktisch uneingeschränkten Zugang zu jeglichem Telefon- und Internetverkehr über die Überwachungssysteme SORM und SORM-2, wobei es für einen Lauschangriff keiner richterlichen Absegnung bedarf.[21] Seit Juli 2011 führt der Geheimdienst darüber hinaus unangekündigte und ebenfalls keiner Sanktion bedürftige Kontrollen der Sicherheit verschlüsselter

Daten in Firmen durch, wobei bestimmte Arten von persönlichen Daten nur durch Systeme verschlüsselt werden dürfen, die vom FSB oder vom Bundesdienst für technische und Exportkontrolle genehmigt wurden.[22] Neben Denial of Service-Attacken ungeklärter Provenienz gibt es auch immer wieder Berichte über vom FSB verordnete Zugangssperren oder Schließungen bestimmter Webseiten.[23] Regelmäßig macht der Dienst auch mit weitreichenderen Zensurinitiativen von sich reden. Im April 2011 zum Beispiel regte Alexander Andrejetschkin, Leiter des »Zentrums für Informationsschutz und Spezialkommunikation«, an, die Internetdienste Skype, Gmail und Hotmail zu verbieten, da eine Kontrolle darüber aufgrund der Datenverschlüsselung erschwert sei und die »unkontrollierte Nutzung solcher Dienste zu einer ernsten Bedrohung für die Sicherheit Russlands führen« könne. Der Vorschlag wurde vorerst nicht in die Tat umgesetzt.[24]

Die immer größeren Befugnisse des FSB, die angesichts seiner Verflechtung mit der politischen Elite und seiner Rolle im Wirtschaftsleben auch als Besitzwahrung gesehen werden können, dürfen diesen allerdings nicht als einen aller Konflikte enthobenen Monolithen erscheinen lassen.

Zum einen gibt es Konflikte und Abweichler innerhalb des Geheimdienstes und unter ehemaligen Kollegen. Einige der Spannungen haben finanzielle Hintergründe: So erhalten leitende Mitarbeiter des FSB-Apparats seit 2008 genau 2,2-mal höhere Gehälter als ranggleiche Kollegen ohne leitende Posten. Diese und ähnliche Privilegien, die unter anderem das Gefälle zwischen der Moskauer Zentrale und den Filialen in der Provinz verschärfen, werden hin und wieder zum Gegenstand von Gerichtsverfahren. Einige dieser Fälle landeten sogar vor dem Europäischen Gerichtshof für Menschenrechte in Straßburg, der zum Beispiel am 14. 1. 2010 dem FSB-Veteranen Innokentij Ossipow eine Rentennachzahlung zusprach.[25]

Auch die politische Verlässlichkeit der Geheimdienstler ist nicht immer garantiert. International bekannt wurde der Fall des ehemaligen FSB-Oberstleutnants Alexander Litwinenko, der im Jahr 2000 in England politisches Asyl erhielt, nachdem er nach eige-

nen Angaben den Befehl verweigert hatte, den Magnaten Boris Beresowskij zu ermorden. Litwinenko wurde zu einem der
schärfsten Kritiker Putins und beschuldigte den FSB, hinter den
Sprengstoffanschlägen auf Wohnhäuser im September 1999 zu
stehen. Im Jahr 2006 starb er unter ungeklärten Umständen an
einer Vergiftung mit Polonium-210. Auch der ehemalige FSB-
Oberst Michail Trepaschkin untersuchte als Anwalt mögliche
Verwicklungen seines einstigen Arbeitgebers in die Anschläge
und wurde im Jahr 2004 nach einem undurchsichtigen Verfahren
zu vier Jahren Haft wegen Preisgabe von Staatsgeheimnissen verurteilt. Seit seiner Freilassung betätigt er sich wieder als Anwalt,
Bürgerrechtler und oppositioneller Aktivist.

Eine besondere Rolle in der aktuellen Protestbewegung spielen zwei Duma-Abgeordnete, Gennadij Gudkow und sein Sohn
Dmitrij. Der 1956, vier Jahre nach Putin, in der Nähe von Moskau geborene Gennadij Gudkow legte eine geradezu idealtypi-
sche Karriere hin. Er war ab 1982 im KGB tätig, brachte es zum
Oberst und absolvierte das prestigeträchtige Andropow-Insti-
tut für Spionageabwehr. 1992 gründete er die private Wachfir-
ma »Oskord«, die er zu einer erfolgreichen Dachgesellschaft
mit Tausenden von Mitarbeitern ausbaute, von denen die meisten
ebenfalls aus dem Geheimdienst oder anderen Teilen des Gewaltapparats kamen. Auch andere Familienmitglieder sind an den
Firmen beteiligt. 2001 in die Duma gewählt, ließ er nie ernsthafte
Zweifel an seiner Loyalität gegenüber der politischen Führung
aufkommen. Zwar leitete er zunächst die »Volkspartei«, gehörte
jedoch im Parlament bis 2007 der Fraktion »Geeintes Russland«
an; danach ließ er seine »Volkspartei« im formal sozialdemokratischen und oppositionellen »Gerechten Russland« unter Putins
persönlichem Freund Sergej Mironow aufgehen. Trotz gelegent-
licher kritischer Äußerungen trat er im Parlament vor allem offen
als Lobbyist der privaten Sicherheitsindustrie auf. Am 18. November 2011 hielt er – für viele völlig unerwartet – eine emotionale Rede im Parlament, in der er die verschiedenen Fälschungs-
mechanismen beschrieb, die das »Geeinte Russland« bei den
bevorstehenden Dumawahlen anwende, und in der er die Regie-

rungspartei beschuldigte, das Land »zum Extremismus und zum Auseinanderbrechen« zu führen. »Wir werden auf die Straße gehen, wenn das der einzige Weg ist«, fuhr Gudkow fort.[26]

Was genau den ehemaligen Geheimdienstler dazu bewog, das von ihm selbst mit aufgebaute oder zumindest lange Zeit geduldete politische System so schroff zu kritisieren, bleibt unklar. Auf jeden Fall hatte er bereits im September eine Gesetzesinitiative zur Korruptionsbekämpfung eingebracht, die auf eine Vorlage von Alexej Nawalnyj zurückging.[27] Während der Protestwelle nahm er nicht nur an mehreren Großkundgebungen teil, sondern trat auch als Mitorganisator in Erscheinung. Anfangs versuchte er, sich als Mittler zwischen der politischen Elite und der Protestbewegung zu profilieren, auch indem er immer wieder vor einer durch Putins Politik provozierten Radikalisierung warnte. Seine Sternstunde kam am 5. Juni 2012, als er gemeinsam mit seinem Sohn Dmitrij, vier weiteren Fraktionskollegen und dem Kommunisten Wadim Solowjow durch hunderte von Änderungsanträgen die Verschärfung des Versammlungsrechts zu verhindern versuchte. Die letztendlich von der Duma-Mehrheit abgewendete Aktion wurde von Zehntausenden live im Internet verfolgt und kommentiert.

Kurz nach dem »Marsch der Millionen« vom 6. Mai 2012 begannen Kontrollen bei »Oskord«; in den nachfolgenden Monaten wurde die Firmengruppe praktisch zerschlagen; am 14. September schließlich wurde Gudkow seines Parlamentsmandats und der damit zusammenhängenden Immunität enthoben, da seine Geschäftstätigkeit (die jedoch seit seiner ersten Wahl 2001 hinlänglich bekannt war) nicht mit der Arbeit im Parlament vereinbar sei.

Ähnlich wie Wistizkij – und ähnlich vage – spricht Gudkow gerne von der breiten Unterstützung, die er im Gewaltapparat und unter Veteranen genieße. »Oskord«-Mitarbeiter würden auf den Moskauer Großdemos die Bühnen bewachen und als Privatpersonen an den Protesten teilnehmen. In einem Interview mit der Internetzeitung *PublicPost* beantwortete Gudkow am 15. August 2012 die Frage: »Warum sind Sie gefährlich?« folgendermaßen: »Erstens unterstützen mich viele *Silowiki* und Veteranen-verbände. Sie tun dies nicht immer offen, werden mich aber auf jeden Fall unterstützen. Es sollte klar sein, dass ich Methoden des Widerstands gegen alle diese sogenannten Geheimdienste beherrsche, die heute statt des Vaterlandes ihren Herrn schützen.«[28]

Auch diese Äußerungen sind zunächst nicht überprüfbar. Richtig ist jedoch, dass die neue Vormachtstellung dem FSB in anderen Teilen des Gewaltapparats nicht nur Freunde verschafft. Bereits zu Sowjetzeiten galten die höher gebildeten und besser entlohnten KGB-Mitarbeiter den regulären Polizisten als arrogante Bürokraten. Eine Situation, in der die Polizei die »Drecksarbeit« für den FSB verrichtet und ständig Anfeindungen von Seiten der Demonstranten ausgesetzt ist, sichert dem Geheimdienst nicht unbedingt Sympathien. Vor allem die früher für die Bekämpfung krimineller Banden zuständigen Polizisten gelten als Rivalen. Zunehmend kommt es sogar zu handgreiflichen Auseinandersetzungen. Am 11. Februar 2012 starb in Nowosibirsk ein FSB-Mitarbeiter infolge einer Schlägerei mit Offizieren der erst kürzlich wiederhergestellten Schnellen Spezialeinsatztruppe des Innenministeriums.[29] Am 3. Juli schlugen FSB-Männer einen Major der Polizeiabteilung zur Bekämpfung organisierter Kriminalität in der baschkirischen Hauptstadt Ufa krankenhausreif.[30] In sehr eingeschränkter Form kann diese Rivalität sogar von oppositionellen Aktivisten ausgenutzt werden. So erzählte mir ein Anarchist aus Nischnij Nowgorod im August 2008, er habe Polizisten davon abgebracht, ihn an der Reise zu einer Moskauer Aktion zu hindern, indem er ihnen drohte, den FSB auf eine frühere Verfehlung aufmerksam zu machen.[31]

Solche Rivalitäten stellen für den FSB potenziell ein ernsthaftes Problem dar. Denn bei aller Zunahme seines Einflusses ist er doch – schon aufgrund seiner verhältnismäßig geringen Personalstärke – auf die Ergebenheit der Befehlsempfänger angewiesen, die unmittelbar mit Oppositionsaktivisten und Demonstranten konfrontiert sind. In allererster Linie sind dies die verschiedenen Bediensteten des Innenministeriums – die Internen Truppen, der OMON und andere Polizeiabteilungen, aber auch die übrigen Teile des staatlichen Gewaltapparats. Dazu gehört die Staatsanwaltschaft und im weiteren Sinne die Justiz, aber auch die Steuer- und Drogenbehörden sowie der Katastrophenschutz.

Die Polizei

Von allen »Gewaltstrukturen« spielt das Innenministerium die wichtigste Rolle beim Umgang mit den Protesten. Gewöhnliche Polizisten und OMON stehen den Demonstranten auf Straßen und Plätzen gegenüber oder umstellen sie von allen Seiten. Sie sind es, die warnen, knüppeln, verhaften, abführen, transportieren, eskortieren, bewachen, einsperren und Protokolle aufnehmen. Sie sind es auch, die der größten direkten emotionalen Belastung ausgesetzt sind – durch Schimpfreden und Sprechchöre, durch Bürger, die langatmig ihre Rechte geltend machen, durch Verantwortung vor den Vorgesetzen und auch durch tätliche Angriffe und andere bedrohliche Situationen. In Krisen stehen außerdem im Prinzip die nach dem Vorbild der Armee aufgebauten Internen Truppen zur Verfügung. Auch sie sind dem Innenministerium unterstellt.

Bereits im späten Zarenreich spielte die Polizei eine wichtige Rolle im Umgang mit Oppositionellen, Revolutionären und Terroristen. Als Antwort auf die blutige Terrorwelle nach den Reformen von Zar Alexander II. wurde 1880 im Innenministerium ein Polizeidepartement gegründet, das ein weitreichendes Netzwerk von Informanten spannte und zivilgesellschaftliche oder revolutionäre Organisationen nicht nur unterwanderte, sondern zuweilen selbst aufbaute, um deren Überwachung zu erleichtern – ein Verfahren, das auch aus der Sowjetunion und einigen ihrer Nachfolgestaaten bekannt ist.

Das Departement wurde sofort nach der Februarrevolution 1917 aufgelöst und durch freiwillige Milizen ersetzt; die Bolschewiki griffen diese Idee nach der Oktoberrevolution auf und schufen mit ihrem ersten Erlass eine »Arbeiter- und Bauernmiliz«. Obwohl die Idee einer Volksmiliz bereits im darauffolgenden Jahr fallengelassen und die neue Institution militärisch und hierarchisch aufgebaut wurde, blieb die Bezeichnung »Miliz« bis zum neuen Polizeigesetz von 2011 bestehen. Allerdings spreche ich auch rückwirkend von der sowjetischen oder russischen Polizei, da diese niemals ein Volksheer oder eine Truppe von Freiwilligen oder Nebenberuflern darstellte. (Als solche Milizen unter Chruschtschow geschaffen wurden, wurden sie stattdessen *drushiny* genannt.)

Während der gesamten sowjetischen Zeit wurden Innenministerium und Polizei immer wieder reformiert und umstrukturiert. Nach Stalins Tod wandelte sich die ehemals in das Volkskommissariat für Inneres (NKWD) integrierte reguläre Polizei immer mehr zu einem Instrument allgemeiner sozialer Kontrolle, die sie unter anderem über das extrem restriktive Pass- und Meldesystem ausübte. An politischen Repressionen im engeren Sinne beteiligte sie sich immer noch, aber nicht mehr in federführender Rolle. Arbeiterunruhen, ethnische Konflikte und unkontrolliert entstehende jugendliche Subkulturen waren ja zunächst auch eine größere Bedrohung für den Staat als die nicht sehr zahlreichen Dissidenten. Allerdings nutzte der KGB, der auch den Rekrutierungsprozess überwachte, die Polizei immer wieder als Vollstreckungsorgan von Prävention und Repression. So war es zum Beispiel üblich, Dissidenten bereits an der Anreise zu geplanten Protestaktionen zu hindern oder sie krimineller Machenschaften zu beschuldigen und so einzuschüchtern. Beides oblag meist Polizisten.

Was eingangs über Herkunft und Profil der meisten im Gewaltapparat Tätigen gesagt wurde, trifft auf die Polizei am eindeutigsten zu. Bereits zu sowjetischen Zeiten rekrutierte das Innenministerium vor allem solche Mitarbeiter, die kaum eine andere Wahl hatten. Die Ordnungshüter in spe waren schon eingangs unterdurchschnittlich gebildet und durchliefen eine meist anspruchslose Ausbildung, bei der ideologische Kriterien wichtiger waren als professionelle Standards. Viele von ihnen kamen vom Land, sie wurden aber überwiegend in Moskau und anderen Großstädten eingesetzt; die ihnen von Amts wegen zustehenden Vergünstigungen und Privilegien waren dabei meist bedeutsamer als der Sold. Was für die Polizisten sozialen Aufstieg bedeutete, vertiefte gleichzeitig den Graben zwischen ihnen und der Stadtbevölkerung, während dünner besiedelte Gebiete mit hohen Kriminalitätsraten zu kämpfen hatten. Bis 1987 kamen 70 Prozent der Neuzugänge zur Moskauer Polizei von anderswo. Auf drei Prozent der Gesamtbevölkerung kamen in der Hauptstadt acht Prozent der Polizeikräfte. Insgesamt beschäftigte das Innenministerium noch 1988 mit ca. 3,5 Millionen Menschen mehr als jeden hundertsten Sowjetbürger, überwiegend Männer. Zur eigentlichen »Miliz« gehörten davon 700 000, hinzu kamen zum Beispiel die Verkehrspolizei, Lager- und Gefängnisaufseher und 1,3 Millionen Werkschützer. Zu den freiwilligen, tatsächlich aber oft von Arbeitsstellen abkommandierten *drushinniki* zählten noch einmal dreizehn Millionen Menschen, Informanten nicht mit eingerechnet.[32]

Seit der Perestroika hat sich das Personal der Polizei fast vollständig erneuert; wie auch andere »Gewaltstrukturen« verlor die »Miliz« einen erheblichen Teil ihrer Mitarbeiter an den Privatsektor. Neuzugänge durchlaufen eine im Vergleich zu Sowjetzeiten noch einmal verkürzte Ausbildung und werden vor allem in der Praxis geschult, wodurch Gehorsam und gegenseitige Deckung wiederum gegenüber Gesetzestreue aufgewertet werden. Außerdem werden seit dem Beginn des ersten Tschetschenienkriegs und bis heute reguläre Polizeibeamte aus ganz Russland für Perioden von inzwischen je sechs Monaten nach Tschetschenien abkommandiert. Damit soll unterstrichen werden, dass es sich um eine Polizeioperation und keinen Krieg handelt, und dass man es nicht den wegen ihrer Klan-Angehörigkeit als unzuverlässig geltenden lokalen Sicherheitskräften überlassen will, für Ordnung zu sorgen. In Tschetschenien leben die Polizisten isoliert und stehen quasi als Besatzungssoldaten einer als feindselig angesehenen Bevölkerung gegenüber. Die dort erlernten brutalen Methoden – darunter Folter, »Säuberungsoperationen« und die Missachtung formaler Rechtsnormen – beeinflussen nach der Rückkehr das Verhalten der Polizisten in der Heimatregion.[33]

Zu Sowjetzeiten gründete sich die Loyalität der Polizisten auf Ideologie, sozialer Absicherung und einem gewissen gesellschaftlichen Prestige der »Miliz«, das mit einem starken Korpsgeist und einem beruflichen Ethos einherging. Sergej Michalkow, der Autor der sowjetischen Nationalhymne, schrieb ab 1935 einen Gedichtzyklus über den großgewachsenen und kinderlieben Onkel Stjopa, der seinem Volk erst bei der Marine, dann als Wachtmeister dient. Dieses Bild der hilfsbereiten, volksnahen, aus dem Militär hervorgehenden Miliz war für Generationen sowjetischer Kinder prägend. Doch das Prinzip der Professionalität war nie flächendeckend präsent; vor allem aber fußte es nicht auf einem formalen Rechtsverständnis, sondern auf Gehorsam sowie Planvorgaben etwa zu Verhaftungszahlen, wie sie schon im stalinschen Terror der dreißiger Jahre zur Anwendung kamen. Praktiken, die heute als korrupt gelten, waren bereits in der Sowjetunion weit verbreitet. Sie gehörten ebenso zur Polizeikultur wie die Drittrangigkeit formaler Rechtsnormen.

Die neue Pressefreiheit der Glasnost verschaffte Missständen in der Polizei eine breite Öffentlichkeit. Stanislaw Goworuchin, der Regisseur eines Kultstreifens über Polizeiermittler aus dem Jahr 1979, legte 1990 mit »So können wir nicht leben« einen Dokumentarfilm über die schrecklichen Arbeitsbedingungen sowjetischer Polizisten vor. Auch dieses Problem ist nach dem Zusammenbruch der Sowjetunion nie gelöst worden. Die Ausstattung der meisten Polizeiwachen ist so armselig, dass Beamte zum Teil gezwungen sind, aus ihren privaten Mitteln Möbel oder Computer zu kaufen und an Tankstellen um Benzin für die Einsatzwagen zu betteln.[34] »Die passendsten und aussagekräftigsten Worte, mit denen man die gesamte Vielfalt des Berufslebens in der Miliz beschreiben kann«, formuliert die Polizeisoziologin Asmik Nowikowa, »sind ›Armut‹, ›Unselbständigkeit‹ und ›Randständigkeit‹«.[35] Die Marktwirtschaft und der Wegfall nichtmonetärer Vergünstigungen machen viele Polizisten zu Schutzgeld erpressenden Gewaltunternehmern.

Die Arbeit der Polizisten wird grundsätzlich nach statistischen Gesichtspunkten beurteilt: Den Ausschlag etwa für Prämienzahlungen geben Anzahl und Anstieg der aufgedeckten Verbrechen. Daher konzentrieren sich die Uniformierten gerade am Quartalsende meist auf leicht erfassbare, die Statistik aufbauschende Kavaliersdelikte. Oft lässt das sogenannte Strichlistensystem die Beamten auch selbst Verbrechen simulieren oder verüben, deren Aufklärung sie nachweisen müssen. Hinzu kommt eine unzureichende Bezahlung, die Polizisten reihenweise undokumentierten Nebentätigkeiten vom Kleinunternehmertum bis hin zur Schutzgelderpressung nachgehen lässt und einzelne Einheiten, darunter vermeintliche Elitetruppen wie die OMON-Bereitschaftspolizei, in Betriebe verwandelt, in denen Offiziere die Arbeitskraft und den Körpereinsatz ihrer bewaffneten Untergebenen lukrativ verkaufen. Der Großteil des Ertrags fließt in ihre eigene Tasche oder als Schweigegeld in die der höhergestellten Vorgesetzten.[36]

Diese Umstände befördern die systemimmanente Korruption. Polizeimitarbeiter, die ein berufliches Ethos aufrechterhalten wollen, werden schnell aus dem System ausgeschieden, da Rechtstreue und langwierige Ermittlungsarbeit von dem statistischen Bewertungssystem nicht honoriert werden und dem Prinzip der bedingungslosen Befehlsausführung widersprechen, das durch die Korruption noch verstärkt wird. Auf Einsätzen gegen die Opposition etwa zeigen sich oft genau diejenigen Offiziere besonders eifrig, die sich mit politischer Loyalität Freiräume für ihre kommerziellen Aktivitäten erkaufen wollen.[37] Ein Resultat ist die enorme Personalfluktuation vor allem in Richtung privater und firmeneigener Wach- und Sicherheitsdienste, aber auch Wehrsportklubs. Nahezu jedes staatlich, kommerziell oder sogar wissenschaftlich genutzte Gebäude, aber auch gehobene Wohnhäuser, werden in Russland mit einer in Westeuropa kaum vorstellbaren Personalstärke bewacht: Eingangskontrollen sind an Universitäten und in Redaktionen ebenso gang und gäbe wie auf Firmengeländen, in Hotels und zuweilen sogar in kirchlichen Einrichtungen. Die Omnipräsenz gewaltgewohnter Männer bestimmt den öffentlichen und halböffentlichen Raum, auch wenn oft ältere Personen in schlechter körperlicher Form diese Funktionen ausüben.

Die Probleme der Polizei führen seit sowjetischen Zeiten immer wieder zu Reformversuchen von innen und von außen. Schon vor der Perestroika beschwerten sich neue Kohorten sowjetischer Polizeioffiziere über die Bereitschaft ihrer unter Stalin sozialisierten Vorgesetzten, illegale Praktiken zu tolerieren. Im Jahr 1988 berief Gorbatschow den späteren KGB-Reformer Wadim Bakatin zum Innenminister. Er wurde jedoch eher zum Verwalter einer Krise, die der Privatisierungsdruck und die massive Demonstrationswelle noch verstärkten. Die Polizei wurde während dieser Zeit wieder direkter zur Kontrolle des öffentlichen Raums eingesetzt.

In Moskau scheiterte der bereits erwähnte Korruptionsermittler Telman Gdljan im Dezember 1989 mit dem Versuch, eine unabhängige Gewerkschaft von Ordnungshütern aller Dienststellen zu verankern; die kurz darauf gegründete, weniger ehrgeizige Gewerkschaft der Moskauer Miliz besteht bis heute und gilt als sozial, liberal und rechtsstaatlich orientiert.[38] Ihr Vorsitzender Michail Paschkin setzt sich etwa für frei gewählte Polizeichefs nach dem Vorbild der US-amerikanischen Sheriffs ein. Auch einzelne Mitarbeiter, gerade aus der Provinz, wenden sich hin und wieder mit dem Ruf nach Reformen an die Öffentlichkeit bzw. Obrigkeit. Besondere Bekanntheit erlangte Alexej Dymowskij, Polizeimajor im südrussischen Noworossijsk. Er veröffentlichte am 5. November 2009 zwei Videobotschaften, in denen er – sprachlich unbeholfen und gerade dadurch authentisch wirkend – die Zustände in der Polizei anprangerte und Premier Putin um Abhilfe bat. Obwohl die in den Videos namentlich genannten Vorgesetzten des Majors anschließend seine Verurteilung wegen Verleumdung erwirkten, hatte sein Auftritt über kritische Medien hinaus eine große Resonanz. Kurz darauf gab er die Gründung eines Bündnisses von Ordnungshütern für eine Polizeireform bekannt, das – zwei Jahre vor Beginn der großen Wahlproteste – »Weißes Band« getauft wurde, jedoch in Folge, wie so viele Verbände, vor allem als Visitenkarte des Gründers fungierte.

Der Reformbedarf ist fast jedem Außenstehenden und den noch verbliebenen rechtschaffenen Polizisten klar. Doch gilt in diesem Fall in besonderem Maße, was in Russland generell allen größeren Reformen des Staatsapparats entgegensteht. In einem zentralisierten, auf persönlicher Loyalität fußenden System kann Kontrolle nur von Insidern ausgehen – also von Politikern der beiden eingangs beschriebenen Typen. Um jedoch als Insider zu gelten, müssen sie bereits eine Position im Geflecht der gegenseitigen Abhängigkeiten eingenommen haben, also dem Präsidenten oder aber einer korporativen bzw. Interessengruppe verpflichtet sein. Dies wiederum beraubt sie der für echte Reformen unabdingbaren Unabhängigkeit, da sie entweder als Fürsprecher der zu reformierenden Institution oder aber als Repräsentant einer rivalisierenden Gruppe wahrgenommen werden – so entstammte Innenminister Raschid Nurgalijew dem Geheimdienst und damit einem konkurrierenden Teil des Gewaltapparats.

Nach dem Jewsjukow-Massaker (s. S. 285) kündigte Präsident Medwedew Ende 2009 zum wiederholten Male eine groß angelegte Reform des Innenministeriums an. In einem beispiellosen Schritt ließ der Präsident die Gesetzesvorlage im Internet veröffentlichen, um Kommentare einzuholen. Tatsächlich beteiligten sich fast fünf Millionen Internetnutzer an der Diskussion; einige ihrer Vorschläge fanden Eingang in den endgültigen Text, der zum 1. März 2011 in Kraft trat. Im Zuge der Reform sollte die »Miliz« nicht nur in »Polizei« umbenannt, sondern auch bis 2012 mit Hilfe neuer Eignungsprüfungen um fast ein Fünftel verkleinert werden. Die im Dienst Verbleibenden sollten mehr verdienen, die alte Trennung zwischen den Kriminal- und den für öffentliche Sicherheit zuständigen Abteilungen würde aufgehoben. Alle Mitarbeiter sollten Dienstmarken mit Identifikationsnummern auf der Brust tragen.[39]

Das Kernproblem jedoch war ungelöst: Die Beurteilung der Polizeiarbeit würde auch weiterhin nach der Aufklärungsquote und deren Zuwachs beurteilt werden, das Strichlistensystem galt

weiter. Das alte Dilemma blieb bestehen: Statistische Indikato-
ren gelten als besonders objektiv und aussagekräftig, doch gerade
sie begünstigen Korruption und Gewalt. Außerdem verschlepp-
te das Ministerium auch viele andere Teile der Reform: Entlassen wurden wieder vor allem Unangepasste, die Umstrukturie-
rung verlief intransparent und schuf nichts wirklich Neues, die
Identifikationspflicht wurde häufig ignoriert. Bereits im März
2012 folgte der nächste große Skandal. In Kasan starb ein zufällig
Festgenommener an den Folgen brutaler Folter durch Polizisten:
Diese hatten ihn verprügelt und mit einer Sektflasche vergewal-
tigt. Nach Putins Amtsantritt im Mai musste Nurgalijew gehen;
ihn ersetzte Wladimir Kolokolzew, wiederum ein Karrierepoli-
zist. Dieser verkündete schon bald eine neue Reform.

Von der Demonstration ins Gefängnis

Trotz der enormen Stärke des Gewaltapparats sind die Protestierenden auf den größten Demonstrationen in erster Linie mit der
paramilitärischen mobilen Bereitschaftspolizei des OMON konfrontiert. Dieser ist, auf über 200 Einheiten verteilt, in allen Regionen Russlands stationiert und hat eine Gesamttruppenstärke
von knapp über 20 000 Mann. Die Vorläufer des OMON entstanden im Vorfeld der Olympischen Spiele in Moskau, um Terror-
attacken wie 1972 in München oder 1977 in der Moskauer Metro
zu verhindern. Der eigentliche OMON wurde 1987 gegründet
und kam zum ersten Mal während der Massendemonstrationen
und Zusammenstöße der Perestroika zum Einsatz. Einige Einheiten taten sich während der Unabhängigkeitsbewegungen in den
Randgebieten der Sowjetunion durch besondere Brutalität hervor; Boris Jelzin setzte sie während der Verfassungskrise von 1993
gegen Unterstützer des Obersten Sowjets ein. Bei den OMON-
Polizisten handelte es sich überwiegend um Armee-, oft um Af-
ghanistanveteranen. OMON-Einheiten waren auch an beiden
Tschetschenienkriegen beteiligt, wo sie nach Angaben von Men-

schenrechtsorganisationen in Massaker und andere Kriegsverbrechen verwickelt waren.[40]

Unter Putin kam der OMON zunehmend bei Demonstrationen jeglicher Art zum Einsatz, wobei die Uniformierten in Kampfausrüstung oft eine regelrechte Menschenmauer um die Demonstranten bilden. Um eine Solidarisierung mit den Protestierenden
auszuschließen, griffen die Verantwortlichen immer häufiger auf
Einheiten aus anderen Landesteilen zurück. Beim Moskauer
»Marsch der Millionen« vom 6. Mai 2012 waren es unter anderem OMON-Einheiten aus dem 500 Kilometer südlich gelegenen
Woronesh. Zum 12. Juni wurden gar Bereitschaftspolizisten aus
der Baikalregion in Ostsibirien eingeflogen. Der Naschi-Funk-
tionär und Duma-Abgeordnete Ilja Kostunow begründete dies
folgendermaßen: »Wenn Menschen aus anderen Regionen auf die
Demonstrationen gebracht werden, erst recht, wenn es sich um
Provokateure handelt, ist es durchaus logisch, OMON-Polizisten aus anderen Regionen einzufliegen, die diese Leute gut kennen.«[41]

Doch das Bild von einer besonders schlagkräftigen, gut ausgebildeten und bedingungslos loyalen Elitetruppe täuscht. Der
OMON ist weder mit einer Nationalgarde noch mit einer ideo-
logiefesten Miliz wie den iranischen Bassidschi zu vergleichen.
Wegen seiner relativ geringen Zahlenstärke ist er auch nicht flächendeckend einsetzbar: So gibt es seit Beginn der Protestbewegung vor allem aus Moskau, Sankt Petersburg und Nishnij Nowgorod Berichte über OMON-Präsenz auf den Demonstrationen;
anderswo kommt die reguläre Polizei, meist ohne besondere
Ausrüstung. Vor allem ist auch der OMON, der seit der letzten
Reform inzwischen nicht mehr zur Polizei, sondern zu einer eigenen Abteilung des Innenministeriums gehört, keineswegs frei
von Konflikten, ob internen oder mit anderen Truppen. Nach
den Exzessen vom 6. Mai etwa bekamen einige OMON-Polizisten als staatliche Entschädigung für die davongetragenen Verletzungen Wohnungen in Moskau geschenkt, was nach Aussage eines
Mitarbeiters zu Unmut bei Kollegen führte: Die Verletzten seien
selber schuld, weil sie überheblich auf einen Teil ihrer Schutzklei-

dung verzichtet hätten.[42] Zudem ist innerhalb des OMON die Praxis der Vermietung von Polizisten durch deren Vorgesetzte verbreitet.[43] Im Gegenzug sind reguläre Polizeimitarbeiter oft neidisch auf den besser verdienenden OMON.

Die Großdemonstrationen sind einer der Räume, in denen solche Konflikte zum Tragen kommen, schon aufgrund der Arbeitsteilung. Die jungen Soldaten der Internen Truppen bilden in besonders heiklen Fällen eine Art losen äußeren Schutzwall – am 6. Mai etwa versperrten sie den Demonstranten alle möglichen Zugänge zum Kreml. Die eng nebeneinander stehenden OMON-Truppen in schwerer Kampfausrüstung sind von den Protestteilnehmern allenfalls durch Demogitter getrennt oder fungieren selbst als eine Art mobile Barriere, aus der sich immer wieder Einzelne, manchmal auch keilförmige Stoßtrupps lösen können, um zu knüppeln und zu verhaften. Auch reguläre Polizisten sind an den Verhaftungen beteiligt, zumindest stehen sie bereit, um die Festgenommenen in Gefangenentransporter zu stoßen und abzutransportieren. In dem durch OMON und Polizei von den Demonstranten abgetrennten Raum befinden sich die befehlshabenden Polizeioffiziere, meist flankiert von Mitarbeitern des FSB und der Extremismuszentren in Zivil, die informelle Anweisungen geben, fotografieren und aufnehmen. Die 2008 aus den Abteilungen zur Bekämpfung der organisierten Kriminalität hervorgegangenen E-Zentren fungieren inzwischen als eigenständige Einheit innerhalb des Innenministeriums und agieren wie eine Staatsschutzbehörde oder eine politische Polizei, die Daten nicht nur zu Oppositionsaktivisten, sondern auch zu politisierten Jugendszenen sammelt. Auf den Polizeiwachen setzen die Polizisten dann Protokolle auf, wofür sie im Fall einer Ordnungshaft drei Stunden haben, bei fehlendem Ausweis bis zu 48 Stunden. Sollen die Festgenommenen länger in Haft bleiben, muss ein Ermittler oder Staatsanwalt dies anordnen. In diesem Fall, aber auch generell in den anschließenden Gerichtsverfahren, treten die regulären Polizisten meist als Zeugen des Verbrechens auf, auch wenn sie an der tatsächlichen Festnahme nicht beteiligt waren.

Angesichts dieser Arbeitsteilung ist der Kontakt zwischen Demonstranten und OMON meist grob, aber kurz, während sich bei den langen Wartezeiten in den Gefangenentransportern und auf den Wachen öfter Gespräche mit Polizisten entwickeln. Dies nährt die Vorstellung von einer besonders rücksichtslosen Brutalität des OMON und einer verständnisvollen Einstellung der regulären Polizisten. Gleichzeitig müssen sich diese, bei geringerer Bezahlung, viel länger mit den Verhafteten auseinandersetzen und werden für Verfahrensfehler aller Art verantwortlich gemacht. Gerade bei Massenverhaftungen greifen Polizisten gerne zu vorgefertigten Protokollen oder lassen einige der Inhaftierten ohne Protokoll frei, um Arbeit zu sparen.

Sofern es nicht bei einem kurzen Ordnungsverfahren bleibt, in dem nicht mehr als 15 Tage Haft verhängt werden dürfen, treten anschließend die Ermittlungsbehörden in Erscheinung. Dabei handelte es sich bis vor kurzem zumeist um die »Prokuratur«, die in Russland seit ihrer Gründung im Jahr 1722 viel weitere Befugnisse hat als westliche Staatsanwaltschaften, da sie neben der Ermittlungstätigkeit auch Aufsichtsfunktionen über andere staatliche Behörden inne hat und von einzelnen Bürgern direkt mit Beschwerden angerufen werden kann.[44] Im Jahr 2011 wurde das sogenannte Ermittlungskomitee aus der Prokuratur in eine eigenständige, außerhalb jeglicher rechtlicher Kontrolle stehende Behörde unter Putins Leningrader Kommilitonen Alexander Bastrykin ausgegliedert. Im Protestjahr 2012 entwickelte sie sich zum vielleicht wichtigsten staatlichen Widersacher der neuen Bewegung: Die Behörde leitete landesweit Ermittlungen gegen oppositionelle und Protestaktivisten ein, griff dabei selbst die abstrusesten Beschuldigungen auf und scheute sich nicht vor Einschüchterung. Bastrykin persönlich sprach eine Morddrohung an einen Journalisten der *Nowaja gaseta* aus, der kritisch über die Arbeit des Komitees geschrieben hatte.[45]

Mitarbeiter des Komitees setzen sich bei ihren Ermittlungen zuweilen wie FBI-Mitarbeiter in Hollywoodfilmen nicht nur über das Gesetz, sondern auch über Polizeibeamte vor Ort hinweg. Neben Ermittlungs- und regulären Polizeibeamten bekommen jedoch gerade Organisationen mit eigenen Büros häufig Besuch von Steuerprüfern oder Feuerwehrinspektoren, die außerplanmäßige Überprüfungen als Druckmittel gegen politisch Suspekte durchführen.

Ist ein Strafverfahren eingeleitet, können Verdächtigte damit rechnen, in meist langwieriger Untersuchungshaft zu landen, oft unter schlimmeren Bedingungen als die spätere Gefängnis- oder Lagerstrafe. Eine solche ist fast unvermeidlich, falls es zu einer Gerichtsverhandlung kommt, denn nicht nur politische Prozesse enden fast ausnahmslos mit Verurteilungen, sondern generell über 97 Prozent der Strafverfahren in Russland.[46] Eine Chance auf Freilassung besteht fast nur, wenn es dem Anwalt gelingt, das Verfahren bereits im Ermittlungsstadium zu stoppen. Die hohe Zahl der Verurteilungen erklärt sich daraus, dass Richter in Russland traditionell eng mit der Exekutive verbunden und oft geneigt sind, die Anklageschrift des Ermittlers im Text des Urteils zu übernehmen. Diese Praxis erspart nicht nur Arbeit und schützt die Richter vor staatlichem Druck und möglichem Verlust ihrer Stellung; sie erklärt sich auch daraus, dass ein Drittel der Richter zuvor selbst als Staatsanwälte, Ermittler oder Polizisten tätig waren – zum Wechsel motiviert sie oft die Aussicht auf bessere soziale Absicherung.[47] So gehört auch die Justiz in gewisser Weise zum staatlichen Repressions- und Gewaltapparat.

Die Gewaltkette von unverantwortlichen oder prügelnden Polizisten über brutale Ermittler und abhängige Richter bis hin zum Straflager bietet durchaus eine Reihe von Ansatzpunkten für gewaltfreie Aktion.[48]

Anfang 2012 rief eine Gruppe von Bürgerrechtlern und Journalisten dazu auf, die Einhaltung der im neuen Polizeigesetz verankerten Identifikationspflicht von Polizisten zu prüfen. Die von ihnen erstellten Leitfäden kamen in einer landesweiten Welle von Aktionen zum Einsatz, die in einem »Tag der Ausweiskontrolle« am 22. April gipfelte. Videos und Berichte von den Aktionen wurden im Internet ausgetauscht. Schon die Ankündigung der Kampagne führte in einigen Fällen zu einer systematischeren Beachtung der neuen Regelung. Am 29. September wurde die Ak-

tion im Rahmen eines »Monats gegen die Anonymität der Polizisten« wiederholt; am 26. Januar 2013 folgte ein »Tag der Über-
prüfung der Polizeiwachen«, bei dem etwa die Barrierefreiheit
der Wachen und die Zugänglichkeit von Informationen über Be-
schwerdemöglichkeiten kontrolliert wurde.[49]

Aber auch auf den Demonstrationen gibt es Überzeugungsarbeit zu leisten. Dazu gehören Gespräche mit Uniformierten,
Losungen und Sprechchöre wie »Die Polizei ist mit dem Volk«,
symbolische Blumengeschenke und die Umdeutung der Anwesenheit der Polizisten als Teilnahme an der Demonstration.[50] Geduld, gegenseitige Solidaritätsbekundungen auch nicht miteinander bekannter Aktivisten und Konzerte oder Seminare in den
Polizeibussen während des Transports zur Wache sollen den
Polizisten die Entschlossenheit und Aufrichtigkeit der Protestierenden demonstrieren.[51]

Auch der Verhaftungsprozess bietet eine Angriffsfläche. Immer wieder ist die Rede davon, dass eine ausreichende Menge an
Protestierenden das System überlasten könnte, weil die Polizisten nicht mit dem Ansturm fertig werden. Quasi zur Überprü-
fung dieser Vermutung wurde die Aktion der »Strategie-31« auf
dem Moskauer Triumphplatz am 31. März 2012 in »DDoS-Attacke auf den Gefangenentransporter« umbenannt. Die Teilnehmer
sollten sich mit Plakaten vor den Transportern anstellen und um
Arrest bitten, um das Verhaftungsfließband zum Erliegen zu bringen. Die Mission misslang allerdings: Es kamen nicht genügend
Teilnehmer, und die Polizisten waren mit ausreichend vielen Wa-
gen angerückt.[52]

Schließlich kann auch die lange Untersuchungshaft als Rahmen
für Protestaktionen wie Hungerstreiks dienen,[53] und die Gerichtsverhandlungen bieten, falls genügend Medien präsent sind,
eine Plattform für besonders wirksame politische Deklarationen,
wie insbesondere der Prozess um Pussy Riot zeigte.

Doch gerade dieses auf den Gewaltapparat abzielende Wider-
standsrepertoire kommt in Russlands Protestbewegung, gerade
im internationalen Vergleich, nur sehr spärlich zum Einsatz.[54]
Sehr wenige Aktivisten spezialisieren sich auf die notwendige

Überzeugungsarbeit.[55] Organisationen wie Michail Wistizkijs Veteranenkomitee oder der von Jelena Wassiljewa angeführte Veteranenverband »Das vergessene Regiment« veröffentlichen zwar Appelle an Polizisten und Soldaten und fungieren bei einigen der Protestaktionen als eine Art interner Wachschutz, können aber mit den viel größeren kremlnahen Verbänden und den von ihnen verwalteten Ressourcen nicht konkurrieren.[56] Von den Unterschieden und Konflikten zwischen verschiedenen Polizeigattungen ist zwar viel die Rede, doch gibt es keine systematischen Versuche aus der Protestbewegung, sich diese Konflikte zunutze zu machen.

Zwar sind Russlands »Gewaltstrukturen« weder monolithisch, noch werden sie durch eine gemeinsame Ideologie oder einen starken Korpsgeist zusammengehalten. Vor allem der Polizeiapparat ist morsch und straft die Vorstellung von einem straff organisierten staatlichen Gewaltmonopol Lügen. Doch sind die Demonstranten mit einem System konfrontiert, in dem sich die Sicherheitskräfte aus den am ehesten gewaltbereiten Teilen der Gesellschaft rekrutieren, den Protestierenden meist fremd gegenüberstehen und vor allem durch materielle Entlohnung an das politische Regime gebunden sind. Bislang ist es der Bewegung nicht gelungen, diese soziale Distanz zu überwinden oder eine überzeugende Alternative zu bieten. Der Gewaltapparat bleibt eine wichtige Säule des Systems Putin.

Alexander Smirnov verbrachte den 6. Mai 2012 auf seiner Datscha im Moskauer Umland. Er fühlte sich krank, hatte vielleicht am Abend zuvor auch etwas zu viel getrunken. Den »Marsch der Millionen« auszulassen erschien ihm nicht weiter schlimm. Seit Dezember hatte er an fast allen großen Umzügen teilgenommen, nun aber war er eher kritisch, ja pessimistisch eingestellt. Die Unkenrufer, die eine geringe Beteiligung voraussagten, hatten ihn umgestimmt.

Der 1971 geborene Dichter engagierte sich seit 1998 für eine humane Drogenhilfe und hatte an unzähligen Demonstrationen teilgenommen. Ob es sich um Aktionen gegen die repressive staatliche Drogenbehörde handelte, um Unterstützung für die Schützer des Chimki-Waldes oder um Versammlungen des antifaschistischen »Komitees 19. Januar«, in den letzten Jahren sah man dort immer wieder dieselben Gesichter: fünfzig Menschen, vielleicht ein paar hundert, bestenfalls 1500 auf dem abgeschirmten Bolotnaja-Platz. Als er aber am 5. Dezember 2011 nach einigem Zögern und mit Verspätung zur Demonstration gegen Wahlfälschungen auf den Tschistoprudnyj-Boulevard kam, wurde ihm »sofort klar, dass sich etwas verändert hatte. Da war ein unglaublicher Auflauf, die Menschen waren in Bewegung. Die Bullen machten solche Augen, und die Leute auch, bloß etwas anders. Niemand hatte eine Ahnung, was los war. Man hatte das Gefühl, dass irgendwas los ist – nur was, war unklar. So ein Gefühl wie beim Untergang der Sowjetunion: Irgendwas kommt jetzt. Nie zuvor war was, aber jetzt geht es los. Dieses Gefühl schwebte in der Luft, und danach hatte ich es nie wieder. Die Jahre zogen vorbei, und nie hatte ich das Gefühl, dass es gleich losgehen würde. Es gab Momente, als es schien: Jetzt könnte etwas passieren. Während der Krise von 1998 gab es einen Hauch davon, aber dann verflog es schnell wieder. Und jetzt war es wieder da: hoppla! Ganz abgesehen davon, dass sich seit Ende der Achtziger nie solche Massen versammelt hatten.«

An den meisten Demonstrationen des Winters hatte Alexander teilgenommen, obwohl er schon am 10. Dezember enttäuscht darüber war, wie die Medienprominenz auf der Bühne mit ihren drögen Reden die Energie des Massenprotests dämpfte. Umzüge waren ihm lieber. Man lernte einander kennen, der Protest machte Spaß, und genau diese Karnevalsstimmung ließ die seriöse Fassade des Regimes bröckeln. Beim Umzug am 4. Februar veranstaltete er mit einigen anderen eine Performance gegen »Narkophobie«: Sie steckten zufälligen Demonstranten kleine Päckchen mit weißem Pulver zu, wie es die Polizei in Russland gerne tut, um die Verhaftungsstatistik aufzubauschen oder Aktivisten ins Gefängnis zu werfen. Nur dass in diesem Fall »Drogen« draufstand, aber keine drin waren.

Nicht, dass es nicht unangenehme Momente gegeben hätte, die die neugefundene Einheit der Protestierenden illusorisch erscheinen ließen. Einmal fanden Alexander und seine Freunde aus der Drogenhelfer-Szene sich unvermittelt zwischen einer Anarcho- und einer nationalistischen Kolonne wieder, entgingen aber der unvermeidlich geglaubten Schlägerei, weil beide Gruppen sich diesmal lieber auf Putin als den gemeinsamen Widersacher konzentrierten. Ein andermal stand er in der Schlange vor den Metalldetektoren und erzählte etwas über das tolerante Deutschland, da pöbelte ihn ein Nazi an: »Was soll diese Rasta-Mütze und diese schwulen Handschuhe?« (Die regenbogenfarbenen Handschuhe hatte er in Bremen bei einem Ausverkauf erstanden.) »In den Dreißigern hätte man Leute wie euch in Deutschland in Öfen verbrannt!«

Aus irgendeinem Grund gingen aber am 6. Mai auch viele der Drogenhilfe-Aktivisten auf den »Marsch der Millionen«, die den anderen Umzügen ferngeblieben waren und überhaupt von Politik nicht viel hielten. Da sie an der Abschlusskundgebung kein Interesse hatten, machten sie vor der Kleinen Steinernen Brücke kehrt und berichteten telefonisch: »Superangenehme Atmosphäre, der Umzug ist fast vorbei, wir gehen.« Den Rest des Geschehens verfolgte Alexander im Radio: Echo Moskwy *sendete live.*

In den nächsten Tagen wurde Alexander wieder aktiv: In der Nacht nach Putins Amtseinführung stieß er unweit der Präsidialadministration, am Denkmal für die Anno 1877 in der Schlacht von Plewen gefallenen Grenadiere, zu einer der großen Protestdemos.

Etwa zwanzig Menschen, die die Nacht dort verbrachten, wurden am Morgen verhaftet – mit der erdichteten Begründung, sie hätten einen Liegestreik ausgerufen und sich der Polizei widersetzt. Auf der Polizeiwache probten sie den Aufstand, als sie die Aushändigung der Protokolle forderten, die offensichtlich einen vorgefertigten Standardtext enthielten. Auf dem OccupyAbay-Lager hielt Smirnov Vorlesungen zur Drogenpolitik und veranstaltete mehrere poetische Performances. Immerhin war er nicht nur seit Anfang der neunziger Jahre unter dem Pseudonym Alexander Delphinov in der alternativen Kunstszene aktiv und hatte Musikgruppen wie die berühmte Reggae-Band Jah Division mitgegründet, sondern dichtete auch – am liebsten seitenweise zu tagesaktuellen Themen. Auch im Mai entstand wieder ein ganzer Gedichtzyklus, daneben ein Videobericht auf Deutsch über die Ereignisse seit dem 7. Mai.

Warum auf Deutsch? Smirnovs Mutter war zu Sowjetzeiten Deutschlehrerin gewesen, der Vater Übersetzer. Alexander besuchte bereits 1984 Ostberlin, kam zehn Jahre später kurz zum Studium nach Deutschland. Als der Deutsch-Russische Austausch, eine in Sankt Petersburg gegründete Nichtregierungsorganisation, im Jahr 2001 für ein Austauschprogramm einen NGO-Vertreter mit Deutschkenntnissen suchte, bewarb er sich. Die nächsten zehn Jahre verbrachte er zum größten Teil in Berlin. Er arbeitete bei einer Suchtberatungsstelle in Kreuzberg und engagierte sich im Bundesnetzwerk Drogenpolitik der Grünen, war später als Journalist bei diversen russischsprachigen Medien tätig. Daneben trat er als Delphinov zweisprachig auf Poetry-Slams auf und gründete 2009 das »nicht nur russische« PANDA-Theater in der Kulturbrauerei mit. In manchen Jahren war er nur ein-, zweimal kurz in Moskau, obwohl er dort weiterhin publizierte und mit der Drogenhilfe-Szene in Kontakt blieb. Erst ab dem Frühjahr 2011 verbrachte er wieder mehr Zeit in Russland, seit dem Herbst engagierte er sich dort in einer Informationskampagne zur Narkophobie, um dem Staat die Manipulation der Angst zu erschweren, die viele vor Drogen und Süchtigen verspüren. Er arbeitete mit Abhängigen in Twer, hielt Vorlesungen in Nowosibirsk und beteiligte sich an politischen Aktionen – nach Beginn des Protestwinters auch mit Straßenlesungen und

Festivals in Berlin. Aus Neugier war er bereits im Sommer 2011 Mit-
glied der deutschen Piratenpartei geworden, jetzt schrieb er für
die russischen Piraten ein Programm in Reimform, das diese auf ih-
rem Gründungskongress verabschiedeten.

Wer ist das Ausland?

Die Ereignisse von Anfang Mai 2012 können auch als Konkurrenz zwischen den Protestierenden und Putin um internationale
Anerkennung verstanden werden. Stießen die Demonstranten
dabei auf Desinteresse, war der alt-neue Präsident eher mit einer
gewissen Distanzierung konfrontiert, die aber trotz der Zweifel
an seiner Legitimität eher vorsichtig ausfiel. Schon diese klare
Trennung zwischen Russland und dem Ausland ist aber eine ver-
einfachende Sicht auf die internationale Dimension des Protests.
Wie der Fall von Alexander Smirnov/Delphinov zeigt, handelt
es sich nicht um eine geographisch auf Russland begrenzte Bewegung, die mit Putin um die Aufmerksamkeit eines monolithi-
schen Westens buhlen müsste. Wer aber sind die wichtigen Subjekte grenzüberschreitenden Handelns? Sind es ausländische
Strippenzieher? Eine internationale Öffentlichkeit? Eine eigenständig handelnde russische politische Diaspora? Oder komplexere transnationale Netzwerke, zu denen Akteure mit unterschiedlichen, komplementären oder widersprüchlichen Interessen gehören können?
     Im westlichen Ausland war das Interesse am »Marsch der Mil-
lionen« vom 6. Mai 2012 verhältnismäßig gering. Gerade in Westeuropa wurde weniger über die Ereignisse in Moskau berichtet
als noch während der ersten Massenproteste im Dezember: kein
Wunder, fanden doch am selben Tag in Frankreich und Griechen-
land Wahlen statt, deren Ausgang für die krisengebeutelte Europäische Union von großer Bedeutung war. Nicht nur der Enthusiasmus über die Protestbewegung in Russland war bei vielen
längst abgeflaut, auch die Begeisterung über die vermeintliche

neue Demokratisierungswelle in der Welt. Gehörten der Arabische Frühling, Occupy und die Proteste in Russland irgendwie zusammen, so musste Ernüchterung über das eine fast zwangsläufig zu Skepsis gegenüber dem anderen führen.

Putins Amtseinführung am 7. Mai fand nicht nur mit streng begrenzter Gästeliste in einer »klassischen byzantinisch-mongolischen Ästhetik« statt,[1] es waren auch keine ausländischen Gäste von Rang anwesend – lediglich Putins Duzfreunde, die ehemaligen Regierungschefs Gerhard Schröder und Silvio Berlusconi. Zu Jelzins Amtsantritt im Jahr 1996 waren noch amtierende Oberhäupter ausländischer Staaten angereist, um dem durch mehrere Herzinfarkte und eine Großoffensive tschetschenischer Separatisten geschwächten Präsidenten ihre Anerkennung zu bekunden. Seit 2000 wurden keine ausländischen Kollegen mehr geladen, wohl um den innerrussischen Charakter der Zeremonie zu unterstreichen und Putin die Peinlichkeit von Absagen oder öffentlicher Kritik zu ersparen. Putin richtete sich also vor allem an ein inländisches Publikum, als er in seiner Antrittsansprache verkündete, das »Leben künftiger Generationen« hänge heute von »unserer Fähigkeit ab, zu den Anführern ganz Eurasiens und zu seinem Gravitationszentrum zu werden«.[2] Noch am selben Tag, kurz nach Abschluss der Zeremonie, unterzeichnete Putin einen Erlass »Über Maßnahmen zur Realisierung des außenpolitischen Kurses der Russländischen Föderation«, der die Integration der postsowjetischen Staaten und eine strategische Partnerschaft mit China als Ziele verkündete. Die Reichweite dieser Partnerschaft, vor allem in Bezug auf den Bürgerkrieg in Syrien, war für westliche Außenpolitiker und Regierungschefs von größerem praktischem Interesse als die Frage von Putins demokratischer Legitimität. Die meisten von ihnen hatten ihm bereits nach der Wahl vom 4. März gratuliert. Der Präsident der von Moskau als eigenständig anerkannten georgischen Teilrepublik Abchasien bekannte seine uneingeschränkte Unterstützung, während Putins Erzfeind Micheil Saakaschwili in Tbilissi sich einer offiziellen Stellungnahme enthielt. Die telefonischen Glückwünsche der deutschen Bundeskanzlerin Angela Merkel wurden gegenüber deutschen Journalisten von behutsamer Kritik eines Regierungssprechers an den Wahlen begleitet. Kein Staats- oder Regierungschef stellte offen die Rechtmäßigkeit der Wahl in Frage. Kritik aus dem Ausland wurde anderswo geäußert: in Parlamenten, in Medien, auf Demonstrationen für faire Wahlen oder zur Unterstützung von Pussy Riot.

Politikern, aber auch vielen anderen Bürgern in Russland erscheint der Westen als ein geeintes Subjekt, welches ihr Land durch direkte Einflussnahme schwächen und abhängig machen will; aber auch im Ausland werden die Einflussmöglichkeiten von Regierungen oder anderen Institutionen im Westen auf die Gesellschaft in Russland traditionell enorm überschätzt. Gleichzeitig hält sich im westlichen Ausland hartnäckig das Vorurteil, Demokratisierung sei gleichbedeutend mit einer prowestlichen Einstellung – was erstens nicht zwingend der Fall ist und zweitens wiederum voraussetzt, die Interessen »des Westens« seien homogen und in sich widerspruchslos.

Die internationale Dimension der Protestbewegung hat jedoch nur wenig mit zwischenstaatlichen Beziehungen zu tun. Die Realität ist komplexer.

Zunächst einmal gibt es strukturelle Faktoren, die ganz unabhängig von den zielgerichteten Bemühungen einzelner Akteure wirken. Wie in jedem anderen Land sind gesellschaftliche und politische Entwicklungen auch in Russland in einen globalen Kontext eingebettet, zu dem die Nachfrage nach Öl und Gas ebenso gehört wie die internationale Arbeitsteilung in der Weltwirtschaft. Die Protestbewegung seit Dezember 2011 bildet keine Ausnahme. Direkte politische Einflussnahme von Seiten angeblich autonom handelnder Regierungen spielt hingegen – sicherlich zum Glück – eine verschwindend geringe Rolle. Weitaus wichtiger sind historisch gewachsene Gemeinsamkeiten und ausländische Vorbilder. Diese auseinanderzuhalten ist nicht immer einfach. Dies zeigt etwa die Debatte über die »farbigen« oder – genauer – Wahlrevolutionen in verschiedenen postsozialistischen Ländern. Sind die Protestbewegungen in Serbien, Georgien, der Ukraine, Kirgisien, Belarus, Moldau oder Aserbaidschan vor

allem auf ähnliche Grundvoraussetzungen und politische Entwicklungen zurückzuführen – oder gab es in allen oder mehreren
dieser Fälle einen Domino-Effekt, der Aktivisten in den einen
Ländern zur Nachahmung erfolgreicher Revolutionen in den anderen verleitete? [3]

Darüber hinaus haben natürlich auch konkrete Akteure im
Ausland einen Einfluss auf das Geschehen in Russland. Doch
ebenso wie die russische sind auch ausländische Gesellschaften
selbstverständlich nicht monolithisch, von einem angeblich geeinten Westen ganz zu schweigen. Urteile ausländischer Politiker,
aber auch der Medien über das Geschehen in Russland sind nicht
zuletzt von der Position des Urteilenden im politischen Gefüge
der eigenen Gesellschaft abhängig.[4] Das Interesse internationaler
Ölkonzerne oder westeuropäischer Gasimporteure an Russland
ist ein anderes als das mittelständischer Maschinenbauer oder
ausländischer Reiseveranstalter, und sie alle unterscheiden sich
wiederum von den Interessen internationaler Gewerkschaftsver-
bände, Umweltschutzorganisationen, Menschenrechtsaktivisten,
Epidemiologen, Studenten oder Wanderarbeiter. Gerade Regierungen verhältnismäßig polyarchischer Staaten müssen in ihrer
Außenpolitik viele dieser Interessen abwägen und sind daher in
ihrer Handlungsfreiheit stark eingeschränkt. Die zu Öffentlichkeit verpflichteten Parlamente sind eher für die Belange einer
Menschenrechts- oder Antikorruptionsbewegung zu gewinnen
als Außenpolitiker der Exekutive. Davon zeugten im November
2012 das vom amerikanischen Kongress verabschiedete Mag-
nitsky-Gesetz, von dem später die Rede sein wird, sowie die kritische Russlanderklärung des deutschen Bundestags.[5]

Wichtiger als die Frage nach einem direkten Einfluss des Westens ist ihre Umkehrung: Wie weit haben Aktivisten der russischen Protestbewegung sich als eigenständige Subjekte etabliert,
die Einfluss auf die Öffentlichkeit und politische Institutionen
im Ausland nehmen können? Reisefreiheit und Internet ermöglichen unvergleichlich breitere Möglichkeiten der Kommunikation als sie zum Beispiel den sowjetischen Dissidenten zur Verfügung gestanden hatten, die Informationen an die wenigen in

Moskau stationierten ausländischen Korrespondenten weiterge-
ben oder irgendwie ins Ausland schmuggeln mussten. Die Mitglieder der Pussy-Riot-Gruppe fanden mit einfachen Mitteln ein
Format, das ihnen weitreichende internationale Aufmerksamkeit
bis in die Welt der Popkultur hinein sicherte. Hilfreich waren die
Anleihen bei der internationalen Riot Grrrl-, Punk- und feministischen Kultur, das journalistische Sommerloch vor der Urteilsverkündung und die Bereitschaft von Journalisten, Nadeshda
Tolokonnikowa als Objekt männlicher Begierde in Szene zu setzen. Gleichzeitig engagieren sich russische Aktivisten im In-
und Ausland für – durchaus umstrittene – Maßnahmen, die sich
gegen die Einreise korrupter Beamter richten und diesen Immobilienbesitz, Steuerhinterziehung und illegale Kapitalflucht erschweren sollten. Menschenrechtler sind für internationale Organisationen und ausländische Politiker schon seit langem Quellen
unabhängiger Informationen über die Lage in Russland. Den
größten Einfluss jedoch hatte die Protestbewegung auf die Entstehung und Konsolidierung eines organisierten Protestmilieus
unter Russen im Ausland.

Westliche Einflussnahme?

Putin und viele seiner Unterstützer in der Staatsführung, in der
Partei »Geeintes Russland«, aber auch in der Gesellschaft geben
sich überzeugt, dass jeglicher Protest letztendlich aus dem Ausland gesteuert wird, und zwar in letzter Instanz von Regierungen und zuvorderst von der US-amerikanischen. Internationale
Organisationen, Stiftungen und zivilgesellschaftliche Gruppen
sind dabei nur Glieder einer aus Naivität geschmiedeten und durch
Geldflüsse gehärteten Kette, die von der Regierung und Geheimdiensten in Washington kontrolliert wird. »Der Westen« erscheint in dieser Weltsicht als ein handlungsfähiges Subjekt mit
klar definierten Intentionen: Russland zu schwächen und in eine
Position der Abhängigkeit zu manövrieren – bis hin zur (erneu-

ten) territorialen Zersplitterung des Landes. Neben materiellen und geopolitischen Interessen sei diese zerstörerische Aktivität durch Russophobie oder zumindest mangelnden Respekt vor Russlands Großmachtstatus getrieben. Dies wiederum stehe in einer langen Tradition westlicher Angriffe auf das Land – von der polnischen Intervention Anno 1612 über Napoleons Russlandfeldzug im Jahr 1812 und die Beteiligung der westlichen Großmächte am Krimkrieg und am »Großen Spiel« um Zentralasien im 19. Jahrhundert bis hin zum Bürgerkrieg nach der Oktoberrevolution, Hitlers Invasion und schließlich dem Kalten Krieg und der »Zerschlagung« der Sowjetunion. Diese Sicht auf die Dinge bediente Putin seit Beginn der Protestbewegung mit zahlreichen Aussagen und literarischen Anspielungen. Am 23. Februar 2012 etwa, dem »Tag der Vaterlandsverteidiger«, zitierte er in einer Rede vor Unterstützern im Moskauer Lushniki-Stadion Michail Lermontows Gedicht über die Schlacht gegen Napoleon bei Borodino: »Lasst uns vor Moskau sterben, wie vor uns unsere Brüder!«

Auch die kremlnahen Medien, allen voran der inzwischen reichweitenstärkste Fernsehkanal NTW, sendeten nach Einsetzen der Proteste vermehrt Berichte über angebliche Kontakte zwischen der Opposition, den Protestierenden und ausländischen Strippenziehern. Warf ein im Januar 2012 ausgestrahlter Bericht Oppositionspolitikern noch vor, dass sie ihren Neujahrsurlaub im Ausland verbrachten, so lautete die Anschuldigung in einem »Dokumentarfilm« im Oktober, einige von ihnen hätten im Auftrag eines georgischen Politikers Massenunruhen vorbereitet. Dieser Vorwurf erlaubte es dem Untersuchungskomitee, die Verfolgung Oppositioneller mit den Ermittlungen gegen Teilnehmer des »Marschs der Millionen« zu verbinden und sein rechtswidriges Vorgehen mit der Abwehr einer ausländischen Bedrohung zu rechtfertigen.[6] Auch die Tatsache, dass der neue US-Botschafter Michael McFaul, ein Politikwissenschaftler und Russlandkenner, sich im Januar 2012 gleich nach dem Amtsantritt mit Oppositionellen und Bürgerrechtlern traf, werteten solche Medien als Versuch der Einflussnahme. Wie Michail Paschkin von der Moskauer

Polizeigewerkschaft berichtete, ließen sich insbesondere OMON-Polizisten von solchen Erklärungen beeindrucken.[7]

Der Vorwurf an Protest- und Demokratisierungsbewegungen, sie seien aus dem Ausland gesteuert, gehört zum Standardrepertoire autoritärer Regime und wirkt auch dann auf ihre Unterstützer, wenn die Herrschenden selbst von ausländischen Verbündeten und Einnahmequellen abhängig sind. Dieser Effekt darf nicht unterschätzt werden: Vergleichende Studien legen nahe, dass gewaltfreie Protestbewegungen, die erhebliche Unterstützung aus dem Ausland genießen, unter Umständen geringere Erfolgsaussichten haben als solche, die primär von innen heraus agieren. Die Vorstellung von einer ausländischen Intervention spielt dabei gewiss eine fast ebenso große Rolle wie tatsächliche Einflussnahme aus dem Ausland. Mit der Anschuldigung, der Protest richte sich nicht gegen die Machthaber, sondern gegen Volk und Nation als ganze und begünstige äußere Feinde, suchen Regierende ihre Machtbasis im Inneren zu konsolidieren: Liegt die Quelle der Legitimität – und angeblich der Finanzierung – im Ausland mit seinen »fremden Werten«, so müssen sich diejenigen, die ihre Legitimität und ihr Auskommen aus der Loyalität zum Regime beziehen, enger um dieses scharen.[8]

Neben solchen strukturellen Voraussetzungen gibt es in Putins Russland eine Reihe konkreter Faktoren, die die Sicht auf den Protest als von außen gesteuert begünstigen.

Da ist zunächst die im ersten Kapitel besprochene »realistische« Sicht auf die internationale Politik, die diese als ein von nationalstaatlichen Interessen geleitetes Nullsummenspiel ansieht. Die Vorstellung vom Erzfeind USA als wichtigstem Widersacher in diesem Spiel fügte sich nach einem kurzen idealistischen Intermezzo Anfang der neunziger Jahre gut in diese Sicht der Dinge ein, zumal die US-Regierung ihr durch eine Reihe fehlgeleiteter Interventionen etwa im Nahen Osten Vorschub leistete. Dieses Erklärungsmodell bestärkten auch inkompetente und korrupte Berater sowie einige ausländische Geschäftsleute, die sich gemeinsam mit einheimischen an der Plünderung des sowjetischen Besitzstands beteiligten.[9]

Zudem hatten Putin und einige seiner engsten Vertrauten im Auslandsgeheimdienst gearbeitet, in dem eine solche Auffassung gewissermaßen als Berufskrankheit gelten kann, wie sie auch im Gewaltapparat allgemein und insbesondere in der Armeeführung weit verbreitet ist. Nicht von ungefähr lautete in einigen der ersten politischen Gerichtsprozesse der Putinzeit die Anklage auf Landesverrat und Spionage. Auch in den neunziger Jahren hatte es neben echten Spionagefällen mehrere Prozesse gegen Wissenschaftler und Umweltschützer gegeben, die angebliche Militärgeheimnisse ins Ausland weitergaben. Allerdings gingen solche Prozesse zunächst nicht immer zugunsten der Anklage aus. Der ehemalige U-Boot-Offizier und Öko-Aktivist Alexander Nikitin wurde 1996 in Petersburg angeklagt und 2000 vom Vorwurf der Spionage freigesprochen, sein 1997 in Wladiwostok verhafteter Kollege, der Marinekapitän und Journalist Grigorij Pasko, wurde im Jahr 2001 in einem ähnlichen Fall zu vier Jahren Haft verurteilt. Mit der Wiedererstarkung des Geheimdiensts seit Ende der neunziger Jahre häuften sich Verfahren dieser Art, von denen viele offensichtlich oder wahrscheinlich auf falschen Anklagen basierten. Bereits im Sommer 2001 wurde der Physiker Walentin Danilow aus Krasnojarsk auf Initiative des FSB verhaftet und schließlich zu vierzehn Jahren Straflager verurteilt, weil er einer chinesischen Firma ursprünglich geheime Raumfahrttechnologien verkauft hatte, die allerdings schon längst in Publikationen beschrieben und nicht mehr geschützt waren. Im Jahr 2004 wurde der fünf Jahre zuvor verhaftete Moskauer Zeithistoriker und Militärexperte Igor Sutjagin für die Zusammenstellung und Weitergabe öffentlich zugänglicher Informationen zu fünfzehn Jahren Haft verurteilt. Die Initiative für diese und weitere Prozesse ging zumeist von regionalen FSB-Direktoraten aus.[10]

Natürlich gibt es auch in Russland echte ausländische Spione. Der Vorstellung von einer Verbindung zwischen westlichen Agenten und Bürgerrechtlern in Russland leisten unüberlegte, ja zynische Handlungen einiger westlicher Geheimdienste Vorschub. Im Januar 2006 stellte der Propagandajournalist Arkadij Mamontow einen Film vor, der die britische Botschaft der Verwendung

eines »Spionsteins« mit abnehmbarem Deckel zum Informations-
austausch mit Agenten beschuldigte. Verantwortlich dafür sei der
für die Demokratieförderung zuständige Botschaftsmitarbeiter
Marc Doe, der sich häufig mit NGO-Vertretern traf. Der vielbe-
lächelte Streifen wurde wenige Tage nach Verabschiedung eines
restriktiven NGO-Gesetzes ausgestrahlt und von vielen als Fik-
tion abgetan; im Januar 2012 jedoch bestätigte der Stabschef des
damaligen britischen Premiers Tony Blair die Existenz eines solchen Steins. Obwohl keine Verbindung zu den von Doe geför-
derten NGOs bestand, fügte sich das Geständnis wunderbar in
die Erzählung von NGOs als westlichen Agenten ein.

Im Juli 2012 verabschiedete das Parlament ein Gesetz, das es
Organisationen, die Fördergelder aus dem Ausland erhielten und
sich politisch betätigten, vorschrieb, sich als »ausländische Agenten« zu registrieren und zu präsentieren. Zwar blieb auch nach
dem Inkrafttreten der Regelung unklar, wie politische Betäti-
gung definiert und wie restriktiv das Gesetz gehandhabt werden
würde, doch diente auch in diesem Fall der Verweis auf Verbindungen ins Ausland zur Ausweitung des staatlichen Repressions-
repertoires.

Tatsächlich sind direkte Einflussmöglichkeiten westlicher Stellen jedoch stark begrenzt. Gerade Regierungen haben einen sehr
eingeschränkten Spielraum, da etwa die Verhängung direkter
Sanktionen kaum im direkten wirtschaftlichen Interesse der entsprechenden Länder liegt, ihre Effektivität sehr zweifelhaft wäre
und die Druckmittel beschränkt sind.

Wenn es Institutionen im Ausland gibt, die einen – wenn auch
nur punktuellen – Einfluss auf das Geschick der Protestbewegung haben können, so handelt es sich in erster Linie um Gerichte und Medien.

Eine besondere Rolle spielt dabei der Europäische Gerichtshof für Menschenrechte in Straßburg, der sich in einigen Bereichen und vor allem in der Wahrnehmung in Russland selbst zu
einer Art alternativem oberstem Gerichtshof für das Land entwickelt hat. Russland ratifizierte die Europäische Menschen-
rechtskonvention im Jahr 1998 und unterliegt seither der Straß-

burger Gerichtsbarkeit. Zum ersten Mal hörte das Gericht im Jahr 2002 eine Klage gegen Russland an; inzwischen steht das Land bei der absoluten Zahl der Klagen mit Abstand an erster Stelle und belegt nach der Türkei den zweiten Platz bei der Zahl der Urteile. [11] Auch die einzigen derzeit anhängigen zwischenstaatlichen Klagen sind gegen Russland gerichtet, wobei Georgien als Kläger auftritt. Somit hat sich das Gericht zu einer von den russischen Behörden weitgehend unabhängigen Quelle von Legitimität und symbolischer Abhilfe entwickelt, obwohl bis zu einem Beschluss meist Jahre vergehen und die festgesetzten Entschädigungsleistungen meist bescheiden ausfallen.[12]

Ausländische und internationale Medien sind die andere Instanz, die eine solche Legitimität zu erzeugen vermögen: Nicht etwa weil sie grundsätzlich neutraler oder professioneller arbeiten würden als russische oder frei von Vorurteilen und politischen Interessen wären, sondern weil ihre Berichterstattung staatlichem oder kommerziellem Druck in Russland selbst in geringerem Maße ausgesetzt ist als ihre russischen Pendants. Ihre Präsenz im Lande ist es allerdings schon. Im Herbst 2012 trat ein Gesetz in Kraft, wonach es Hörfunkanstalten mit mehrheitlich ausländischer Beteiligung verboten ist, in Russland eigene Mittelwellensender zu betreiben – vom UKW-Funk waren sie schon länger ausgeschlossen. Dies zwang vor allem *Swoboda*, den traditionsreichen russischen Sender von *Radio Liberty*, zum Rückzug ins Internet.

Der Einfluss westlicher Medien auf die Situation in Russland ist erstens geringer und zweitens komplexer, als es die Vorstellung von zentral gesteuerter Propaganda vermuten ließe. Ein Teilnehmer der »Strategie-31« in Tscheljabinsk, ein Mann Mitte zwanzig aus einer Kleinstadt in der Region, erzählt, den Anstoß zu seiner Politisierung habe der im Kabelfernsehen zu empfangende Sender *Euronews* gegeben. Der Kontrast zwischen den Nachrichten im Staatsfernsehen und den Bildern des europäischen Kanals habe ihn stutzig gemacht. Ein anderer Teilnehmer berichtet, er habe Informationen über die erste Großdemo nach der Dumawahl in Tscheljabinsk unter anderem an die *BBC* wei-

tergeleitet. Als er im März zu Besuch in seiner kleinen Heimatstadt war, lud ihn ein örtlicher Polizeioffizier zu einem »Gespräch« vor. »Ich fuhr hin. Sobald ich das Büro betrat, fiel die
Tür zu, und zwei Mitarbeiter der Musterungsbehörde tauchten
auf. ›So, junger Mann‹, sagten sie, ›für Sie geht es zur Armee‹«.
Es gelang ihm, telefonisch einige Kontakte zu alarmieren, auch
die *BBC* rief immer wieder an, bis er schließlich freigelassen wurde. »Viele sprechen von ausländischer Unterstützung [...] unterstützt wurden wir aber mit Informationen, [...] zum Beispiel als
ich zur Armee verschleppt werden sollte. Da wurde mir klar,
dass wir es zu einem großen Teil solchen Leuten zu verdanken
haben, dass es uns hier noch gibt.«[13]

Für die Protestbewegung sind ausländische, vor allem westliche Medien weniger eine lebenswichtige Informationsquelle
als vielmehr ein weiterer Resonanzraum. In Einzelfällen können
sie auch eine Hebelwirkung erzielen.

Was für Politiker und Medien gilt, kann verallgemeinert werden:
Durch Erfolg und Anerkennung im »Westen« gewinnen Künstler, Wissenschaftler oder auch Geschäftsleute ein zweites Standbein, das ihnen ein Stück Unabhängigkeit von dem zentralisierten, auf persönlicher Loyalität basierenden politischen System
in Russland bietet. Ein wenig befreit sie das von der Notwendigkeit ständiger formaler Loyalitätsbekenntnisse an den Staat,
die nicht solchermaßen anerkannten Wissenschaftlern, Künstlern oder NGOs kaum erspart bleiben. Die Anziehungskraft internationaler Normen besitzt unvergleichlich mehr Bedeutung
als direkte Einflussnahme.

Genau aus diesem Grund ist die Neuauflage einer »Farbrevolution« nach ukrainischem oder georgischem Vorbild in Russland kaum denkbar. In diesen Ländern spielte die Aussicht auf
eine Aufnahme in zwischenstaatliche Institutionen des Westens
(die NATO, womöglich gar die Europäische Union) eine bedeutende Rolle bei der Mobilisierung des Protests, vor allem aber
als Karriereperspektive für einen Teil der politischen Elite. Der
große Nachbar Russland hingegen diente in solchen Entwürfen
als Gegenpol: So konnten sich die jeweiligen Nationalismen mit

einer Westorientierung und einem Demokratisierungsdiskurs verbinden, der nicht zuletzt mit Angst vor einer erneuten Abhängigkeit von Russland unterfüttert war. Dies wiederum hatte damit zu tun, dass in diesen kleineren Ländern die Möglichkeiten direkter Einflussnahme größer waren: So intervenierte Russland (erfolglos) im Jahr 2004 auf Seiten des ukrainischen Präsidentschaftskandidaten Janukowytsch, während in Georgiens Rosenrevolution US-amerikanische Garantien eine wichtige Rolle spielten. Mangels eines großen und einflussreichen Nachbarlands fehlt in Russland ein solcher Gegenpol, der eine Westorientierung als Alternative zur Abhängigkeit von einem anderen Staat erscheinen ließe. Schon deshalb kann eine Demokratisierung Russlands nur von innen erfolgen und muss analytisch besonders scharf von prowestlichen Einstellungen getrennt werden. Dennoch bleibt Russland natürlich mit dem Rest der Welt verwoben – nicht nur durch den Rohstoffexport, sondern auch durch die großen Migrationsströme des letzten Vierteljahrhunderts.

Die neue russische Diaspora

Im Sommer 2011 entbrannte in Moskauer Medien zum wiederholten Mal eine Diskussion, ob es nicht Zeit sei, das Land zu verlassen. Viele der fast ausschließlich hochqualifizierten und oppositionell eingestellten Teilnehmer argumentierten, Putins menschenverachtendes Regime entspreche dem Volkswillen, daher gebe es für sie und ihre Kinder keine Zukunft in Russland.[14] Solche Diskussionen rücken Russland in die Nähe von Ländern wie Tunesien, wo viele hoch gebildete junge Menschen nur schwer einen Arbeitsplatz finden können, was zu einem »Aufruhr der Ausgebildeten« führt. Sie täuschen darüber hinweg, dass die Arbeitslosigkeit in Russland weitaus geringer ist als etwa im Mittelmeerraum und überdurchschnittlich die armen Regionen im Süden betrifft. In Moskau etwa liegt die Arbeitslosigkeit offiziell bei nur einem Prozent, wobei allerdings traditionell angesehene

Karrieren wie die des Wissenschaftlers meist nur ein geringes Auskommen und wenig Prestige versprechen und viele meritokratische Aufstiegswege innerhalb des staatlichen Sektors verbaut sind. Folgerichtig geben sich in Umfragen vor allem Minderbemittelte und wenig Qualifizierte aus ländlichen Regionen und kleinen Städten ausreisewillig.[15] Die möglichen Emigrationswege hingegen entsprechen nicht dieser Nachfrage: Die Millionen, die seit Öffnung der Grenzen Ende der achtziger Jahre das Land verlassen haben, reisten entweder als Hochqualifizierte (vor allem nach Nordamerika), als Angehörige bestimmter ethnischer Gruppen (nach Deutschland oder Israel) oder als heiratswillige Frauen. Das Chaos und die neue Armut in der auseinanderbrechenden Sowjetunion trieben aber auch Wirtschaftsflüchtlinge oder schlicht Abenteuerlustige ins Ausland, so dass heute in fast jedem Land der Welt Menschen zu finden sind, die in Russland oder den anderen Sowjetrepubliken aufgewachsen sind.

Der massive Emigrationsstrom nach der Perestroika wurde als »vierte Welle« bekannt – nach der ersten Welle in der Revolutions- und Bürgerkriegszeit, der zweiten während des Zweiten Weltkriegs und der dritten im Kalten Krieg. Einen letzten großen Emigrationsschub verursachte die Finanzkrise von 1998, seitdem flaut die Zahl der offiziellen Ausreisen rapide ab. Vor allem Deutschland, das seit Anfang der neunziger Jahre wichtigstes Zielland war, verzeichnete einen starken Rückgang: Hier hatten gesetzliche Regelungen bis 2004 die Einreise als Russlanddeutsche oder jüdischstämmige »Kontingentflüchtlinge« erleichtert; seitdem die entsprechenden Gesetze verschärft wurden, kommen inzwischen pro Jahr nur noch wenige tausend Menschen, die sich dann vorwiegend als ethnische Russen identifizieren.

Sowohl die Diskussionen um die Ausreise als auch die offiziellen Statistiken verdecken jedoch eine wichtige Dimension der Lebenswirklichkeit. Wie auch Migranten aus anderen Ländern pflegen russische Auswanderer inzwischen einen transnationalen Lebensstil: Satellitenfernsehen, Internet und eine vom Einzelhandel bis zum Konzertveranstalter reichende Infrastruktur ermöglichen es ihnen, mit der Kultur der Heimat in Kontakt zu bleiben; viele haben die doppelte Staatsbürgerschaft, konnten ihre Wohnung oder Datscha zu Hause behalten und verbringen viel Zeit in Russland.[16] Nur in dieser Hinsicht ist eine unkonventionelle Figur wie Alexander Smirnov ein durchaus typisches Beispiel. Gerade Hochqualifizierte haben oft gleichzeitig oder nacheinander Wohnorte in zwei oder mehr Ländern: Vor allem die nach Israel Ausgewanderten reisen nach einigen Jahren oft in Drittländer weiter oder kehren nach Russland zurück.[17] Das russischsprachige Internet war in der Anfangsphase seiner fulminanten Entwicklung vor allem transnationales Kommunikationsmedium: Einige der bekanntesten Autoren und Medienunternehmer lebten damals in Israel, den USA oder Estland.

Die russischsprachige Diaspora gilt schon seit der ersten Welle traditionell als fragmentiert und konservativ, was sie nicht gerade als Nährboden für eine nach Russland orientierte Protestbewegung erscheinen lässt. Diese Struktur weist Ähnlichkeiten mit der atomisierten Gesellschaft in Russland selbst auf, ist aber auch durch die Motive zur Emigration bedingt: Viele der mit der vierten Welle Ausgereisten sind vor staatlich verordnetem Kollektivismus und ethnischer Diskriminierung geflohen, haben eine negative Einstellung zu den ehemaligen Mitbürgern und wenig Interesse an der Politik in Russland. Anders als etwa bei den Arbeitsmigranten in der Nachkriegs-BRD waren kaum Industriearbeiter unter ihnen, die sich hätten gewerkschaftlich organisieren lassen, dafür viele, die als Freiberufler oder Angestellte ihr Glück suchten. Xenophobe Ansichten vor allem gegenüber Muslimen oder Afroamerikanern sind unter ihnen weit verbreitet, was von unterschiedlichen Beobachtern mit einem latenten Rassismus in der Sowjetunion oder aber mit enttäuschten Erwartungen in den Aufnahmeländern erklärt wird. Gerade in Israel trug die massive Einwanderung aus der ehemaligen Sowjetunion seit den neunziger Jahren zu einem anhaltenden politischen Rechtsruck bei.[18]

Nicht jeder aus Russland Ausgewanderte identifiziert sich mit seinem Geburtsland; sehr viele der russischsprachigen Emigranten kommen ja gar nicht aus Russland, sondern aus anderen Nachfolgestaaten der Sowjetunion. In Großbritannien etwa besteht die russischsprachige Bevölkerung inzwischen zu einem großen Teil aus Bürgern der EU-Staaten Litauen und Lettland.

Dennoch waren bereits die ersten Massenkundgebungen in Russland nach den gefälschten Dumawahlen von Solidaritätsdemonstrationen im Ausland begleitet. In Berlin zogen am 10. Dezember 2011 etwa tausend Menschen mit Sprechchören und Plakaten von der russischen Botschaft zum Reichstag; einige der Organisatoren projizierten Videos von der Moskauer Demonstration auf eine improvisierte Leinwand. In München, Köln, Paris, London, Genf und New York gingen hunderte auf die Straße. Kleine Demonstrationen gab es auch in Freiburg, Stuttgart, Bonn und Hamburg; in Washington, Kansas City, San Francisco und Boston; in Toronto und Montreal; in Straßburg, Barcelona, Madrid und Lissabon; in Rom und Limassol; in Warschau, Prag, Budapest und Varna; in Bergen und Oslo, in Stockholm und Lund; in Den Haag und Brüssel; in Tokio und Canberra. Auch in der Ukraine (Kiew, Winniza, Odessa), Kasachstan (Almaty) und Estland (Tallinn) wurde demonstriert. Schon am Wahltag hatte es eine Aktion für faire Wahlen im israelischen Haifa gegeben, am 8. Dezember in Paris und im ukrainischen Charkiw, am 9. in London; später gab es auch in Sydney, Vancouver, Chicago, Reykjavik, Dublin, Leipzig, Mailand, Goa und Hong Kong Demonstrationen. Auch wenn – wie in Helsinki, Seoul oder im thailändischen Samui – nur eine Handvoll Menschen demonstrierten oder – wie in Kopenhagen – ein einziger, so zirkulierten Fotos auch von solchen Aktionen rege im Internet und schufen ein ungekanntes und völlig unerwartetes Gefühl der Solidarität und Gemeinsamkeit. Neben Kundgebungen für faire Wahlen und Versammlungsfreiheit sowie gegen politische Repressionen in Russland gab es auch öffentliche Aktionen zum Beispiel bei Putins Staatsbesuchen in Berlin, Paris und London am 1. und 2. April 2012.[19]

Die Geographie der Demonstrationen erschien wie eine Projektion der russischen in kleinerem Maßstab – mit einigen großen Zentren und vielen Orten, in denen nur kleine Gruppen von

Menschen auf die Straße gingen. Wie in Russland handelte es sich an den meisten Orten um die größten russischsprachigen Demonstrationen seit Jahren, in vielen Fällen wahrscheinlich um die größten, die es je gegeben hatte; wie in Russland flauten die Teilnehmerzahlen nach den ersten Monaten ab. Die absoluten Zahlen nahmen sich bescheiden aus: In Deutschland etwa versammeln Kundgebungen türkischer oder kurdischer politischer Gruppen regelmäßig mehrere tausend Menschen; auch Kundgebungen von Exilsyrern und -iranern finden häufiger statt und sind straffer organisiert. Allein in Berlin, wo keine der Demonstrationen viel mehr als tausend Teilnehmer versammelte, sind knapp 15 000 Menschen mit russischer Staatsangehörigkeit gemeldet, tatsächlich liegt die Zahl wahrscheinlich viel höher.[20]

Allerdings entstammen gerade die mit nahöstlichen Staaten verbundenen Gruppen – nicht nur bei den viel zahlreicheren Türken und Kurden – älteren Einwanderungswellen, die das Stadium der Politisierung, internen Vernetzung und Gründung formaler Vereine bereits in den siebziger und achtziger Jahren durchlebt hatten: Allein die Zahl kurdischer Organisationen in Europa wird von einer Expertin auf mehrere tausend beziffert. Viele Angehörige dieser Gruppen betrachten den Aufenthalt in den Zielländern als politisches Exil und definieren ihre politische Identität (auch) durch den Bezug zum Heimatland. Schließlich ist das politische Engagement von Türken und Kurden, Syrern und Iranern durch aktive Werbemaßnahmen von Politikern und Medien aus den Heimatländern beeinflusst und wird durch inländische politische Konflikte, die ins Zielland transportiert werden, aufrechterhalten. Ähnliches gilt zum Beispiel für Tamilen in Kanada und Großbritannien.[21]

Die russischen Auslandsdemonstrationen erscheinen als Wiege einer klassischen ethnisch-politischen Diaspora. Wie ähnliche Gruppen anderer Herkunft reagierten die Demonstranten und Aktivisten vor allem auf Ereignisse im Heimatland und richteten sich in erster Linie an dessen Behörden und Einwohner. Nur begrenzt sprachen sie auch ein Publikum vor Ort an – und wenn, dann zumeist Vertreter staatlicher Institutionen. So fanden die

Demonstrationen überwiegend vor russischen Botschaften oder Konsulaten statt, einige auch vor den Amtssitzen der jeweiligen Regierungschefs. Nur vereinzelt gab es Aktionen an stark frequentierten öffentlichen Orten wie dem Hamburger Hauptbahnhof oder der Fußgängerzone von Seoul. Seit Dezember 2011 entstanden vielerorts stabile Netzwerke von Aktivisten, in einigen Fällen auch formal eingetragene Vereine; doch der steigende Organisationsgrad hatte wenig Einfluss auf die Teilnehmerzahlen: Die Auslandrussen brauchten die neuen Facebookgruppen und Mailinglisten nicht, um sich über das Geschehen in Russland zu informieren; Aufrufe der Veranstalter vor Ort waren nicht so wichtig wie Nachrichten aus der Heimat.

Wie in Russland selbst führte die Protestwelle des Winters 2011/12 in erster Linie dazu, dass politisierte Individuen und kleine Interessengruppen in einer emotional aufgeladenen Atmosphäre mit Staunen erfuhren, dass sie nicht allein waren. Die gemeinsam organisierten Demonstrationen waren weniger zielgerichtete punktuelle Aktionen als Anlässe zu einer stärkeren Vernetzung. Wie in Russland verlegen sich die neuen Gruppen und Vereine jedoch zunehmend auf die Organisation von Diskussionen und politisch-kulturellen Veranstaltungen, obgleich sie weiterhin kleinere Aktionen organisieren und als Ansprechpartner für Aktivisten in Russland fungieren. Beispiele dafür sind die Berliner Gruppe iDecembrists, in Paris der Verein »Russie-Libertés« und die »Vereinigung russländischer Wähler in Frankreich«, die in London ansässige Vereinigung »Sprechen Sie lauter!«, die bereits Anfang 2011 entstanden war, sowie die Initiative »Für faire Wahlen in Russland« in New York. Es gibt aber auch kleinere informelle Gruppen – in Deutschland etwa in Leipzig, München oder Stuttgart. In vielen dieser Gruppen engagieren sich Journalisten und Sozialwissenschaftler (darunter der Autor dieses Buchs). Die Spannung zwischen Teilnahme, Analyse und Darstellung nach außen ist für sie nicht geringer als für ihre in Russland tätigen Kollegen.

Fast gleichzeitig mit der Entstehung lokaler Protestgruppen begann auch deren internationale Vernetzung. Schon die Demons-

trationen am Tag der Wahl und in der folgenden Woche konnten ja in Echtzeit oder mit nur wenigen Stunden Verspätung per
Internet verfolgt werden. Wie in Russland entstanden auch im
Ausland gleich nach der Wahl Facebook-Gruppen zur Diskussion
und Koordinierung der Proteste. Noch am Tage der Dumawahl
rief der im sachsen-anhaltinischen Zscheiplitz ansässige Journalist Alexander von Hahn die Webseite »Fair Vote for Russia«
ins Leben, die Informationen zu den Auslandsprotesten sammelte. In den USA entstand nach der großen Protestwelle im Winter
und Frühjahr 2011/12 eine »Amerikanische russischsprachige
Vereinigung für bürgerliche Freiheiten und Menschenrechte«, die
am Tag von Putins Amtseinführung in New York ihren Gründungskongress mit Teilnehmern aus zwanzig Bundesstaaten abhielt. Bereits im April war per Telefonkonferenz eine »Internationale Versammlung russischsprachiger Gemeinschaften für Bürger-
und Menschenrechte« entstanden, an der sich Aktivisten aus
New York, London, Paris, Köln, Berlin und Tel Aviv beteiligten.

Die neuen Auslandsgruppen fungieren als Treffpunkte und
durchaus auch als Austragungsorte für Konflikte zwischen Teilnehmern mit unterschiedlichen Biographien, politischen Ansichten, Lebensstilen und Einkommenslagen. Auch der Grad der
sprachlichen, beruflichen und sozialen Integration in die Aufnah-
megesellschaften ist sehr unterschiedlich. Gemeinsam ist den Teilnehmern vor allem das hohe Bildungsniveau: Die überwiegende
Mehrheit der Aktivisten hat ein oder mehrere Hochschuldiplo-
me; zu den Ausnahmen von dieser Regel gehören vor allem Künstler und Literaten. Das Alter ist eine weitere Gemeinsamkeit:
Zwar sind, ähnlich wie in Russland, auch viele ältere Menschen
unter den Demonstranten und Aktivisten, doch beim harten Kern
der Organisatoren handelt es sich überwiegend um 25- bis 45-Jäh-
rige. Schon wegen des mit der Teilnahme an politischen Aktionen
verbundenen Zeitaufwands sind darunter sehr viele Studenten,
Künstler, Wissenschaftler und Freiberufler, also Menschen, die
ihre Arbeitszeit flexibel gestalten können.[22]

Anders als bei vielen russischsprachigen Migranten handelt es
sich bei den Aktivisten in den meisten Fällen nicht um Personen,

die Russland nach eigener Auffassung endgültig den Rücken ge-
kehrt haben und die alte Heimat allenfalls als Sommerresidenz
und Quelle von Kulturgütern ansehen. In den neuen Gruppen
sind neben einzelnen politischen Flüchtlingen überproportional
Vertreter hochmobiler Berufsgruppen aktiv, die Russland aus
professionellen Gründen, zum Studium oder als Liebesmigran-
ten verlassen haben, ihre Zukunft aber in Russland sehen oder
dies zumindest nicht ausschließen. Oft sind es gerade solche
Menschen, die die Sprache des Aufnahmelandes, zumindest aber
das Englische besonders gut beherrschen und Kontakte zu politischen und zivilgesellschaftlichen Institutionen pflegen, da sie
ihren Wohnort aus Interesse an dessen Kultur oder den sich dort
bietenden Entfaltungsmöglichkeiten gewählt haben, anstatt in erster Linie vor wirtschaftlichen oder Alltagsproblemen zu Hause
zu fliehen. Zwei der am häufigsten vertretenen Typen sind der
bewusst Bi- oder Multikulturelle (die »nistende Taube«) und der
kosmopolitische, englischsprachige Expat (der »Zugvogel«). Zwar
überwiegen russische Staatsbürger, doch die formale Staatsangehörigkeit ist nicht ausschlaggebend: Unter den Aktivisten der
neuen Gruppen finden sich neben Bürgern Russlands oder der
Aufnahmeländer sowie Doppelstaatlern auch Personen, die die
Staatsangehörigkeit eines anderen postsowjetischen Landes besitzen oder besaßen. Es handelt sich also um Menschen, die sich
als »verwurzelte Kosmopoliten« engagieren. Sie sind viel unterwegs und fühlen sich womöglich an verschiedenen Orten zu
Hause, behalten aber doch eine besondere Bindung an ihr Heimatland bei.[23]

Viele von ihnen hatten eine Phase der Abkopplung von Russland hinter sich, während der sie sich vor allem der Integration
im Aufnahmeland widmeten und russischsprachige Milieus eher
mieden. Die Proteste gegen Wahlfälschungen oder auch andere
politische Ereignisse in Russland wurden für sie zu einem Schlüsselerlebnis, das ihr Interesse an der Heimat wieder aufleben ließ.
Einige entschieden sich nach der ersten Protestwelle sogar kurzfristig, nach Russland zurückzugehen, da sie wieder neue Perspektiven für sich sahen. Diesen Enthusiasmus brachte im Januar

2012 ein Aktivist zum Ausdruck, der erklärte, früher hätten Menschen wie er andere Russen im Ausland gemieden, weil sie sich für sie schämen mussten; jetzt könne man wieder stolz auf seine Herkunft sein.[24] Andere entschieden sich nach der Begeisterung der ersten Demonstrationen gegen eine Teilnahme an den neuen Gruppen, da ihnen klar wurde, dass ein weiteres Engagement und der damit verbundene Zeitaufwand mit ihren Karriereplänen im Aufnahmeland nicht zu vereinbaren waren. Wieder andere wollten sich nicht auf ein ethnisch oder nationalstaatlich fixiertes Engagement festlegen lassen und warfen ihren Mitdemonstranten vor, politische Probleme in den Aufnahmeländern und transnationale Bewegungen wie Occupy zu ignorieren. Gleichzeitig engagierten sich Mitglieder und Anhänger der verschiedensten politischen Parteien in den neuen Gruppen. Unter den Organisatoren der Berliner Demonstrationen und im Umfeld der iDecembrists-Gruppe etwa finden sich Mitglieder, Sympathisanten und aktive oder ehemalige Mitarbeiter von CDU, SPD, FDP, der Grünen, der Linken und der Piratenpartei sowie Anarchisten und ein Verfechter der konstitutionellen Monarchie. Der ähnlich wie in Russland wirkende Imperativ der supra-ideologischen Koalitionsbildung drückte sich in verschiedenen Auslandsgruppen auf unterschiedliche Weise aus. Wurden in Berlin etwa politische Unterschiede zugunsten einer pragmatischen Zusammenarbeit und einer Konzentration auf gemeinsame Themen – faire Wahlen und Protest gegen Repressionen in Russland – ausgeklammert, so unterstrichen Teilnehmer an den Pariser Demonstrationen, es handle sich um Bürgerproteste, nicht um politische Aktionen.

Ob die neue Diaspora das Verhalten westlicher Staaten oder auch nur ausländischer Nichtregierungsorganisationen in entscheidender Weise beeinflussen kann, ist fraglich. Ebenso unklar ist, ob die neuen Gruppen im Ausland die Fähigkeit oder auch nur den Willen haben, nach Russland hineinzuwirken. Das Dilemma eines russischen Bürgerprotests außerhalb Russlands liegt darin, dass er sich gegen Rechtsverletzungen richtet, die in allererster Linie auf russischem Territorium erfolgen. Über Wahlfälschungen in Auslandsbezirken zum Beispiel liegen bestenfalls anekdotische Berichte vor. So ist der konkrete Adressat der Proteste unklar: Diplomaten äußern sich zwar zuweilen ebenso abschätzig über die Protestbewegung wie Beamte in Russland, doch beinhaltete der Protest in keinem mir bekannten Fall Fälschungs- oder Korruptionsvorwürfe gegen Mitarbeiter von Botschaften und Konsulaten.[25] An konkrete ausländische Politiker oder Ämter richtet sich der Protest nur vereinzelt, etwa bei Putins Staatsbesuchen in Westeuropa im April 2012. Systematische Versuche, auch die apolitische oder konservative Mehrheit der russischsprachigen Bevölkerung im Ausland in die Protestbewegung zu ziehen, unternehmen die neuen Gruppen bislang nicht. Allerdings gibt es zum Glück auch keine Anzeichen dafür, dass eine russische politische Diaspora durch besonders radikale Einstellungen zur Eskalation eventueller Konflikte in Russland beitragen könnte, wie dies für viele andere Exilgruppen – Albaner, Kroaten, Armenier, Kurden – belegt ist.[26] Sicher liegt dies unter anderem daran, dass die Zahl der für den Fall einer Rückkehr direkt bedrohten politischen Flüchtlinge bislang gering ist und die meisten Aktivisten im Ausland schon deshalb Positionen der Gesetzestreue und friedlichen Evolution vertreten, weil die Teilnahme am politischen und bürgerlichen Leben in Russland für sie gelebte Realität oder zumindest zukünftige Möglichkeit ist.

Auch als Informationsquellen zur Lage in Russland spielen die Protestgruppen im Westen nur eine eingeschränkte Rolle, da jene ausländischen Politiker, Medienschaffenden oder zivilgesellschaftlichen Akteure, die ein Interesse an Russland haben, zumeist über eigene Kontakte ins Land verfügen – gerade weil Reisefreiheit und Internet die Kommunikation inzwischen erheblich erleichtern. Ausländische Korrespondenten und NGO- oder Stiftungsmitarbeiter spielen in dieser Hinsicht eine wichtigere Rolle. Allein in den USA werden immerhin zwei der einflussreichsten politischen Wochenmagazine – der liberale *New Yorker* und die linke *The Nation* – von ausgewiesenen Russlandkennern geleitet.[27] Immer häufiger arbeiten im Ausland aufgewachsene russische Muttersprachler mit guter Landeskenntnis als Korrespondenten oder Kommentatoren ausländischer Medien.

Wenn russische Aktivisten im Ausland tätig werden, dann meist in ihrer Rolle als transnational lebende und vernetzte Individuen, (noch) nicht aber als vor Ort organisierte Gruppen. Der hauptsächliche Wohn- oder Aufenthaltsort ist daher gegenüber der aktiven Teilnahme an grenzüberspannenden Netzwerken zweitrangig. Besonders sinnfällig drückt dies ein in Deutschland ansässiger selbständiger Unternehmer und Funktionär einer deutschen Partei aus, der seit seiner Emigration aus Moskau im Jahr 1995 Russland nicht mehr besucht hat, aber seine russische Staatsbürgerschaft neben der deutschen beibehält und sich aufgrund intensiver Kontakte mit Aktivisten politischer Parteien in Russland auch als »russischer Politiker« sieht.[28]

Transnationale Korruptionsbekämpfung: die Magnitskij-Affäre

Oppositionspolitiker und andere Akteure der Protestbewegung in Russland versuchen regelmäßig, die öffentliche Meinung und die politischen Entscheidungsprozesse im Ausland zu beeinflussen. In sehr allgemeiner Form geschieht dies durch Interviews und Artikel in der internationalen Presse, wie sie zum Beispiel Garri Kasparow seit 2005 regelmäßig publiziert. Seit 2010 bemühen sich jedoch vor allem Antikorruptions-Aktivisten um konkretere Maßnahmen. Dabei geht es zum einen um die Aufdeckung von Steuerhinterziehung durch korrupte Beamte ins Ausland – oft in Form von geheim gehaltenem Immobilienbesitz – und zum anderen um Einreisesperren. Die Logik ist folgende: Mitglieder der Staatspartei, gerade auch solche, die ihren Patriotismus unterstreichen, reisen oft in den Westen, schicken ihre Kinder dort zur Schule oder zum Studium und horten dort unrechtmäßig erworbenes Vermögen. Das Brandmarken undurchsichtiger Aktivitäten im Ausland war seit Beginn der Antikorruptionsbewegung eines ihrer wichtigsten Anliegen: So begann Alexej Nawalnyj bereits im Mai 2008 einen öffentlichen Feldzug gegen undurchsichtige Praktiken der auf Zypern registrierten Öl-handelsfirma »Gunvor«, über die ein großer Teil von Russlands Ölexport läuft. Miteigner der Firma ist Gennadij Timtschenko, mit finnischem Pass in der Schweiz lebender Multimilliardär, angeblich ein enger Jugendfreund Putins.[29]

Im Zuge der Protestbewegung gerieten weitere hohe Staats- und Parteifunktionäre ins Visier. Unter anderem traf es Putins Freund, den Vorsitzenden des Untersuchungskomitees Alexander Bastrykin. Im Juli 2012 griff Nawalnyj die Recherche eines Journalisten aus dem Jahr 2008 auf und veröffentlichte Dokumente, aus denen hervorging, dass Bastrykin 2007 in Tschechien eine Firma gegründet hatte, ohne dies in Russland zu deklarieren. Da die Duma kurz davor das Gesetz über »ausländische Agenten« verabschiedet hatte, wurde auch Bastrykin von seinen Kritikern fortan als »ausländischer Agent« bezeichnet. Im September legte die *Nowaja gaseta* eins drauf und wies nach, dass Bastrykins Frau jahrelang eine Immobilie an der spanischen Costa Blanca besaß, was Bastrykin ebenfalls gesetzeswidrig in seinen Steuererklärungen verschwiegen hatte.[30]

Im August und September 2012 veröffentlichten die oppositionellen Duma-Abgeordneten Dmitrij Gudkow und Ilja Ponomarjow Informationen über Einkommensquellen ihres Kollegen Andrej Issajew – eines ehemaligen Anarchisten, der inzwischen in die Führungsspitze des »Geeinten Russland« aufgestiegen ist. Issajew hatte sich unter anderem als Kritiker von Pussy Riot und angeblich ausländische Interessen vertretenden Protestaktivisten hervorgetan. Nun kam heraus, dass Issajews Frau ein Hotel in Bekond bei Trier besitzt, das unter russisch-orthodoxen Gläubigen als Herberge bei Pilgerfahrten zum Heiligen Rock im Trierer Dom vermarktet wird. Am 3. November versammelte sich eine Gruppe russischer und deutscher Aktivisten in Pussy-Riot- und Putin-Masken vor dem Hotel, um für die Freilassung politischer Gefangener zu demonstrieren.[31]

Statt öffentlicher Protestaktionen fordern russische Oppositionspolitiker und Aktivisten von ihren ausländischen Sympathisanten, sich für eine strikte Einhaltung der Gesetzgebung in den jeweiligen Ländern einzusetzen oder Überprüfungen einzuleiten, um Steuerhinterziehung und andere illegale Aktivitäten zu unterbinden oder korrupten Beamten die Einreise in westliche Länder zu verwehren. Auch solche Initiativen gehen allerdings weniger von den neuen organisierten Diaspora-Gruppen aus als von Politikern und Journalisten in Russland. Das erfolgreichste Beispiel für Lobbyarbeit in diesem Bereich ist das im November 2012 vom US-amerikanischen Repräsentantenhaus verabschiedete »Sergej Magnitskij-Gesetz für rechtsstaatliche Rechenschaftspflicht«. Das Gesetz löste die sogenannte Jackson-Vanik-Novelle von 1974 ab, die Handelsvergünstigungen für die Sowjetunion und andere Staaten mit der Einhaltung von Menschenrechten verknüpfte und konkret die Emigration ausreisewilliger Juden aus der UdSSR ermöglichen sollte. Kritiker hatten seit langem eine Abschaffung der längst hinfälligen Regel gefordert, um die USA nach Russlands WTO-Beitritt nicht zu benachteiligen. Der Erfolg einer Koalition russischer und amerikanischer Lobbyisten bestand darin, diese Abschaffung mit einem Einreiseverbot für Menschen zu verknüpfen, die entweder in Zusammenhang mit dem Tod des Anwalts Sergej Magnitskij gebracht werden oder nachweislich Antikorruptions- oder Menschenrechtsaktivisten verfolgen, foltern oder ermorden. Mit dem Text verpflichten sich die USA weiterhin, Vermögen solcher Menschen einzufrieren und andere Länder zu ermutigen, ähnliche Gesetze zu verabschieden.

Warum führte ausgerechnet der Fall Magnitskij zu einem solchen Gesetz?

Der 1972 geborene Jurist war in Moskau als Rechnungsprüfer für die britische Firma Firestone Duncan tätig. Diese betreute unter anderem das Unternehmen Hermitage Capital Management, den größten ausländischen Portfolio-Investor in Russland, dessen amerikanischer Leiter William Browder als Aktionär mehrfach Korruption bei russischen Unternehmen angeprangert hatte, jedoch stets als Putin-Unterstützer auftrat und etwa das

Verfahren gegen Michail Chodorkowskij guthieß. Im November 2005 annullierten die russischen Behörden nach einem Besuch in London das Visum des inzwischen mit britischem Pass reisenden Browder und verwehrten dem nun als »Sicherheitsrisiko« geltenden Investor die weitere Einreise. Im Sommer 2007 konfiszierte die russische Steuerbehörde im Rahmen einer Prüfung Unterlagen von Hermitage Capital sowie Siegel von Firmen, die zu dessen Portfolio gehörten. Beides wurde im Anschluss dazu benutzt, um die russischen Operationen des Investment-Fonds zu zerschlagen und einige der Firmen an neue Eigentümer umzuschreiben – ein typisches Beispiel für eine räuberische Unternehmensaneignung. Magnitskij und einige seiner Kollegen dokumentierten die Methoden, worüber er im folgenden Jahr in einem Ermittlungsverfahren berichtete. Kurz darauf wurde Magnitskij verhaftet und angeklagt, Browder bei der Steuerhinterziehung geholfen zu haben. Unter den am Verfahren beteiligten Richtern, Polizisten und Ermittlern sind mehrere, deren persönliche Netzwerke und nachgewiesene Ausgaben nahelegen, dass sie indirekt von der Zerschlagung von Hermitage Capital profitiert haben könnten. Mit der Affäre, bei der auch angeblich überzahlte Steuern in Milliardenhöhe auf privaten Konten landeten, werden auch hochrangige Beamte wie der spätere Verteidigungsminister Anatolij Serdjukow in Verbindung gebracht, der bis 2007 die Steuerbehörde leitete.[32]

Im Juli 2009 wurde bei dem in Untersuchungshaft sitzenden Magnitskij eine Gallenblasenentzündung festgestellt. Die Behörden verweigerten eine medizinische Behandlung; in der Begründung hieß es: »Nach der geltenden Gesetzgebung ist der Ermittler nicht verpflichtet, den Gesundheitszustand inhaftierter Verdächtiger zu kontrollieren«.[33] Am 16. November 2009 starb Magnitskij in Untersuchungshaft unter ungeklärten Umständen und allem Anschein nach unter Gewalteinwirkung. Das Ermittlungsverfahren gegen ihn wurde jedoch auch posthum nicht eingestellt.

Die Magnitskij-Affäre löste in Russland heftige Diskussionen aus und wurde zum Gegenstand von Untersuchungen durch Journalisten und Menschenrechtler. Es war jedoch William Browder, der sich am aktivsten für eine internationale Ächtung der mit Magnitskijs Tod verbundenen Beamten einsetzte. Browder, Enkel eines Anführers der amerikanischen Kommunistischen Partei, hatte zu Beginn seiner Karriere unter anderem in der Investitionsfirma des Republikaners Mitt Romney gearbeitet. Nun sprach er bei zahlreichen US-amerikanischen Kongressmitgliedern vor und half dem demokratischen Senator Benjamin Cardin, die sogenannte Magnitskij-Liste zu erstellen, die die Namen von sechzig mit dem Tod des Juristen in Zusammenhang gebrachten Beamten enthielt. In Washington entstand eine überparteiliche Koalition, die den Gesetzesentwurf gegen Widerstand aus dem Außenministerium und der Administration von Präsident Obama unterstützte. Zu den Anhörungen im Kongress und Treffen mit Abgeordneten reisten mehrere liberale Oppositionspolitiker aus Russland an, darunter der ehemalige Premier Michail Kassjanow, Garri Kasparow, Alexej Nawalnyj und Boris Nemzow sowie die zwischen Washington und Moskau pendelnden Publizisten Andrej Illarionow und Wladimir Kara-Mursa. Im Oktober war der Entwurf ein Thema bei den Vorwahldebatten zum Koordinationsrat der Opposition, wo sich viele der Genannten für das Gesetz stark machten. Bereits im Juli hatte »Solidarnost« eine erweiterte Liste erstellt, die die Namen von Verantwortlichen für Repressionen gegen Oppositionelle und Aktivisten enthielt. Auch in einer Umfrage in Russland sprachen sich von denjenigen, die von der Affäre gehört hatten, die meisten für solche Sanktionen aus.[34] Bekannte Menschenrechtsaktivisten wie Ljudmila Alexejewa und Lew Ponomarjow befürworteten das Gesetz. Im September 2012 wurde bekannt, dass das britische Außenministerium den in der Magnitskij-Liste verzeichneten Personen die Einreise nach Großbritannien verbieten würde. Auch das Europäische Parlament forderte die Länder der Europäischen Union mehrfach auf, den in der Liste Verzeichneten die Einreise zu verweigern. Am 16. November verabschiedete das Repräsentantenhaus das Magnitskij-Gesetz.[35]

Das Gesetz war sowohl in den USA als auch unter Regimekritikern in Russland nicht unumstritten, abgesehen von möglichen negativen Auswirkungen auf die amerikanisch-russischen Beziehungen. Einige sahen es als persönlichen Rachefeldzug des umtriebigen Geschäftsmanns Browder oder als Möglichkeit für amerikanische Politiker ohne echtes Interesse an Menschenrechten in anderen Ländern, mit dem Thema zu punkten – obwohl einige der Befürworter des Gesetzes in den USA gerade hofften, es könne in Zukunft auch auf korrupte Beamte in Ländern wie China angewandt werden. Andere waren besorgt darüber, dass die Negativliste nicht rechtskräftig Verurteilte, sondern krimineller Handlungen Verdächtige verzeichnete. Schließlich legen vergleichende Betrachtungen zu anderen Fällen das Argument nahe, selbst punktuelle Sanktionen könnten zu einer Konsolidierung und Abschottung des Regimes führen.[36] Tatsächlich konterte die Duma bereits im Dezember mit einem Gesetz, das Sanktionen gegen »Personen, die an der Verletzung der Grundrechte und -freiheiten sowie der Rechte und Freiheiten von Bürgern der Russländischen Förderation beteiligt sind«, vorsah.[37] Der meistbeachtete Aspekt des Textes war ein Verbot für US-Bürger, russische Kinder zu adoptieren, was wiederum in Russland und im Ausland zu einer neuen Protestwelle gegen das »Herodes-Gesetz« führte. Zusätzlich verbot es aber auch Menschen mit doppelter amerikanisch-russischer Staatsangehörigkeit, einer Nichtregierungsorganisation anzugehören, die sich in Russland »politisch betätigte« – eine offensichtlich nicht zuletzt auf die Bürgerrechtlerin Ljudmila Alexejewa gemünzte Formulierung, die in den achtziger Jahren im US-amerikanischen Exil lebte und seitdem die dortige Staatsbürgerschaft besitzt.

Klammert man jedoch die Frage nach der Effektivität von Maßnahmen wie dem Magnitsky Act aus, wird der Blick auf die Art des Zustandekommens des Gesetzes frei: Es war Ergebnis einer transnationalen Koalition in einer konkreten Frage. In Gestalt William Browders spielte ein westlicher Investor mit Geld und Beziehungen eine entscheidende Rolle, doch mindestens ebenso wichtig war, dass auch in Russland das Thema Korruption inzwischen als gemeinsamer Nenner für eine breite Koalition von Oppositionspolitikern und Menschenrechtlern dienen konnte. Die im Dezember 2011 einsetzende Protestbewegung und die Auftritte russischer Oppositioneller überzeugten die amerikanischen und europäischen Parlamentarier davon, dass die Magnitskij-Gesetze nicht durchweg als russlandfeindlich betrachtet würden. Sowohl die Fixierung auf Magnitskijs grausamen Tod als auch die namentliche Nennung der politisch eher unbedeutenden Richter und Ermittler in seinem Fall personifizierten die Kampagne und luden sie emotional auf. Schließlich wäre das Magnitskij-Gesetz in den USA nicht ohne die günstige Konstellation zustande gekommen, die sich durch Russlands nahenden WTO-Beitritt und die Notwendigkeit einer entsprechenden Gesetzesänderung ergab.[38]

Einige Zutaten dieses Erfolgsrezepts kommen auch an anderen Stellen zum Einsatz. Vor allem das Führen von Listen und generell die Personifizierung der »Gauner und Diebe« erfreuen sich immer größerer Beliebtheit innerhalb der Protestbewegung sowie unter Oppositionellen, kritischen Journalisten und geschädigten Unternehmern. Bereits am 5. Oktober 2011 veröffentlichte die *Nowaja gaseta* eine »Alexanjan-Liste«: Der ehemalige Vizepräsident der Firma Yukos war zwei Tage zuvor im Alter von 39 Jahren gestorben, nachdem er von 2006 bis 2008 in Untersuchungshaft gesessen hatte. Während dieser Zeit erblindete der bereits AIDS-kranke Alexanjan und erkrankte an Tuberkulose, Krebs und Lymphomen. Im Juli 2012 stellte der litauische Unternehmer Nikolaj Kudelko eine »Kudelko-Liste« mit den Namen derjenigen russischen Beamten vor, die sich sein Unternehmen angeeignet und ihn für drei Jahre ins Gefängnis befördert hatten.[39]

Die Trennung zwischen der neuen russischsprachigen Diaspora und transnationalen Aktivisten ist in mancher Hinsicht künstlich, zumal es viele Menschen gibt, die beiden zuzurechnen sind. Alexander Smirnov ist einer von ihnen – nur dass der Kampf für eine humane Drogenpolitik in Russland weder Großinvestoren noch einflussreiche ausländische Politiker zu seinen Unterstützern zählen kann und allenfalls bei internationalen Organisationen und NGOs Resonanz findet. Doch diese künstliche Trennung entspricht einer wichtigen Unterscheidung: der zwischen Netzwerken überhaupt und spezifischen Koalitionen.

Die neue russischsprachige politisierte Diaspora im Ausland ist zwar zunehmend in Vereinen organisiert, funktioniert aber eher als loses Netzwerk und ist nur bedingt zu zielgerichtetem Handeln fähig; transnationale Koalitionen zur Durchsetzung bestimmter Ziele haben eine geringere Reichweite, können aber in konkreten Fragen mehr erreichen. In dieser Hinsicht spiegelt der internationale Teil der russischen Protestbewegung die Stärken und Schwächen der Bewegung in Russland selbst, ja ist in mancher Hinsicht kaum von dieser unterscheidbar. Hier wie dort ist ein Protestmilieu entstanden, das sich nach einer ersten Etappe des Enthusiasmus und des gegenseitigen Kennenlernens zunehmend institutionalisiert. Hier wie dort ist die Zahl derer, die sich aus wichtigen Anlässen zu größeren Demonstrationen mobilisieren lassen und sich offen als Regimegegner zu erkennen geben, mit dem Beginn der Protestbewegung sprunghaft angestiegen. Doch ihre Zahl ist bei weitem nicht groß genug, um durch schiere Masse Veränderungen herbeizuführen, und die immer wieder laut werdenden Forderungen nach Einheit und Konsolidierung erlauben es dem Protest nur langsam und punktuell, sich ausreichend zu differenzieren und zu spezialisieren, um effektive Koalitionen zur Durchsetzung konkreter Ziele zu bilden.

IX ZWISCHENBILANZ

Das System Putin ist nicht kaputt, es erscheint aber nur noch wenigen unkaputtbar. Schon die ersten großen Demonstrationen des Winters 2011/12 machten mit ihrer heiteren, karnevalesken Atmosphäre Putin das Monopol auf politische Ironie streitig und räumten den Weg für die Erneuerung einer öffentlichen Politik frei. Die Demonstrationen konnten Putins offizielle Rückkehr an die Macht nicht verhindern, doch zwangen sie das System, wie von vielen Demonstranten gefordert, zu einer Evolution. Diese geht freilich zunächst nicht in die gewünschte Richtung, sondern drückt sich in einer Reihe repressiver Maßnahmen aus.

Die kurz vor Putins Amtsantritt verabschiedeten Gesetze führten Gouverneurswahlen wieder ein und ließen die Zulassung zahlreicher neuer Parteien zu; darunter sind neue und alte, »echte« und Spoiler- oder Retorten-Parteien. Auch die neuen Regelungen sind auf die Interessen des Kremls und der politischen Elite zurechtgeschnitten; ob sie zu einzelnen Durchbrüchen, gar einer Konsolidierung der politischen Opposition führen oder diese eher wieder zersplittern werden, bleibt abzuwarten. Die ohnehin verschwommene Grenze zwischen der Protestbewegung und der Parteienlandschaft wird durch Neugründungen wie die aus den Moskauer Demonstrationen hervorgegangene »Partei des 5. Dezember« auf jeden Fall noch stärker verwischt, was einem produktiven Dialog und einer strategischen Abstimmung zwischen beiden kaum zuträglich sein dürfte. Gleichzeitig sind unzählige neue Teilnehmer zum Protest gestoßen und haben neue Gruppen gegründet, allen voran unabhängige kommunalpolitische, Katastrophenhelfer- und Wahlbeobachterinitiativen in vielen Teilen des Landes. Werden sie zukünftigen Protestwellen eine Organisationsstruktur bieten können? Das wird davon abhängen, ob es ihnen gelingt, sich zu institutionalisieren, ja zu bürokratisieren.

Die Protestwelle führte aber auch dazu, dass selbst das »Geeinte Russland« inzwischen stärker die Interessen der Wähler berücksichtigen muss: Bei regionalen und Kommunalwahlen werden die Kandidaten der Partei nicht mehr nur aufgrund ihrer Verbindungen, sondern in einigen Fällen nach ihrer Wählbarkeit ausgesucht.[1] Wie schon mehrmals seit der Protestwelle gegen die Monetisierung Anfang 2005 solidarisierten sich auch Teile der loyalen Opposition mit der Bewegung, was vor allem in der Provinz zu Zerwürfnissen und Machtkämpfen innerhalb der Parteien führte.[2] Dennoch bleiben die strukturellen Faktoren, die den Protest mit bedingten, darunter die systematischen Wahlfälschungen, bestehen.

Die Massenproteste des Winters 2011/12 waren nicht nur die größten seit zwanzig Jahren, sie standen auch für eine Verjüngung und eine geographische Ausweitung der großstädtischen Protestkultur.

Die Schaffung kremlnaher Jugendorganisationen wie »Naschi« und die »Junge Garde des Geeinten Russland« Mitte des vergangenen Jahrzehnts repräsentierte nicht zuletzt eine Bemühung um die politische Loyalität der gerade erwachsen werdenden Alterskohorte, die in den letzten Jahren der Sowjetunion geboren wurde, vor dem dramatischen Geburtenrückgang der frühen Neunziger. Um 2008 machten die 18- bis 25-Jährigen immerhin fast 15 Prozent der Bevölkerung aus – nicht zu vergleichen mit dem Anteil Jugendlicher in den von Revolutionen geschüttelten Ländern des Nahen Ostens, aber doch etwas mehr als selbst in den USA. Die Demonstrationen lassen keinen definitiven Schluss darüber zu, ob dieses Vorhaben gescheitert ist. Dennoch sind in den Großstädten zum ersten Mal seit langem viele junge Menschen an den Protesten beteiligt, insbesondere Männer in den Dreißigern.[3]

Zudem erfasste die Geographie des gemeinsamen Protests gegen Wahlfälschungen nicht mehr nur die Millionenstädte, in denen etwa ein Fünftel der Bevölkerung lebt, sondern auch viele der kleineren Städte mit Einwohnerzahlen zwischen 250000 und einer Million, auf die ein ungefähr gleich großer Anteil entfällt.

Von einer flächendeckenden Bewegung kann keine Rede sein, doch hat sich in ihrem Zuge ein im Vergleich zu früher gewachsenes und diversifiziertes Protestmilieu gebildet, das auf jeden neuen Reiz mit neuer Mobilisierung reagiert und auf seinen Aktionen offizielle Darstellungen effektiv ins Gegenteil verkehrt: So konterten Protestierende im Januar 2013 mit einer Reihe symbolischer Aktionen die Auffassung, dass das kurz zuvor verabschiedete Adoptionsverbot für US-Amerikaner dem Schutz russischer Kinder dienen würde, und deuteten es als »Herodes-Gesetz« oder »Anti-Kinder-Gesetz« um. In Moskau zogen Tausende mit Porträts der Duma-Abgeordneten durch die Stadt, die mit dem Wort »Schande« überschrieben waren.

Dass ausgerechnet die Themen Kinder und Familie beide Seiten besonders zu mobilisieren vermögen, weist auf eine mögliche Schwäche der Protestbewegung hin. Viele der Demonstranten treten zwar für transparente, unpersönliche Regeln und ein rechtsstaatliches System ein; ja selbst die Forderung nach einer Art »liquid democracy« oder Demokratie 2.0, in der politische Repräsentanten größtenteils abgeschafft sind, wird von Demonstranten verschiedensten Alters und unterschiedlicher geographischer und sozialer Herkunft immer wieder erhoben. Es bleibt aber abzuwarten, ob offene horizontale Praktiken deliberativer Demokratie sich auch im Alltag der Protestierenden dauerhaft verankern, wie dies zum Beispiel in US-amerikanischen Bürgerrechtsbewegungen gelang.[4] Dies wird nicht zuletzt davon abhängen, ob die neuen Protestaktivisten, die nicht immer Rückhalt in der eigenen Familie finden, ausreichend starke Bindungen mit Gleichgesinnten aufbauen können, um sich auch über politische Durststrecken zum Weitermachen zu motivieren.

Enge Freundschaftsgruppen und Werte wie persönliche Loyalität sowie patriarchale Vorstellungen von Geschlechterrollen haben in Russland weiterhin große Bedeutung. Wird die Protestbewegung langfristig zum Entstehen einer Sphäre beitragen, in der persönliche Verbindungen weniger zählen als allgemeingültige Rechtsnormen? Es ist noch zu früh, Vorhersagen darüber zu treffen. Grundlegende Veränderungen in Russlands politischer

Kultur sind davon abhängig, ob Institutionen entstehen, die einen solchen Wertewandel tragen können – nicht aber von einem simplen Personalwechsel.

In der Aussicht auf einen solchen Wandel liegt das große Versprechen von Russlands neuer Protestkultur. Den Erfolg der Bewegung hingegen danach zu beurteilen, ob es ihr gelingt, Putin zu stürzen, wäre kurzsichtig. Solche Erfolgskriterien kann nur anlegen, wer gewaltfreie Protestbewegungen holzschnittartig als einen Kampf um alles oder nichts zwischen bösen Diktatoren und guten Demokraten ansieht.[5] Putins unvermeidlicher Abgang allein wird keines von Russlands großen Problemen lösen: weder die katastrophale Gesundheitslage noch die verbreitete Kultur der Gewalt, weder die Korruptionsanfälligkeit des Staats- und insbesondere des Gewaltapparats sowie der Justiz, weder die repressive Drogenpolitik noch den desolaten Zustand der Gefängnisse und Waisenhäuser, weder die unzulängliche Infrastruktur noch die Abhängigkeit vom Ressourcenexport, auch nicht den demographischen Schwund und das große wirtschaftliche und soziale Gefälle zwischen den verschiedenen Landesteilen. Vor allem ist ein Wechsel an der Machtspitze keine Garantie für die Entwicklung eines politischen Systems, in dem diese und andere Probleme auf eine Art gelöst werden können, die den Lösungen breite gesellschaftliche Legitimität garantiert.

Klar ist, dass ein Wandel des politischen Systems nur unter Mitwirkung zumindest eines Teils der derzeitigen Elite und insbesondere des von ihr kontrollierten Gewaltapparats möglich ist. Gerade hier aber liegen die taktischen Defizite der Protestbewegung, von der bislang nur wenige Initiativen zu einem Dialog mit dieser Elite und zu einer Vereinnahmung der Polizei ausgehen. Andererseits ist durch die Bewegung seit Dezember 2011 ein erneuertes Protestrepertoire entstanden, auf das im Falle einer Spaltung der politischen Elite sicher auch die zukünftigen Kontrahenten zurückgreifen werden. Tritt dieser Fall ein, wird sich zeigen, ob sich der Massenprotest zugunsten etablierter Politiker kanalisieren lässt, wie dies seit der Perestroika fast durchgehend der Fall war – oder ob sich die Protestierenden als eigenständige Subjekte konstituieren können, die in der Lage sind, Politikern Reformbedingungen zu diktieren.

Sollte es zu solchen strukturellen Veränderungen kommen, wird unvermeidlich ein Aspekt des Systems an Bedeutung gewinnen, der sich derzeit im Schlafzustand befindet: der Föderalismus. Die Befürworter von Putins zentralistischer, gewaltgestützter Politik der nationalen Einheit haben dahingehend recht, dass dieses System bestimmte Unterschiede nivelliert und weite Teile des Landes dadurch zusammenhält, wenn auch um den Preis eines auf Gewaltandrohung und persönlichen Loyalitäten basierenden klientelistischen Systems und eines Verlusts effektiver Kontrolle über Tschetschenien und andere Teile des Nordkaukasus. Ein territoriales Auseinanderbrechen des Landes ist zwar unwahrscheinlich, doch in einem föderalistischen System mit einer weniger durchsetzungsfähigen Zentralexekutive würden sicher nicht nur die wirtschaftlichen, sondern auch die politischen Unterschiede zwischen den verschiedenen Regionen wieder offener zutage treten, wie dies in anderen Bundesstaaten von Nigeria bis zu den USA der Fall ist. Dies würde zuallererst die Rolle der Gouverneure wieder aufwerten und nur in einigen Fällen zu mehr demokratischer Teilhabe der Bürger führen.[6]

Ich habe versucht, einen Einblick in Russlands neue Protestkultur zu geben und die seit Dezember 2011 entstandene Bewegung aus verschiedenen Blickwinkeln auszuleuchten. Meine Darstellung versteht sich nicht als definitives Porträt. In jedem Kapitel habe ich bewusst mehr Fragen gestellt, als ich beantworten konnte. Mit der Zeit und mit der Erschließung neuer Quellen werden einige Antworten anders ausfallen, als ich sie formuliert habe. Auf einige zentrale Aspekte konnte ich nur ansatzweise eingehen: So hätten sowohl die Justiz als auch die Medien, darunter das Internet, eine ausführlichere und systematischere Betrachtung verdient. Die enorm wichtigen lokalen Dynamiken und Unterschiede zwischen den Protestbewegungen in den Regionen konnten nur angedeutet werden. Zu den interessanten Dimensionen des Protests, denen sich nicht zuletzt die in Kapitel 5 vorgestellten Forscher widmen, gehören die Evolution seiner Sprache und die Entstehung neuer lokaler Beobachtergruppen.

Rückblickend wird die Bewegung notgedrungen in einem anderen Licht erscheinen. Seit ihrem Beginn und noch während ich dieses Buch schrieb, hat sich vieles in Russland und in der Protestbewegung verändert – Aktions- und Organisationsformen, Koalitionen und Konflikte, die politische Stimmungslage und bei vielen der Blick auf den nun schon mehr als ein Jahr zurückliegenden Anfang des Protests. Gerade deshalb war es mir wichtig, etwas von der Atmosphäre der ersten Protestmonate einzufangen und Entwicklungen zu beschreiben, die aus der Perspektive des Zeitgenossen wichtig erscheinen, auch wenn viele von ihnen sich im Rückblick als unbedeutend oder gescheitert herausstellen werden.

Das Buch sollte die Protestbewegung im Kontext der gesellschaftlichen und politischen Entwicklung in Russland beschreiben und zeigen, dass die Vorstellung von einer auf die Hauptstadt begrenzten, ja von einer privilegierten »Mittelklasse« getragenen Bewegung zu kurz greift. Es liefert aber kein Bild von Russlands Gesellschaft insgesamt, wie auch die Protestbewegung zwar weite Teile des Landes, aber jeweils nur einen Ausschnitt aus der Gesamtbevölkerung direkt betrifft – anders als der generelle Unmut, den die S. 238 f. zitierten Fokusgruppen-Studien dokumentieren. In einer Reihe landesweiter repräsentativen Umfragen zum Jahresende 2012 äußerten 30 Prozent der Befragten die Meinung, das vergangene Jahr habe in ihrer Umgebung Hoffnung aufkeimen und erstarken lassen; 37 Prozent jedoch sahen um sich herum Erschöpfung und Gleichgültigkeit. Nach den wichtigsten Ereignissen des Jahres befragt, nannten nur acht Prozent der Befragten die Proteste für faire Wahlen. An erster Stelle stand die Flutkatastrophe in Krymsk, die jedoch aufgrund des massiven Einsatzes von Freiwilligen kaum von der Protestbewegung zu trennen ist. Der Protest war für viele der an ihm Beteiligten, nicht aber für eine Mehrheit der Bevölkerung zu einem wichtigen Teil des Alltags geworden. Dennoch erwartete die Hälfte der Befragten im Jahr 2013 weitere Massenproteste, die auch tatsächlich nicht lange auf sich warten ließen.[7]

Der Protest in Russland erschöpfte sich nicht in der Bewegung für faire Wahlen und gegen Putin, ebenso wenig wie die gesellschaftliche und Mobilisierung überhaupt. Vor und nach den Dumawahlen und parallel zu den Massendemonstrationen fanden überall im Land auch immer wieder Kundgebungen anderer Art statt: von oben organisierte Pro-Putin-Demonstrationen und Umzüge diverser Parteien, Siegesfeiern zum 9. Mai und apolitische Massenfeste zu Stadtjubiläen und ähnlichen Anlässen. Es gab auch zahlreiche Proteste, die nur bedingt mit der Bewegung zu tun hatten: Demonstrationen gegen Immobilienbetrug, Aktionen zur Unterstützung des Finanzbetrügers Sergej Mawrodi, Proteste von Taxifahrern, Studenten oder Umweltschützern, Aktionen orthodoxer Eiferer, radikaler Nationalisten und vor allem im Nordkaukasus Demonstrationen und Anschläge von Islamisten. Die Bewegung für faire Wahlen hatte keinesfalls das gesamte Protestrepertoire für sich gepachtet. Am 19. Juli 2012 übergoss sich eine 57-jährige Frau im Nowosibirsker Bürgerbüro des »Geeinten Russland« mit Benzin und zündete sich an, um gegen einen Fall von Immobilienbetrug zu protestieren; zwei Tage später starb sie im Krankenhaus an ihren Brandwunden. Ohne Erfolg war sie bei unzähligen staatlichen Stellen und zwanzigmal bei der Partei vorstellig geworden.[8]

Auch diese anderen Formen von Mobilisierung und Protest sind inzwischen auf die eine oder andere Art auf die große Protestbewegung bezogen. Diejenigen, die zu ihnen greifen, müssen mit ihr um die Aufmerksamkeit der Medien und Behörden buhlen und entscheiden, ob sie die gemeinsamen Demonstrationen als Plattform für ihre Anliegen nutzen oder sich bewusst davon distanzieren. Ohnehin richtet sich die Bewegung seit Putins erneutem Amtsantritt nicht mehr nur gegen Wahlfälschungen, sondern hat eine zunehmend breitere Themenpalette: Die Übergänge zwischen dem Protest gegen Wahlfälschungen, den Präsidenten und die Duma einerseits und Aktionen gegen Umweltzerstörung, dichte Bebauung oder die Diskriminierung Homosexueller andererseits sind fließend, wenn auch nicht alle Themen konsensfähig. Nur allgemeine Slogans wie »Für faire Wahlen« taugen als Plattform für breite politische Koalitionen. Dennoch hat die große Mobilisierungswelle seit Dezember 2011 zur Folge, dass die Anliegen der verschiedensten Protestierenden inzwischen zunehmend klarer adressiert werden.

Schon seit Jahren rücken Russlands Behörden auch völlig apolitische Gruppierungen und Zusammenkünfte immer wieder in die Nähe von Extremismus und politischer Opposition. So protestierten im Juli 2008 in Krasnojarsk Jugendliche in Gothic- und Emo-Aufmachung dagegen, als Anhänger extremistischer Subkulturen gebrandmarkt zu werden; in Sankt Petersburg ist das 2012 verschärfte Versammlungsrecht schon gegen Michael-Jackson-Fans und Teilnehmer einer Schneeballschlacht zur Anwendung gekommen.[9] Dadurch werden immer mehr Menschen in den engen Raum gezwängt, den bereits Protestaktivisten und Oppositionelle bevölkern. Die neue Protestbewegung beeinflusst auch die Intensität und Formen der Gegenmobilisierung. Die viel diskutierte, aus dem Kreml gesteuerte Pro-Putin-Jugendbewegung »Naschi« unter Wassilij Jakemenko wurde im Sommer 2012 faktisch aufgelöst. Die Mitglieder neuerer politischer Vereinigungen, die an den zentral organisierten Pro-Putin-Demonstrationen teilnehmen, etwa die Sowjetnostalgiker aus Sergej Kurginjans »Das Wesen der Zeit«, sind nicht durchweg willige Parteisoldaten, sondern haben zum Teil durchaus ihre eigenen politischen Werte und Zielvorstellungen.

Abschließend bietet es sich an, die aktuelle russische Protestbewegung wenigstens ansatzweise im globalen Kontext zu verorten.

Ein wichtiges Phänomen, das nicht nur in Russland größere Beachtung als bisher verdient, ist die Schlüsselrolle einheimischer Wahlbeobachter sowohl beim Lostreten des Protests als auch bei seiner weiteren Institutionalisierung. Die Bedeutung der Beobachter muss auch deshalb unterstrichen werden, weil sie in den nordamerikanischen und westeuropäischen Ländern, auf die sich ein großer Teil der Forschung zu sozialen Bewegungen konzentriert, kaum eine Rolle spielen. In diesem Zusammenhang steht Russland eher in einer Reihe mit lateinamerikanischen, afrikanischen und asiatischen Staaten.

Beim Vergleich mit anderen Ländern der nördlichen Hemisphäre stechen zunächst Unterschiede ins Auge. Vor allem weist der Protest in Russland aus dieser Perspektive überraschende Lücken auf. Seine feministische Dimension ist nur sehr schwach ausgeprägt; Fremdenfeindlichkeit wird wenig problematisiert, ja von vielen Protestierenden durchaus geteilt; der Einsatz für die Rechte von Arbeitern, Angestellten und der Landbevölkerung ist ein Randthema, was einer Ausweitung des Protests im Wege steht.

Es gibt jedoch auch Parallelen. Die »alte« Arbeiterbewegung wurde – zumal in Westeuropa und Nordamerika – in der Nachkriegszeit allmählich von »neuen sozialen Bewegungen« wie der Umwelt- oder Friedensbewegung abgelöst, denen es weniger um Klassenkampf als um Identität ging; seit einigen Jahren sprechen Bewegungsforscher von »neuen neuen Bewegungen«, in denen der Netzwerkcharakter und die ständige interne Kommunikation zum Selbstzweck werden, weil sie Demokratie wieder erlebbar machen. Die Piratenparteien und die weltweiten Occupy-Lager gehören zu den Ausdrucksformen dieser Tendenz. Die Trennung zwischen alten, neuen und »neuen neuen« Bewegungen ist in der Realität weniger scharf, als es die analytische Abgrenzung nahelegt. Einige Beobachter machen darauf aufmerksam, dass alle drei Bewegungstypen zuweilen in demselben Raum zusammentreffen und miteinander verflochten sind, ja manchmal von denselben Menschen getragen werden.[10] Auch in Russland ist diese Gleichzeitigkeit des Ungleichzeitigen zu beobachten. Auf den Demonstrationen und in den Protestlagern seit Dezember 2011 kommen Demokratiemüdigkeit, Demokratisierungsbestrebungen und die Suche nach einer Postdemokratie zum Ausdruck. Zentral geführte politische Vereinigungen spielen weiterhin eine Rolle und werden durch das neue Parteiengesetz wieder aufgewertet, gleichzeitig steht die neue Protestkultur für eine Evolution hin zu einer horizontalen Netzwerkstruktur mit fein abgestufter Beteiligung sowohl bei oppositionellen Koalitionen als auch in den spontan entstandenen Internet-Gruppen, die für die Organisation vieler Aktionen zuständig sind. Jemand wie Alexej Nawalnyj steht für eine Kombination beider Prinzipien: Als öffentlicher Politiker neuen Typs besticht er sowohl durch seine Medienpersönlichkeit als auch durch vielfältige Angebote, sich jenseits traditioneller politischer Vereinigungen an Internet-Projekten zu beteiligen. Die Zusammensetzung ist eine andere als im Westen, im globalen Vergleich aber nur eine Spielart unter vielen. Mit Ländern wie Mexiko oder China verbindet Russland jedoch eine Besonderheit der politischen Ökologie: Selbst Vertreter radikaldemokratischer Gesellschaftsentwürfe laufen hier eher als in Schweden oder Spanien Gefahr, in die Mühlen der Rivalität zwischen politischen und wirtschaftlichen Eliten zu geraten, die Bürgerbewegungen mal schlicht unterdrücken, mal für ihre eigenen Zwecke vereinnahmen.[11]

Doch gerade deshalb spielen »neue neue Bewegungen« in solchen Ländern eine besonders wichtige Rolle: Hier sind die mit älteren Bewegungen verbundenen Institutionen oft gar nicht vorhanden, und durch den direkten Einfluss staatlicher Eliten auf die Informationslage erscheint die Gesellschaft dem Einzelnen oft undurchsichtig. Die neuen Gefühls- und Erkenntnisräume, die Aktivisten in Russland auf der Straße wie im Internet schaffen, fallen daher besonders ins Gewicht. Im Prozess der gesellschaftlichen Selbsterkenntnis, mehr als in ihren kurzfristigen Auswirkungen auf politische Systeme, liegt die Faszination und die Bedeutung solcher Bewegungen.

ABKÜRZUNGEN

DPNI   *Dviženie protiv nelegal'noj migracii*: Bewegung gegen illegale Migration

FSB   *Federal'naja služba bezopasnosti*: Föderaler Sicherheitsdienst

KPRF   Kommunistische Partei der Russländischen Föderation

LDPR   Liberaldemokratische Partei Russlands

NBP   Nationalbolschewistische Partei

OMON   *Otrjad mobil'nyj osobogo naznačenija* (früher: *Otrjad milicii osobogo naznačenija*): Sondereinsatztruppen der Polizei

DDoS   *Distributed denial of service*: eine elektronische Attacke, bei dem ein Server durch eine übermäßige Anzahl von Zugriffen lahmgelegt wird.

MBA   *Master of business administration*, international anerkanntes betriebswirtschaftliches Diplom

NGO   *Non-governmental organization*: Nichtregierungsorganisation

URL   *Uniform resource locator*, Adresse von Webseiten

ANMERKUNGEN

Auch in den Anmerkungen sind russische Namen und Wörter in der Duden-Umschrift angegeben, bis auf Quellenangaben, wo ich die wissenschaftliche Transkription verwende. Einzig kyrillische URLs lasse ich untransliteriert. Alle Online-Quellen habe ich im Januar 2013 überprüft.
Um Platz zu sparen, gebe ich bei Youtube-Videos nur die Video-ID an, z. B. »hFeb77eggis«. Das entsprechende Video kann durch Hinzufügen von »www.youtube.com/watch?v=« oder einfach »youtu.be/« angesteuert werden, also z. B. »www.youtube.com/watch?v=hFeb77eggis« oder »youtu.be/hFeb77eggis«.
Bei Webseiten und Blog-Einträgen gebe ich, falls bekannt, Titel, Autor und Publikationsdatum an; fehlt eine dieser Angaben, bedeutet dies, dass sie in der Quelle nicht vermerkt ist. Videos datiere ich nur dann, wenn das Datum der Aufzeichnung nicht im Kontext erwähnt ist oder wenn zwischen Aufzeichnungs- und Publikationsdatum ungewöhnlich viel Zeit liegt.

Prolog

1 Nicht jedoch an den afroamerikanischen Millionen-Mann-Marsch in der US-amerikanischen Hauptstadt am 16. Oktober 1995. – War in Moskau anfänglich von einem »Marsch der Million« im Singular die Rede, nannten ihn die meisten Kommentatoren später, ob mit oder ohne Ironie, »Marsch der Millionen«.

2 Eine Übersicht über die verschiedenen Gruppen findet sich im Blog des Journalisten Andrej Malgin: avmalgin.livejournal.com/3048988.html, eine interaktive Karte und Berichte von Teilnehmern des größten Autokorsos mit Foto-, Video- und Audiomaterial unter raznesi.info/avtoprobeg2012. Diese Webseite, die Koordinatoren und viele der Teilnehmer waren mit der esoterischen Volksheilerin und Verschwörungstheoretikerin Swetlana Peunowa verbunden, deren Partei »Freiheit« (Volja) am 5. Mai eine eigene kleine Kundgebung in Moskau veranstaltete und ihre Anhänger aufrief, den »Marsch der Millionen« zu ignorieren (5NWP1TK1dnU). Die Webseite der Spendeninitiative rosdesant.ru ist zum Zeitpunkt der Niederschrift nicht mehr zugänglich, wohl aber deren vkontakte-Gruppe vk.com/rosdesant sowie ein Video-Interview mit den Initiatoren vom 10.5.2012: yWTDmPmXMKU. Die Versuche, Teilnehmer an der Anreise zu hindern, sind vielfach dokumentiert. Zumeist waren die Polizei, die Verkehrspolizei oder die Zentren zur Extremismusbekämpfung (s. Kapitel 7, S. 325) daran beteiligt. Ein Expresszug aus Rjasan wurde ganz ausgesetzt. In Ufa wurde ein ganzer Bahnhof geräumt. Behinderungen bis

hin zu Verhaftungen meldeten auch Teilnehmer aus Astrachan, Jaroslawl, Rostow, Samara, Smolensk, Twer, Woronesh, Wolgograd und Wologda. (»Učastnikov ›marša millionov‹ snimajut s poezdov. Kak im probrat'sja v Moskvu?«, tvrain.ru/articles/uchastnikov_marsha_millionov_snimay ut_s_poezdov_kak_im_probratsya_v_moskvu-244495, 5.5.2012; Irina Novikova, »Opposiciju ne puskajut v Moskvu«, *Moskovskie novosti*, mn. ru/politics/20120505/317292982.html, 5.5.2012; Aleksandra Gromova, »Aktivistam, echavšim na ›Marš millionov‹, policejskie ne davali vyechat' iz Voroneža«. *Moë online*, www.moe-online.ru/news/view/241683.html, 6.5.2012; Evgenij Domožirov, »Ukradennye nomera, pokušenie na ubijstvo, arest avtobusa, obysk v poezde i dr. priključenija vologžan po puti na ›Marš milliona‹«. *Obščestvennoe dviženie ›Vmeste‹*, www.dvi zhenievmeste.com/archives/16883, 7.5.2012; ders. »Pravila neofeodaliz-ma. Poraženie v pravach«. *Obščestvennoe dviženie ›Vmeste‹*, www.dviz henievmeste.com/archives/18715, 4.6.2012; »Den' 9. Samara-Moskva. Voronež–PROVOKACIJA Policii«, raznesi.info/blog/post/3013, 3.5.2012; Konstantin Smirnov, »Naduvnaja krovat', prekrati vorovat'«. *Novaja gazeta. Rjazanskij vypusk*, novgaz-rzn.ru/nomer10052012_18/730.html, 10.5.2012). Solche Methoden haben Tradition: Bereits zu sowjetischen Zeiten wurden sie gegen Dissidenten, protestantische Christen oder aus-reisewillige Juden angewandt (s. Ljudmila Alekseeva, *Istorija inakomys-lija v SSSR. Novejšij period*, Benson, VA: Khronika Press 1984, S. 157, 198, 305). Die Berichte über Einberufung zum Wehrdienst als Strafe (»Mos-kovskie voenkomaty gotovjatsja zabrat' v armiju zaderžannych s 6 po 9 maja oppozicionerov«, www.polit.ru/news/2012/05/05/army, 5.5.2012; »Bolee 100 zaderžannym na ›Marše millionov‹ vručeny povestki v armi-ju«, www.rosbalt.ru/moscow/2012/05/07/978330.html«, 7.5.2012) wur-den offiziell dementiert (»Voenkomaty ne polučali ukazanij vručat' po-vestki zaderžannym na akcijach«, ria.ru/society/20120506/642875767. html, 6.5.2012). Allerdings werden auch solche Maßnahmen häufig an-gewandt. Ein Fall aus einer Kleinstadt im Ural wird in Kapitel 9 geschil-dert.

3 Offiziell angemeldet hatten die Veranstaltung Sergej Udalzow (»Linke Front«), Nadeshda Mitjuschkina und Sergej Dawidis (»Solidarnost«), Igor Bakirow (»Weißes Band«) und die Anwältin Jelena Lukjanowa (Kom-munistische Partei der russländischen Föderation, KPRF). Bis auf Mi-tjuschkina und Bakirow handelte es sich durchweg um studierte Juristen. Zum Vergleich: Zu den offiziell Verantwortlichen für die Großkund-gebung auf dem Sacharow-Prospekt in Moskau am 24.12.2011 zählte ne-ben Dawidis, Mitjuschkina und Udalzows Frau Anastassija auch der Journalist Sergej Parchomenko; dem tatsächlichen Organisationskomi-tee, dessen Sitzungen auf rusotv.org und der Webseite des Magazins

Bolschoj gorod (bg.ru) live gesendet wurden, gehörten weiterhin die Politiker Gennadij Gudkow, Jelena Lukjanowa, Boris Nemzow, Wladimir Ryschkow, der Blogger Alexej Nawalnyj, der Journalist Jurij Saprykin und der Schriftsteller Boris Akunin an. Auch die Demonstration am 4.2.2012 wurde neben Nemzow, Ryshkow und Udalzow sowie der Öko-Aktivistin Jewgenija Tschirikowa von Dmitrij Bykow angemeldet, einem bekannten Schriftsteller und Journalisten; in der Öffentlichkeit trat die »Wählerliga« als Organisationskomitee auf. Die Organisatoren des Aufmarschs vom 5.3.2012 waren Bakirow, Bykow, Davidis, Lukjanowa, Mitjuschkina, Parchomenko und Udalzowa. Die Wählerliga wurde im Januar 2012 ins Leben gerufen, zu ihren Gründern gehörten neben den bereits erwähnten Akunin, Bykow und Parchomenko die bekannten Blogger Rustem Adagamow, Ilja Warlamow und Dmitrij Iwanow, die Journalisten Leonid Parfjonow und Olga Romanowa, die Musiker Georgij Wassiljew und Jurij Schewtschuk, die Ärztin Jelisaweta Glinka, die Fernsehmoderatorin Tatjana Lasarewa, der Politologe Dmitrij Oreschkin, die Schriftstellerin Ljudmila Ulizkaja sowie die Bürgerrechtler Jelena Tichonowa und Pjotr Schkumatow. Quellen: zum 24.12.2011: »Oppozicija podala zajavku na 50-tysjačnyj marš v Moskve«, lenta.ru/news/2011/12/12/newone, 12.12.2011; »Miting 24 dekabrja na prospekte Sacharova«, www.facebook.com/events/231653370237319; zum 4.2.2012: »Zajavitelej subbotnej akcii ›Za čestnye vybory‹ vyzyvajut v policiju«, www.ridus.ru/news/21024; zum 5.3.2012: »Zakon isključennogo tret'ego. Zajaviteli mitinga 5 marta soglasny tol'ko na Lubjanku ili Manežnuju«, grani.ru/Politics/Russia/activism/m.195971.html, 27.2.2012; zum 6.5.2012: »Podana zajavka na provedenie Marša Millionov 6 maja«, www.leftfront.ru/48E5438F90F59/4F958970A6974.html, 23.4.2012. Zur Wählerliga: »Deklaracija. O sozdanii Ligi izbiratelej«, www.ligaizbirateley.ru/pages/declaration.html.

4 Siehe dazu die Aufzeichnung der Pressekonferenz des Bündnisses vom 4. Mai: 8jd44tLnSo8. Links zu den vorherigen Aufrufen und Pressekonferenzen des Bündnisses, das sich um die Aktivisten Julia Kasakowa und Igor Mandarinow formiert hatte, finden sich in den Blogs dieser beiden ab Anfang April 2012: anima-pura.livejournal.com und mandarinov.livejournal.com. Der »Marsch der Millionen« sollte ursprünglich die Twerskaja-Straße zum Manegenplatz hinunterziehen, die tatsächliche Route war ein Kompromissvorschlag der Organisatoren (Ekaterina Savinova, Ol'ga Kuz'menkova, Aleksandr Artem'ev, »Bolotnaja 3.0«, www.gazeta.ru/politics/2012/05/03_a_4571373.shtml, 3.5.2012).

5 So etwa die liberale Publizistin und Wirtschaftswissenschaftlerin Irina Jassina (yasina.livejournal.com/851722.html, 6.5.2012) oder der national-liberale Politiker Wladimir Milow, der gerade im Begriff war, seine Par-

tei »Demokratische Wahl« zu registrieren (»Vesennee oppozicionnoe«, v-milov.livejournal.com/372795.html, 25. 4. 2012).

6 »Teper', čto budet 6 maja«, limonov-eduard.livejournal.com/212088.html, 5. 5. 2012. Bereits in der Nacht zum 7. Mai gab Limonow jedoch seine Begeisterung über den Sitzstreik auf dem Marsch und über die anschließenden Zusammenstöße kund: »Davno by tak!«, limonov-eduard.livejour nal.com/212583.html, 7. 5. 2012.

7 S. ein Video von der Aktion: www.dailymotion.com/video/xq07d9_6-yyy-yyyyyyyyyyy-yyyyyyy-yyyyyyy-yyyyyyy-yyyyy-yyyyy_news.

8 Berichte über die Veranstaltung: Michail Zacharov, »Kak ja chodil na puting«, *polit.ru*, polit.ru/article/2012/05/07/puting, 7. 5. 2012; 03Wiydo1OyY (Interviews des Fernsehsenders *Doshd*). Video und Transkript des Berichts aus dem staatlichen *Ersten Kanal* sind hier einsehbar: opinionblog.ru/mitingi-na-poklonnoy-i-bolotnoy, 6. 5. 2012. Einige der angekündigten Redner erfuhren erst am Vortag von Journalisten, dass sie auf der Veranstaltung sprechen würden: Andrej Polunin, »Poklonnaja vs Bolotnaja-2: Uže na grani farsa«, *Svobodnaja pressa*, svpressa.ru/society/article/55083, 5. 5. 2012.

9 *BBC*: »Moscow clashes at anti-Putin protests«, www.bbc.co.uk/news/world-europe-17975862, 6. 5. 2012. Pomeschtschenko: jedimik.wordpress.com/2012/05/07/surv_rally. Eine andere detaillierte Analyse anhand von Karten- und Fotomaterial kommt auf etwa 50 000 Teilnehmer: »Skol'ko ljudej prišlo na ›marš millionov‹ 6 maja?«, dender100.live journal.com/6661.html und dender100.livejournal.com/7591.html, 8. 5. 2012.

10 Hinzu kamen Gerüchte, die Verzögerungen gingen auf Konflikte innerhalb des Organisationskomitees zurück: Grigorij Tumanov, »V ›Marše millionov‹ ne chvataet nulej«, *Kommersant*, www.kommersant.ru/doc-y/1927823, 3. 5. 2012.

11 »Nacionalisty na ›marše millionov‹ i posle nego v Moskve«, www.sova-center.ru/racism-xenophobia/news/racism-nationalism/2012/05/d24363, 6.5. und 9. 5. 2012.

12 »Es war ausgezeichnet, klasse! Bis zum Morgen haben sie uns gejagt. Gejagt, geschlagen, auf die Wache gebracht, unsere Daten aufgenommen, uns wieder freigelassen.« Interview mit einem 25-jährigen Rocker, der als Schlosser in der Metallindustrie arbeitet, Tscheljabinsk, 15. 9. 2012.

13 »Boevoe krylo dviženija ›Naši‹. Kto organizoval besporjadki 6 maja?«, d-lindele.livejournal.com/134479.html (22. 5. 2012).

14 Meine Beschreibung der Ereignisse beruht neben einer Auswertung der folgenden und einiger anderer Quellen auf eigenen Beobachtungen vor Ort während des »Marschs« und der darauffolgenden Zusammenstöße. Zur Kontroverse um die angemeldeten Teilnehmerzahlen und die Sper-

rung des Zugangs zum Platz als Grund für die folgenden Zusammenstöße s. aus Sicht der Demonstranten die umfangreiche Sammlung von Fo-
to-, Video- und Kartenmaterial sowie Berichten von Augenzeugen unter
»Čto proizošlo na Bolotnoj«, www.sarov.net/news/?id=26068, 7. 5. 2012.
Eine detaillierte Analyse liefert zudem Sergej Brjušinkin, »Kto organizoval massovye besporjadki na Bolotnoj«, occupy-abay.livejournal.com/
124246.html, 15. 5. 2012. S. auch die ausgewogen kommentierte Fotorepor-
tage des bekannten Bloggers Rustem Adagamow: »Šestvie 6 maja: kak
ėto bylo«, drugoi.livejournal.com/3726914.html, 7. 5. 2012. Eine gegen-
teilige Position vertreten der Journalist Sergej Minajew und der Galerist
und Politberater Marat Gelman in diesem über fünfstündigen Live-Vi-
deo-Mitschnitt: asrpS 1ToJ4g. Offizielle Sichtweisen präsentierten zudem die staatlichen Fernsehsender *Erster Kanal* (55huXW3rvRw, 13. 5.
2012, ebenfalls mit Karten), RT (BjHK30UL9s8, 6. 5. 2012) und *Moskau
24* (Qd50UueoF9M und CubiSzNWX4I, 12. 5. 2012). Nützlich ist die Zusammenstellung im Blog-Eintrag »Bunt biotualetov vmesto ›Marša millionov‹«, politrash_ru.livejournal.com/82614.html (7. 5. 2012), deren Autor, der oppositionskritische Blogger Stanislaw Apetjan, den Radikalen
unter den Demonstranten die Schuld an den Zusammenstößen gibt und
das Vorgehen der Polizei im Vergleich zu westlichen Vorbildern als milde
einstuft.
Die Kontroverse dreht sich unter anderem um die Frage, ob die Zusammenstöße durch den Sitzstreik oder die brutale Reaktion des OMON
ausgelöst wurde und ob der Sitzstreik für diesen Moment geplant war
oder eine ähnliche Aktion erst nach dem offiziellen Ende der Demonstration beginnen sollte. Eine Diskussion hierzu findet sich u. a. im Blog
der Oppositionspolitikerin Jewgenija Tschirikowa: »Razgon protesta
na Bolotnoj – video i foto«, jenya-khimles.livejournal.com/82208.html
(7. 5. 2012). Chroniken der Ereignisse auf dem Marsch in Echtzeit führten
u. a. die Webseite lenta.ru (lenta.ru/chronicles/marsh/), die kremlkriti-
sche Zeitung *Nowaja gaseta* (www.novayagazeta.ru/politics/52457.html),
die staatliche Nachrichtenagentur *RIA-Novosti* (ria.ru/society/20120506/
642656551.html) und die ebenfalls staatliche US-amerikanische Webseite
Voice of America (www.golos-ameriki.ru/content/may-6-protest-rus-
sia-150311235/665012.html).

15 Für diesen Hinweis danke ich Alexej Koslow aus Woronesh (nicht mit
dem später erwähnten Geschäftsmann gleichen Namens identisch).

16 »OMON vorvalsja v kafe ›Žan-Žak‹ v centre Moskvy i perevernul stoly,
zaderživaja posetitelej.« www.gazeta.ru/politics/news/2012/05/07/ n_
2331573.shtml, 7. 5. 2012.

17 Fotos aus dem Lager, darunter ein Beispiel eines Vorlesungsverzeichnis-
ses, finden sich z. B. bei Rustem Adagamow: »Guda baj, Okkupaj Abaj!«,

drugoi.livejournal.com/3730787.html, 16.5.2012, Auszüge aus der Vorlesung von Ejdelman unter www.novayagazeta.ru/comments/52599.
html (15.5. 2012, bereits im September 2012 nicht mehr zugänglich), ein
Video von … Kusnezows Vorlesung unter оккупайабай.рф/?p=712
(15.5.2012). Einsehbar ist auch eine Vorlesung des Kunsttheoretikers
Boris Groys vom 2. Juni: www.gogol.tv/video/457.

18 Viele der Lager sind in dieser Reportage mit Foto- und Videomaterial
dokumentiert: »Okkupaj‹ prochodit kak chozjain«, grani.ru/Politics/
Russia/activism/m.197729.html, 15.5.2012. Zu Wologda s. Jevgenij Domožirov, »Belolentočnye progulki po Vologde«, www.dvizhenievmeste.
com/archives/17256, 14.5.2012; ders. »#OkkupajVologda«, www.dvizhe
nievmeste.com/archives/17476, 17.5.2012. Zu den Tscheljabinsker Treffen s. vk.com/occupyorlenok.

19 »VNIMANIE: smertel'nyj attrakcion ›KONTROL'NAJa PROGULKA‹!«
borisakunin.livejournal.com/62269.html. Boris Akunin ist das Pseudonym des Redakteurs, Schriftstellers und Übersetzers japanischer Literatur Grigorij Tschchartischwili.

20 15000 Teilnehmer nach Angaben des *Guardian* und einiger Veranstalter;
»bis zu 2000« nach offiziellen Angaben. (Miriam Elder, »Russian protests: thousands march in support of Occupy Abay camp«, www.guardi
an.co.uk/world/2012/may/13/russian-protests-march-occupy-abay, 13.5.
2012; »GU MVD ocenilo čislo učastnikov ›Kontrol'noj progulki‹ v 2000
čelovek«. www.vedomosti.ru/politics/news/1735026/gu_mvd_ocenilo_
chislo_uchastnikov_kontrolnoj_progulki_v_2000, 13.5.2012).

21 Beispiele: Moskau: RdQugVou4MY; Sankt Petersburg: www.nr2.ru/
northwest/389455.html; Tscheljabinsk: lM0Eb_FGxuk.

22 Grigorij Golosov, »Miting 15 sentjabrja: čto novogo?«, slon.ru/russia/
miting_15_sentyabrya_chto_novogo-829277.xhtml, 17.9.2012. Ähnlich
äußerte sich auf dem »Marsch der Millionen« vom 15.9.2012 auch Nawalnyj (_3njkbu0Ol4, s. auch »eto rabota«, navalny.livejournal.com/
735494.html, 17.9.2012) sowie Akunin in seinem Blog: »Normal'naja de-
monstracija«, borisakunin.livejournal.com/75274.html, 16.9.2012.
Zur zentralen Rolle von Emotionen in der Entstehung und Entwicklung
(aber auch in der Verhinderung und dem Niedergang) sozialer Bewegungen s. Jeff Goodwin, James M. Jasper, Francesca Polletta (Hrsg.), *Passion-
ate politics: emotions and social movements*, Chicago/London: Chicago
University Press 2001; das Themenheft »Emotions and Contentious
Politics« der Zeitschrift *Mobilization* (2/2002, herausgegeben von Ron
Aminzade und Doug McAdam) sowie insbesondere Helena Flam, Debra
King (Hrsg.), *Emotions and Social Movements*, Abingdon: Routledge
2005 und Deborah B. Gould, *Moving politics: emotions and ACT UP's
fight against AIDS*, Chicago: University of Chicago Press 2009.

23 »Deputata Gennadija Gudkova lišili mandata«, polit.ru/article/2012/09/
14/gudkov-mandat, 14. 9. 2012. S. dazu ausführlicher Kapitel 7, S. 313-
315. Auch auf Gudkows Fraktionskollegen von der Partei »Gerechtes
Russland« – seinen Sohn Dmitrij Gudkow sowie Ilja Ponomarjow – wurde Druck ausgeübt, ihre Mandate niederzulegen (»Gudkova i Ponoma-
rëva chotjat lišit' mandatov«, finam.info/news/gudkova-i-ponomareva-
chotyat-lishit-mandatov, 15. 5. 2012; »Dumskaja komissija rekomendova-
la lišit' Ponomarjova slova na mesjac«, grani.ru/Politics/Russia/Parliame
nt/Duma/m.206703.html, 24. 9. 2012).

24 Ivan Žilin, »Policija s utra vedet obyski v kvartirach oppozicionerov«
(onlajn chronika), www.novayagazeta.ru/politics/53021.html, 11. 6. 2012.

25 Ermittelt wird zum Zeitpunkt der Niederschrift gegen Wladimir Aki-
menkow, Oleg Archipenkow, Andrej Barabanow, Maria Baronowa, Fjodor Bachow, Jaroslaw Belousow, Alexandra Duchanina, Stepan Simin,
Nikolaj Kawkasskij, Alexander Kamenskij, Leonid Kowjasin, Michail
Kosenko, Sergej Kriwow, Maxim Lusjanin, Denis Luzkewitsch, Alexej
Polichowitsch, Artjom Sawjolow und Richard Sobolew. Alle Angeklagten gehören den Jahrgängen 1975 bis 1994 an, waren also zum Zeitpunkt
des »Marsches« zwischen 18 und 37. (Die einzige Ausnahme bildet der
Ingenieur und liberale Aktivist Kriwow, Jahrgang 1961, der erst am
18. Oktober verhaftet wurde, nachdem die Ermittler ihn zunächst als
Zeugen befragt hatten.) Unter den Angeklagten waren neben Menschen, die sich als apolitisch bezeichneten, sowie mehreren Anarchisten
und Sozialisten auch drei Ultranationalisten. Als Erster wurde am
9. 11. 2012 der Unternehmer und Bodybuilder Maxim Lusjanin zu viereinhalb Jahren Haft verurteilt, nachdem er seine Schuld eingestanden
hatte.
Über das Schicksal der Angeklagten informieren die Webseiten bolot-
noedelo.info und 6may.org. Eine anschauliche Timeline der Verfahren
veröffentlichte am 17. 8. 2012 die Webseite gazeta.ru: »Bolotnoe delo«,
www.gazeta.ru/politics/infographics/bolotnoe_delo.shtml. Nachrichten zu staatlichen Sanktionen gegen Bürgerrechtler, Protestaktivisten,
Oppositionelle und Journalisten unterschiedlichster Gesinnung sammelt
hroniki.info.

26 Auch zu diesem Aspekt danke ich Alexej Koslow für seine Erläuterungen. Der »Prozess des 6. Mai« verschmolz seit Herbst 2012 mit den Ermittlungen im Zusammenhang mit der *Anatomie des Protests*, einem Enthüllungsfilm des Senders NTW, der die angeblichen Massenunruhen am
6. Mai als bewusste Provokation russischer Oppositioneller im Auftrag
eines georgischen Politikers und Magnaten darstellte.

27 Natal'ja Zvjagina, »Pervye protestnye akcii po novomu zakonu prošli v
Voroneže«, www.ridus.ru/news/36105, 10. 6. 2012. Die »Protestspazier-

gänge« waren jedoch keine Erfindung der neuen Bewegung: Bereits im April 2007 hatten Organisatoren der »Dissensmärsche« eine dieser Veranstaltungen in Moskau in eine »Stadtführung« zum Thema »Waffentaten des OMON« umgewandelt, die prompt durch die solchermaßen geehrte Einsatzpolizei aufgelöst wurde. S. Irina Belaševa, »Progulka ›nesoglasnych‹«, vremya.ru/2007/71/4/176782.html, 23. 4. 2007.

28 Kirill Gončarov, »#OkkupajKuban'«, youthyabloko.ru/ru/blogs/63-kirill-goncharov/243-occupykuban.html, 14. 8. 2012; »#Okkupaj Kuban': My ne ujdem!«, goncharov-kiril.livejournal.com/71746.html, 6. 9. 2012; Natal'ja Dorochina, »Zaderžannye v Kudepste graždanskie aktivisty segodnja predstanut pered sudom«, www.kavkaz-uzel.ru/articles/212573, 14. 9. 2012.

29 Was ich hier als »Protestkultur« bezeichne, ist mit den national unterschiedlichen »repertoires of contention« verwandt, deren Untersuchung Charles Tilly initiierte (s. z. B. sein Buch *Regimes and Repertoires*, Chicago: Chicago University Press 2006). Eine komplexere Perspektive auf den Moment, die Bedingungen und die Modalitäten des Austritts aus der vertrauten Lebenswelt in die Öffentlichkeit und den Weg von der ersten Anspannung zum Protest bietet Laurent Thévenot, *L'action au pluriel: sociologie des régimes d'engagement*, Paris: La Découverte 2006.

30 Diese generellen Beobachtungen zum Wandel der Protestkultur stützen sich u. a. auf die Untersuchungen von Graeme Robertson, *The politics of protest in hybrid regimes: managing dissent in post-communist Russia*, New York: Cambridge University Press 2011 und Untersuchungen des Instituts für kollektive Aktion in Moskau (Karin Kleman [Carine Clément], Ol'ga Mirjasova, Andrej Demidov, *Ot obyvatelej k aktivistam. Zaroždajuščiesja social'nye dviženija v sovremennoj Rossii*, Moskva: Tri kvadrata 2010). Weitere Studien von Iwan Klimow sowie konkrete Einzeluntersuchungen werden darüber hinaus in den Anmerkungen zu Kapitel 3 erwähnt (s. S. 403-409).

31 Den Begriff prägte Wolfgang Kraushaar, *Der Aufruhr der Ausgebildeten: Vom Arabischen Frühling zur Occupy-Bewegung*, Hamburg: Hamburger Edition 2012.

32 Diese Beispiele sind nicht aus der Luft gegriffen. Andrej Issajew, einer der Vorsitzenden des »Geeinten Russland«, war Ende der achtziger Jahre prominenter Aktivist der Konföderation der Anarcho-Syndikalisten. Gleb Pawlowskij, der als »Polittechnologe« Putins Aufstieg zur Macht mitverantwortete, ist inzwischen regelmäßig auf Protestumzügen anzutreffen. Der ehemalige KGB-Offizier Gennadij Gudkow, der im September 2012 sein Abgeordnetenmandat verlor, wurde durch eine scharfe Rede im Parlament kurz vor der Dumawahl zu einer Galionsfigur der Protestbewegung (s. Kapitel 7). Der Bürgermeister der Chemiestadt

Dsershinsk bei Nishnij Nowgorod, Viktor Sopin, gab aus Protest gegen seine drohende Entlassung durch den Gouverneur am 21. September 2012 seinen Austritt aus der Regierungspartei »Geeintes Russland« bekannt und sprach bereits zwei Tage später auf einer Kundgebung mit mehreren hundert Teilnehmern, um entgegen den Plänen dieser Partei den Erhalt direkter Bürgermeisterwahlen zu fordern. An der Kundgebung nahmen auch oppositionelle Vereinigungen teil, die zuvor bei den Demonstrationen für faire Wahlen in der Gebietshauptstadt dabei gewesen waren. (Im November wurde Sopin seines Amtes enthoben.) Es handelte sich um eine für Russland klassische Demonstration zugunsten eines Mitglieds der politischen Elite, die jedoch durch die Verbindung mit dem Protest für faire Wahlen in einen neuen Kontext gerückt wurde. (S. zu der Demonstration: »V Dzeržinske mèr vyšel iz ›Edinoj Rossii‹, vystupil za vybory i podderžal miting«, www.newsru.com/russia/23 sep2012/dzershinsk.html, 23. 9. 2012.)

33 Den Begriff der »Bewegung in der Schwebe« prägte für den US-amerikanischen Kontext Verta Taylor: »Social movement continuity: the women's movement in abeyance«, *American Sociological Review*, vol. 54, no. 5, Oct. 1989, S. 761-775.

34 Einen Überblick über die Möglichkeiten und Tücken der quantitativen Analyse von Protestereignissen bieten Ruud Koopmans und Dieter Rucht, »Protest Event Analysis«, in: Bert Klandermans, Suzanne Staggenborg (Hrsg.), *Methods of social movement research*, Minneapolis/ London: University of Minnesota Press 2002. Bestehende Datenbanken basieren zumeist auf Presseberichten, wie die im zitierten Artikel vorgestellte PRODAT-Datenbank zu Protesten in der BRD oder für den (post-)sowjetischen Kontext die Datensammlung von Mark Beissinger (*Nationalist mobilization and the collapse of the Soviet state*, Cambridge: Cambridge University Press 2002). Graeme Robertson nutzt in seinem bereits erwähnten Buch stattdessen Daten des russischen Innenministeriums, die allerdings nur für die Jahre 1997-2000 vorliegen, für die weitere Zeit u. a. die notorisch unzuverlässige Streikstatistik der staatlichen Statistikbehörde. Der Vorteil unserer Methode liegt darin, dass Daten nicht nur aus sekundären Quellen, sondern auch direkt von Augenzeugen aufgenommen werden. Dies erlaubt uns nicht nur, Lücken in offiziellen und Presseberichten zu füllen, sondern auch die von Organisatoren deklarierten Ziele der Veranstaltungen durch den Vergleich mit individuellen Teilnehmer-Perspektiven zu relativieren.

Kapitel I

1 Zur Entstehung des Sambo s. A. A. Charlampiev, *Sistema SAMBO. Sbornik dokumentov i materialov, 1933-1944*, Moskva: Žuravlev 2003. Zur Sambo-Karriere des Wladimir Putin, der dreimal die Leningrader Sambo- und einmal die Judo-Meisterschaft gewann, s. *Zaslužennye: neizvestnye archivy sambistov*, Moskva: Ural'skij rabočij 2008. Putins Judo-Lehrbuch: Vladimir Putin, Vasilij Šestakov, Aleksej Levickij, *Učimsja dzjudo s Vladimirom Putinym: učebno-praktičeskoe posobie dlja trenerov i sportsmenov*, Moskva: OLMA-Press 2002.

Die Reden Putins und Medwedews auf dem 12. Parteikongress des »Geeinten Russland« sind hier zu sehen: ria.ru/video/20110924/442337317. html; Transkripte: news.kremlin.ru/news/12802/print (jeweils 24.9. 2011). Videos von Putins Auftritt im Ring: armHReCvlP4; piter.tv/ event/Putina_osvistali_posle_b; 16qQWPCMo3U (jeweils 20.11.2011).

Die Angaben zu Kira Sokolowa beruhen auf einem Interview mit ihr vom 18.9.2012 und elektronischer Korrespondenz im Oktober 2012 sowie anderen Interviews aus Tscheljabinsk, vor allem mit einem örtlichen Politikwissenschaftler und Protestaktivisten (16.9.2012). Zu den Wahlfälschungen in der Schule Nr. 13 s. Maksim Bočarov, »I probil čas«, www.itogi74.ru/index.php?name=pages&op=view&id=47 (15.12.2011); Videos von den Ereignissen: F-ivBrK0aTo und 41fqbu9lYSY (jeweils 5.12.2011).

Ein Fotoalbum von der Demonstration in Tscheljabinsk am 10.12.2011: vk.com/album-32831209_148625716 (10.12.2011); zum Vergleich Erinnerungen mit Fotos der Demonstrationen vom 19. bis 21.8.1991; auf einer davon waren angeblich 20000 Menschen anwesend: »Avgust 91-go: kak eto bylo«, *Čeljabinskij rabočij*, 18.8.2001. www.mediazavod.ru/artic les/4511 und chelchel-ru.livejournal.com/798113.html (17.8.2012). Ebenfalls interessant als Vergleichsbasis ist Stephen Kotkins detaillierte Studie zum politischen Leben in Magnitogorsk, der zweitgrößten Stadt des Gebiets, während der Perestroika: Stephen Kotkin, *Steeltown, USSR. Soviet society in the Gorbachev era*, Berkeley: University of California Press 1992.

Die Demonstration vom 10.12. meldete in Tscheljabinsk neben der Bürgerrechtlerin Walerija Prichodkina auch der Regisseur Artjom Solomenin an, der der kremlnahen Jugendorganisation »Naschi« angehören soll. S. dazu »Vserossijskaja akcija protiv fal'sifikacij na vyborach. 10.12.2011. Čeljabinsk. Kak ėto bylo«, aksyalevikova.livejournal.com/1747.html und Kirill Artjuchov, »V Čeljabinske sostojalsja miting ›Ėti vybory – fars!‹«, democratia2.ru/group/6afo4e10-185e-4b89-8ead-11595bod3c48/ content (jeweils 10.12.2011). Artjuchows Bericht enthält viele weitere

Fotos von der Demonstration und beziffert die Teilnehmerzahl auf »bis zu 4000«; Ajvar Valeev spricht von 2500: »Sobytija, slučivšiesja pod zanaves 2011-go v Rossii, pozvoljajut predpoložiť: kak ran'še – uže ne budet«, mediazavod.ru/articles/110190, 29.12.2011.
Zu Wahlfälschungen bei den vorgezogenen Bürgermeisterwahlen in Slatoust am 20.5.2012 s. »V Zlatouste prochodjat vybory mera. Nabljudateli soobščajut o mnogočislennych narušenijach«, www.nr2.ru/387479.html, 20.5.2012. – S. auch Fotos und Berichte von OccupyOrlenok: vk.com/occupyorlenok.

2 »Putin kaputt«: hFeb77eggis. Das Lied wurde auch auf Demonstrationen gespielt, z.B. in Kaliningrad am 17.11.2011: Em3G5BSvGZk.

3 Ich verwende hier bewusst die bis heute gebräuchliche sowjetische Terminologie: Im Geschichtsbild der meisten Menschen in Russland beginnt der Krieg nicht mit der Besetzung Chinas durch Japan oder Hitlers Überfall auf Polen, sondern erst mit dem Einmarsch der Wehrmacht in die Sowjetunion. Daher handelt es sich um den Großen Vaterländischen Krieg und nicht um den Zweiten Weltkrieg. Auch die Bezeichnung »nationalsozialistisch« für Hitlerdeutschland ist weitaus weniger gebräuchlich als die durch eine immense kulturelle Produktion mit Assoziationen gefüllte Bezeichnung »faschistisch«.

4 Das Lewada-Zentrum fragte seit Dezember 2007 in nationalen repräsentativen Umfragen u.a. »Wer hat in Russland tatsächlich die Macht?« (Vor Medwedews Wahl war die Frage im Futur formuliert.) Mögliche Antworten waren »Medwedew«, »Putin« und »beide gleichermaßen«. In den Monaten vor Medwedews Wahl und Vereidigung, also zwischen Februar und April 2008, entschieden sich 20 bis 22 Prozent der Befragten für Medwedew, ansonsten bewegte sich dieser Wert zwischen 9 und 16 Prozent. Gefragt, ob Medwedew selbständig handle oder von Putins Umgebung kontrolliert werde, billigten Medwedew im Januar 2010 23 Prozent Eigenständigkeit zu. Bis November 2010 kletterte dieser Wert auf 45 Prozent, bevor er wieder sank (»Tandem Putina i Medvedeva«, www.levada.ru/03-10-2011/tandem-putina-i-medvedeva, 3.10.2011). Diese Zahlen scheinen darauf hinzuweisen, dass Medwedew zwar kaum je als tatsächlicher Machthaber gesehen wurde, viele jedoch eine eigenständige Rolle für ihn wünschten und diese Hoffnungen schließlich zunehmend aufgaben. Allerdings sollten diese Umfrageergebnisse, wie andere ihrer Art, nicht überinterpretiert werden – allein schon aufgrund des geschlossenen Charakters der Fragen, die überhaupt nur die Männer an der Spitze von Staat und Regierung als mögliche Machthaber zulassen und komplexere Vorstellungen vom Machtgefüge im Land aussieben.

5 Einen prägnanten Ausdruck dieser Hoffnungen und ihrer Enttäuschungen liefert der liberalkonservative Journalist und Blogger Aleksandr

Schmeljow: Aleksandr Shmelëv, »Kogda-to ja golosoval za Putina (c)«, shmelev.livejournal.com/101952.html, 7. 10. 2012.

6 Henry E. Hale, »The myth of mass Russian support for autocracy: public opinion foundations of a hybrid regime«, *Europe-Asia Studies*, vol. 63, no. 8, S. 1357-1375, October 2011.

7 Eine solche Direktschaltung fand in jedem Jahr außer 2004 und 2012 statt, als sie jeweils durch eine lange Pressekonferenz ersetzt wurde.

8 Am 1. 12. 2011 in der Sendung »Jurij Saprykins Predigten« im Internet-Fernsehsender *Doshd*: OfIGlwHz1Zo.

9 Der Begriff wird je nach Quelle Oleg Bojko, Aleksandr Privalov oder Andrej Fadin zugeschrieben. Er ist insofern ungenau, als die so bezeichneten russischen Magnaten, anders als die Oligarchen bei Platon, Aristoteles und Polybios, nie wirklich die politische Macht im Land unter sich aufteilten. – Die Zahl der »Subjekte der Föderation« ist infolge mehrerer Gebietsreformen von 89 auf derzeit 83 gesunken.

10 Eine Zusammenfassung der Ereignisse im und um den Oktober 1993 bietet Richard Sakwa, *Russian politics and society, fourth edition*, London/ New York: Routledge 2008, S. 40-59. Gaidar war aufgrund massiven politischen Widerstands gegen seine Ernennung offiziell nie Regierungschef, sondern Vize-Premierminister sowie Wirtschafts- und Finanzminister, gab aber in den Regierungen, denen er mit Unterbrechungen zwischen 1991 und 1994 angehörte, de facto den Ton an.

11 Zu informellen Praktiken s. Alena Ledeneva, *Russia's economy of favours: blat, networking, and informal exchange*, Cambridge/New York: Cambridge University Press 1998 und dies., *How Russia really works: the informal practices that shaped post-Soviet politics and business*, Ithaca: Cornell University Press 2006. Zum Wechsel von Mitarbeitern des Gewaltapparats in die Privatwirtschaft s. Vadim Volkov, *Violent entrepreneurs: the use of force in the making of Russian capitalism*, Ithaca: Cornell University Press 2002.

12 S. dazu Beissinger, op. cit. [S. 382, Anm. 34]

13 Zur Rolle der Medien s. Ivan Zasurskij, *Rekonstrukcija Rossii. Mass-media i politika v 90-e gody*, Moskva: izdatel'stvo MGU 2001; Olessia Koltsova, *News media and power in Russia*, London/New York: Routledge 2006.

14 Dass die »roten Direktoren«, anders als oft behauptet, im Schnitt nicht weniger profitierten als die Jungunternehmer mit Komsomol-Vergangenheit, argumentiert Daniel Treisman: »›Loans for shares‹ revisited«, *National Bureau of Economic Research working paper*, no. 15819, März 2010, www.nber.org/papers/w15819.

15 Stephen Kotkin, *Armageddon averted: the Soviet collapse 1970-2000*, Oxford: Oxford University Press 2001, S. 165-170.

16 Stephen Kotkin, »What stands in the way of Russia is Russia: Putin and other parasites«, *The New Republic*, 5.6.2000, S. 27-34.

17 Zur zentralen Rolle von Freundschaft in Russland s. Oleg Charchordin (Hrsg.), *Družba: očerki po teorii praktik*, Sankt Peterburg: Evropejskij universitet v Sankt-Peterburge 2009.

18 Zahlreiche Beispiele nennen Richard Sakwa, *The crisis of Russian democracy: the dual state, factionalism and the Medvedev succession*, Cambridge/New York: Cambridge University Press 2011, S. 174-176 und Brian Taylor, *State building in Putin's Russia: policing and coercion under communism*, Cambridge/New York: Cambridge University Press 2011, S. 112-155.

19 Zur politischen Kommunikation (Briefe und Direktschaltungen) s. Stephen White, *Understanding Russian politics*, Cambridge: Cambridge University Press 2011, S. 236-251.

20 Den Begriff prägte Ernst Fraenkel in Bezug auf den NS-Staat (*The dual state: a contribution to the theory of dictatorship*, New York: Oxford University Press 1941; *Der Doppelstaat*, Hamburg: Europäische Verlagsanstalt 1974); Richard Sakwas Versuch (s. Anm. 18), ihn auf Russland anzuwenden, ist jedoch wenig überzeugend: Das Berufsethos von Russlands Bürokratie ist nicht mit dem der deutschen Verwaltung in den dreißiger Jahren zu vergleichen, und die Darstellung von Dmitrij Medwedew als Repräsentant eines normengeleiteten Staatsverständnisses basiert mehr auf dessen Reden als auf der Realität.

21 Zum neuen Kapitalismus als projektgebundener Rechtfertigungsordnung s. Luc Boltanski, Eve Chiapello, *Le nouvel esprit du capitalisme*, Paris: Gallimard 1999.

22 S. dazu Bettina Renz, »Putin's militocracy? An alternative interpretation of Siloviki in contemporary Russian politics«, *Europe-Asia Studies*, vol. 58, no. 6, 2006, S. 903-924.

23 Freilich entspricht dieses Verfahren rein formal gesehen dem Prinzip der Gewaltenteilung mehr als die in Deutschland üblichen Richterwahlausschüsse, deren Mitglieder der Exekutive und der Legislative entstammen.

24 Selbst der traditionell nichtklerikale sunnitische Islam ist bereits seit 1789 hierarchisch organisiert, was in der postsowjetischen Zeit zu einer Rivalität zwischen Rawil Gajnutdins Muftirat und der Zentralen Geistlichen Verwaltung von Talgat Tadschuddin um die Nähe zum Kreml führte. – Formal privilegiert das Gesetz über Gewissensfreiheit und religiöse Organisationen vom September 1997 solche religiösen Vereinigungen, die eine mindestens fünfzehnjährige offiziell anerkannte Tätigkeit vorweisen können.

25 Formal gehört die Fabrik inzwischen mehrheitlich Jurewitschs Eltern. – An einer ausführlichen soziologischen Langzeitstudie zu Freundesnetz-

werken in der politischen Elite in Pskow arbeitet Sergej Damberg am dortigen Institut für Institut für regionale Entwicklung (regdevelopment.ru), die Ergebnisse sind aber noch nicht veröffentlicht.

26 »Socfak MGU: kommerčeskoe predpriiatie s ekstremistskim kompleksom. Interv'ju s sociologom Aleksandrom Bikbovym«, *polit.ru*, www.polit.ru/science/2007/03/16/bikbov.html (16.3.2007).

27 Nikolay Petrov, Maria Lipman, Henry E. Hale, »Overmanaged democracy in Russia: governance implications of hybrid regimes«, *Carnegie Paper*, no. 106, February 2010. carnegieendowment.org/files/overmanaged_democracy_2.pdf.

28 Historische Zahlen zu Gasproduktion und -export finden sich unter www.bp.com/liveassets/bp_internet/globalbp/globalbp_uk_english/re ports_and_publications/statistical_energy_review_2011/STAGING/lo cal_assets/spreadsheets/statistical_review_of_world_energy_full_report _2012.xlsx. Für den Hinweis danke ich Joseph Boyle.

29 Zum Begriff des Präbendalismus s. Max Weber, *Wirtschaft und Gesellschaft*, Tübingen: Mohr Siebeck 1922, S. 136. Seit Ende der siebziger Jahre wird der Begriff vor allem im Zusammenhang mit Nigeria und einigen anderen postkolonialen Staaten Afrikas verwendet. S. dazu Wale Adebanwi, Ebenezer Obadare (Hrsg.), *Democracy and prebendalism in Nigeria: critical interpretations*, London: Palgrave Macmillan, im Druck. Zur Anwendung auf das postsowjetische Russland s. z. B. Gordon Hahn, *Russia's revolution from above, 1985-2000: reform, transition, and revolution in the fall of the Soviet communist regime*, New Brunswick, NJ: Transaction Publishers 2002, S. 513 ff.

30 Die wichtigste Ursache dafür war der bereits angesprochene Boom der Rohstoffpreise, die Putin weder zu verantworten hatte noch vollständig ausnutzen konnte, da die Leiter wichtiger Staatsunternehmen im Rohstoffbereich aufgrund von politischer Loyalität statt Sachkenntnis ausgewählt wurden. Dennoch konnten viele Einwohner in der einen oder anderen Form am wirtschaftlichen Boom teilhaben, obgleich die wirtschaftliche Ungleichheit in Russland, sofern feststellbar, seit Ende der achtziger Jahre zu den höchsten unter den postsozialistischen Ländern gehörte und ein nahezu US-amerikanisches Niveau erreichte. Das genaue Ausmaß der Ungleichheit ist aufgrund des Mangels an verlässlichen Daten kaum festzustellen. Thomas F. Remington (*The politics of inequality in Russia*, New York: Cambridge University Press 2011) kommt zu dem Schluss, dass sie in den Regionen mit stärkerem Wirtschaftswachstum höher ist, kann aber nicht ausschließen, dass dort einfach mehr Einkommen deklariert wird. Wir wissen jedenfalls, dass in Russland eine strukturell neue Armut entstanden ist. Sie trifft Erwerbsarme, verarmte Industriearbeiter, alleinerziehende Väter und andere Gruppen, die durch

die Maschen staatlicher Sozialhilfe-Kategorien fallen. S. dazu Svetlana Jarošenko, »›Novaja bednost‹‹ v Rossii posle socializma«, *Laboratorium* 2/2010, S. 221-251.

31 Zur postsowjetischen Suche nach einer neuen »nationalen Idee« s. Jutta Scherrer, *Kulturologie: Russland auf der Suche nach einer zivilisatorischen Identität*, Göttingen: Wallstein 2003; dies. »Idéologie, identité, mémoire : une nouvelle ›idée russe‹?«, *Transitions* XLIV, 2 2005, S. 123-138. Zu Gewalt- und anderen Statistiken s. Brian Taylor, op. cit. [s. Anm. 18], S. 71-111, sowie Kapitel 6 im vorliegenden Buch.

32 Nicht zufällig ist der berühmte Korruptionsindex von Transparency International ein Index der Korruptions*wahrnehmung*, wie auch die meisten anderen solchen Indizes; oft ist die Bewertung durch Außenstehende für die Begriffsbildung entscheidend, da Praktiken, die in einer Gesellschaft verbreitet sind, in ihrem Inneren oft nicht als korrupt aufgefasst werden. Die Ausweitung des modernen Korruptionsdiskurses ist offensichtlich ein Ergebnis der Verbreitung internationaler Normen, wie schon in der Ursprungsphase des bürokratischen Rationalismus in der postnapoleonischen Zeit.

Wichtiges Beispiel für eine Region, in der der Vorrang von Verpflichtungen gegenüber der Großfamilie von weiten Teilen der Bevölkerung als eindeutig primär angesehen wird, ist der Kaukasus. S. dazu Nona Shachnazarjan, Robert Shachnazarjan, »›Uvažit', umaslit', otblagodarit'‹: diskursy ob al'ternativnoj ekonomike, rodstve i korrupcii v kavkazskich soobščestvach«, *Laboratorium* 1/2010, S. 50-72.

Der erhellendste konzeptuelle Rahmen zum Verständnis von Korruptionsvorwürfen ist das von Luc Boltanski und Laurent Thévenot (*De la justification: Les économies de la grandeur*, Paris: Gallimard 2001) entworfene Modell der *cités* oder Rechtfertigungsordnungen. »Korruption« ist ein Vorwurf, der aus der staatsbürgerlichen Rechtfertigungsordnung an die häusliche gerichtet wird. Zu den konzeptuellen Schwierigkeiten bei der Definition von Korruption s. auch Diego Gambetta, »Corruption: an analytical map«, in: Stephen Kotkin, András Sajó (Hrsg.), *Political corruption in transition: a skeptic's handbook*, Budapest: Central University Press 2002, S. 33-56.

Eine eindringliche Beschreibung des Alltagslebens im postsozialistischen Moskau als eines gefühlten permanenten Krisenzustands liefert Olga Shevchenko, *Crisis and the everyday in postsocialist Moscow*, Bloomington/Indianapolis: Indiana University Press 2009. Boris Dubin stellt Russlands Gesellschaft als eine im permanenten Ausnahmezustand verweilende Ansammlung atomisierter Fernsehzuschauer dar. S. z. B. seine Aufsatzsammlung: *Intellektual'nye gruppy i simboličeskie formy: očerki sociologii sovremennoj kul'tury*, Moskva: Novoe izdatel'stvo 2004.

33 S. dazu Lev Gudkov, »Cinizm ›neperechodnogo‹ obščestva«, *Vestnik obščestvennogo mnenija*, 2(76)/2005, S. 43-62; der zitierte Wert findet sich auf S. 57.

34 Zur Rolle westlicher Berater s. Janine R. Wedel, *Collision and collusion: the strange case of Western aid to Eastern Europe*, New York: Palgrave 2001. Die Idealisierung des Westens während der Perestroika beschreiben Alexander Lukin, *The political culture of the Russian »democrats«*, Oxford/New York: Oxford University Press 2000 und Dina Chapaeva, *Vremja kosmopolitizma. Očerki intellektual'noj istorii*, Sankt-Peterburg: Zvezda 2002. Zur Genese der Vorstellung von »nationalen Interessen« aus dem deutschen philosophischen Idealismus s. Ronen P. Palan and Brook M. Blair, »On the idealist origins of the realist theory of international relations«, *Review of international studies*, vol. 19, no. 4, 1993, S. 385-399.

35 Zur Langzeitwirkung der geistesgeschichtlichen Situation der Siebziger s. Il'ja Kukulin, »Al'ternativnoe social'noe proektirovanie v sovetskom obščestve 1960-1970-ch godov, ili Počemu v sovremennoj Rossii ne prižilis' levye političeskie praktiki«, *Novoe literaturnoe obozrenie* 88/2007, S. 169-201. Zum Einfluss von Projekten aus den Sechzigern auf die Perestroika s. Archie Brown, *The Gorbachev factor*, Oxford: Oxford University Press 1996, S. 89-129, sowie Serguei Alex. Oushakine, »The terrifying mimicry of samizdat«, *Public Culture* 13(2)/2001, S. 191-214. Zu den postsowjetischen Aktivitäten der »Polittechnologen« s. Andrew Wilson, *Virtual politics: faking democracy in the post-Soviet world*, New Haven: Yale University Press 2005. Dass die geschilderte Dynamik von Hoffnung und Enttäuschung kein Moskauer Phänomen ist und welche intellektuelle Efferveszenz sie zeitigte, verdeutlicht Georgi Derluguians anschauliche Biographie eines tscherkessischen Intellektuellen und späteren militanten Separatisten: *Bourdieu's secret admirer in the Caucasus: a world-system biography*, Chicago: University of Chicago Press 2005. Die vielen bizarren intellektuellen Modephänomene der postsowjetischen Zeit hat meines Wissens noch niemand umfassend untersucht.

36 Zitiert in der Übersetzung von Hartmute Trepper aus: Mischa Gabowitsch, »Faschismus als *stjob*«, *Kultura: Russland-Kulturanalysen* 4/2009, S. 3-9, hier S. 3.

37 Dmitrij Medwedew veröffentlichte im September 2009 einen programmatischen Artikel mit Vorschlägen zur Korruptionsbekämpfung unter dem Titel »Vorwärts, Russland!«: Dmitrij Medvedev, »Rossija, vperëd!«, www.gazeta.ru/comments/2009/09/10_a_3258568.shtml (10.9.2009). Der Artikel löste eine ungewöhnlich breite Diskussion, aber kaum konkrete Reformen aus.
Zur historischen Korruptionskritik in und an Russland s. Susanne Schat-

tenberg, *Die korrupte Provinz? Russische Beamte im 19. Jahrhundert*, Frankfurt/New York: Campus 2008 sowie Suzanne Šattenberg, »Kul'tura korrupcii, ili K istorii rossijskich činovnikov«, *Neprikosnovennyj zapas* 4(42)/2005, S. 29-35.

38 Zu Korruption und Antikorruptionsaktivismus in Russland s. Diana Schmidt-Pfister, *Transnational advocacy on the ground: against corruption in Russia?* Manchester: Manchester University Press 2010, sowie im internationalen Vergleich: dies. und Holger Moroff (Hrsg.), *Fighting Corruption in Eastern Europe: a multilevel perspective*, London/New York: Routledge 2012.

Die erwähnten Broschüren von Nemzow und Milow erschienen zwischen Februar 2008 und März 2011. Sie tragen die Titel »Putin. Ergebnisse«, »Putin und Gasprom«, »Putin und die Krise«, »Sotschi und die Olympischen Spiele«, »Lushkow. Ergebnisse«, »Putin. Ergebnisse nach 10 Jahren« sowie »Putin. Korruption«. Elektronische Versionen sind unter www.putin-itogi.ru verfügbar.

39 h6MkX3dz3QQ.

40 Simon Critchley, »The American void«, *Harper's Magazine*, November 2008, S. 17-20, hier S. 18. Online: www.harpers.org/archive/2008/11/0082235. S. auch: ders. *Infinitely demanding: Ethics of commitment, politics of resistance*, London: Verso 2008, S. 130.

41 Emotionsforscher benutzen den von Hilary Horn Ratner geprägten Begriff »kogmotiv« grundierten Handelns. S. z. B. Nicole Eustace, Eugenia Lean, Julie Livingston, Jan Plamper, William M. Reddy, Barbara H. Rosenwein, »AHR conversation: the historical study of emotions«, *American Historical Review*, December 2012, S. 1487-1531, hier S. 1512. Für diesen Hinweis und viele andere nützliche Kommentare zu meiner Verwendung emotionsgeschichtlicher und -soziologischer Termini danke ich Jan Plamper und Helena Flam.

.42 Zu diesem Begriff s. Michail Ryklin, *Räume des Jubels: Totalitarismus und Differenz. Essays*, Frankfurt am Main: Suhrkamp 2003.

43 Zum »emotionalen Regime« s. William M. Reddy, *The navigation of feeling: a framework for the history of emotions*, Cambridge: Cambridge University Press 2001, S. 129; »Wie schreibt man die Geschichte der Gefühle? William Reddy, Barbara Rosenwein und Peter Stearns im Gespräch mit Jan Plamper.« *WerkstattGeschichte* 54/2010, S. 44-45.

Neben den bereits zitierten Sammelbänden zur Rolle von Emotionen in sozialen Bewegungen seien hier einige wichtige Studien zur gesellschaftlichen und politischen Rolle von Emotionen und zum Entstehen emotionaler Gemeinschaften erwähnt: Helena Flam, *Soziologie der Emotionen: eine Einführung*, Konstanz: UVK 2002, insbesondere das Kapitel »Politik und Gefühl«, S. 252-304; Barbara Rosenwein, *Emotional communities in the early Middle Ages*, Ithaca: Cornell Unviersity Press 2006; Jan Plamper, *Geschichte und Gefühl: Grundlagen der Emotionsgeschichte*, München: Siedler 2012. Zum russischen historischen Kontext s. schließlich ders., Šamma Šachadat [Schamma Schahadat] und Mark Eli [Marc Elie] (Hrsg.), *Rossijskaja imperija čuvstv: podchody k kul'turnoj istorii emocij*, Moskva: Novoe literaturnoe obozrenie 2010.

44 Der Text der Ansprache ist zu finden unter www.bbc.co.uk/russian/add ress.htm, 31.12.1999.

45 Einen solchen Versuch machte vor allem die seit den sechziger Jahren entstehende sowjetische Sozialpsychologie, s. vor allem: B. D. Parygin, *Obščestvennoe nastroenie*, Moskva: Mysl' 1966. Das Interesse an schwer einzufangenden »Stimmungen« und »Bewußtseinslagen« hatte einen großen Einfluss auf die in der russischen Diskussion dominante Meinungsforschung – auch deshalb überwiegt in der Protestforschung der methodologisch sehr problematische Diskurs über »Proteststimmungen« statt Einzelstudien zu politischen Institutionen und konkreten Konflikten.

46 Vladimir Pribylovskij, »Putinoslavie: chronika proslavlenij Putina Vladimira Vladimiroviča«, in: Aleksandr Verchovskij, Ekaterina Michajlovskaja, Vladimir Pribylovskij, *Rossija Putina: pristrastnyj vzlgjad*, Moskva: Panorama 2003, S. 193-204, hier S. 201.

47 Ebd., S. 201-202.

48 Boris Kagarlickij, *Upravljaemaja demokratija*, Ekaterinburg: Ul'tra Kul'tura 2005. S. 7, 570-571. Es handelt sich um die vollständig überarbeitete Version eines Buchs, dessen frühere Versionen auf Englisch als *Restoration in Russia: why capitalism failed* (London: Verso 1995) und *Russia under Yeltsin and Putin: neo-liberal autocracy* (London: Pluto Press 2002) erschienen sind.

49 Zur Bedeutung emotionaler Umbrüche (*breaching events*) für soziale Bewegungen s. Tova Benski, »Breaching events and the emotional reactions of the public: Women in Black in Israel«, in: Helena Flam und Debra King (Hrsg.), *Emotions and Social Movements*, Abingdon: Routledge 2005, S. 57-78.

Kapitel II

1 Videobotschaft vom Manegenplatz: Gx02kwjJUhc. Video von den Wahlfälschungen in Kasan am 4.12.2011: Yt6FtOUX6u8. Dergatschows Bericht darüber: KrIjpy3RqqU, 26.12.2011. Noize MC in Kasan am 24.12.2011: i6_a8r_B12M. Dergatschow in Astrachan: QKdnSGuSkeY (14.4.2012, hochgeladen am 19.4.2012). Zusätzliche Informationen stammen

aus meiner elektronischen Kommunikation mit Wadim Dergatschow im Januar 2013. Zitat zu Astrachan: »Bitva za Astrachan': oppozicija podtjagivaet sily, vlasti ušli v oboronu.« *RIA-Novosti*, www.ria.ru/politics/20120412/624257679.html, 12.4.2012.

2 Die über 100-prozentige Wahlbeteiligung ergibt sich aus Fernsehbildern, die in der Wahlnacht im Kanal *Rossija-24* ausgestrahlt wurden. Zu diesen und anderen Darstellungen der Ergebnisse s. die am nächsten Tag veröffentlichte Zusammenstellung: »Posle vyborov ER nametila sebe kurs Medvedeva-Putina, a telezritelej udivila arifmetika CIK.« *Newsru.com*. newsru.com/russia/05dec2011/kakvybirali.html, 5.12.2011.

3 Die am 21.8.2011 ins Leben gerufene Boykottkampagne trug den Titel »Nach-nach«. Das Wortspiel verweist auf den russischen Namen des dritten kleinen Schweinchens, das in dem hier sehr bekannten englischen Märchen durch vorsorgliche Planung dem Ansturm des bösen Wolfs standhält. Der Titel bedeutet aber auch so viel wie »Verpiss dich!« S. zu der Kampagne: »S energičnym posylom.« *Grani.ru*. grani.ru/Politics/Russia/Election/m.190834.html, 22.8.2011.

Die Quellen zu den in diesem Abschnitt erwähnten Protestveranstaltungen und -slogans vor und nach der Wahl in verschiedenen Städten Russlands sind in der eingangs erwähnten Datenbank gespeichert und werden hier aus Platzgründen nicht einzeln aufgelistet.

4 Der linke Straßenpolitiker Sergej Udalzow, dessen Biographie in Kapitel 3 dargestellt wird, wurde bereits am Wahltag um 12.40 Uhr zunächst ohne Angabe von Gründen verhaftet; später wurde ihm zur Last gelegt, um 13.45 Uhr eine Straße bei Rot überquert zu haben. Mehrere Ultranationalisten nahm die Polizei vor Beginn der Demonstration am Wahlabend in Gewahrsam. Die liberalen Aktivisten Ilja Jaschin und Alexej Nawalnyj sowie mehrere andere traf es, als sie versuchten, am 5.12.2011 von der genehmigten Kundgebung zum Gebäude der Zentralen Wahlkommission zu ziehen. Detaillierte Chroniken der Ereignisse in Moskau vom 4.-6.12.2011 finden sich unter »Den', kogda možno bylo vybirat'«. www.svobodanews.ru/content/article/24410657.html (4.-5.12.2011) und »Moskva burlit«. scilla.ru/content/view/4169/2, 7.12.2011.

5 Zur Rolle der Medien am Wahltag und -abend s. die Diskussion: »Noč' posle vyborov: kak na ekrane podvodili itogi«. www.svobodanews.ru/content/transcript/24411746.html (5.12.2011).

6 Nach Berechnungen von Pawel Prjanikow auf Grundlage der von der Nachrichtenagentur *RIA-Nowosti* berichteten Zahlen und der Volkszählung von 2010. S. Pavel Prjanikov, »10 dekabrja: samyj protestnyj gorod – Novgorod, region – Zapadnaja sibir'«, *Tolkovatel'*, ttolk.ru/?p=8554 (11.12.2011). Solche Berechnungen sind jedoch mit großer Vorsicht zu genießen: Nicht nur wird die Zahl der Demonstranten in offiziellen Be-

richten systematisch zu niedrig angesetzt; die Untertreibung wirkt sich auch stärker auf größere Demonstrationen wie die in Moskau aus.

7 Die Todesstrafe wurde im Senegal 2004 abgeschafft; in Gambia, das zwischen 1982 und 1989 mit dem Senegal konföderiert war, wird sie weiterhin vollstreckt. Die Casamance ist eine Region im Süden Senegals zwischen dem Flussstaat Gambia und dem Nachbarland Guinea-Bissau. Seit 1982 finden dort immer wieder gewaltsame Auseinandersetzungen zwischen verschiedenen Separatistengruppen und dem senegalesischen Staat statt. Nachdem der Radiosender *Sud FM* ein Interview mit einem Anführer der Separatisten ausgestrahlt hatte, stürmte ein Polizeikommando am 17. 10. 2005 das Büro des Senders, inhaftierte alle Anwesenden (wie auch Korrespondenten in anderen Landesteilen), unterbrach die Übertragung und kappte alle Relaisstationen im Land. Zur Pressefreiheit im Senegal s. den Bericht der Organisation »Reporter ohne Grenzen«, die diese Freiheit im Senegal als weitaus größer einschätzt als in Russland: fr.rsf.org/report-senegal,40.html.
Eine Selbstdarstellung der senegalesischen Beobachter-Netzwerke findet sich in *Press Kit: Platform of civil society organizations for the observation of the second round of the presidential election of February 2012 in Senegal*, resocit.org/index.php/template/lorem-ipsum/legislatives-2012/rapports-publications-2/item/download/15_a207104cacf5a22274ee056056501b61. Zum Einsatz von Fälschungskarten und SMS-Berichten s. Katrin Verclas, »Senegal: monitoring and mapping the election«, *MobileActive.org*. www.mobileactive.org/senegal-monitoring-and-mapping-election, 27. 2. 2012.
Ich danke Breyten Breytenbach, dem Direktor des Gorée-Instituts in Dakar, der mich auf die Rolle von einheimischen Beobachtern bei den Präsidentschaftswahlen im Senegal aufmerksam machte. Das Gorée-Institut spielte als Veranstalter von Seminaren eine wichtige Rolle bei der Vorbereitung und Vernetzung von Beobachtergruppen im Senegal, u. a. in Zusammenarbeit mit dem internationalen BRIDGE-Programm (Building resources in democracy, governance and elections).
Aufschlussreiche Ansätze zum Vergleich der politischen Systeme im postkolonialen Afrika und den postsowjetischen Staaten bietet: Mark Beissinger, M. Crawford Young (Hrsg.), *Beyond state crisis? Post-colonial Africa and post-Soviet Eurasia in comparative perspective*, Washington, DC: Woodrow Wilson Center Press 2000.

8 Thomas Carothers, »The observers observed«, *Journal of Democracy*, vol. 8, no. 3/1997. S. 17-31, Zitat S. 23.

9 Viele der Gruppen sind im Globalen Netzwerk der Inländischen Wahlbeobachter (Global Network of Domestic Election Monitors) organisiert (www.gndem.org). Auch die OSZE trug dieser Entwicklung schon

im Jahr 2003 mit der Veröffentlichung eines Handbuchs für inländische Wahlbeobachter Rechnung, das aber naturgemäß nicht viel mehr als allgemeine Tipps und Starthilfe liefern konnte (englische Version: *Handbook for domestic election observers*, Warszawa 2003, www.osce.org/odihr/elections/70289). In der sozial- und vor allem politikwissenschaftlichen Literatur, aber auch in Berichten aus der Praxis und Leitfäden für Beobachter überwiegen weiterhin Analysen von (und zumeist aus Sicht von) internationalen Beobachtermissionen. Gute Beispiele dafür sind: Ulf Engel, Rolf Hofmeier, Dirk Kohnet, Andreas Mehler (Hrsg.), *Deutsche Wahlbeobachtung in Afrika*. Hamburg: Institut für Afrika-Kunde 1996; Jon Abbink und Gerti Hesseling (Hrsg.) *Election observation and democratization in Africa*, London/New York: Palgrave Macmillan 2000; Susan D. Hyde, »Catch us if you can: election monitoring and international norm diffusion«, *American Journal of Political Science*, vol. 55, no. 2/2011, S. 356-369.

10 Eine Chronik und kritische Analyse der Wahlrechtsreformen in den ersten Jahren von Putins Präsidentschaft liefert Lev Levinson, »U nas net vybora«, in: Aleksandr Verchovskij (Hrsg.): *Demokratija vertikali*, Moskva: Panorama 2006. S. 45-57. Die Hintergründe der großen Reformen von 2004/05 analysieren anhand von Interviews mit Personen aus dem Umfeld der Präsidialadministration Stephen White und Ol'ga Kryhstanovskaya, »Changing the Russian electoral system: inside the black box«, *Europe-Asia Studies*, vol. 63, no. 4/2011, S. 557-578. Zu den Auswirkungen der Änderungen des Wahlrechts auf die Parteienlandschaft und insbesondere die regionalen Parlamente s. A. V. Kynov, *Vybory parlamentov rossijskich regionov 2003-2009: Pervyj cikl vnedrenija proporcional'noj izbiratel'noj sistemy*, Moskva: Panorama 2009 (eine nachträglich redigierte Version des Buchs findet sich unter scilla.ru/works/knigi/avk.pdf); ders. und A. E. Ljubarev: *Partii i vybory v sovremennoj Rossii: evoljucija i devoljucija*, Moskva: Fond »Liberal'naja missija«; Novoe literaturnoe obozrenie 2011.

Wie das System der Wahlfälschungen bereits in den ersten Jahren des Systems Putin in der Praxis funktionierte, dokumentiert anhand einer Fülle von Beispielen aus lokalen, regionalen und föderalen Wahlen Vladimir Pribylovskij, »Triumfal'noe šestvie baškirskoj izbiratel'noj technologii«, in: Verchovskij et al., op. cit., S. 159-172 und ders., »Upravljaemye vybory: Degradacija vyborov pri Putine«, in: E[katerina] Michajlovskaja (Hrsg.): *Rossija Putina. Istorija bolezni*, Moskva: Panorama 2004, S. 6-86.

Die Evolution des Parteiensystems, den Einsatz von »administrativen Ressourcen« und die Vorbereitung und Durchführung von Wahlfälschungen bei der Dumawahl 2011 sowie den Druck auf »Golos« und die unfairen Bedingungen bei den anschließenden Präsidentschaftswahlen, aber auch generell bei regionalen und lokalen Wahlen dokumentieren auf Deutsch die *Russlandanalysen* (www.laender-analysen.de/russland) vor allem in ihren Ausgaben Nr. 227 bis 235: Auch andere Ausgaben bieten zuverlässige Informationen und detaillierte Hintergrundanalysen zu Wahlen und Wahlrechtsreformen, s. dazu vor allem die Artikel von Grigorii Golosov und Alexander Kynew.

11 Den zweiten garantierten Sitz im Oberhaus hatten die Vorsitzenden der regionalen Parlamente, die jedoch in den meisten Fällen ihren Gouverneuren oder Präsidenten gegenüber loyal eingestellt waren.

12 Zur Rolle des »Gegen alle«-Votums in den neunziger Jahren s. Stephen White, Richard Rose, Ian McAllister, *How Russia votes*, Chatham, NJ: Chatham House Publishers 1997, S. 219-240.

13 White und Kryshtanovskaya, op. cit.; Vladimir Pribylovskij (»Triumfal'noe šestvie …«, op. cit., S. 84) macht darauf aufmerksam, dass die Geiselnahme in Beslan ihrerseits eine Reaktion extremistischer tschetschenischer Separatisten auf die (nach dem tödlichen Anschlag auf Achmat Kadyrov) zugunsten des Kreml-Kandidaten Alu Alchanov inszenierten Wahlen in Tschetschenien war.

14 White und Kryshtanovskaya, op. cit. S. 561.

15 Zu den Bürgermeisterwahlen in Norilsk s. Vladimir Pribylovskij, »Upravljaemye vybory …«, op. cit., S. 17-19. Am 14. 9. 2008 starb Melnikow.

16 Die Praxis, Soldaten geschlossen und auf Befehl zu Wahlen anmarschieren zu lassen, wurde bereits bei den Dumawahlen 1999 angewandt, als die neu gegründete »Einheit« ihre Kontakte zur Generalität nutzte. Systematisiert wurde diese Praxis später über eine Direktive aus dem Generalstab. S. dazu Il'ja Žegulev, Ljudmila Romanova, *Operacija »Edinaja Rossija. Neizvestanaja istorija partii vlasti«*, Moskva: Eksmo 2012, S. 57-58. Zur faktischen Wahlpflicht von Studenten s. im Kontext der Dumawahlen 2011: Ekaterina Vinokurova, »Studentam dali predvybornoe zadanie«, www.golos.org/news/4381, 25. 11. 2011. Eine verwandte Methode setzte im Oktober 2012 der Finanzbetrüger Sergej Mawrodi ein: Um seine Loyalität gegenüber dem Kreml unter Beweis zu stellen, zwang er die Teilnehmer an seinem Schneeball-Anlagesystem, geschlossen für eine von ihm vorgegebene Kandidatenliste bei den Online-Wahlen zum Koordinationsrat der Opposition zu stimmen. Dazu sperrte er ihnen kurzerhand den Zugang zu ihren Online-Konten und schaltete diesen erst wieder frei, als sie einen Nachweis der Registrierung im Wählsystem geliefert hatten. In diesem Fall ging es weniger um ein bestimmtes Resultat als um die gezielte Diskreditierung des gesamten Wahlprozesses. S. dazu aus Sicht des Wahlleiters Leonid Volkov, »Kak my začechljali MMM«, leonwolf.livejournal.com/449430.html, 24. 10. 2012.

17 Die Spannung zwischen der formalen Autorität der lokalen Wahlleiterin

und der tatsächlichen Autorität der Schuldirektorin konnte ich als OSZE-Beobachter in einem nördlichen Moskauer Stadtbezirk bei den Dumawahlen im Dezember 2003 selbst miterleben.

18 Die verschiedenen Fälschungsmethoden belegt für die Dumawahl 2011 der analytische Bericht von »Golos«: *Vybory v Rossii 4 dekabrja 2011 goda. Analitičeskij doklad.* www.golos.org/news/4567, 27.1.2012. Einen Fall, in dem ein einziges Gebäude bei den Präsidentschaftswahlen 2012 zu einem eigenen Wahlbezirk ausgegliedert wurde, schildert aus Moskau Michail Svetov: »Kak ja byl nabljudatelem«, vishka.livejournal.com/ 210627.html (6.3.2012). In folgendem Fall aus Sankt Petersburg von denselben Wahlen ist die Suche nach einem »verschwundenen« Wahllokal mit Videoaufzeichnung dokumentiert: »V Peterburge isčez izbiratel'nyj učastok N° 1994, gde Putin nabral 94,86 %«, forum-msk.org/material/ news/8488036.html, 7.3.2012.

Der kumulative Effekt solcher Fälschungsmethoden lässt sich statistisch nachweisen, da sich Abweichungen von der Normalverteilung immer zugunsten des »Geeinten Russland« bzw. Putins auswirken. S. dazu: Sergej Spil'kin, »Matematika vyborov – 2011«. *Troickij variant* 94, S. 2-4. trv-science.ru/2011/12/20/matematika-vyborov-2011, 20.12.2011; ders., »Čudesa prodolžajutsja«, *Troickij variant* 99, S. 7. trv-science.ru/2012/03/13/ chudesa-prodolzhayutsya, 13.3.2011; Peter Klimek, Yuri Yegorov, Rudolf Hanel und Stefan Thurner, »Statistical detection of systematic election irregularities«, *Proceedings of the National Academy of Sciences of the United States of America (PNAS)*, vol. 109, no. 41, 9.10.2012, S. 16469-16473. www.pnas.org/cgi/doi/10.10/3/pnas.1210722109. S auch Kapitel 6.

Die größte mir bekannte Sammlung von Videomaterial zu Wahlfälschungen in verschiedenen Regionen Russlands in den Jahren 2011/12 hat der Aktivist Eduard Glesin in seinem Youtube-Kanal zusammengetragen: www.youtube.com/playlist?list=PLA6D50B5D71E7D42B.

19 Den Status der landesweit größten Universität hat die SUSU formal seit der 2006 begonnen Zusammenlegung von Hochschulen in der Provinz zu »föderalen Universitäten« eingebüßt.

20 Zu Chomutinino und anderen Gemeinden des Gebiets im Kontext der Auseinandersetzung um kommunale Selbstverwaltung s. Natal'ja Archangelskaja, »Municipal'noe tango«, expert.ru/expert/2007/44/ municipalnoe_tango, 26.11.2007. Zu den Gemeinderatswahlen in Chomutinino und deren landesweiter Bedeutung s. Marina Volkova, »Dvuchsarajnyj parlament«, *Slon.ru*. slon.ru/russia/dvuhsaraynyy_parlament-205074.xhtml, 3.12.2009; Alexander Kynev: »Partspiski – dalee vezde«, alexander-kynev.livejournal.com/74320.html, 1.9.2009; ders. »Itogi chomutininskogo farsa: urok dlja tech, kto rešil poigrat' v spojlerov«, alexan

der-kynev.livejournal.com/80620.html, 13. 10. 2009. Zur Entscheidung des Verfassungsgerichts s. Svetlana Bočarova, Anna Špyntova, »Chomutinino pobedilo partijnuju sistemu. Proporcional'nye vybory v selach popali pod zapret«, www.gazeta.ru/politics/2011/07/07_a_3688553.shtml, 7. 7. 2011. Der Text der Klage findet sich im Blog von Alexander Kynev unter alexander-kynev.livejournal.com/127509.html, 21. 1. 2011. Ein Gesetzesprojekt, das die Entscheidung des Verfassungsgerichts umsetzen soll und Parteienlisten ganz verbietet – allerdings nur für Gemeinden mit weniger als 3000 Einwohnern! –, hat die Staatsduma zum Zeitpunkt der Niederschrift noch nicht verabschiedet. S. dazu Ol'ga Kuz'menkova: »Chomutinino lišili partij«, www.gazeta.ru/politics/2012/04/20_a_4558005.shtml, 20. 4. 2012. Meine Darstellung der Ereignisse in Chomutinino beruht zudem auf Interviews mit Jaroslaw Maximow und Jurij Gurman in Tscheljabinsk. Die russlandweite Evolution der kommunalen Selbstverwaltung analysieren anhand städtischer Beispiele: Vladimir Gel'man, Sergej Ryženkov, Elena Belokurova, Nadežda Borisova, *Reforma mestnoj vlasti v gorodach Rossii*, 1991-2006, Sankt Peterburg: Norma 2008. Zur Geschichte und Gegenwart der bäuerlichen Selbstverwaltung in Russland s. Ju.S. Kukuškin, N.S. Timofeev, *Samoupravlenie krest'jan Rossii. XIX – načalo XXI v.*, Moskva: Moskovskij gosudarstvennyj universitet 2004.

21 Die Bildungsarbeit als solche hingegen war nicht neu: Schon in den neunziger Jahren hatten unter anderen das Moskauer Büro der Internationalen Stiftung für Wahlsysteme und seit 1999 das Institut zur Entwicklung von Wahlsystemen über Abstimmungsprozeduren informiert und Leitfäden für Beobachter auch bei Regionalwahlen veröffentlicht.

22 Allerdings basierte die russische Karte nicht auf der Ushahidi-Software, die im Senegal, Sudan und anderen Ländern durch Wahlbeobachter und in Russland im Jahr 2010 bei der Waldbrandbekämpfung zum Einsatz gekommen war. S. dazu sowie zur Rolle der Wahlfälschungskarte bei den Dumawahlen: Patrick Meier, »Crodwsourcing vs Putin: ›Mapping dots is a disease on the map of Russia‹«, *iRevolution*. irevolution.net/2011/12/04/crowdsourcing-vs-putin, 4. 12. 2011.

23 S. Vadim Volkov, »Opposition substitutes: reflections on the collective action in support of the European University at St Petersburg«, in: Risto Alapuro, Arto Mustajoki, Pekka Pesonen (Hrsg.) *Understanding Russianness*, London: Routledge 2011. S. 99-110. Der Fall wird im 5. Kapitel ausführlicher geschildert. Golosov führte das Projekt später auf Basis der Nichtregierungsorganisation »Helix« weiter.

24 Alexej Naval'nyj, »Kak stat' nabljudatelem«, navalny.livejournal.com/641950.html, 8. 11. 2011.

25 Die Darstellung beruht auf einem Interview mit Dmitrij Oreškin in

Berlin am 26.10.2012 sowie auf seinen Artikeln in der *Nowaja gaseta* (www.novayagazeta.ru/profile/351) und vielen veröffentlichten Berichten einzelner Beobachter (s. unten). Die Webseite des Netzwerks ist nabludatel.org. S. auch »›Graždanin nabljudatel'‹ vychodit na start«. www.hro.org/node/12351, 14.11.2011.

26 Dmitrij Antonov, Irina Berljand, Marina Stupakova (Hrsg.), *Razgnevannye nabljudateli*, Moskva: Novoe literaturnoe obozrenie 2012. Ich war von 2001 bis 2006 als Redakteur der Zeitschrift *Neprikosnovennyj zapas* Mitarbeiter dieses Verlags.

27 Gekürzte Übersetzung des Berichts »Ispoved' nabljudatelja: kak umirajut kumiry i roždajutsja vragi«. gm2011vkv.livejournal.com/647.html, 5.3.2012. Acht Videos von den beschriebenen Ereignissen können auf ihrem Blog vk.com/vkseniav eingesehen werden (Datum 4.3.2012).

28 Der bereits erwähnte Michail Swetow.

29 Maksim Osovskij, www.cvk2012.org/cvk/sostav/maksim_osovskij.

30 S.z.B. Michail Jampol'skij, »Neuverennyj suverenitet«, *Grani.ru*. grani.ru/opinion/m.207149.html, 8.10.2012.

31 Ich danke Artemij Magun, der mich veranlasste, eine entsprechende Suche in unserer Datenbank durchzuführen.

32 Nikolaj Pis'mennyj, »Vybory ili telefonnoe pravo?«, *Razgnevannye nabljudateli*, op. cit. S. 23-41, Zitat S. 23.

33 Die Bedeutung des technischen Aspekts von Wahlen gegenüber ihrem rituellen Wert beschreibt anhand von Feldforschung in Bosnien-Herzegowina Kimberley A. Coles, »Election Day: the construction of democracy through technique«. *Cultural anthroplogy*, vol. 19, no. 4/2008, S. 551-580.

34 »Tatarstan. Apastovo. Strana razrušaetsja imenno tak, imenno zdes'«, aleshru.livejournal.com/3446738.html, 15.10.2012.

35 Auf den Zusammenhang zwischen Konfrontationswilligkeit und dem »Trauma des Beobachters« verweist Alexander Fudin in seiner Studie zu studentischen Wahlbeobachtern in einer ungenannten Provinzstadt: Aleksandr Fudin, »Nabljudateli v regione: nabroski k analizu«, *Laboratorium* 2/2012, S. 173-182. Die Verwendung des Trauma-Begriffs geht auf eine Anregung von Alexander Bikbov zurück.

Kapitel III

1 Videos von Nawalnyjs Aufruf zum Sitzstreik am 6. Mai: Ue89rUQLWwM; y1AhvQaJqqQ; X2DFe3sp3Lw. Video von seiner Verhaftung am 6. Mai: 8KCJFzagjoM. Nawalnyjs Blogs auf Livejournal und Facebook sind jeweils unter dem Benutzernamen »navalny« zu finden. Unter den vielen

nach Nawalnyj benannten Gruppen und Webseiten ist der »Stab zur Unterstützung von Alexej Nawalnyj« in Ufa als – gerade für Provinzverhältnisse – besonders aktiv und zahlenstark hervorzuheben (vk.com/navalnyufa). Der Video-Fanblog findet sich unter www.navalny-tv.org. Im Februar-März 2010 betrieb ein Unbekannter kurzzeitig einen Nawalnyj-kritischen Blog im Kompromat-Stil unter der Adresse anti-navalny.livejournal.com. Eine Biographie und eine Auswahl von Pro- und Kontra-Texten zu Nawalnyj hat Wladimir Pribylowskij zusammengestellt: www.anticompromat.org/navalny/navalnbio.html. Nach Recherchen der *Nowaja gaseta* bekam im Oktober 2011 eine PR-Agentur von der Führung des »Geeinten Russland« den Auftrag, Nawalnyj mit allen Mitteln zu diskreditieren (Irek Murtazin, »Zakaz na Naval'nogo. Političeskij detektiv«, *Novaja gazeta*, www.novayagazeta.ru/politics/48964.html (17.10.2011), kurz darauf veröffentlichten unbekannte Hacker Nawalnyjs private Korrespondenz.

Zum »Nawalnyj-Effekt« s.: Ruben Enikolopov, Maria Petrova, Konstantin Sonin, »Do political blogs matter? Corruption in state-controlled companies, blog postings, and DDoS attacks«, papers.ssrn.com/sol3/papers.cfm?abstract_id=2153378 (27.9.2012); Ruben Enikolopov, »Effekt Naval'nogo: kak zapisi v ego bloge vlijajut na fondovyj rynok«, Forbes.ru, www.forbes.ru/mneniya-column/156217-effekt-navalnogo-kak-zapisi-v-bloge-vliyayut-na-fondovyi-rynok, 8.10.2012.

Ein Video-Mitschnitt von Nawalnyjs Auftritt bei »Finam FM« am 2. Februar 2011, bei dem er die Mitglieder des »Geeinten Russland« zum ersten Mal als »Gauner und Diebe« bezeichnete, findet sich unter rutube.ru/video/0ef2cdd23089e844f5ff91635b3b9e42/#.ULx6HdeoHwU.

Am selben Tag veröffentlichte Nawalnyj in seinem Blog einen Spendenaufruf für den Aufbau eines Monitoring-Programms zur Identifizierung korrupter Praktiken bei der Vergabe öffentlicher Aufträge. Vor Ablauf des Monats kamen 5 Millionen Rubel zur Finanzierung der seit Dezember 2010 bestehenden Webseite rospil.info zusammen. Die anderen erwähnten, von Nawalnyjs Team betriebenen Webseiten sind rosyama.ru (seit Mai 2011), rosvybory.org (im Januar 2012 zur Beobachtung der Präsidentenwahlen gegründet, später für die Bürgermeisterwahlen in Chimki verwendet), mashina.org sowie roszhkh.ru. Die Stiftung zur Korruptionsbekämpfung hat die Adresse fbk.info. Zu erwähnen sind daneben die Seite rosuznik.org, die nach den Verhaftungen auf der Moskauer Demonstration vom 5.12.2011 geschaffen wurde, um Rechtsschutz für angeklagte Aktivisten zu organisieren, sowie rosagit.info, die seit März 2011 Zeitungen, Aufkleber, Plakate und andere Agitationsmaterialien in verschiedenen russischen Städten vertreibt.

Zu den zitierten Umfragen s. www.levada.ru/10-07-2012/izvestnost-na

valnogo-rastet-ego-znaet-kazhdyi-tretii-rossiyanin (10. 7. 2012), www.le
vada.ru/20-08-2012/kazhdyi-vtoroi-rossiyanin-schitaet-v-putina-neza
menimym (20. 8. 2012) und wciom.ru/index.php?id=459&uid=113061
(24. 9. 2012). Fragen nach Nawalnyj als möglichem Ersatz für Putin sind
natürlich schon deshalb problematisch, weil unter Putinkritikern und
auch Nawalnyjs Anhängern viele sind, die einen Wandel weg von einer
personalisierten Politik anstreben; auch Nawalnyj selbst wiederholt
ständig, er würde weder sich noch anderen putinsche Machtbefugnisse
wünschen. Ebenso problematisch ist das Verfahren, auf einem Protestmarsch mit zehntausenden Menschen den Teilnehmern eine Liste mit fast
vierzig Namen vorzulegen und sie zu bitten, die Vertrauenswürdigsten
zu nennen. Bei einer solchen Umfrage auf dem »Marsch der Millionen«
in Moskau am 15. 9. 2012 belegte Nawalnyj mit 31 Prozent der Stimmen
den ersten Platz (www.levada.ru/17-09-2012/opros-na-marshe-millio
nov-v-moskve-15-sentyabrya, 17. 9. 2012).

Die Plakate, die Nawalnyj als symbolischen Gegenspieler Putins zeigten, lassen sich für den Winter und das Frühjahr 2011/12 fast ausschließlich in den Großstädten Moskau, Petersburg, Jekaterinburg und Ufa
nachweisen. Allerdings waren Variationen des Slogans »Freiheit für Nawalnyj« am 10. 12. 2012 in einer Vielzahl von Städten zu sehen: Zu diesem Zeitpunkt war Nawalnyj nach seiner Teilnahme an der Moskauer
Kundgebung vom 5. 12. 2012 inhaftiert.

Die Webseite der Partei »Volksallianz« ist peoplesalliance.ru. Zu den
Gründern der im Juli 2012 entstandenen Partei gehörten der IT-Experte
und Jekaterinburger Kommunalabgeordnete Leonid Wolkow, der bei
den Wahlen zum Koordinationsrat der Opposition als Wahlleiter fungierte, sowie sein örtlicher Co-Autor, der Demokratietheoretiker Fjodor Krascheninnikow. Ebenfalls mit von der Partie waren der Finanz-
experte Wladimir Aschurkow, Geschäftsführer von Nawalnyjs Institut
für Korruptionsbekämpfung, sowie der auch mit dem Institut verbundene Jurist Wladislaw Naganow. Die drei Letzteren traten bei den Wahlen zum Koordinationsrat als Mitglieder der Liste »Sieben Kandidaten
mit sieben Projekten« (7del.org) an, zu der auch die Nawalnyj-Vertrau-
ten Georgij Alburow, Ljubow Sobol, Sergej Wlassow und Fjodor Jese-
jew gehörten. Vier von den sieben (Alburow, Aschurkow, Sobol und
Naganow) waren erfolgreich.

Die erwähnte Nawalnyj-Biographie: Konstantin Voronkov, *Aleksej Naval'nyj – groza žulikov i vorov*, Moskva: Eksmo 2012 [tatsächlich 2011].

Die Internet-Präsenz der spätestens seit 2011 inaktiven »Demokratischen Alternative« (das russische Kürzel »DA!« liest sich als »Ja!«) ist
unter www.daproject.ru/about und ru-daproject.livejournal.com noch
teilweise zugänglich. Als Veranstalter einer Reihe politischer Debatten

im Rahmen dieser Vereinigung organisierte Nawalnyj im Frühjahr 2007 auch zwei Diskussionen beim staatlichen Fernsehsender *TV-Zentr*, bevor die Show wieder abgesetzt wurde.

Das Manifest der »nationalen Befreiungsbewegung« zitiere ich nach der deutschen Übersetzung von Volker Weichsel: »Manifest der Bewegung ›Das Volk‹« (*Osteuropa*, Jg. 62, 1/2012, S. 75-78). Dasselbe Heft bietet auf S. 57-74 auch die Übersetzung eines im Januar 2011 veröffentlichten Gesprächs zwischen Boris Akunin und Alexej Nawalnyj unter dem Titel »Das Jahr des Drachen: Heikle Fragen zur Zukunft Russlands«. Die erwähnten Videoauftritte finden sich unter ICoc2VmGdfw (17.10.2007) und oVNJiO10SWw (19.9.2007).

2 27-jähriger Mann aus Moskau, sympathisiert am ehesten mit »Jabloko«, am 6.5.2012 auf dem »Marsch der Millionen« in Moskau interviewt von Alexandrina Vanke.

3 42-jähriger PR-Manager und studierter Historiker aus Moskau, am 12.6.2012 auf dem zweiten »Marsch der Millionen« in Moskau interviewt von Natalia Savelieva.

4 Interview mit einem IT-Spezialisten, 37, Berlin, 26.6.2012.

5 Nawalnyjs Haltung zu der innerhalb der Protestbewegung beliebten Forderung, Russland in eine parlamentarische Republik umzuwandeln, ist hingegen zweideutig: In seinem »politischen Kompass« bei der Kandidatur zum Koordinationsrat der Opposition spricht er sich dafür aus (compass.cvk2012.org/candidates/?ID=cb6592ed-51bc-4631-b9ba-f884 d1891577), in einem Radiointerview vom 26. Dezember 2011 hingegen für ein Präsidialsystem US-amerikanischen Typs (echo.msk.ru/pro grams/albac/842708-echo/).

6 Interview mit Igor Sibirjakow, Tscheljabinsk, 13.9.2012.

7 Zitat aus einem Interview von Swetlana Jerpyljowa in Petersburg vom 21.10.2012 bei der Stimmabgabe zum Koordinationsrat der Opposition. Studierter Pädagoge, Mitte 30, arbeitet als Fotograf und Englischlehrer: »Ich glaube, die Wahlen [zum Koordinationsrat] werden zu einer Nawalnyj-Wahl [...] Putin ist so ein Tyrannosaurus. Um ihn zu vertreiben, muss ein anderer Tyrannosaurus her. [...] Natürlich Nawalnyj!« Ihm antwortet ein Kollege gleichen Alters: »Es muss ein anderer Anführer her, der bereit ist, um jeden Preis um die Macht zu kämpfen!«

8 Interview mit einem 41-jährigen Drogenhilfe-Aktivisten aus Moskau, Berlin, 4.11.2012.

9 »Ivan Begtin: ›Čtoby čto-to izmenit' v obščestve, ne nužno millionov mitingujuščich‹«, slon.ru/club33/begtin_peremeny-794953.xhtml, 4.6.2012.

10 Elektronische Kommunikation mit einem 29-jährigen Antikorruptions-Aktivisten, Januar 2013.

401								Kapitel III

11 Anastasija Leonova, »Nastroenija ksenofobii i elektoral'nye predpočtenija v Rossii v 1994-2003 gg.«, *Vestnik obščestvennogo mnenija*, 4(72)/2004, S. 83-91.

12 Ein Gefühl für die Krisenstimmung bei Liberalen und Linken sowie einen Überblick über die damaligen »Ruinen und Keimlinge der Opposition« vermittelt: E[katerina] Michajlovskaja (Hrsg.), *Rossija Putina: ruiny i rostki oppozicii*, Moskva: Panorama 2005. Herbert Marcuses Begriff der »präventiven Konterrevolution« verwendet in seiner detaillierten Analyse des Kontexts in Russland nach der ukrainischen »orangen Revolution« Robert Horvath, *Putin's Preventive Counter-Revolution: Post-Soviet Authoritarianism and the Spectre of Velvet Revolution*, Abingdon: Routledge 2012 (s. auch seinen Artikel gleichen Titels in *Europe-Asia Studies*, vo. 63, no. 1, S. 1-25), der jedoch wie viele andere die politische Bedeutung der Jugendorganisation »Naschi« etwas überschätzt.

13 Zur NBP als größter Jugendbewegung s. z. B. Markus Mathyl, »Der ›unaufhaltsame Aufstieg‹ des Aleksandr Dugin. Neo-Nationalbolschewismus und Neue Rechte in Russland«, *Osteuropa*, Jg. 52, 7/2002, S. 885-900.

14 Der Mitgründer Ilja Jaschin schrieb im selben Jahr eine Diplomarbeit zur Organisation von Straßenprotesten, veröffentlicht als: Il'ja Jašin, *Uličnyj protest*, Moskva: Galleja-print 2005. Eine Materialsammlung zu den politischen Jugendbewegungen der Putinzeit bietet Elena Loskutova, *Junaja politika: istorija molodežnych organizacij sovremennoj Rossii*, Moskva: Panorama 2008.

15 »Demokraty Rossii ob"edinilis' v koaliciju dlja vyborov prezidenta«, www.newsru.com/russia/18may2004/democracy.html, 18.5.2004.

16 Eintrag »Ob"edinennyj graždanskij front« in Wladimir Pribylowskis Politiker-Enzyklopädie »Anticompromat«: www.anticompromat.org/ogf/spr_ogf.html.

17 Selbst der Name »Ein anderes Russland« verdankte sich einem Buch Limonows aus dem Jahr 2003.

18 »Marš nesoglasnych« (wörtlich »Marsch der Nichteinverstandenen«) wird zuweilen als »Marsch der Unzufriedenen« ins Deutsche übersetzt, ist im Russischen jedoch aktiver konnotiert.

19 Darauf machte der libertäre Wirtschaftswissenschaftler und ehemalige Präsidentenberater Andrej Illarionow am 8.10.2012 bei den Debatten vor der Wahl zum Koordinationsrat der Opposition aufmerksam. Video: tvrain.ru/articles/boj_2_8_oktjabrja-331380.

20 »Vremja Gostej‹: Georgij Satarov, prezident fonda ›Indem‹, sopredsedatel' Graždanskogo kongressa«, archive.Svoboda.org/programs/vg/2005/vg.120605.asp, 6.12.2005.

21 Interview mit einem Philosophiedozenten und früheren Aktivisten der »Jugend-Antifa-Bewegung«, 40, Tomsk, August 2008.

22 Ein theoretisch gut durchdachter kritischer Überblick über westliche und russische Ansätze zum Verständnis von Engagement in Russland im Kontext internationaler Diskussionen über Zivilgesellschaft findet sich bei Françoise Daucé, »Les analyses de l'engagement associatif en Russie«, *Questions de recherche*, no. 14, Juni 2005, www.sciencespo.fr/ceri/sites/sciencespo.fr.ceri/files/qdr14.pdf. Unter anderem zeigt Daucé die große Bandbreite der Formen gesellschaftlicher Kritik am Staat auf, die nicht zwingend einem liberalen Politikmodell folgen. Sehr nützlich ist auch die Analyse verschiedener Konzeptionen von Zivilgesellschaft in: Diana Schmidt-Pfister, »What kind of civil society in Russia?« in: Stephen White (Hrsg.), *Media, culture and society in Putin's Russia*, New York: Palgrave Macmillan, S. 37-71.
Die begriffliche Verbindung zwischen Zivilgesellschaft und Demokratisierung wird auch dadurch aufrechterhalten, dass viele der Studien in diesem Bereich von politiknahen Stiftungen in Auftrag gegeben wurden. Dazu gehören die weiter unten zitierten Studien des Teams um Jewgenij Gontmacher, denen auch die Dreiteilung des »Dritten Sektors« entlehnt ist. Der liberale Wirtschaftswissenschaftler Gontmacher hatte seit Anfang der neunziger Jahre mehrere leitende Positionen in Regierung und Präsidialadministration inne. NGOs werden oft nach ihrem politischen oder Protestpotential befragt. Zur komplexen Frage der Verbindung zwischen NGOs, Demokratisierung und Nationalstaatlichkeit/Transnationalisierung s. z. B. Steven Sampson, »Weak states, uncivil societies and thousands of NGOs. Western democracy export as benevolent colonialism in the Balkans«, www.anthrobase.com/Txt/S/Sampson_S_01.htm, 2002, sowie die Debatte zwischen Claus Leggewie, Sergej Lukaschewskij, Boris Meshuev und Valery Tishkov in *Neprikosnovennyj zapas* 1(39)/2005, S. 4-32 (englische Übersetzung s. www.eurozine.com/journals/nz/issue/2005-04-13.html).

23 Sarah E. Mendelson, Theodore P. Gerber, »Activist culture and transnational diffusion: social marketing and human rights groups in Russia«, *Post-Soviet Affairs*, vol. 23, no. 1/2007, S. 50-75.

24 GONGO steht für government-organized non-governmental organization.

25 Die offiziellen Zahlen übernimmt Alex Rodriguez, »Hobbled NGOs wary of Medvedev«, *Chicago Tribune*, articles.chicagotribune.com/2008-05-07/news/0805060608_1_civil-society-russian-authorities-russian-president-vladimir-putin, 7.5.2008. Zu den Zahlen s. auch: Meri Kulmala, »Russian state and civil society in interaction: an ethnographic approach«, *Laboratorium* 1/2011, S. 51-83. Die analytische Trennung zwischen Mitgliederorganisationen und professionalisierten NGOs wurde insbesondere im US-amerikanischen Kontext ausgearbeitet. S. z.B.

Theda Skocpol, Morris P. Fiorina (Hrsg.), *Civic engagement in American democracy*, Washington, DC: Brookings Institution Press/New York: Russell Sage Foundation 1999.

26 Dennoch bleibt die analytische Trennung zwischen Dienstleistungs- und Fürsprache-NGOs im russischen Kontext sinnvoll.

27 Petr Kopecky, Cas Mudde (Hrsg.), *Uncivil society? Contentious politics in post-communist Europe*, London/ New York: Routledge 2003. Dies ist zu unterscheiden von einer breiteren Verwendung des Begriffs »unzivil« oder »nichtzivil«, wie z.B. bei Sonja Margolina, *Rußland: die nichtzivile Gesellschaft*, Reinbek bei Hamburg: Rowohlt 1994 oder bei Stephen Kotkin, *Uncivil society: 1989 and the implosion of the communist establishment*, New York: Modern Library 2009. Eine Begriffsklärung bietet Helmut Dubiel, »Unzivile Gesellschaften«, *Soziale Welt*, Jg. 52, Nr. 2001, S. 133-150.

28 Debra Javeline, Sarah Lindemann-Komarova, »Rethinking Russia: a balanced assessment of Russian civil society«, *Journal of international affairs*, vol. 63, no. 2/2010, S. 171-188.

29 S. zu den Aussagen der Politiker und den Reaktionen darauf seitens kritischer NGO-Vertreter die Broschüre: Boris Krejndel' (Hrsg.), *Graždanskoe obščestvo i gosudarstvo – cholodnoe leto 2004*, Tomsk 2004.

30 Hier beziehe ich mich u.a. auf Gespräche mit Andrej Jurow und Dmitrij Makarow von der Internationalen Jugend-Menschenrechtsbewegung in Woronesh zwischen 2001 und 2012.

31 Mit Teilnehmern der Jugend-Menschenrechtsbewegung führte ich seit 2001 zahlreiche Gespräche und mehrere Interviews und nahm an einigen ihrer Veranstaltungen in verschiedenen Regionen des Landes teil. Für Auskünfte zum Legal Team und zu den Aktivitäten im Bereich der Versammlungsfreiheit danke ich insbesondere Dmitrij Makarow und Alexej Koslow aus Woronesh.

32 Zu den Streiks der späten Perestroika s. Melanie Tatur (Hrsg.), *Die großen Streiks: neue Arbeiterbewegung, Systemwechsel und Gewerkschaften in Russland. Berichte – Analysen – Dokumente*, Bremen: Edition Temmen 1998 sowie Graeme B. Robertson, op. cit. [S. 380, Anm. 30] Den Protest gegen Lohnrückstände analysiert Debra Javeline, *Protest and the politics of blame: the Russian response to unpaid wages*, Ann Arbor: University of Michigan Press 2003. Eine aktuellere, wenn auch sehr allgemeine Analyse von Streiks in Russland liefert I.M. Kozina, »Zabastovki v sovremennoj Rossii«, *Sociologičeskie issledovanija*. 9/2009, S. 13-24 (demos cope.ru/weekly/2009/0395/analit 03.php). Eine sehr lesenswerte, detailreiche und analytisch wertvolle Schilderung von Sozialprotesten – mit ausgeprägten Sympathien für die anarchistische Szene sowie einige andere linke Aktivisten und sehr kritisch gegenüber anderen Teilen des oppo-

sitionellen Spektrums – bieten die in Moskau lebenden Journalisten Ulrich Heyden und Ute Weinmann, *Opposition gegen das System Putin: Herrschaft und Widerstand im modernen Russland*, Zürich: Rotpunktverlag 2009.

Die neuen, seit Mitte der zweitausender Jahre entstandenen Bewegungen analysieren Mitarbeiter des Instituts für Kollektive Aktion: Karin Kleman et al., op. cit. Auf der Webseite des Instituts (www.ikd.ru) finden sich Berichte und Einzelstudien zu zahlreichen lokalen Bewegungen sowie (fragmentarische) Statistiken zu Protestaktionen.

Hilfreich sind auch zwei Studien eines Teams um Jewgenij Gontmacher. Die erste erschien als: E.Š. Gontmacher, E.Ju. Šatalova, N.V. Bačmanova, E.S. L'vova, *Obščestvennye ob'edinenija novogo tipa: sozdanie banka dannych, analiz i perspektivy dal'nejšego razvitija*, Moskva 2008. (www.zdravros.ru/files/na.doc; eine leicht abgeänderte Version erschien unter demselben Titel in *SPERO* Nr. 9/2008, S. 141-164, spero.socpol.ru/docs/N9_2008_09.pdf); die zweite trug den Untertitel »vtoraja volna: 2008-2009 i načalo 2010 gg.«, www.zdravros.ru/publication/23?PHPSESSID=48262aa4596c84d9ce86889f4186c4d3. S. auch die Diskussion dazu unter: »›Novye neformaly‹ v Rossii«. www.liberal.ru/articles/1426 (19.4.2008). Aufschlussreich sind die Beiträge im Themenheft der Moskauer Zeitschrift *Pro et contra* zu neuen Formen von bürgerschaftlichem Aktivismus (2-3/2008). S. auch Ivan Klimov, »Permanentnyj bunt: reforma social'nych l'got i značimye itogi protestnoj aktivnosti«, in: *Graždanskoe obščestvo sovremennoj Rossii (sociologičeskie zarisovki s natury)*, Moskva: Fond Obščestvennoe Mnenie 2008; I.V. Zadorin, D.G. Zajcev, I.A. Klimov, »Graždanskoe učastie v Rossii: kartografija problem i rešenij«, *Politija* 1(60)/2011, S. 98-116; Ivan Klimov, »Strukturnye faktory social'nogo protesta (na primere Olimpijskoj strojki v Soči)«, in: M.K. Gorškov (Hrsg.), *Rossija reformirujuščajasja. Ežegodnik*, Vyp. 8, Moskva: Institut sociologii RAN 2009.

33 Diese Beobachtung stammt von Iwan Klimow, siehe u.a. seine oben zitierten Artikel.

34 Die Politikwissenschaftlerin Debra Javeline hat in ihrem bereits zitierten Buch am Beispiel der Reaktionen auf Lohnrückstände in den neunziger Jahren die unklaren Adressaten als wichtigstes Hemmnis für die Ausweitung und Effektivität von Protesten herausgearbeitet. Die relativ wenigen Protestierenden waren fast durchgehend Menschen, die einen konkreten Schuldigen für die Lohnrückstände benennen konnten.

35 Sergej Turkin, »Šachtery v 1989-1990 godach: vizit v bol'šuju politiku«, *Novoe literaturnoe obozrenie* 1(83)/2007, S. 279-292; Ol'ga Bešlej, »Michail Kisljuk, ėks-gubernator Kemerovskoj oblasti: ›V zabastovke 1989 g. Kozovoj i Vagin učastija ne prinimali, oni stali aktivnymi pozže – v pri-

vatizacii šachty‹«, *Marker*, marker.ru/news/759, 21. 5. 2010. Tulejew, der 1991, 1996 und 2000 für das Präsidentenamt kandidierte, ist ein Parade-beispiel für den Loyalitätstransfer konservativer Gouverneure von der KPRF hin zum »Geeinten Russland« zu Beginn der Putin-Ära.

36 Diesen Unterschied arbeitet anhand eines Vergleichs zwischen lokalen Umweltschutzinitiativen in Moskau und Meudon bei Paris heraus: Ol'ga Koveneva, »Ternistyj put' zaščitnika prirody: ekologičeskoe dejstvie v Rossii i vo Francii«, *Neprikosnovennyj zapas* 2/2006, S. 198-214; s. auch dies., »O starom i novom v praktikach graždanskogo učastija: dinamika mitinga našich dnej«, in: A. V. Gofman (Hrsg.), Tradicii i innovacii v sovremennoj Rossii. Sociologičeskij analiz vzaimodejstvija i dinamiki, Moskva: ROSSPĖN 2008, S. 344-409.

37 Den Begriff prägte in seiner Studie zu den schwul-lesbischen »Märschen auf Washington« Amin Ghaziani, *The dividends of dissent: how conflict and culture work in lesbian and gay marches on Washington*, Chicago: University of Chicago Press 2008. Es bleibt allerdings zu erforschen, in-wiefern dieser in den demokratischen USA wirkende Mechanismus auch in semiautoritären Gesellschaften wie der Russlands funktioniert.

38 »K. Kleman, E. Gontmacher i I. Klimov ob obyvateljach i aktivistach, so-cial'nych i političeskich dviženijach«, www.ikd.ru/node/8050, 4. 12. 2008.

39 S. Graeme Robertson, op. cit., Kap. 7 (S. 167-199).

40 Zur Monetisierung und zum Protest dagegen s. die Nr. 3/2005 der Zeit-schrift *Spero*: spero.socpol.ru/docs/spero_no3.pdf. Zur neoliberalen Kritik an der Teilnahme liberaler Parteien am Protest s. Modest Kolerov, »Ubogoe šestvie social-liberalizma«, *Ekspert* 4/2005 (31. 5. 2005), ex-pert.ru/expert/2005/04/04ex-kolerov_4265.

41 Anschaulich beschreibt dies Ute Weinmann in: Heyden und Weinmann, op. cit., S. 161-196.

42 Berichte über zahlreiche Konflikte dieser Art finden sich auf www.ikd. ru unter dem Tag »žiliščnye prava« (Wohnrecht). Dort berichten Anwäl-te und Aktivisten auch über Proteste gegen Immobilienbetrug und für die Rechte von Wohnheimbewohnern. Es ist anzumerken, dass die meis-ten Wohnflächen zwar Anfang der neunziger Jahre privatisiert wurden, viele der Ärmsten – Industriearbeiter und vor allem Arbeitsmigranten – gerade in den größten Städten aber in Wohnheimen leben oder sich, meist ohne Absicherung durch einen offiziellen Vertrag, zu mehreren in einzel-ne Zimmer einmieten. Daher korreliert der Protest gegen dichte Bebau-ung zwar nicht direkt mit dem Einkommen, drückt aber doch ein Gefälle zwischen den vielen Wohnungseigentümern und der Minderheit der är-meren (Unter-)Mieter aus. Die neuen Reichen hingegen leben immer öf-ter in großen, umzäunten Einfamilienhäusern oder Villen außerhalb der Städte.

43 Peter Imbusch, Wilhem Heitmeyer (Hrsg.), *Integration – Desintegration: Ein Reader zur Ordnungsproblematik moderner Gesellschaften*, Wiesbaden: VS Verlag für Sozialwissenschaften 2008.

44 S. dazu die bereits zitierten Arbeiten von Robertson und Klimow.

45 S. zu diesen Fragen auch die Analyse von Françoise Daucé, »Associations et partis en Russie : les (en)jeux de la différenciation«, *Critique internationale*, no. 2/2012, S. 17-34.

46 Enrique Peruzzotti, »Accountability struggles in democratic Argentina: civic engagement from the human rights movement to the Néstor Kirchner administration«, *Laboratorium* 2/2010,«. 65-85.

47 Zu Modell der drei Segmente oder Sektoren s. im russischen Kontext Grigorij Golosov, »Tri sektora oppozicii: ne konflikt, a sinergija«, slon.ru/russia/tri_sektora_oppozitsii_ne_konflikt_a_sinergiya-820282.xhtml, 17.8.2012.

48 »V centre Kaliningrada prošel piket protiv fal'sifikacij na vyborach 4go dekabrja«, trynoff2010.livejournal.com/196891.html, 7.12.2011.

49 Die Webseite des Komitees ist komitetgi.ru.

50 Grigorij Ochotin, »»Ravnodušnye ljudi ne mogut kontrolirovat' vlast'‹«, bg.ru/society/ravnodushnye_ljudi_ne_mogut_kontroliro-vat_vlast-16001, 10.12.2012.

51 Die Darstellung in diesem Abschnitt basiert auf Berichten in der eingangs erwähnten Datenbank, die aus Platzgründen nicht immer einzeln aufgeführt werden.

52 »Raznye idioty nadejalis' ustroit' buzu«, lenta.ru/articles/2012/04/09/parkhomenko (im Januar 2013 nicht mehr zugänglich).

53 Darunter Boris Akunin, Jewgenija Albaz, Oleg Kaschin und Leonid Parfjonow.

54 Zwischen dem 13.12. und dem 23.12.2011 fanden neben nichtöffentlichen mehrere öffentliche Sitzungen zur Vorbereitung der Großdemonstration am 24.12. statt, die im Internet übertragen wurden. Darunter waren Treffen eines selbsternannten Organisationskomitees, das aus einer Handvoll von Politikern, Journalisten und Bloggern bestand, sowie erweiterte Versammlungen, die offen für alle Teilnehmer waren. Orte der Versammlungen waren das Haus des Journalisten, das Sacharow-Zentrum sowie die Redaktionen bzw. Studios von *Bolschoj gorod*, der Zeitung *Sobesednik* und des im Internet sendenden »öffentlichen Fernsehens«. Aufzeichnungen: 13.12. morgens: AiXg-an-1kQ, abends auszugsweise: www.Svoboda.org/media/video/24421890.html; 19.12. morgens: echo.msk.ru/blog/video/840693-echo/, 19.12. abends: www.rusotv.org/news/sobranie-orgkomiteta-mitinga-24-dekabrya, 22.12.: 2kXZcW3bR50.
Einen detaillierten Überblick über die Konflikte und Kontroversen innerhalb der diversen Organisationskomitees seit dem Sommer 2011 und

über die Verhandlungen und Vorbereitungen im Dezember liefert in einem Auszug aus einem noch unveröffentlichten Buch einer der Leiter von »Solidarnost« in Moskau: Denis Bilunov, »Snežnyj den' 10 dekabrja. Glava iz neizdannoj knigi«, 8.12.2012. ej.ru/?a=note&id=12466.

55 Der Verlagseigner Alischer Usmanow – Multimilliardär, Metall- und Medienmagnat – begründete die Entscheidung über die Entlassung von Maxim Kowalskij damit, die Veröffentlichung der Fotografie verstoße gegen ethische Normen. Zum genauen Ablauf s. »Koval'skij uvolilsja iz ›Kommersanta‹ po soglašeniju storon«, *Lenta.ru*. 16.12.2011.

56 »Filipp Dzjadko pokidaet ›Bol'šoj gorod‹«, www.sostav.ru/news/2012/06/07/filipp_dzadko_bolshoy_gorod, 7.6.2012.

57 Zur Genese dieser Vorstellung in den ersten Tagen des Protests s. die kurze Notiz von Alexander Bikbov: »Une étiquette commode pour les opposants russes«, *Le monde diplomatique*, Mai 2012. www.monde-dip lomatique.fr/2012/05/BIKBOV/47672 (Eine Übersetzung erschien mit irreführendem Titel und falsch geschriebenem Namen in der deutschen Ausgabe vom 11.5.2012: www.monde-diplomatique.de/pm/2012/05/11. mondeText.artikel,a0064.idx,21), vor allem aber die detaillierte Analyse in: Aleksandr Bikbov, »Metodologija issledovanija ›vnezapnogo‹ uličnogo aktivizma (rossijskie mitingi i uličnye lagerja, dekabr' 2011 – ijun' 2012)«, *Laboratorium* 2/2012, S. 130-163.

58 Über die Protestwerkstatt und andere ähnliche Initiativen berichtet Denis Volkov, »Protestnoe dviženie v Rossii v konce 2011-2012 gg.: istoki, dinamika, rezul'taty«. Moskva 2012. www.levada.ru/books/protestnoe-dvizhenie-v-rossii-v-kontse-2011-2012-gg, S. 14-18. Die Analyse in diesem Überblick über die Protestbewegung stützt sich neben Massenbefragungen vor allem auf Interviews mit prominenten Moskauer Aktivisten und Medienschaffenden. Schon wegen der langen Interview-Auszüge ist er lesenswert, obwohl der Blick durch die geringe Quellenbasis und den ausschließlichen Fokus auf Moskau stark verengt wird. Eine detaillierte Text- und Video-Reportage über die Gruppe »Widerstand« und die Moskauer Protestwerkstatt bietet Kirill Filimonov, »Kogo razbudila Bolotnaja. Gruppa ›Soprotivlenie‹«. www.svoboda.org/content/article/24531604.html. 4.1.2012.
Zur Gewerkschaft der Hochschullehrer s. Evgenij Nasyrov, »Professor oppozicii. Prepodavateli stoličnych vuzov sozdajut nazvisimyj profsojuz.« *Moskovskie novosti*, 28.5.2012, mn.ru/society_edu/20120528/3190 51696.html. Meine Ausführungen zur Teilnahme von Schul- und Hochschullehrergewerkschaften an den Protesten stützt sich u.a. auf ein Interview mit einer Teilnehmerin der ersteren Gruppe, geführt in Tscheljabinsk am 14.9.2012.

59 A. S. Astapova, »›Igruško mitinguė!‹: nanomiting v sovremennoj Rossii i

Belarusi«, in: Aleksandra Archipova (Hrsg.), *My ne nemy!«: Tvorčestvo protestujuščej ulicy,* im Erscheinen; der Erforschung der neuen Beobachtergruppen widmen sich Teilnehmer des Kollektivs zur Erforschung der Politisierung und das Team von Iwan Klimow an der Moskauer Hochschule für Wirtschaftswissenschaften.

60 Die Webseite der Bürgerbewegung Nishnij Nowgorod ist ngs-org.blog spot.de. Sergej Kusnezow, eines ihrer Mitglieder, macht die enge Zusammenarbeit zwischen Bürgerrechtlern und Oppositionsaktivisten für die Widerstandsfähigkeit der Bewegung angesichts der besonders intensiven Repressionen in der Stadt verantwortlich: »Nižegorodskij opyt soprotivlenija«, grani.ru/blogs/free/entries/197820.html, 18.5.2012.

61 Die Webseite des Moskauer Bürgerrats ist civmo.com.

62 S. S.394, Anm. 16.

63 Lilija Ševcova, »Razmeževat'sja, čtoby ob"edinit'sja? Spor o strategii i taktike oppozicii vyšel v publičnuju sferu. Konflikt revoljucionerov i adaptantov«, *Novaja gazeta,* www.novayagazeta.ru/politics/55506.html, 19.11.2012.

64 Interview mit einem Anwalt, 38, am 17.9.2012 in Tscheljabinsk.

Kapitel IV

1 Das Akunin-Zitat findet sich in seinem Roman *Altyn-Tolobas,* Kapitel 3. Das Konzert in der Kathedrale am 6. Mai ist mit einer nahezu vollständigen Aufzeichnung auf Youtube dokumentiert (ZhtaI2CW2jM), der Auftritt des Patriarchen auch separat (8Pa5IMcIcfY). Der Text der Rede ist auf der Webseite des Patriarchats veröffentlicht: www.patriarchia.ru/db/text/2204950.html. Zur Geschichte und gewandelten symbolischen Bedeutung der Christ-Erlöser-Kathedrale s. Ekaterina V. Haskins, »Russia's postcommunist past: the Cathedral of Christ the Savior and the reimagining of national Identity«, *History and Memory,* vol. 21, no. 1, S. 25-62. Wer nicht nachvollziehen kann, dass Gebäude – wie auch andere nichtmenschliche Wesen – als gesellschaftliche Aktanten verstanden werden können und müssen, dem sei eine Beschäftigung mit der Akteur-Netzwerk-Theorie ans Herz gelegt: Bruno Latour, »Where are the missing masses? Sociology of a few mundane artifacts«, Wiebe Bijker, John Law (Hrsg.). *Shaping technology / building society. Studies in sociotechnical change,* Cambridge/Mass.: MIT Press 1992, S. 225-259; ders. *Reassembling the social: an introduction to actor-network theory,* Oxford: Oxford University Press 2007.

2 Das russische Wort *sran'* ist zwar etymologisch mit dem Verb »scheißen« verwandt, bedeutet aber nicht »Scheiße«, sondern bezeichnet Menschen

oder Dinge, die Ekel hervorrufen oder von der Gesellschaft ausgestoßen wurden. Deshalb ist es hier als »Abschaum« übersetzt, obwohl Nadeshda Tolokonnikowa in ihrem Schlussplädoyer am 6.8.2012 den Ausdruck »sran' gospodnja« als russische Nachbildung des englischen Ausdrucks »holy shit« bezeichnete.

3 Livejournal-Profil der Gruppe: pussy-riot.livejournal.com/profile, 1.11. 2011.

4 Aleksandr Tarasov, »Pusečki i leven'kie: ljubov' zla«, *Skepsis*, scepsis.ru/ library/id_3256.html.

5 Vladimir Milov, »Ideal'naja provokacija«, www.gazeta.ru/column/ milov/4731417.shtml, 19.11.2012.

6 »Umstvennaja ėpidemija PR vylilas' za granicy Rossii«, limonov-eduard. livejournal.com/246726.html, 7.11.2012.

7 Grigorij Javlinskij, »Zajavlenie po delu Pussy Riot«, territorijajabloka.rf/ blog/rdop/186.html, 19.8.2012.

8 Text und Foto des Briefs: »O ›roli‹ Petra Verzilova«, www.echo.msk.ru/ blog/alekhina/939581-echo, 11.10.2012.

9 Der Musikkritiker und putinkritische Publizist Artemij Troitskij, einer der Produzenten des »Weißen Albums«, erklärt die sehr schwache Beteiligung der bekanntesten russischen Musiker an der Protestbewegung und konkret an Aktionen zur Unterstützung von Pussy Riot mit der Sorge um Einkünfte: »Okkupaj ne okupaem?«, www.colta.ru/docs/4253, 16.8.2012. Tatsächlich war der Petersburger »Glavklub«, in dem das Unterstützerkonzert stattfinden sollte, im Vorfeld behördlichem Druck z.B. in Form von außerplanmäßigen Kontrollen ausgesetzt (Grigorij Prorokov, »Ja dumaju, čto nas zakrojut‹. Čto proischodit v svjazi s koncertom v podderžku politizaključennych v peterburgskom ›Glavklube‹, www.afisha.ru/article/pussy_riot_glavclub, 5.9.2012), es fand dann aber ungehindert statt (»Koncert v podderžku Pussy Riot v Peterburge: Sobčak izvinilas' po telefonu, zaderžany četvero«, www.newsru.com/ russia/10sep2012/piter.html, 10.9.2012).

Die Rolle der Musik im Protest kann hier nur angerissen werden; es muss reichen, auf einige Musiksammlungen zu verweisen. Das »Weiße Album« kann unter publicpost.ru/infographic/id/27 angehört und heruntergeladen werden. Der Titel bezieht sich auf die Farbe des Protests, ist auch eine Anspielung auf das erste Album der berühmten Leningrader Gruppe »Akwarium«. Der Petersburger Aktivist Vladimir Volochonskij benannte seine schon zuvor bestehende Webseite »Musik der Opposition« (oppositionmusic.ru) im Jahr 2012 bezeichnenderweise in »Protestlieder« um: muzprotest.org. Der in Rom lebende Artjom Martschenkow von der Jugend-Menschenrechtsbewegung betreibt seit 2008 einen Blog zur internationalen »Musik für gesellschaftliche und zivile

Aktion« (music-action.livejournal.com), der inzwischen als »Media-
thek« auch Material zum künstlerischen Aktivismus im weitesten Sinne
sammelt. Der sowjetnostalgische Teil der nationalistischen Szene trifft
sich seit 1997 zu einem alljährlichen Festival mit dem Titel »Widerstands-
lieder«, s. www.sovnarkom.ru/song-res.htm.

10 Von zwanzig Teilnehmern spricht Ilja Warlamow: »Vas naebali!«, zyalt.
livejournal.com/490146.html, 4.12.2011, von vierzig saboter.livejournal.
com/68691.html, 5.12.2011.

11 Eine komplexe soziologische Analyse des künstlerisch-politischen Aktivismus in Russland liefert Anna Zaytseva, »Faire la part entre l'art et
l'activisme: les protestations spectaculaires dans la Russie contemporaine
(2000-2010)«, *Critique internationale*, no. 2/2012, S. 73-90. Ein detailliertes Verzeichnis solcher Aktionen seit 1991 bietet artprotest.org.

12 Der Film ist unter vimeo.com/30098532 zu sehen.

13 Diese Einschätzung teilt z.B. in der Einleitung zu einem ausführlichen
Interview mit Medwedew zu dessen politischem Engagement Evgenij
Akimenko, »Graždanskij razgovor s Kirillom Medvedevym«, kidsters.
ru/2011/12/07/гражданский-разговор-с-кириллом-медв, 7.12.2011.

14 Der Begriff der »strategischen Dramaturgie« stammt von Doug McAdam,
»The framing function of movement tactics: strategic dramaturgy in the
American civil rights movement«, in: Doug McAdam, John D. McCar-
thy, Mayer N. Zald, *Comparative perspectives on social movements: political opportunities, mobilizing structures, and cultural framings*, Cambridge: Cambridge University Press 1996, S. 338-356. Auf die Rolle
von Künstlern in diesem Prozess macht dieser vergleichende Aufsatz
aufmerksam: Timothy Garton Ash, »A century of lessons and questions«, in: Adam Roberts, Timothy Garton Ash (Hrsg.), *Civil resistance
and power politics: the experience of non-violent action from Gandhi to
the present*, Oxford: Oxford University Press 2011, S. 371-390, hier
S. 382-384.

15 Die »Monstrationen« gehen ihrerseits auf eine Moskauer Aktion der
Gruppe »Für eine anonyme und kostenlose Kunst« aus dem Jahr 2000
zurück. Es gab auch andere Vorläufer, darunter ein Aufmarsch der »Leo-
nardo da Vinci-Kunstakademie« in Nowosibirsk im November 1995 mit
Bannern wie »Es lebe die Duftseife!« und »Meine Mutter hat heute
Geburtstag«. S. Vladimir Berzjaev, »Lenta Stëbiusa. 20 nojabrja 1995.
Foto – za 15 let do Monstracii!«, beryazev.livejournal.com/91206.html,
21.4.2011.

16 Arslan Saidov, »Chudožnik Artem Loskutov – o pervomajskoj monstracii«, www.svoboda.org/content/article/24563888.html, 29.4.2012.

17 Mikhail Ratgauz, »›Vy nas daže ne predstavljaete‹ – vystavka protestnogo plakata«, www.facebook.com/events/167328260048151, 12.2.2012.

18 www.facebook.com/groups/236013106470563

19 Videos und Fotos von der Aktion: »Bože, carja goni!«, femen.livejournal. com/182346.html, 9.12.2011.

20 Fotobericht von der Aktion: »Policejskie ne dopustili uličnogo ›trollinga‹ Vsevoloda Čaplina«, www.ridus.ru/news/21679, 11.2.2012. Der Name der Gruppe ist eine Anspielung auf die sprachlich unbeholfenen Äußerungen der 1992 geborenen Swetlana Kurizyna, Mitglied einer kremlnahen Jugendvereinigung, die in einem Video-Interview vom 6.12.2011 (24XBX0Wkmpw) dem »Geeinten Russland« dafür dankte, dass man sich jetzt »mehr besser anziehen« würde. Als »Sweta aus Iwanowo« zog die Buchhalterin den Spott vieler Demonstranten auf sich, woraufhin der kremlnahe Sender *NTW* sie als Fernsehmoderatorin einstellte.

21 S. den detaillierten Bericht zu dieser Aktion unter artprotest.org, Eintrag »1994. Proekt ›Bassejn Moskva‹«.

22 S. artprotest.org, Eintrag »1995. Čečnja! Brener«.

23 S. artprotst.org, Eintrag »2000. Samoraspjatie Mavromatti«.

24 Ähnliche Fragen erörtert am Beispiel des Leningrader Künstlers Timur Novikov Ivor Stodolsky, »A multi-lectic anatomy of stiob and poshlost': case studies in the oeuvre of Timur Novikov«, *Laboratorium* 1/2011, S. 24-50.

25 Der Begriff stammt von James Scott, *Weapons of the weak: everyday forms of peasant resistance*, New Haven: Yale University Press 2005.

26 Zu den Gerichtsverfahren s. auf Deutsch Michail Ryklin, *Mit dem Recht des Stärkeren. Russische Kultur in Zeiten der »gelenkten Demokratie«*, Frankfurt am Main: Suhrkamp 2006; Wiktoria Lomasko/Anton Nikolajew, *Verbotene Kunst. Eine Moskauer Ausstellung, Graphic Docu*, Berlin: Matthes & Seitz 2012.

27 Einige der entsprechenden Anschuldigungen finden sich auf einer Seite von Unterstützern der Petersburger Gruppe (free-voina.org), wurden aber nach Tolokonnikowas Verhaftung zum Teil wieder entfernt.

28 Ljudmila Alekseeva, op. cit., S. 186.

29 Ebd. S. 226.

30 Nikolaj Mitrochin, *Russkaja pravoslavnaja cerkov': sovremennoe sostojanie i aktual'nye problemy*, Moskva: Novoe literaturnoe obozrenie 2004, S. 174-182.

31 Ebd. S. 80.

32 »Patriarch Kirill: V. Putin spas Rossiju ot raspada«, top.rbc.ru/society/07/10/2011/619180.shtml, 7.10.2011.

33 Zu der Armbanduhr-Affäre: »Na sajte RPC vyložena fotografija, gde s ruki patriarcha Kirilla sterty časy, no ostalos' ich otraženie«, www.gazeta.ru/social/news/2012/04/04/n_2276281.shtml, 4.4.2012. Zur Verwicklung von Priestern in Autounfälle s. z. B. Anatolij Karavaev, Roman Kon-

drat'ev, »Igumen Timofej ›Tojotu‹ priložil«, www.gazeta.ru/auto/2012/
08/13_a_4725045.shtml, 13.8.2012; »Peterburgskij svjaščennik izbil dvuch
pensionerok«, top.rbc.ru/incidents/05/09/2012/668039.shtml, 5.9.2012.
Quellen zu einer Reihe früherer (darunter vieler Immobilien-) Skandale
um die Kirche listet der bereits zitierte Artikel von Tarasov auf.

34 Mitrochin, op. cit., S. 265.

35 Eine ausgiebige Linksammlung zu Tschaplins Auftritten, insbesondere
zu künstlerischen Themen und zur Zensur, findet sich auf artprotest.org
im Bereich »Obviniteli« unter »Čaplin Vsevolod, protoierej«. Zur Evolutionstheorie: »Škol'niki imejut pravo polučat' znanija o vsem mnogo-
obrazii teorij proischoždenija žizni na Zemle, sčitajut v RPC«, www.
newsru.com/religy/09oct2007/chaplin.html, 9.10.2007; zu Pädophilie
und Homosexualität: »Raz"jasnenija predsedatelja Sinodal'nogo otdela
po vzaimootnošenijam Cerkvi i obščestva otnositel'no pozicii Cerkvi
po voprosam propagandy gomoseksualizma i dejatel'nosti LGBT-or-
ganizacij«, www.patriarchia.ru/db/text/1619521.html, 10.9.2011; zu
Vergewaltigung und Dress-Code: »U skromno odetoj ženščiny bol'še
šansov najti chorošego muža, sčitajut v RPC«, www.newsru.com/religy/
27dec2010/chaplin_frauen.html, 27.12.2010; »Otvet protoiereja Vsevoloda Čaplina avtoram obraščenija k patriarchu Kirillu po povodu žens-
kogo dress-koda«, www.interfax-religion.ru/?act=documents&div=1076,
18.1.2011.

36 »Protoierej Vsevolod Čaplin o Pussy Riot: žestko nakazat', no na pervyj
raz sažat', navernoe, ne nado«, newsru.com/religy/07mar2012/strafe.
html, 7.3.2012.

37 »Prokuratura rassmotrit žalobu na Pussy Riot za pesnju v chrame Christa Spasitelja: koščunstvennaja vychodka«, www.gazeta.ru/news/lenta/
2012/02/22/n_2214421.shtml, 22.2.2012.

38 Video: Gn2k600eViU, im Januar 2013 nicht mehr zugänglich. Text: »Slovo Svjatejšego Patriarcha Kirilla posle Liturgii v chrame Rizopoloženija
na Donskoj ulice v Moskve«, www.patriarchia.ru/db/text/2102000.
html, 24.3.2012.

39 »Zajavlenie Vysšego Cerkovnogo Soveta Russkoj Pravoslavnoj Cerkvi v
svjazi s sudebnym prigovorom po delu lic, oskvernivšich svjaščennoe
prostranstvo Chrama Christa Spasitelja«, www.patriarchia.ru/db/text/
2411921.html, 17.8.2012.

40 Brief orthodoxer Laien: »Obraščenie k Patriarchu Moskovskomu i vseja
Rusi Kirillu«, pechalovanie.livejournal.com/605.html, 19.6.2012; Ivan
Ochlobystin, »Otkrytoe pis'mo Ego Svjatejšestvu Svjatejšemu Patriar-
chu Moskovskomu i Vseja Rusi Kirillu«, www.twitlonger.com/show/
i7e3sk, 7.7.2012; Kurajew: Video: Be92LbXpbsI; Text: Elena Masjuk,
»Protodiakon Andrej Kuraev: ›Ne vedomstvo cerkvi byt' prokuraturoj,

kvalificirovat' prestuplenija, trebovat‹ žestkich mer«, www.novayagazeta.
ru/politics/53780.html, 31. 7. 2012;

41 Nikolaj Mitrochin, »V kalošnom rjadu«, grani.ru/opinion/m.198559.
html, 22. 6. 2012.

42 Meine Darstellung der innerkirchlichen Reformen beruht auf einem unveröffentlichten Aufsatz von Nikolay Mitrokhin (»Russkaja pravoslavnaja cerkov' v epochu absoljutizma«), dem ich an dieser Stelle herzlich
danken möchte – sowohl für die Möglichkeit der Lektüre als auch für
seine ergänzenden Erklärungen. Eine gekürzte Version erschien als: Nikolaj Mitrochin, »RPC v epochu absoljutizma. V čem sut' reform patriarcha Kirilla«, *Vedomosti*, www.vedomosti.ru/opinion/news/8280181/
rpc_v_epohu_absolyutizma, 23. 1. 2013.

43 1. Mai: dkRFSVFgc8I, 5. Mai: EqL1eSRriE8.

44 Elena Baryševa, Evgenij Gladin, »Biznes-centr Christa Spasitelja«, mn.ru/
society_faith/20120423/316172981.html, 23. 4. 2012; Nikolaj Mitrochin,
»Otdajte Christa radi«, grani.ru/opinion/m.198248.phtml, 8. 6. 2012.

45 Diese Analyse stammt von Vadim Volkov, »Ėto ne mogila, ėto fundament«, www.vedomosti.ru/opinion/news/3218491/eto_ne_mogila_
eto_fundament?full, 24. 8. 2012.
Aus den Meinungsumfragen des Lewada-Zentrums zum Thema Pussy
Riot in den Monaten vor Beginn des Verfahrens lässt sich hingegen weder ein besonderes Interesse noch eine mehrheitliche Befürwortung der
harten Strafe ableiten. Im Gegenteil stieg vor der Urteilsverkündung
die Zahl derjenigen, die das zu erwartende Urteil für zu hart befanden.
S. »Rossijane o dele Pussy Riot«, www.levada.ru/31-07-2012/rossiyane-
o-dele-pussy-riot (31. 7. 2012).

46 Zur selben Zeit fand ein Versöhnungsprozess zwischen den traditionellen
und meist staatstreuen Sufi-Strömungen und den salafistischen Erneue-
rern statt, dessen wichtigster Architekt, Scheich Said Afandi aus Tschir-
kej, jedoch am 28. 8. 2012 durch ein Selbstmordattentat ums Leben kam.

47 Sergej Filatov, Anastasia Strukova, »Ot protestantizma v Rossii k russ-
komu protestantizmu«, *Neprikosnovennyj zapas* 6/2003, S. 21-32.

48 Ein Mitarbeiter von Andrejews Widersacher stellte die Behauptung auf,
dieser habe dabei auf Unterstützung aus dem Kreml zurückgegriffen:
Anton Zdobnov, »Tol'iatti: vlast' vozglavila protest«, newtimes.ru/ar
ticles/detail/50857, 12. 3. 2012. Zur Trennung zwischen Kirche und indi-
viduellem Engagement s. Andrejews Auftritt auf einem Baptistenkon-
gress im Juli 2012: »Sergej Andreev prizval baptistov molit'sja za mėrov
svoich gorodov«, tltgorod.ru/news/theme-0/news-23719, 12. 8. 2012.

49 Ekaterina Samucevič, »Poslednee slovo na sude po delu Pussy Riot«,
www.cogita.ru/dokumenty/ekaterina-samucevich.-poslednee-slovo,
9. 8. 2012.

50 Video: 33ylOP3mlmI, 10.10.2012. Textauszug: »Peremena učasti«, grani. ru/tags/pussyriot/m.207255.html, 10.10.2012.

51 Sergej Šabochin, »Interv'ju s rossijskoj art-gruppoj ›Vojna‹«, artakti- vist.org/intervyu-s-rossijskoj-art-gruppoj-vojna, 3.11.2011. Tolokon- nikowas Analyse ähnelt auf verblüffende Weise dem Begriff des »Ak- tionsrepertoires« (repertoire of contention) von Charles Tilly, einem Doyen der historischen Erforschung gesellschaftlicher Bewegungen (in: *Regimes and Repertoires*, Chicago: Chicago University Press 2006). Al- lerdings schöpft sie ihr begriffliches Instrumentarium laut dem zitierten Interview aus den Arbeiten von Julia Kristeva, die sie jedoch als »reaktio- när« kritisiert.

52 »›Ja očen' nepostojanna!‹: Interv'ju s učastnicej akcii v muzee Nadeždoj Tolokonnikovoj«, plucer.livejournal.com/61945.html, 15.3.2008.

53 Marija Alechina, »Pussy Riot: polednee slovo obvinjaemych«, newti mes.ru/articles/detail/55344, 8.8.2012.

54 »Masljanica v Chrame Christa Spasitelja«, diak-kuraev.livejournal.com/ 285875.html, 21.2.2012.

55 Sergey Baranov, »Otkrytoe pis'mo Patriarchu Kirillu«, www.facebook. com/notes/sergej-baranov/otkrytoe-pis'mo-patriarchu-kirillu/2680484 09972818, 18.8.2012.

56 »Svjaščennik, chotevšij izvinit'sja pered Pussy Riot, zapreščen v služe- nii«, ria.ru/society/20130115/918253326.html, 15.1.2013.

57 Vladimir Golyšev, »Javlenie Pussy Riot narodu«, kbanda.ru/index.php/ reportazhi/169-obshchestvo/1672-yavlenie-pussy-riot-narodu, 12.3.2012. – Ostawnych wurde nicht zum Verfahren zugelassen: »Reli- gioved Valerij Otstavnych: ›Menja udivljaet, čto nikto iz desjatkov tysjač svjaščennikov ne prišel na process i ne prizval storony k proščeniju i če- lovekoljubiju‹«,newtimes.ru/articles/detail/55203, 6.8.2012.

58 Der als liberal geltende Autor Michail Ardow, Priester einer alternativen orthodoxen Kirche, äußerte sich in einem Radiogespräch zu Pussy Riot folgendermaßen: »Russland ist das Land der Unschuld. Wir wissen, dass in Frankreich kürzlich das Wort ›Mademoiselle‹ verboten worden ist, in Deutschland schon vor langer Zeit das Wort ›Fräulein‹. Bei uns aber sind alle ›dewuschki‹: Im Gefängnis sitzen *dewuschki*, die Kinder haben.« Die Gefängnisstrafe sei übertrieben, man hätte ihnen »den Hintern versohlen und sie hinausjagen« sollen. Andrej Šaryj, »Svjaščennik Michail Ardov: ›Delo Pussy Riot ne sdelalo obščestvo bolee agressivnym, čem ono bylo prežde‹,www.Svoboda.org/content/article/24683748.html, 21.8.2012.

59 Video: »Čto stoit za akciej ›Pussy riot‹ v Chrame Christa Spasitelja«, www.1tv.ru/sprojects_edition/si5851/fi14392.

60 »Vse načinaetsja s pesenki«, shevchenko-ml.livejournal.com/9610.html, 19.8.2012.

61 Ly-jqHerbn8.
62 S. dazu stellvertretend für eine reichhaltige Literatur das Themenheft
   von *Pro et contra* zur Transformation von Elternrollen in Russland
   (1-2(14)/2010, herausgegeben von Maria Maiofis und Il'ia Kukulin).
63 S. dazu die Debatte zu den Methoden der russischen Gender Studies in
   Laboratorium 1/2012, S. 137-163.
64 Die Gruppe hat eine Internetpräsenz unter www.facebook.com/straights.
   for.equality und vk.com/straights_for_equality, ihr am 25.5.2012 ver-
   abschiedetes Manifest findet sich unter on.fb.me/QJQI6d.
65 Bonco [Pseudonym], »LGBT i protest«, www.gaycountry.ru/157-lgbt-i-
   protest.html, 4.5.2012.

Kapitel V

1 Zur Projektion des Mittelklasse-Begriffs auf die Demonstranten durch
   die Medien und deren Widerstand gegen diese Bezeichnungen s. Bikbov,
   op. cit. [S. 407, Anm. 57]
2 Roman Lunkin, »Mitingi kak mašina znanija. Sociologi ob issledovanii
   novych form političeskoj aktivnosti i ob ich poiske ›kreativnym klas-
   som‹«, in: 14.5.2012.
3 Die Rede war von der Großdemonstration auf dem Nowyj Arbat am
   10.3.2012. tvrain.ru/articles/iosif_marchenko_9_let_putin_vremja_vy
   shlo-329843, 30.8.2012.
4 »An nahezu allen deutschen Universitäten und Hochschulen stellen Soziologen die Kerntruppe der revoltierenden Studenten. Im Sozialistischen Deutschen Studentenbund (SDS) geben Soziologen wie die Frank-
   furter Adorno-Schüler Hans-Jürgen Krahl und Frank Wolff sowie der
   Berliner Dr. Klaus Meschkat den Ton an. Von 15 SDS-Abgeordneten im
   Studentenparlament der Freien Universität Berlin gehören 14 der Philosophischen Fakultät an, die meisten von ihnen studieren im Haupt- oder
   Nebenfach Soziologie« (»Menschen mit Störungen«, *Spiegel* 22/1968,
   27.5.1968, zitiert nach www.spiegel.de/spiegel/print/d-46039779.html).
5 Dieter Rucht bezieht in das Arena-Modell nicht nur den physischen
   Raum der Demonstrationen, sondern auch einen breiteren gesellschaftlichen und vor allem medialen Zusammenhang ein. S. Myra Marx Ferree,
   William Anthony Gamson, Jürgen Gerhards, Dieter Rucht, *Shaping abor-
   tion discourse: democracy and the public sphere in Germany and the United States*, Cambridge: Cambridge University Press 2002; Dieter Rucht,
   »Vom Elend der ›Latschdemos‹«, in: Heinrich Geiselberger (Hrsg.), *Und
   jetzt? Politik, Protest und Propaganda*, Frankfurt am Main: Suhrkamp
   2007, S. 183-201.

6 Zitiert in: Aljona Ljapina, »Vystavka protestnogo tvorčestva ›Vy nas daže
ne predstavljaete‹«, *The Village*. www.the-village.ru/village/culture/cul
ture/111881-vy-nas-dazhe-ne-predstavlyaete, 17. 2. 2012.

7 Die Darstellung beruht auf: Laura Secor, »Election, monitored. The tra-
gic farce of voting in Iran«, *The New Yorker*, 7. 5. 2012, S. 48-59, und einer
E-mail-Korrespondenz mit der Autorin im Dezember 2012.

8 Von fast fünf Millionen Menschen spricht die BBC (»1979: Exiled Ayatol-
lah Khomeini returns to Iran«, news.bbc.co.uk/onthisday/hi/dates/sto
ries/february/1/newsid_2521000/2521003.stm), von zwei Millionen Garton Ash, op. cit., S. 378.

9 Herbert Jacobs, »Reporting: The Perils of Crowd Counting«. *Time Magazine*, 7. April 1967.

10 Kaz und Churas'kin wendeten ihre Methode am 4.2., 12.6., 15. 9. 2012 und
am 13. 1. 2013 an. Die Daten macht Kaz über seinen Blog tolik-kats.live
journal.com öffentlich zugänglich.
Einen Überblick über die Quellen, Möglichkeiten und Einschränkungen
von Methoden zur Zählung statischer und mobiler Mengen bei Großver-
anstaltungen liefern Ray Watson und Paul Yip, »How many where there
when it mattered? Estimating the size of crowds«, *Significance*, September 2011, p. 104-107. Ternowskijs Bericht findet sich in seinem Blog:
»Kak vrut v GUVD i fantazirujut oppozicionery. Nezavisimyj podščet
učastnikov marša«, ternovskiy.livejournal.com/234150.html, 13. 1. 2013.

11 Sergej Schpilkin hatte seine Methoden schon bei vorherigen Wahlen
angewendet: Sergej Špil'kin, »Statističeskoe issledovanie rezul'tatov rossijskich vyborov 2007-2009 gg.«, *Troickij variant* Nr. 40, S. 2, trv-scien
ce.ru/2009/10/27/statisticheskoe-issledovanie-rezultatov-rossijskich-
vyborov-2007-2009-gg, 27. 10. 2009. Zu den Dumawahlen 2011 s. zusätzlich zu den in Kapitel 2 zitierten Arbeiten s. Sergej Špil'kin, »Vy-
bory-2011«, *Troickij variant* Nr. 93, trv-science.ru/2011/12/06vybory-
2011, 6. 12. 2011, S. 5; ders., »Statistika issledovala vybory«, www.gaze
ta.ru/science/2011/12/10_a_3922390.shtml, 10. 12. 2011; »Vybirat' ne pri-
choditsja«, Esquire Nr. 72, esquire.ru/elections, 1. 12. 2011. Kritisch beurteilt die statistischen Methoden Schpilkins und anderer Wahlforscher
noch vor den Dumawahlen der Blogger und Publizist Oleg Petrov,
der die Existenz massiver Wahlfälschungen abstreitet: »Massovye fal'sifikacii wanted«, wiz-aut.narod.ru/L040_falsifikacii_1_konkretno.htm,
17. 11. 2011. Auf die Grenzen rein mathematischer Methoden bei der Einschätzung des Ausmaßes der Fälschungen weist hin: Jurij Neretin,
»Stoit li otvečat' fal'sifikaciej matematiki na fal'sifikaciju vyborov?«,
15. 12. 2011; s. auch Yury Neretin, »On statistical researches of parlia-
ment elections in the Russian Federation, 04. 12. 2011« [sic], www.mat.
univie.ac.at/~neretin/grafiki/elections.pdf, arXiv:1205.1461, 12. 1. 2012.

12 Neben dem Lewada-Zentrum und dem staatlichen Zentrum für Meinungsforschung gibt es noch eine Reihe anderer Umfrage-Institute,
von denen insbesondere die 1991 aus dem Zentrum hervorgegangene
Stiftung für Meinungsforschung Erwähnung verdient. Zu dessen Arbeit
s. die ethnographische Studie: Roman Abramov, »Transformacija organi-
zacionnogo i professional'nogo konteksta industrii oprosov obščestvennogo mnenija v Rossii: opyt makro- i mikroanaliza«, *Laboratorium*
1/2012, S. 45-75. Zu den Problemen, die die Dominanz der Meinungsforschung in Russland aufwirft, s. Mischa Gabowitsch, »Wissenssoziologie
statt Weihrauchschwenken: Selbstverschuldete Rezeptionshürden der
Levada-Schule«. *Osteuropa*, 58. Jg., 2/2008, S. 33-51. Einen ähnlichen
Stellenwert besaß die Meinungsforschung im Spätsozialismus in anderen
Ländern, wie Antoni Sułek am polnischen Beispiel deutlich macht: »The
rise and decline of survey sociology in Poland«, *Social Research*, vol. 59,
no. 2/1992, S. 365-284. Zu den Schwierigkeiten, Wahlintentionen im russischen Kontext verlässlich mit den Methoden der Meinungsforschung zu
untersuchen, s. Kirill Kalinin, »Ėlektoral'nye fal'sifikacii v Rossii: mechanizmy, diagnostika, interpretacii«, *Neprikosnovennyj zapas* 4(84)/
2012.

13 Ich danke Alexej Lewinson für Erläuterungen zur Befragungsmethode
am 24.12.2011. Zur »Offenen Meinung« s. Kalinin, op. cit. sowie www.fa
cebook.com/groups/28959391107625. Beim erwähnten Bericht des Lewada-Zentrums handelt es sich um Denis Volkov, op. cit.
Eine Umfrage unter 112 Anwesenden im OccupyAbay-Lager in Moskau
im Mai 2012 führte Olga Kryschtanowskaja durch. Sie fragte nach Alter,
Beruf und Bildungsniveau und versuchte, die Befragten in Typen wie
»Professionelle Revolutionäre« und »Politisierte Rentner« zu unter-
teilen. S. Ol'ga Kryštanovskaja, »Issledovanie #OkkupajAbaj«, best-
today.ru/posts/5575.html, 12.5.2012.
Auch das staatliche Institut für Meinungsforschung diagnostizierte
zu diesem Zeitpunkt eine Krise der vorhandenen Methoden zur Erforschung des Protests und berief eine große Gesprächsrunde zu diesem
Thema ein: »Stenogramma zasedanija Naučnogo soveta VCIOM. ›Istin-
nye pričiny i mechanizmy zimne-vesennego protestnogo dviženija i perspektivy ego prodolženija na novom ėtape‹ (17.05.2012)«, wciom.ru/file-
admin/nayka/sovet/2012_05_protesty_stenogramma.pdf.

14 Berichte über die erwähnten Umfragen finden sich im Internet. »Wesen
der Zeit«: eot.su/sites/default/files/axio-report.pdf (29.4.2011); eot.su/
sites/default/files/axio2/r_0.pdf (6.9.2011); Ksenija Trubeckaja, »Na-
rod govorit. Analiziruem«. ksu-trubetskaya.livejournal.com/2327.html
(25.9.2012); »75 % protestujuščich – gotovy podderžat' nacionalistov«.
ru-nsn.livejournal.com/1889981.html (26.9.2012); Pavel Prjanikov, »Čto

rabočie i krest'jane dumajut o KS i ob oppozicii«. ttolk.ru/?p=13769
(16.10.2012). Die beiden letzteren Webseiten enthalten Ausschnitte aus
Videoaufzeichnungen einzelner Interviews.

15 Ol'ga Vaganova, »Kto raskačivaet lodku?«, www.vip74.ru/obshchestvo/
kto-raskachivaet-lodku, 26.6.2012.

16 Die u. a. auf den Ergebnissen von Fokusgruppen beruhenden Studien des
Zentrums für strategische Studien sind: Sergej Belanovskij, Michail
Dmitriev, Svetlana Misichina, Tat'jana Omel'čuk, *Dvižuščie sily i perspektivy političeskoj transformacii Rossii*, csr.ru/docs/category/8-?down-
load=201%3A&lang=ru, vorgestellt im November 2011; als Beilage dazu: Sergej Belanovskij, Michail Dmitriev, *Političeskij krizis v Rossii i
vozmožnye mechanizmy ego razvitija*, csr.ru/docs/category/51-2009-
12-24-06-54-11?download=172%3A&lang=ru; Sergej Belanovskij, Michail Dmitriev, Svetlana Misichina, Tat'jana Omel'čuk, »Izmenenija social'noj struktury rossijskogo obščestva i ee političeskie posledstvija:
popytka prognoza«, *Mir Rossii* 1/2012, S. 123-139; *Izmenenija političeskich nastroenij rossijan posle prezidentskich vyborov*, www.csr.ru/ima
ges/docs/doklad%20csr.pdf; *Obščestvo i vlast' v uslovijach političeskogo krizisa. Doklad ėkspertov CSR Komitetu graždanskich iniciativ*, csr.
ru/docs/category/51-2009-12-24-06-54-11?download=172%3A&lang
=ru, 23.10.2012. Die in diesen Berichten vertretene These vom Aufstieg
einer Mittelklasse als Hauptfaktor der politischen Transformation ist
wiederum vor allem durch Umfragen belegt.
Die Ergebnisse von Alexej Levinsons Fokusgruppen-Untersuchung
sind zum Zeitpunkt der Niederschrift noch unveröffentlicht.

17 Das Interview führte Olga Rosenblum.

18 Bikbov, »Metodologija …«, S. 138.

19 Hingegen sind einige Globalisierungskritiker in Westeuropa gerade von
Umzügen (»Latschdemos«) enttäuscht. S. Rucht, op. cit.

20 Die Gruppe »Folklore der Schneerevolution« sammelt unter www.face
book.com/groups/236087386462841, eine thematisch organisierte Sammlung zu den Großdemonstrationen in Moskau am 24.12.2011 und am
4.2.2012 findet sich unter 24december.visantrop.ru. Ein kommentiertes
Fotoalbum erschien als: V. F. Lur'e, *Azbuka protesta*, Moskva: OGI; po-
lit.ru 2012. Wissenschaftliche Publikationen aus dem Projekt erschienen
in *Antropologičeskij forum*, Online-Ausgabe Nr. 16, 2012 (anthropolo-
gie.kunstkamera.ru/07/16online), im Erscheinen befindet sich ein Sammelband: Archipova, op. cit. [S. 407f., Anm. 59]

21 Einige Soziologen und Aktivisten beteiligten sich an der Arbeit beider
Gruppen. Der wichtigste Unterschied bestand darin, dass die »Initiative« versuchte, Forschung als Empowerment zu betreiben, indem sie
auf den Demonstrationen soziologisch intervenierte und Forschungs-

ergebnisse an Demonstranten verteilte, während das »Kollektiv« eher zwischen Erforschung und Aktivismus trennte und ihr politisches Engagement im Rahmen politischer Vereinigungen wie der »Russischen Sozialistischen Bewegung« auslebte. Die Forschungstätigkeit hingegen war eher auf Auftritte und Publikationen in Fachkreisen angelegt.

22 »Socfak MGU …« op. cit. [S. 386, Anm. 26].

23 Aleksandr Bikbov, Stanislav Gavrilenko, »Rossijskaja sociologija: avtonomija pod voprosom«, in: *Logos*, 1/2003 und 2/2003. – deutsch: Alexander Bikbow: Fragliche Autonomie. Zur Lage der Soziologie im heutigen Russland, in: *Berliner Journal für Soziologie* 3/2005. S. 309-330.

24 Meine Darstellung beruht neben den Publikationen beider Gruppen auf Einzelgesprächen mit Alexander Bikbov, Alexandrina Vanke und Olga Nikolaeva, der Teilnahme an einem Arbeitstreffen des »Kollektivs zur Erforschung der Proteste« im Mai 2012 in Sankt Petersburg sowie per Skype an einem von der »Unabhängigen Initiative zur Erforschung der Proteste« organisierten Seminar zu »Europäischen und russischen Praktiken der Bürgerpartizipation« (Moskau, 6. Juni 2012) und einem Interview mit Svetlana Yerpyleva am 6. 11. 2012 in Berlin. Ich danke zudem den Teilnehmern der Mailing-Listen »meeting-research« und »issledovanie_mitingov« für die Beantwortung meiner Fragen. Über die Tätigkeit der »Initiative« berichtet und reflektiert zudem der Künstler und Theoretiker Pavel Mitenko in einem Interview (Aleksandr Kolesnikov, »Issledovanie: miting kak forma političeskogo dejstvija«, n-europe.eu/ar ticle/2012/04/24/issledovanie_miting_kak_forma_politicheskogo_deist viya, 24. 4. 2012) und einem Vortrag (»Issledovanie protesta kak priumnoženie form učastija«, Video: www.krasnoe.tv/node/14913, 45:50 bis 70:20).
   Während der Konflikte um die Soziologische Fakultät der Moskauer Staatsuniversität und die Schließung der Europäischen Universität war ich an der Organisation der jeweiligen internationalen Unterstützerkampagnen beteiligt. Mit Alexander Bikbov verbindet mich eine langjährige Freundschaft und Zusammenarbeit, u. a. im Rahmen der Zeitschrift *Laboratorium*.
   Zur Mobilisierung im Zusammenhang mit der Schließung der Europäischen Universität s. Vadim Volkov, »Opposition substitutes …« sowie meinen Blog »Save the European University at Saint Petersburg«, euspb.blogspot.de.

25 Das Kollektiv »Was tun?« schuf aus diesem Anlass im April 2010 ein »Songspiel« mit dem Titel »Der Turm«: vimeo.com/12130035.

26 Kulmala, »Russian state …« [S. 402 f., Anm. 25].

27 Zu Sankt-Petersburg s. den Vortrag von Dmitrij Vorob'ëv, »Topologija protesta«, fod5etvBSmo, 10. 6. 2012.

28 Budnesgesetz der Russländischen Föderation Nr. 54-FZ, 19.6.2004. Text: www.rg.ru/2004/06/23/miting-dok.html, Analyse: Evgenija Zusman, Jurij Džibladze, »Svoboda sobranij v Rossii: zakonodatel'stvo i pravoprimenitel'naja praktika«, *Rossijskij vestnik »Meždunarodnoj Amnistii«*, 38/2007, S. 17-23.

29 Tscheljabinsk: Irina Povolockaja, »Oppozicija molča vystupila protiv novych pravil provedenija mitingov«, uralpress.ru/news/2012/09/27/oppoziciya-molcha-vystupila-protiv-novyh-pravil-provedeniya-mitingov, 27.9.2012; Barnaul: Marija Strygina, Administracija Barnaula utverdila plotnost' publičnych meroprijatij, altapress.ru/story/94882, 9.10.2012; Jekaterinburg: »Pravitel'stvo za 3 minuty prinjalo zakon o mitingach, izgonjajuščij graždan ot ›prisutstvennych‹ mest«, www.nr2.ru/ekb/410380.html, 30.10.2012.

30 Die entsprechenden Gesetzesänderungen wurden am 26.12.2012 verabschiedet: »Mosgorduma prinjala zakon o rabote analogov Gajd-parka v Moskve«, ria.ru/mo/20121226/916287121.html, 26.12.2012.

31 S. dazu den erwähnten Vortrag von Dmitrij Worobjow sowie Miljauša Zakirova, »Obrazy goroda v mobilizacii gorodskogo obščestvennogo dviženija (na primere Sankt-Peterburga)«, in: *Obščestvennye dviženija v Rossii – točka rosta, kamni pretknovenija*, Moskva: OOO »Variant«, CSPGI 2009, S. 180-205.

32 Aleksandr Sinjakov, »Manifest ›Russkoj probežki‹«, vk.com/topic-23240913_25455632, 25.9.2011.

33 Robert Argenbright, »Remaking Moscow: new places, new selves«, *The Geographical Review*, vol. 89, 1/1999, S. 1-22; Michail Blinkin, »Festgefahren. Moskaus Verkehr – Spiegel der Gesellschaft«, *Osteuropa*, Jg. 62, 6-8/2012, S. 279-292.

Kapitel VI

1 Neben den nicht nur im Fall Russlands systematisch verfälschten Polizeiangaben ziehen die Weltgesundheitsorganisation und das Büro der Vereinten Nationen für Drogen- und Verbrechensbekämpfung (UNDC, Wien) bei der Berechnung der Zahl von Gewalttoden medizinische Statistiken hinzu. Die Ergebnisse sind notgedrungen ungenau, zeigen aber Größenordnungen auf. Laut der *Global Study on Homicide* der UNDC aus dem Jahr 2011 (www.unodc.org/documents/data-and-analysis/statistics/Homicide/Globa_study_on_homicide_2011_web.pdf) starben in Russland im Jahr 2009 von 100000 Einwohnern im Schnitt 11,2 an den Folgen von Gewalteinwirkung.
Nin den anderen erwähnten Ländern lag die Zahl im selben Zeitraum (z.T.

2008 bzw. 2010) bei 6,6 (Moldawien), 5,2 (Estland), 10,7 (Kasachstan), 5,3 (Thailand), 18,1 (Mexiko, zum Großteil konzentriert in vier Bundesstaaten), 13,2 (Nicaragua). Zum Vergleich: In Deutschland lag dieser Indikator bei 0,8, in der Schweiz bei 0,7 und in Österreich bei 0,5. Wie auch in Deutschland und vielen anderen Ländern gibt es erhebliche regionale Variationen: Moskau zum Beispiel ist mehr als doppelt so »sicher« wie der Landesdurchschnitt.

Dabei stellt die Zahl von 2009 bereits eine erhebliche Verbesserung dar: Im Schnitt gab es zwischen 2004 und 2009 sogar 15 Opfer von tödlicher Gewalt je 100 000 Einwohner. Auf den beiden Kontinenten, über die sich Russland erstreckt, war diese Zahl nachweislich nur in den von Kriegen geplagten Irak, Sri Lanka, Palästina und Afghanistan höher – und nur, wenn direkte Opfer der jeweiligen Konflikte mitgezählt werden. S. dazu den Bericht der Initiative »Genfer Erklärung zu bewaffneter Gewalt und Entwicklung«: *The Global Burden of Armed Violence 2011*, Cambridge: Cambridge University Press 2011.

2 Die USA sind mit weit über 2 Millionen Insassen unerreichbarer Weltmeister im Freiheitsentzug. Davon abgesehen ist jedoch nur in Ruanda ein größerer Bevölkerungsanteil inhaftiert als in Russland, und nur das fast zehnmal bevölkerungsreichere China hat in absoluten Zahlen ausgedrückt mehr Gefangene. Quelle: Roy Walmsley: *World Prison Population List (ninth edition)*, International Centre for Prison Studies 2011. www.apcca.org/stats/9th%20Edition%20%282011%29.pdf.

3 So z. B. Anton N. Oleinik, *Criminalité organisée, prison et sociétés postsoviétiques*, Paris, Torino: l'Harmattan 2001.

4 Manfred Sapper, »Diffuse Militanz in Rußland: ein Erbe des militarisierten Sozialismus?« *Berliner Debatte Initial*, Jg. 8 Nr. 6 (1997).

5 Zum internationalen Vergleich von Volumina und Trinkverhalten s. World Health Organization: *Global status report on alcohol and health*, Genf 2011. Zum Zusammenhang zwischen Alkohol und Gewalt in Russland s. z. B.: William Alex Pridemore: »Vodka and Violence: Alcohol Consumption and Homicide Rates in Russia«. *American Journal of Public Health*, December 2002, 92(12): S. 1921-1930; ders. und M. B. Chamlin: »A time-series analysis of the impact of heavy drinking on homicide and suicide mortality in Russia, 1956-2002«. *Addiction*, December 2006, 101(12): S. 1719-29.

Auch der Konsum illegaler Drogen bewegt sich in Russland auf einem problematischen Niveau, wobei allerdings weder gesicherte Zahlen noch belastbare Erkenntnisse zum Zusammenhang mit Gewalt vorliegen. Laut dem Drogenbeauftragten des Gesundheitsministeriums lag die Zahl der registrierten Konsumenten im Sommer 2011 bei 550 000, die Dunkelziffer bei geschätzten 1,5 Millionen, also etwas über 1 Prozent der Bevölkerung. S. Eva Merkačeva, »›Narkoman pozdorovalsja – i uže sovral'‹, www.mk.ru/social/interview/2011/06/23/599988-narkoman-pozdoro valsya-i-uzhe-sovral.html, 24.6.2011.

6 Zu Körperstrafen s. Igor' Kon: *Bit' ili ne bit'?* Moskva: Vremja 2012, v. a. S. 291-310. Es gibt keine verlässlichen Zahlen zur häuslichen Gewalt in Russland: die häufig angeführten 14000 Todesopfer pro Jahr basieren auf Mutmaßungen aus den frühen neunziger Jahren, die weder damals noch heute empirisch überprüft wurden. So gibt es in Russland zwar *absolut* weitaus mehr Todesfälle durch häusliche Gewalt als etwa in westeuropäischen Ländern, ihre *proportionale* Zahl im Verhältnis zur gesamten Zahl von Gewaltopfern ist jedoch nicht nachweisbar höher. S. dazu: Françoise Daucé: »Les violences contre les femmes en Russie : des difficultés du chiffrage à la singularité de la prise en charge«. *Cultures et conflits*, 85-86. S. 163-185. Zudem sind laut dem bereits zitierten Bericht des UNODC ziemlich genau drei Viertel der registrierten Opfer tödlicher Gewalt männlich – was wiederum weltweit gesehen eine typische Proportion darstellt. Eine größere Gleichheit vor dem (gewaltsamen) Tod besteht vor allem in Westeuropa sowie in Bürgerkriegsländern.

7 Unter den ca. 7000 Protestslogans in der eingangs erwähnten Datenbank.

8 Ähnliches geschah in Internetforen, einem nicht gerade für Zurückhaltung bekannten Medium.

9 Ljudmila Petranowskaja, »Počemu my takie zlye?«, www.nsad.ru/artic les/pochemu-my-takie-zlye, 21.5.2012.

10 Gene Sharp, *The politics of nonviolent action*, Boston: Porter Sargent 1973.

11 I. A. Il'in: *O soprotivlenii zlu siloju*, Berlin 1925; ders.: »Ideja Kornilova. Iz reči, proiznesennoj v Prage, Berline i Pariže«. *Vozroždenie*, 15. 17.6. 1925.

12 Dazu auf Deutsch z. B. Felix Philipp Ingold: »Machtvertikale«, *FAZ*, 27.3.2007.

13 »Protoierej Čaplin: v 20-e gody nravstvennym delom bylo by ›uničtožit' kak možno bol'še bol'ševikov‹«, www.gazeta.ru/news/lenta/2012/03/ 21/n_2252589.shtml, 21.3.2012, sowie Talkshow-Auftritt bei Marianna Maksimowskaja: -bjPuvbNpDU, 17.3.2012.

14 »Na Manezhnoj ploščadi v Moskve proshla akcija protiv novogo zakona o mitingach«, www.novayagazeta.ru/news/57299.html, 6.6.2012.

15 Michail Geršenzon, »Tvorčeskoe samosoznanie«, *Vechi. Sbornik statej o russkoj intelligencii*, Moskva 1909, S. 70-96, Zitat S. 89.

16 ZcqEDvBY7iM, datiert vom 11.10.2010, hochgeladen am 23.1.2011. Zu den »Partisanen« s. die Recherchen des nationaldemokratischen Journalisten Rostislav Antonov, *Primorskie partizany*, Moskva: Fond ROD 2011.

17 »Rossijane o napadenijach na milicionerov v Primor'e«. www.levada.ru/
    29-06-2010/rossiyane-o-napadeniyakh-na-militsionerov-v-primore,
    29.6.2010.

18 Die Webseite »Kaukasischer Knoten« bietet eine detaillierte Chronolo-
    gie: www.kavkaz-uzel.ru/articles/73122.

19 Zu den Parallelen zwischen staatlicher Repression in Moskau und im
    Kaukasus s. Ol'ga Allenova, »V Moskve teper' kak na Kavkaze«, pu-
    blicpost.ru/blog/id/11855, 11.6.2012.

20 Allerdings wurde im Jahr 2005 ein noch von 2002 stammender geheimer
    Befehl des damaligen Innenministers Boris Gryslow bekannt, der es Poli-
    zisten erlaubte, Demonstranten zu erschießen. Text und Kommentar:
    »Vlast' gotovit massovyj terror: sekretnye prikazy MVD«, www.civitas.
    ru/pcenter.php?code=432&release=1, 30.5.2005.

21 Eine vergleichende Analyse mehrerer der erwähnten Fälle liefert Sharon
    Erickson Nepstad, *Nonviolent revolutions: civil resistance in the late 20th
    century*, Oxford: Oxford University Press 2011; s. auch die quantitative
    Analyse in Erica Chenoweth/Maria J. Stephan, *Why civil resistance
    works: the strategic logic of nonviolent conflict*, New York: Columbia
    University Press, 2011.

Kapitel VII

1 Allerdings wurde der Ort nicht genau benannt; die Kampagne rief Bürger
   dazu auf, »auf den Platz zu gehen«. In anderen Videos derselben Reihe
   war die Rede von einem »Platz nahe des Kremls«, was auf den Manegenplatz wie den Bolotnaja-Platz zutreffen würde. Die vorsichtige Formulierung war dem Umstand geschuldet, dass die Demonstration für den
   Bolotnaja-Platz angemeldet war und der Aufruf, den Manegenplatz besetzt zu halten, als Gesetzesverstoß hätte ausgelegt werden können.

2 dtUPpD2G44c, 15.4.2012.

3 Ksenija Sobčak, »Spiny rebjat«, www.bg.ru/stories/10015, 3.2.2012.

4 Wistizkij hatte in seiner Ankündigung nicht vom Bolotnaja-Platz ge-
   sprochen, wohl aber den »Marsch der Millionen« erwähnt: »Auf den
   Marsch der Millionen … Ich persönlich habe schon tausende von Briefen
   von Armeeveteranen bekommen. Alle wollen sie kommen, alle reden von
   Konsolidierung, davon, dass sie gemeinsam, als geeinte Front auftreten
   wollen, um die Demonstranten zu schützen, die kommen, um für die
   eigenen Rechte einzutreten. Und es wird schon überlegt, wie man diese
   Leute mit Gewalt schützen kann. Denn der OMON greift Bürger der
   Russländischen Föderation an, die die Einhaltung ihrer verfassungsmäßigen Rechte fordern. Sollte der OMON angreifen, wird diese große Grup-

pe konsolidiert und organisiert Widerstand leisten.« (3iF1SyMnqGs, 17.4.2012, ab 7:00). Die Veteranen wollten »in Paradeuniform und mit Medaillen« in »Kampfformation« demonstrieren (ab 9:40).

5 Meine Darstellung von Wistizkijs Biografie beruht neben den genannten Quellen auf elektronischer Kommunikation mit Michail Wistizkij am 3.10.2012.

6 »Broženija«, oleg-kozyrev.livejournal.com/4168399.html, 12.6.2012.

7 »Počti gosudarstvennyj perevorot«, hvatkin.com/blog/files/9205f51b 56edbe95fca3ace3bf7675f3-157.html, 4.9.2012.

8 Zum Begriff s. Marshall I. Goldman, *Petrostate: Putin, power, and the new Russia*, Oxford/New York: Oxford University Press 2010.

9 Aleksandrina Van'ke, »Mužskaja telesnost' v prostranstve social'nych različij«, unveröffentlichter Vortrag auf der Konferenz »Complex gaze at a complex world«, Sankt Petersburg, 25.-27.5.2012.

10 Volkov, op. cit., S. 6-11.

11 Alexej Kabanow, ein Mitgründer des bekannten Verlags- und Caféunternehmens OGI, hatte im Dezember 2012 im Internet einen Aufruf zur Suche nach seiner angeblich vermissten Frau gestartet. Am 12. Januar 2013 wurde in Moskau ihre zerteilte Leiche gefunden, im Anschluss gab Kabanow den Mord zu. Der erwähnte Historiker ist Konstantin Ivanov, s.z.B.: »Naučnaja revoljucija v fokuse gendernych issledovanij: obzor rabot po feministskoj istorii nauki«, *Laboratorium* 1/2009, S. 229-241.

12 Brian Taylor, *Politics and the Russian army: civil-military relations, 1689-2000*, Cambridge: Cambridge University Press 2003.

13 Zu 1991 und 1993 s. ebd., S. 282-301.

14 Dale R. Herspring, Roger N. MacDermott, »Serdyukov promotes systemic Russian military reform«, *Orbis*, vol. 54, no. 2, 2010, S. 284-301.

15 Sergej Smirnov, »Voennye polučili povyšenie«, www.gazeta.ru/politics/2012/01/27_a_3977081.shtml, 28.1.2012. Auch die Prämienzahlungen für OMON-Polizisten für den Einsatz auf Demonstrationen stiegen im Jahr 2012: Taras Podrez, Aleksandra Bajazitova, Ekaterina Karačeva, »Omonovcy polučat 3 mlrd rublej premij za mitingi«, izvestia.ru/news/527275, 13.6.2012.

16 Viktor Čerkesov, »›Nel'zja dopustit', čtoby voiny prevratilis' v torgovcev‹«, www.kommersant.ru/doc/812840, 9.10.2007.

17 Alexander Etkind, »Russia from the fur trade to carbon aristocracy«. *The world financial review*, March-April 2012. S. 58-61; s. auch ders., *Internal colonization: Russia's imperial experience*, London: Polity Press 2011.

18 Julie Fedor, *Russia and the cult of state security*, New York: Routledge 2011.

19 Andrei Soldatov, Irina Borogan, *The new nobility: the restoration of Rus-*

sia's security state and the enduring legacy of the KGB, New York: Public Affairs 2010, S. 71.

20 Bundesgesetz Nr. 238, www.rg.ru/2010/07/30/fsb-dok.html, 30.7.2010.

21 Erlass Nr. 130 des Kommunikationsministeriums: www.libertarium.ru/ 37988, 9.8.2000.

22 Taras Podrez, Aleksandr Kondrat'ev, »FSB proverit personal'nye dannye bez preduprezdenija«, marker.ru/news/4083, 24.3.2011.

23 Marija Kljajn, »FSB ždet prikaza po WikiLeaks«, www.svobodanews. ru/content/article/2211702.html, 5.11.2010; »Sajt, raskryvajuščij fal'sifi-kacii, zakryt FSB«, teh-nomad.livejournal.com/1096240.html, 20.12.2011.

24 Aleksandra Samarina, Julija Sadovskaja, »FSB zondiruet obščestvo«, www.ng.ru/politics/2011-04-11/1_fsb.html, 11.4.2011.

25 *Case of Kazakevich and 9 other »army pensioners« cases v. Russia*, hudoc. echr.coe.int/sites/eng/pages/search.aspx?i=001-96682, 14.1.2010. Zu den Hintergründen s. Soldatov und Borogan, op. cit., S. 81, Andrej Solda-tov, »Polkovnik pišet v Evropejskij sud«, www.novayagazeta.ru/socie ty/38284.html, 23.10.2008.

26 aWN9ou2pEkw.

27 Ein detailliertes biographisches Profil veröffentlichte am 20.8.2012 das Magazin *Itogi*: Andrej Vladimirov, »Neipsravimyj«, www.itogi.ru/pro fil/2012/34/181199.html.

28 Anastasija Petrova, »Gennadij Gudkov: ›Esli podobnye mne ostanovjats-ja, graždanskaja vojna budet točno‹«, publicpost.ru/theme/id/1939/ge nnadiy_gudkov_esli_podobnye_mne_ostanovyatsya_grazhdanskaya_v oyna_budet_tochno, 15.8.2012.

29 »V Novosibirskoj oblasti po faktu pričinenija sotrudniku oblastnogo upravlenija FSB Rossii tjažkogo vreda zdorov'ju, povlekšego ego smert', vozbuždeno ugolovnoe delo«, sledcom.ru/news/85455.html, 13.2.2012, llh-e-ULNcI, 13.2.2012.

30 »V Baškirii sotrudniki FSB izbili majora policii«, www.km.ru/v-rossii/ 2012/07/03/mvd-rossii/v-bashkirii-sotrudniki-fsb-izbili-maiora-politsii, 3.7.2012.

31 Eindringlich und humorvoll schildert die Dynamik zwischen FSB und Polizei ein Aktivist der verbotenen Nationalbolschewistischen Partei aus Brjansk: Roman Popkov, »MVD okončatel'no ogosbezopasili«, www. specletter.com/politika/2012-01-31/mvd-okonchatelno-ogosbezopasili. html, 31.1.2012.

32 Taylor, *State-building*, S. 43. S. auch Louise I. Shelley, *Policing Soviet society: the evolution of state control*, London/New York: Routledge 1996.

33 *Milicija meždu Rossiej i Čečnej. Veterany konflikta v rossijskom obščestve*, Moskva: Demos 2007.

34 Asmik Novikova, »Portrety rjadovych milicionerov v soveremennoj pravoochranitel'noj sisteme«, *Neprikosnovennyj zapas* 42/2005, S. 86-92, hier S. 87.

35 Ebd.

36 Leonid Kosals, Anastasija Dubova, »Vključennost' rossijskich policejskich v tenevuju ėkonomiku«, *Otečestvennye zapiski* 2(47)/2012; Leonid Kosals, »Russlands Polizei-Reform oder neues Geschäftsmodell?«, *Russland-Analysen* Nr. 219, S. 5-9, www.laender-analysen.de/russland/pdf/Russlandanalysen219.pdf.

37 Il'ja Barabanov, Nikita Aronov, »Raby OMONa«, newtimes.ru/articles/detail/14721, 1.2.2010. Zu den Hintergründen und Folgen der Recherche s. auch: Natalija Rostova, »Il'ja Barabanov: ›Ja ne sklonen sčitat' sebja sverchgenial'nym redaktorom‹«, slon.ru/russia/ilya_barabanov_ya_ne_sklonen_schitat_sebya_sverkhgenialnym_redaktorom-809183.xhtml, 10.7.2012.

38 Die Mitgliedschaft in Parteien ist den Polizisten hingegen seit dem Milizgesetz von 1991 verwehrt – ein Verbot, das in der neuen Fassung von 2011 noch eindeutiger formuliert wurde und an eine prominentere Stelle gerückt ist.

39 Zur Polizeireform s. die Russland-Analysen Nr. 219, www.laender-analysen.de/russland/pdf/Russlandanalysen219.pdf. Kritiker in Russland berufen sich immer wieder auf die Polizeireform in Georgien unter Micheil Saakaschwili als Vorbild, s. z. B. Larisa Burakova, »Kak Rossii stat' Gruziej«, slon.ru/world/kak_rossii_stat_gruziey-809597.xhtml, 10.7.2012.

40 Darunter das Massaker in Nowye Aldy am 5.2.2000. S. Aleksandr Čerkasov, »Pokarat' karatelej«, www.ej.ru/?a=note&id=7288, 30.7.2007.

41 Anton Ledněv, »Na miting 12 ijunja privlekli zabajkal'skij OMON«, lifenews.ru/news/95422, 25.6.2012. Insgesamt sollen bei den Demonstrationen am 12. Juni 2012 landesweit 70 000 Polizisten und mehr als 9 000 Soldaten zum Einsatz gekommen sein. »Okolo 70 tysjač policejskich budut obespečivat' bezopasnost' v Den' Rossii«, rus.ruvr.ru/2012_06_10/77687984, 10.6.2012. Das Nachrichtenmagazin *Ogonjok* legte sieben Mitarbeitern des Woronesher OMON, die sowohl am 6. Mai als auch am 12. Juni in Moskau im Einsatz waren, vor dem zweiten »Marsch der Millionen« einen Fragebogen vor; die aufschlussreichen Antworten finden sich unter: Julija Reprinceva, »Čto u OMONa na ume«, www.kommersant.ru/doc/1951260, 11.6.2012. Barabanov und Aronov (op. cit.) zitierten bereits Anfang 2010 einen Moskauer OMON-Offizier mit den Worten: »Wir brauchen keine Moskauer, die stellen zu viele Fragen. Wir brauchen loyale und dumme Leute von außerhalb.«

42 Anton Orech, »Ešče odin sposob rešit' kvartirnyj vopros«, ej.ru/?a=note&id=11816, 28.5.2012.

43 Barabanov und Aronov, op. cit.

44 Jonathan D. Greenberg, »The Kremlin's eye: the 21st century prokuratura in the Russian authoritarian tradition«, *Stanford Journal of International Law*, 1/2009, S. 1-50.

45 Dmitrij Muratov, »Predsedatelju Sledstvennogo komiteta Rossijskoj Federacii general-polkovniku justicii A. I. Bastrykinu – o nezakončennych delach«, www.novayagazeta.ru/columns/53061.html, 13.6.2012.

46 Genaueres zur Statistik: »Vas objazatel'no opravdajut. Statistika opravdatel'nych prigovorov za 2011 god. Šansy 1 k 500«, rospravosudie.com/society/opravdaem, 6.6.2012.

47 17 Prozent entstammen der »Prokuratur«, 16 Prozent Polizei und Ermittlungsbehörden. S. Vadim Volkov, »Eto ne mogila... [S.413, Anm. 45]; ders. (Hrsg.), *Kak sud'i prinimajut rešenija: ėmpirčeskie issledovanija prava*, Moskva: Statut 2012. Einen Überblick über die Funktionsweise der Justiz bietet auf Deutsch: Margareta Mommsen, Angelika Nußberger, *Das System Putin: Gelenkte Demokratie und politische Justiz in Russland*, München: Beck 2007, S. 82-124.

48 Um die Idee einer indirekten Beeinflussung des Gewaltapparats durch gewaltfreie Bewegungen zu systematisieren, entwickelte Johan Galtung die Idee einer »großen Kette der Gewaltfreiheit«. S. Johan Galtung, *Nonviolence and Israel/Palestine*, Honolulu: University of Hawai'i Institute for Peace 1989, S. 13-34.

49 Jurij Ivaščenko, Šura Burtin, »Den' proverki DokuMentov«, rusrep.ru/article/2012/04/21/dpd, 21.4.2012; »Den' proverki otdelenija«, rusrep.ru/article/2013/01/24/dpo, 24.12.2013. Die Facebook-Gruppe der »Kampagne zur Aufsicht über die Polizei« findet sich unter www.facebook.com/groups/dpd.day.

50 Zu Sympathiebekundungen gegenüber Polizisten rief in Moskau bereits am Vortag der ersten Großdemo am 10.12.2011 der IT-Experte Arthur Welf auf, der sich auf Vorbilder aus Kolumbien bezog. Sein Artikel löste eine kontroverse Diskussion über die Möglichkeit einer Vereinnahmung von Polizisten aus: www.facebook.com/notes/артур-вельф/подари-полицейскому-цветы/320187041344408, 9.12.2011. Während der Demonstrationen zur Unterstützung des Bürgermeisterkandidaten Oleg Scheïn in Astrachan im April 2012 schenkte die Fernsehmoderatorin Xenia Sobtschak Polizisten nicht nur Blumen, sondern rief sie zu einer Schweigeminute auf, um die Forderung nach einem Rücktritt von Innenminister Nurgalijew zu unterstützen. Tatsächlich schwiegen die Uniformierten. PzcowjJE31M, 14.4.2012. Die Moskauer Protestaktivistin Maria Baronowa wurde bekannt, nachdem sie auf dem »Marsch der Millionen« am 6. Mai vor einer Kamera versuchte, Soldaten der Internen Truppen in eine Diskussion über Putins Legitimität und ihre persönliche

Verantwortung zu verwickeln; später wurde sie im Zusammenhang mit den angeblichen »Massenunruhen« angeklagt. CumgZqEMwZs, 6. 5. 2012.

51 Mitglieder der Gruppe »Arkadij Koz« (s. Kap. 4) singen die russische Version von Lluís Llachs »L'Estaca«: QFzkifjC2bs, 6. 6. 2012. Für den 31. 3. 2012 wurden die Teilnehmer der »DDoS-Attacke auf den Gefangenentransporter« in Moskau eingeladen, in den Fahrzeugen an einer »Meisterklasse« teilzunehmen: www.facebook.com/events/4220 91684472909; »DDoS-ataka avtozaka«, bezputina.com/node/23, 27. 3. 2012.

52 »Policija spravilas' s ›DDoS-atakoj avtozaka‹ na Triumfal'noj«, lenta.ru/ news/2012/03/31/triumf, 31. 3. 2012.

53 Zum Mittel des trockenen Hungerstreiks griff im Dezember 2011 der für seine Demonstrationsteilnahme verhaftete Sergej Udalzow. Vom 16. 3. bis zum 24. 4. 2012 hungerten (allerdings nicht in Haft) Oleg Scheïn und zeitweise einige seiner Mitstreiter aus Protest gegen Wahlfälschungen bei den Bürgermeisterwahlen in Astrachan. Ebenfalls 40 Tage lang hungerte zwischen Dezember 2012 und Januar 2013 der Moskauer Physiker und liberale Aktivist Sergej Kriwow, der im Oktober im Zusammenhang mit dem »Marsch der Millionen« im Mai verhaftet worden war.

54 Ein Beispiel aus dem weitaus repressiveren Belarus ist die Kampagne »Vorsicht, Miliz!« der Menschenrechtsvereinigung »Nasch dom«. Dabei wurden über tausend Leiter von Polizeidienststellen mehrmals persönlich angeschrieben, um sie zu bitten, Übergriffe gegen Frauen einzustellen. Nach Auskunft der Aktivisten verhalten sich die entsprechenden Polizisten seitdem auffallend höflich und vorsichtig. Für den Hinweis und die Beschreibung danke ich Björn Kunter vom Bund für soziale Verteidigung.

55 Einer von ihnen ist Aleksej Blindul, »Kak my pobedim OMON«, www. snob.ru/profile/25277/blog/48889, 10. 5. 2012.

56 Das 2007 gegründete »Vergessene Regiment« richtete bereits vor der ersten Moskauer Großdemonstration einen Appell gegen Repressionen an die Mitarbeiter des Innenministeriums, des FSB und der Armee: »›Zabytyj polk‹: Obraščenie k sotrudnikam MVD, FSB i voennoslužaščim«, www.zagr.org/1106.html, 9. 12. 2011. Im OccupyAbay-Lager war die Vereinigung an der Organisation eines internen Wachdiensts beteiligt.

Kapitel VIII

1 Der Ausdruck stammt von Andrej Piontkowskij. S. Il'ja Abišev, »Inauguracija Putina: s druz'jami, na fone bezljudnych ulic«, www.bbc.co.uk/

russian/russia/2012/05/120507_putin_inauguration_guests.shtml, 7.5.
2012.

2 Text und Video: »Inauguracija Prezidenta Rossii V. Putina (polnaja ver-
sija)«, www.1tv.ru/news/polit/206393, 7.5.2012.

3 Mark R. Beissinger, »Structure and example in modular political phe-
nomena: the diffusion of bulldozer/rose/orange/tulip revolutions«, *Perspectives on politics*, vol. 5, no. 2/2007, S. 259-276.

4 Felicitas Macgilchrist, *Journalism and the political: discursive tensions in
news coverage of Russia*, Amsterdam/Philadelphia: John Benjamins 2011.

5 *Durch Zusammenarbeit Zivilgesellschaft und Rechtsstaatlichkeit in Russland stärken*, offenesparlament.de/ablauf/17/48761, Antrag 6.11.2012,
angenommen 9.11.2012.

6 »Čistoserdečnoe priznanie: Poguljali!«, KneKghckCtQ (22.1.2012,
hochgeladen am 4.5.2012) »Anatomija protesta«, 3tEb_16dxRE, 15.3.
2012; »Anatomija protesta-2«, vk.com/video_ext.php?oid=161385544&
id=163559702&hash=b1524a998eaa7f16&hd=1, 6.10.2012.

7 Michail Paškin, »Mitingovye nastroenija v moskovskoj policii«,
echo.msk.ru/blog/pashkin/892098-echo, 24.5.2012.

8 Adam Roberts, »Introduction«, in: Roberts und Garton Ash (Hrsg.),
op.cit. [S. 410, Anm. 14], S. 1-24, hier S. 21-23; Garton Ash, S. 384-387;
Chenoweth und Stephan, op. cit. [S. 425, Anm. 21].

9 S. Wedel, op. cit.

10 Zu den Spionageprozessen s.: Mommsen und Nußberger, op. cit., S. 143-
150. Es wäre interessant zu klären, in welchen Fällen solche Initiativen
aus Moskau verordnet werden und wann sie Mitarbeitern vor Ort zur
Profilierung und Verbesserung der eigenen Karrierechancen dienen. Dafür liegen jedoch nicht genügend gesicherte Informationen vor.

11 Nicht jedoch relativ gesehen: Beim Verhältnis der Klagen zur Einwoh-
nerzahl belegt Russland mit 88 Klagen pro Million Einwohner eher
einen mittleren Platz. S. zu den Zahlen den Jahresbericht 2011 des
Gerichtshofs: www.echr.coe.int/NR/rdonlyres/77FF4249-96E5-4D1F-
BE71-42867A469225/0/2011_Rapport_Annuel_EN.pdf, insbesondere
S. 152 und 163.

12 Ein Beispiel: Im Dezember 2011 verurteilten die Richter Russland zur
Zahlung von Entschädigungen an Überlebende und Angehörige von Opfern des Geiseldramas im Dubrowka-Theater im Jahr 2002. Im Schnitt
wurde jedem Kläger eine Summe von weniger als 20 000 Euro zugespro-
chen. *Finogenov and Others v. Russia*, hudoc.echr.coe.int/sites/eng/pa
ges/search.aspx?i=001-108231, 20.12.2011.

13 Gruppeninterview mit vier Teilnehmern der »Strategie-31«, 14. September 2012, Tscheljabinsk.

14 S. stellvertretend dazu die Fernsehsendung »Chvatit molčat'! Pora

valit'?«, vk.com/video_ext.php?oid=-28493069&id=161447296&hash=
d3a10a0cc394ca0e&hd=1, 24.11.2011. Zu diesem Zeitpunkt schlug die
Diskussion solche Wellen, dass auch Präsident Medwedew zu dem Thema
befragt wurde: »Tandem ne soglasen s tezisom ›pora valit'‹«, radio.bfm.
ru/news/2011/11/29/tandem-ne-soglasen-s-tezisom-pora-valit.html,
29.11.2011.

15 »Tret' molodych rossijan choteli by navsegda uechat' za granicu«,
fom.ru/obshchestvo/10644, 28.9.2012.

16 Olga Böhm, Kerstin Zimmer, »Transnationale Lebensweisen ethnischer
Migranten aus der ehemaligen Sowjetunion«, in: Kerstin Zimmer
(Hrsg.): *Osteuropa als Herausforderung. Forschung zwischen Area Studies
und Mainstream. Festschrift für Melanie Tatur*, Stuttgart: ibidem 2012,
S. 147-175. Zur Transnationalisierung migrantischer Lebenswirklichkei-
ten allgemein s. Nina Glick Schiller, Linda Basch und Cristina Szanton
Blanc, »From immigrant to transmigrant: theorizing transnational migra-
tion«, *Anthropological Quarterly*, vol. 68, no. 1/1995, S. 48-63.

17 Éliezer Fel'dman, »*Russkij Izrail'«: meždu Dvuch Poljusov*, Moskva:
Market DS 2003, S. 95; G. A. Komarova, *Russkij Boston*, Moskva: Institut ètnologii i antropologii RAN 2002, S. 102, 106. Beide zitiert nach: Larisa Fialkova, »Emigrants from the FSU and the Russian-language Internet«, *Toronto Slavic Quarterly* 12, 2005, www.utoronto.ca/tsq/12/fialko
va12.shtml.

18 Zu Israel s. den Überblick in Michael Philippov, *Ex-Soviets in the Israeli
political space: values, attitudes, and electoral behavior*, The Joseph and
Alma Gildenhorn Institute of Israel Studies research paper 3, April 2010,
www.israelstudies.umd.edu/articles/research-paper-3.pdf; und die quantitative Studie: Eran Halperin, Daphna Canetti, Stevan E. Hobfoll und
Robert J. Johnson, »Terror, resource gains and exclusionist political attitudes among new immigrants and veteran israelis«, *Journal of Ethnic and
Migration Studies*, vol. 35, 6/2009,S. 997-1014. Zu den USA sind mir nur
Untersuchungen zu jüdischstämmigen Emigranten aus der Ex-UdSSR bekannt, die jedoch einen Großteil der dortigen russischsprachigen Bevölkerung ausmachen, s. z. B. Sam Kliger, »Russian-Jewish Immigrants in
the U.S:Social Portrait, Challenges, and AJC Involvement«, November
2011 und die zugehörige Präsentation: www.ajcrussian.org/atf/cf/%
7B66BD09D8-5251-4553-8C19-5FC7BEAF0E76%7D/KENNAN%20P
RESENTATION%20FINAL.ppt.

19 Die Ortsangaben sind der eingangs erwähnten Datenbank entnommen,
die Quellen werden hier nicht im Einzelnen aufgeführt.

20 »Zuwanderer in Berlin nach Staatsangehörigkeit (06/2012)«, www.ber
lin.de/lb/intmig/statistik/demografie/einwohner_staatsangehoerigkeit.
html.

21 Bahar Baser, *Inherited conflicts: spaces of contention between second-gene-*
ration Turkish and Kurdish diasporas in Sweden and Germany, Diss. European University Institute, Dezember 2012.

22 Die Angaben hier und im Weiteren beruhen neben einigen formalen Interviews mit Berliner Aktivisten und einer veröffentlichten Analyse
der Situation in Paris (Ol'ga Nikolaeva, »Mobilizacija v podderžku rossijskogo protestnogo dviženija vo Francii. Vzgljad iznutri«, *Laboratorium* 2/2012, S. 189-198) auf elektronischer Korrespondenz mit Organisatoren verschiedener Auslandsgruppen, die Olga Sveshnikova, Manarsha
Isaeva und ich beim Aufbau der erwähnten Datenbank führten.

23 Diesen Begriff entwickelte im Kontext der Erforschung von transnationalen sozialen Bewegungen Sidney Tarrow (*The new transnational
activism*, Cambridge: Cambridge University Press 2005, insbesondere
S. 35-56. Auch die Bezeichnungen »Zugvögel« und »nistende Tauben«
entlehne ich diesem Buch. Dass politisches Engagement im Zusammenhang mit einer ethnisch definierten Herkunftsidentität und solches in
den Institutionen des Aufnahmelandes eher korrelieren als einander widersprechen, belegt auch die Studie zu russischstämmigen Migranten in
Deutschland von Bernd Simon und Olga Grabow, »The politicization
of migrants: further evidence that politicized collective identity is a dual
identity«, *Political Psychology*, vol. 31, no. 5, 2010, S. 717-738.

24 Auftritt auf der Neujahrsparty im Panda-Theater, Berlin, 14.1.2012.

25 Am 14.8.2012 etwa brachten Amnesty International-Aktivisten eine
Kiste, die Petitionen mit 70000 Unterschriften gegen die Verurteilung
der Pussy-Riot-Mitglieder enthielt, zur russischen Botschaft in Washington. Ein Botschaftsmitarbeiter trug diese anschließend vom Gelände der diplomatischen Vertretung und stellte sie auf dem Bürger-
steig ab. S. Nataliya Vasilyeva, »Pussy riot rallies: supporters of punk
band mobilize before Russian court ruling«, www.huffingtonpost.com/
2012/08/15/pussy-riot-rallies-supporters-mobilize_n_1778220.html, 15.8.
2012.

Im September 2012 ließen Unbekannte einen ausführlichen kollektiven
Brief von Mitarbeitern des Außenministeriums an Putin, Medwedew
und die Leiter einiger anderer Behörden ins Internet durchsickern, in
dem Außenminister Sergej Lawrow und einige seiner engsten Mitarbeiter der Korruption beschuldigt wurden. Diese betraf laut den Autoren
unter anderem die Vergabe von Aufträgen durch Botschaftsmitarbeiter,
vor allem aber die Handhabung von Sozialleistungen für Ministeriums-
mitarbeiter. Abgesehen von Zweifeln an der Authentizität des Briefs
und den Motiven der Autoren wurden die darin enthaltenen Beschuldigungen meines Wissens in keiner Form von der Protestbewegung aufgegriffen. Der Text des Briefs und Diskussionen dazu unter Beteiligung

von Mitarbeitern des Ministeriums finden sich unter vinegar-oil.livejour
nal.com/1850.html, 8.9.2012.

26 Bahar Baser, Feargal Cochrane und Ashok Swain, »Home thoughts from
abroad: the variable impacts of diasporas on peace-building«, *Studies in
conflict & terrorism*, vol. 32, no. 8, 2009, S. 681-704.

27 David Remnick bzw. Katrina vanden Heuvel, die beide während der
Perestroika als Korrespondenten in Moskau tätig waren.

28 Interview 27.6.2012 (Alter: 33).

29 »Gunvor«, navalny.livejournal.com/241270.html, 15.5.2008.

30 »O nastojaščich inostrannych agentach«, navalny.livejournal.com/72391
5.html, 26.7.2012. Die entsprechende Dokumentensammlung wurde unter foreignagent.mashina.org/docs veröffentlicht. Recherche der *Nowaja
gaseta*: Roman Anin, »Kvartirnyj vopros«, www.novayagazeta.ru/in
quests/54511.html, 19.9.2012. Während der Vorbereitung des Gesetzes
über »ausländische Agenten« im Juli 2012 regte der oppositionelle Duma-Abgeordnete Ilja Ponomarjow an, auch Beamte und Parlamentarier
als potentielle ausländische Agenten zu betrachten, falls sie oder Mitglieder ihrer Familie mehr als die Hälfte ihrer Ersparnisse auf ausländischen
Konten aufbewahren. Dazu und zu einigen konkreten Fällen s. Il'ja Žegulev, Ivan Vasil'ev, »Edinorossy – inostrannye agenty: rassledovanie
Forbes«, www.forbes.ru/sobytiya/vlast/84795-edinorossy-inostrannye-
agenty-rassledovanie-forbes, 31.7.2012.

31 Dmitrij Gudkov, »Zolotye krendeli ›EDINOJ ROSSII‹, dgudkov.livejour
nal.com/212536.html, 27.8.2012; ders., »Zolotye krendeli ›Edinoj Rossii‹-5. Otec Andrej«, dgudkov.livejournal.com/215896.html, 18.9.2012.
Zur Aktion in Bekond: u4WcZNM8cz4, 5.11.2012; »Pro Pussy Riot
Flashmob vor Deutschland's [sic] einzigem russisch-orthodoxem Pilger-
zentrum in Bekond«, www.glaktuell.net/?p=1819, 4.11.2012.

32 Vladimir Kara-Murza, »Magnitsky human rights sanctions advance in
Senate, Russia's thugs on notice«, www.worldaffairsjournal.org/blog/
vladimir-kara-murza/magnitsky-human-rights-sanctions-advance-sena
te-russias-thugs-notice, 29.6.2012.

33 Al'bert Koškarov, Ivan Petrov, »Smert' kak sledstvie«, www.rbcdaily.ru/
politics/562949978996018, 18.11.2009. Aus Sicht von William Browder
sind die Affäre und die Umstände von Magnitskijs Tod auf der Webseite
lawandorderinrussia.org und im Enthüllungsfilm »Russian Untouch-
ables« (4ZB3YoAvEro, 1TWhlPqVddc, H7yBOEPYJTc, mL9b5LP4Ubc,
Juni-Juli 2012) dargestellt.

34 »39 % rossijan odobrjajut zakon o zaprete v"ezda v SŠA činovnikov
iz ›spiska Magnitskogo‹«,www.levada.ru/07-12-2012/39-rossiyan-odo
bryayut-zakon-o-zaprete-vezda-v-ssha-chinovnikov-iz-spiska-magnits
kogo, 7.12.2012.

35 H. R. 6156 (112th): Russia and Moldova Jackson-Vanik Repeal and Sergei Magnitsky Rule of Law Accountability Act of 2012, www.govtrack.us/congress/bills/112/hr6156.

36 Zu den Kritikern des Gesetzes gehören Oliver Backes, »Poking the Bear: The Counterproductive Linkage of PNTR and the Magnitsky Act«, csis.org/blog/poking-bear-counterproductive-linkage-pntr-and-magnitsky-act, 18.7.2012; und Vladimir Pozner, »Počemu ja protiv ›Akta Magnitskogo«, www.echo.msk.ru/blog/pozner/953358-echo, 20.11.2012. Letzterem widerspricht Vladimir Varfolomeev, »Kollega Pozner, Vy ošibaetes‹ …«, www.echo.msk.ru/blog/varfolomeev/953421-echo, 20.11.2012.

37 Text des Gesetzes: kremlin.ru/acts/17233, 28.12.2012.

38 Gleichzeitig zeichnete Browder auch für eine erfolgreiche emotionale Inszenierung verantwortlich: »Zeitweise strahlt der 48-jährige Browder […] den Eindruck aus, jede offene Zurschaustellung von Emotionen sei eine suboptimale Form menschlichen Verhaltens. Doch sooft er die Geschichte auch erzählt hat – seine Augen werden feucht und seine monotone Stimme beginnt zu beben, wenn er beschreibt, was in Magnitskijs letzten Lebensmonaten geschah. [… Senator John] McCain [… berichtet:] ›Ich muss ehrlich gestehen, dass ich die Geschichte zunächst nicht ganz glauben wollte. Doch am Ende war ich tief ergriffen davon, ebenso wie von seiner Leidenschaft und seiner Hingabe.‹« (John Thornhill, Geoff Dyer, »The Magnitsky law«, FT Magazine, www.ft.com/cms/s/2/7efe34d6-d5f0-11e1-a5f3-00144feabdco.html#axzz2JCVoojY1, 27.7.2012).

39 »›Spisok Aleksanjana‹: činovniki, otvetstvennye za delo vice-prezidenta JuKOSa«, top.rbc.ru/society/04/10/2011/618559.shtml, 4.10.2011; Zoja Svetova, »Personal'nyj spisok Kudelko«, newtimes.ru/articles/detail/57335, 24.9.2012.

Kapitel IX

1 Beispiel Wladiwostok: Vitalij Kamyšev, »Dve stolicy. Chabarovsk: večnyj Išaev. Vladivostok: ot rybaka Sergeja Dar'kina k professoru Vladimiru Mikluševskomu«, www.svoboda.org/content/transcript/24690009.html, 27.8.2012.

2 S. dazu die Regionalstudie aus Tomsk von Lou Brenez, »Les partis ›partenaires du Kremlin‹ à l'épreuve des dynamiques locales. Formes et pratiques de ›l'opposition constructive‹«, Revue d'études comparatives Est-Ouest, no. 42, 2011, S. 65-89.

3 Verlässliche Angaben zur Altersstruktur der Demonstrationsteilnehmer sind aus den in Kapitel 5 geschilderten Gründen nicht vorhanden, dennoch stimmen viele Beobachter in dieser Einschätzung überein, darunter

Denis Volkov, op. cit. S. 20; Aleksandra Ševeleva, Aleksandra Archipova, Anton Somin, »Jazyk vlasti v rečevoj igre oppozicii«, unveröffentlichter Vortrag, Berlin, 18. 8. 2012.

4 Francesca Poletta, *Freedom is an endless meeting: democracy in American social movements*, Chicago/London: University of Chicago Press 2002.

5 Zur Schwierigkeit, Kriterien für den Erfolg gewaltfreier Bewegungen zu definieren s. Mischa Gabowitsch, »Gewaltfreier Widerstand. Vergleichende Betrachtungen zu Dynamik und Erfolgsbedingungen«, *Mittelweg 36*, 2/2012, S. 61-67.

6 Andrej Zacharov, ›Spjaščij institut‹: Federalizm v sovremennoj Rossii i v mire, Moskva: Novoe literaturnoe obozrenie 2012.

7 Quellen: »Uchodjaščij god v ocenkach rossijan – čast' 2«, www.levada.ru/27-12-2012/ukhodyashchii-god-v-otsenkakh-rossiyan-chast-2, 27.12.2012; »2012 god v ocenkach rossijan – sobytija, persony«, www.levada.ru/24-12-2012/2012-god-v-otsenkakh-rossiyan-sobytiya-persony, 24.12.2012; »Čego rossijane ožidajut ot 2013 goda«, www.levada.ru/09-01-2013/chego-rossiyane-ozhidayut-ot-2013-goda, 9.1.2013.

8 Aleksandr Tavluj, »Valentina Gerasimova – novosibirskaja Zoja Kosmodem'janskaja«, tavluy54.livejournal.com/31080.html, 28.7.2012.

9 »Goty i ėmo vyšli na miting protiv deputatov Gosdumy, zaščiščaja svoju atributiku«, www.newsru.com/russia/21jul2008/emo.html, 21.7.2008; www.newsru.com/russia/21jul2008/emo.html; »V Peterburge poklonnikov Majkla Džeksona zaderžali po novomu zakonu o mitingach«, www.gazeta.ru/politics/news/2012/06/26/n_2407593.shtml, 26.6.2012.

10 S. z. B. Carles Feixa, Inês Pereira und Jeffrey S. Juris, »Global citizenship and the ›New, New' social movements: Iberian connections«, *Young*, vol. 17, no. 4/2009, S. 421-442.

11 Der Begriff der politischen Ökologie stammt von Robertson, op. cit. [S. 380, Anm. 30]. Zur Vereinnahmung von Massenprotesten in China durch die politische Elite s. Wenfang Tang, »Viewpoint: Are protests moving China backwards?«, www.bbc.co.uk/news/world-asia-china-20405224, 27.11.2012.

DANK

Dieses Buch verdankt seine Existenz Katharina Raabe. Sie überzeugte Autor und Verlag von seinem Nutzen, begleitete sein Entstehen nahezu im Wochenrhythmus und half unermüdlich mit Ermutigung, Rat und Echtzeit-Lektorat. Gerade als ehemaliger Redakteur weiß ich diesen einzigartigen Luxus sehr zu schätzen. Nur zu gerne hätte ich nach Abschluss des deutschen Manuskripts den zusätzlichen Luxus eines Gesprächs mit Jim Clark (1931-2013) in Anspruch genommen. Jim war ein außergewöhnlich sonniger und uneitler Mensch, stets bereit, seine Kompetenz und Erfahrung aus fünfzig Jahren verlegerischer Tätigkeit in den Sozialwissenschaften in den Dienst angehender Buchautoren zu stellen. Er verstarb – zur großen Trauer aller, die ihn kannten – wenige Tage vor Abschluss des Manuskripts.

Ohne die uneingeschränkte Unterstützung meiner Kollegen am Einstein Forum hätte ich dieses Buch nicht schreiben können. Die Zusammenarbeit mit Dominic Bonfiglio, Matthias Kroß, Susan Neiman, Martin Schaad, Andreas Schulz, Goor Zankl und Rüdiger Zill ist eine ständige Quelle von intellektuellem Vergnügen und erweitert immer wieder aufs Neue meinen Horizont, ohne dabei Schwindelgefühle zu erzeugen. Gemeinsam mit Antonia Angold, Gabriele Karl und Liane Marz schaffen sie eine positive und konfliktfreie Arbeitsatmosphäre, wie sie bei meinen vorherigen Stationen in sechs Ländern ihresgleichen sucht. Mein besonderer Dank gilt Goor Zankl, der viel Zeit opferte, um die Datenbank einzurichten, auf die sich Teile des Buches stützen.

Susan Neimans langjährige, unermüdliche Unterstützung spielte wieder eine Schlüsselrolle. Auf ihre Anregung hin widmete ich im Februar 2012 eine Veranstaltung im Rahmen der Berliner Colloquien zur Zeitgeschichte dem Thema »Gewaltfreier Widerstand«. Viele der in diesem Buch entwickelten Ideen gehen auf dieses Colloquium zurück, dessen Teilnehmern ich an dieser Stelle ebenfalls herzlich danken möchte. Für die produktive Zusammenarbeit und die vielseitige Unterstützung meiner Arbeit danke ich dem Hamburger Institut für Sozialforschung, vor allem Bettina Greiner, der Organisatorin des erwähnten und aller anderen Berliner Colloquien, sowie Bernd Greiner. Mein herzlicher Dank gilt auch Martin Bauer für die Möglichkeit, im *Mittelweg 36* eine Auswahl an Texten von Teilnehmern des Colloquiums zu veröffentlichen, darunter eine erste Fassung meiner Überlegungen zu Gewalt, Gewaltfreiheit und Gewaltapparat in Russland.

Olga Sveshnikova (Universität Bremen) und Manarsha Isaeva (Freie Universität Berlin) trugen in akribischer Arbeit einen großen Teil der Primärquellen für unsere Protestdatenbank zusammen und sind auch weiterhin aktiv an dieser Arbeit beteiligt. Ihnen und allen, die uns bei der Materialsammlung behilflich waren und sind, möchte ich ebenfalls meinen Dank aussprechen. Wichtige Impulse für meine Analyse lieferten auch die anderen Teilnehmerinnen und Teilnehmer eines Workshops zu Protestslogans und deren quantitativer und qualitativer Analyse, der im August 2012 in Berlin stattfand: Alexandra Arkhipova, Andrei Makarychev und Diliara Valeeva. Besonderer Dank gebührt Olga Rosenblum, die anhand meines Leitfadens zusätzliche Interviews führte und mich ständig mit neuem Material insbesondere zu Moskauer Protestaktionen versorgte. Für nützliche Hinweise zu Forschungsmethoden und -ergebnissen zum Protest in Russland danke ich außerdem Iwan Klimow und Alexej Lewinson. Helena Flam und Jan Plamper danke ich für nützliche Hinweise und kritische Anmerkungen zu emotionssoziologischen und -historischen Aspekten. Für wichtige Auskünfte zu verschiedenen Einzelfragen danke ich außerdem Joseph Boyle, Ekaterina Khodzhaeva, Alexej Koslow, Björn Kunter, Nikolay Mitrokhin, Olga Nikolaeva und Asmik Nowikowa. Ansgar Gilster und Jan Philipp Fiedler danke ich für die Erstellung des im Buch veröffentlichten Stadtplans.

Die Einladung nach Tscheljabinsk verdanke ich dem Zentrum für Kulturgeschichte der Süduralischen Staatlichen Universität; für hilfreiche Informationen zur politischen Lage und zur Protestszene in der Region danke ich Anton Artjomow, Kirill Gonzow, Daniil Malzew, Natalja Sarezkaja, Konstantin Sharinow, Igor Sibirjakow und Rosalia Tscherepanowa.

Ich freue mich sehr, dass ich meinen langjährigen Austausch mit Alexander Bikbow auch im Rahmen der Protestforschung fortsetzen konnte, und danke außerdem Alexandrina Vanke, ebenfalls Teilnehmerin der Unabhängigen Initiative zur Demonstrationsforschung, für die Möglichkeit zum Austausch von Interviews und Beobachtungen. Ebenfalls danke ich den Mitgliedern des Unabhängigen Kollektivs zur Protestforschung (Xenia Ermoshina, Anna Kadnikova, Maxim Kulajew, Artemij Magun, Ilia Matveev, Andrej Newskij, Olga Nikolajewa, Natalja Saweljewa, Inna Silova, Maria Turowez, Natalja Scherstnjowa, Diliara Valeeva, Svetlana Yerpyleva, Anna Zhelnina, Oleg Zhuravlev) und mehreren Teilnehmern der Gruppe »Folklore der Schneerevolution« für einen produktiven Austausch. Auch meinen Mitstreitern bei den iDecembrists bin ich in vielfacher Hinsicht verpflichtet.

Nicht zuletzt möchte ich auch meinen Kolleginnen und Kollegen aus zehn Jahren Redaktionsarbeit bei *NZ*, *Laboratorium* und *kultura* danken – und den Autorinnen und Autoren, auf deren Aufsätze vieles von meinem Hintergrundwissen zu Russlands Gesellschaft zurückgeht.

Großer Dank gebührt schließlich auch allen, die mir in Interviews oder in elektronischer Kommunikation Auskunft zu ihrer Teilnahme oder Nichtteilnahme an der Protestbewegung gaben, sowie den vielen Assistentinnen und Assistenten, die mir bei der Transkription der Interviews behilflich waren.

Jacob hat mir mit seiner Begeisterung und Ermutigung, seiner Geduld und seinen klugen Fragen mehr geholfen, als er selbst ahnt. Hoffentlich muss er mich nie wieder in so einem Zustand aushalten. Dascha hat mir inmitten des Schreibmarathons Glück und Ausgeglichenheit geschenkt, wofür ich ihr nicht genug danken kann.

Ausführliches Inhaltsverzeichnis

PROLOG 11
Marsch der Millionen 11
Kaleidoskop des Protests 22
Bewegung im Wandel 28

I DAS SYSTEM PUTIN 33
Warum Putin? 37
Die Errichtung der Machtvertikale 42
   Informelle Praktiken 42
   Das Prinzip der Loyalität 48
   Autoritär, korporatistisch, neopatrimonial 54
Nationale Einheit, Zynismus und Korruption 61
Die politische Ökonomie der Gefühle 70

II DER AUFSTAND DER BEOBACHTER 77
Der Schock des Wahltags 80
Wahlbeobachtung als soziale Bewegung 85
Wahlrecht und Wahlfälschung 89
Die kommunale Revolution 96
Bürger Wahlbeobachter 101
Woher der Zorn? 110

III DIE STRUKTUR DES PROTESTS 114
Wer spricht für die Protestierenden? 119
Von Oppositionsparteien zu außerparlamentarischen
Milieus 123
   Parteien in der gelenkten Demokratie 123
   Außerparlamentarische Koalitionen 128
   Oppositionelle Milieus 137
Zivilgesellschaft? 139
Sozialprotest und gesellschaftliche Selbstorganisation . 147

Traditionen kollektiven Handelns 149
Der Protest gegen die Monetisierung 152
Neue lokale Bewegungen 155
Von Wladiwostok bis Kaliningrad 160
Der Protest bekommt Adressaten 162
Von den Dezemberdemos zu neuen Bürgerräten 166
Wer vertritt wen? 170
Wie sich organisieren? 175
Der Koordinationsrat der Opposition 179

IV DER FALL PUSSY RIOT 185
Punk-Gottesdienst 188
Pussy Riot und die Protestbewegung 190
Musik, Kunst und Politik 194
Strukturwandel der Kirche 205
Religiöser Protest 212
Feminismus und Homophobie 217

V PROTEST UND NEUGIER 224
Erkenntnisräume 226
Zählproteste und Protestzähler 231
Forscher, Forschende und Erforschte 239
Wem gehört die Stadt? 250
Symbolische Geographie 253
Geschlossene Räume 256
Topographie und Dramaturgie 261

VI GEWALTFREIHEIT UND GEWALTPHANTASIEN . . . 267
Gewaltkulturen 268
Gewaltfreiheit und Widerstand 272
Die Angst vor dem Aufstand 280
Mit Gewalt gegen die Gewalt? 287

VII DER STAATLICHE GEWALTAPPARAT 291
Männer in Uniform 292
Der Gewaltapparat – ein kollektives Porträt 297

Die russische Armee 303
Die Geheimdienste 308
Die Polizei 316
Von der Demonstration ins Gefängnis 323

VIII DIE TRANSNATIONALE DIMENSION 330
Wer ist das Ausland? 333
Westliche Einflussnahme? 337
Die neue russische Diaspora 344
Transnationale Korruptionsbekämpfung:
die Magnitskij-Affäre 354

IX ZWISCHENBILANZ 362

Abkürzungen 372
Anmerkungen 373
Dank 435

Osteuropäische Literatur
in der edition suhrkamp
Eine Auswahl

Anna Altschuk. schwebe zu stand. Gedichte. Mit einem Nachwort von Michail Ryklin und einem Werkstattbericht von Gabriele Leupold und Henrike Schmidt. Aus dem Russischen von Gabriele Leupold, Henrike Schmidt und Georg Witte. es 2610. 167 Seiten

Juri Andruchowytsch
- Engel und Dämonen der Peripherie. Essays. Aus dem Ukrainischen von Sabine Stöhr. es 2513. 217 Seiten
- Das letzte Territorium. Essays. Aus dem Ukrainischen von Alois Woldan. Nachwort übersetzt von Sofia Onufriv. es 2446. 192 Seiten

Juri Andruchowytsch/Andrzej Stasiuk. Mein Europa. Aus dem Ukrainischen von Martin Pollak und Sofia Onufriv. es 2370. 160 Seiten

Attila Bartis. Die Apokryphen des Lazarus. Zwölf Feuilletons. Aus dem Ungarischen von Laszlo Kornitzer. es 2498. 99 Seiten

Bora Ćosić
- Die Reise nach Alaska. Aus dem Serbischen von Katharina Wolf-Grießhaber. es 2493. 172 Seiten
- Die Zollerklärung. Aus dem Serbischen von Katharina Wolf-Grießhaber. es 2213. 153 Seiten

Miloš Crnjanski
– Ithaka und Kommentare. Aus dem Serbischen neu übersetzt und kommentiert von Peter Urban. es 2639. 260 Seiten

– Tagebuch über Čarnojević. Aus dem Serbischen von Hans
  Volk. Mit einem Nachwort von Ilma Rakusa. es 1867.
  137 Seiten

László Darvasi
- Eine Frau besorgen. Kriegsgeschichten. Aus dem Ungari-
  schen von Heinrich Eisterer, Terézia Mora und Agnes
  Relle. es 2448. 184 Seiten
- Herr Stern. Novellen. Aus dem Ungarischen von Heinrich
  Eisterer. es 2476. 227 Seiten

Ljubko Deresch
- Die Anbetung der Eidechse oder Wie man Engel vernichtet.
  Aus dem Ukrainischen von Maria Weissenböck. es 2480.
  200 Seiten
- Intent! oder Die Spiegel des Todes. Aus dem Ukrainischen
  von Maria Weissenböck. es 2536. 316 Seiten
- Kult. Roman. Aus dem Ukrainischen von Juri Durkot und
  Sabine Stöhr. es 2449. 259 Seiten

Mircea Dinescu. Exil im Pfefferkorn. Gedichte. Ausgewählt,
aus dem Rumänischen übersetzt und mit einem Nachwort
versehen von Werner Söllner. es 1589. 115 Seiten

István Eörsi. Der rätselhafte Charme der Freiheit. Versuche
über das Neinsagen. Aus dem Ungarischen von Anna Gara-
Bak, Péter Máté, Gregor Mayer, Angela Plöger und Hans
Skirecki. es 2271. 198 Seiten

Andrej Gelassimow. Durst. Aus dem Russischen von Doro-
thea Trottenberg. es 2624. 115 Seiten

Oleg Jurjew. Spaziergänge unter dem Hohlmond. Kleiner
kaleidoskopischer Roman. Aus dem Russischen von Birgit
Veit. es 2240. 134 Seiten

Ryszard Kapuściński. Der Andere. Aus dem Polnischen von Martin Pollack. es 2544. 92 Seiten

Imre Kertész
- »Heureka!« Rede zum Nobelpreis für Literatur 2002. Aus dem Ungarischen von Kristin Schwamm. Bearbeitung Ingrid Krüger. es-Sonderdruck. 32 Seiten
- Schritt für Schritt. Drehbuch zum »Roman eines Schicksallosen«. Aus dem Ungarischen von Erich Berger. es 2292. 184 Seiten

Artur Klinaŭ. Minsk. Sonnenstadt der Träume. Aus dem Russischen von Volker Weichsel. Mit Fotografien des Autors und Abbildungen. es 2491. 175 Seiten

Ryszard Krynicki. Wunde der Wahrheit. Gedichte. Herausgegeben, aus dem Polnischen übertragen und mit einem Nachwort versehen von Karl Dedecius. es 1664. 136 Seiten

Wojciech Kuczok. Höllisches Kino. Über Pasolini und andere. Aus dem Polnischen von Gabriele Leupold und Dorota Stroińska. es 2542. 138 Seiten

Stanisław Lem. Dialoge. Aus dem Polnischen von Jens Reuter. Mit einem Nachwort des Autors. es 1013. 319 Seiten

Barbara Markovic. Ausgehen. Aus dem Serbischen von Mascha Dabic. es 2581. 95 Seiten

Valzhyna Mort. Tränenfabrik. Gedichte. Aus dem Weißrussischen von Katharina Narbutović. es 2580. 86 Seiten

Taras Prochasko. Daraus lassen sich ein paar Erzählungen machen. Aus dem Ukrainischen von Maria Weissenböck. es 2578. 124 Seiten

Ilma Rakusa. Von Ketzern und Klassikern. Streifzüge durch die russische Literatur. es 2325. 236 Seiten

Mykola Rjabtschuk. Die reale und die imaginierte Ukraine. Mit einem Nachwort versehen von Wilfried Jilge. Aus dem Ukrainischen von Juri Durkot. es 2418. 175 Seiten

Michail Ryklin
- Mit dem Recht des Stärkeren. Die russische Kultur in Zeiten der gelenkten Demokratie. Aus dem Russischen von Gabriele Leupold. es 2472. 239 Seiten
- Räume des Jubels. Totalitarismus und Differenz. Essays. Aus dem Russischen von Dirk Uffelmann. es 2316. 238 Seiten

Andrzej Stasiuk
- Dojczland. Eine Reise. Aus dem Polnischen von Olaf Kühl. es 2566. 92 Seiten
- Fado. Reiseskizzen. Aus dem Polnischen von Renate Schmidgall. es 2527. 158 Seiten
- Die Mauern von Hebron. Aus dem Polnischen von Olaf Kühl. es 2302. 160 Seiten
- Über den Fluß. Erzählungen. Aus dem Polnischen von Renate Schmidgall. es 2390. 189 Seiten.
- Wie ich Schriftsteller wurde. Versuch einer intellektuellen Autobiographie. Aus dem Polnischen von Olaf Kühl. es 2236. 144 Seiten

Aleš Šteger. Preußenpark. Berliner Skizzen. Aus dem Slowenischen von Ann Catrin Apstein-Müller. Mit Fotografien des Autors. es 2569. 156 Seiten

Dubravka Ugrešić
- Die Kultur der Lüge. Aus dem Serbokroatischen von Barbara Antkowiak. es 1963. 303 Seiten

- My American Fictionary. Aus dem Serbokroatischen von Barbara Antkowiak. es 1895. 224 Seiten

Tomas Venclova. Vilnius. Eine Stadt in Europa. Aus dem Litauischen von Claudia Sinnig. Mit Fotografien von Arunas Baltenas. es 2473. 242 Seiten

Serhij Zhadan
- Anarchy in the UKR. Aus dem Ukrainischen von Claudia Dathe. es 2522. 216 Seiten
- Depeche Mode. Roman. Aus dem Ukrainischen von Juri Durkot und Sabine Stöhr. es 2494. 245 Seiten
- Geschichte der Kultur zu Anfang des Jahrhunderts. Gedichte. Aus dem Ukrainischen von Claudia Dathe. es 2455. 81 Seiten

Zu zweit nirgendwo. Neue Erzählungen aus Slowenien. Herausgegeben von Aleš Šteger und Mitja Čander. es 2416. 280 Seiten